Ehlers/Wolffgang/Pünder (Hrsg.)
Rechtsfragen der Ausfuhrförderung

Schriften zum Außenwirtschaftsrecht

Herausgegeben von

Prof. Dr. Dirk Ehlers
Prof. Dr. Hans-Michael Wolffgang

Rechtsfragen der Ausfuhrförderung

Tagungsband zum
7. Münsteraner Außenwirtschaftsrechtstag 2002

Herausgegeben von
Prof. Dr. Dirk Ehlers, Prof. Dr. Hans-Michael Wolffgang,
Prof. Dr. Hermann Pünder, LL.M.

Mit Beiträgen von
Prof. Dr. Christian Tietje, LL.M.; Dr. Till Müller-Ibold, LL.M.;
Dr. Michael Kruse; Dr. Roland Scheibe; Joachim Osinski;
Dr. Alexander Böhmer; Dr. Christian Pitschas LL.M.; Reinhart Rüsken;
Dr. Ulrich Schrömbges; Dr. Elisabeth Sperber

Verlag Recht und Wirtschaft GmbH
Heidelberg

Bibliografische Information Der Deutschen Bibliothek

Die Deutsche Bibliothek verzeichnet diese Publikation in der Deutschen Nationalbibliografie; detaillierte bibliografische Daten sind im Internet über http://dnb.ddb.de abrufbar.

ISBN 3-8005-1342-0

© 2003 Verlag Recht und Wirtschaft GmbH, Heidelberg

Das Werk einschließlich aller seiner Teile ist urheberrechtlich geschützt. Jede Verwertung außerhalb der engen Grenzen des Urheberrechtsgesetzes ist ohne Zustimmung des Verlages unzulässig und strafbar. Das gilt insbesondere für Vervielfältigungen, Bearbeitungen, Übersetzungen, Mikroverfilmungen und die Einspeicherung und Verarbeitung in elektronischen Systemen.

Druck und Verarbeitung: Druckpartner Rübelmann GmbH, 69502 Hemsbach

∞ Gedruckt auf säurefreiem, alterungsbeständigem Papier, hergestellt aus chlorfrei gebleichtem Zellstoff (TCF-Norm)

Printed in Germany

Vorwort des Verlags

Mit dem hier vorgelegten Band „Rechtsfragen der Ausfuhrförderung" hat erstmals der Verlag Recht und Wirtschaft, ein Tochterunternehmen der Verlagsgruppe Deutscher Fachverlag, die verlegerische Betreuung der von den Professoren *Ehlers und Wolffgang* herausgegebenen Reihe „Schriften zum Außenwirtschafsrecht" übernommen. Die bisherigen sechs Bände dieser Reihe sind in einer Kooperation bei Aschendorff Rechtsverlag, Münster, und Verlag Dr. Otto Schmidt, Köln, publiziert worden.

Die Übernahme der renommierten Schriftenreihe durch unser Haus ist folgerichtig, denn damit verbunden ist eine konsequente Ausweitung des verlegerischen Programms. Im Verlag Recht und Wirtschaft erscheinen mit den Zeitschriften *Recht der Internationalen Wirtschaft* (RIW), *Europäisches Wirtschafts- und Steuerrecht* (EWS) und *Zeitschrift für Vergleichende Rechtswissenschaft* (ZVglRWiss) gleich drei führende deutschsprachige Publikationen, die sich mit international rechtlichen Themen beschäftigen.

Im Buchprogramm des Verlags haben zudem die „Schriftenreihe Recht der Internationalen Wirtschaft", die Reihe „EWS-Buch" die „Schriftenreihe Ausländisches Recht" und die „Abhandlungen zum Recht der Internationalen Wirtschaft" einen festen Platz eingenommen und eine erfolgreiche Position im Markt erreicht.

Eine Hinwendung zum praktisch immer wichtiger werdenden Bereich des Außenwirtschaftsrechts ergänzt diese breit aufgestellte Themenpalette aus Verlagssicht ganz ausgezeichnet.

Ich freue mich daher sehr, dass Herr Professor *Dr. Dirk Ehlers* (Münster) dem Verlag Recht und Wirtschaft die Betreuung der von ihm maßgeblich vorangebrachten „Schriften zum Außenwirtschaftsrecht" anvertraut hat.

Heidelberg, im September 2003   Thomas Wegerich

Vorwort

Der vorliegende Tagungsband gibt die Referate und Diskussionen des 7. Außenwirtschaftsrechtstages 2002 zum Thema „Rechtsfragen der Ausfuhrförderung" wieder, den das am Institut für öffentliches Wirtschaftsrecht der Westfälischen Wilhelms-Universität angesiedelte Zentrum für Außenwirtschaftsrecht e. V. am 26. und 27. September 2002 im Alexander-von-Humboldt-Haus der Universität Münster veranstaltet hat. Die Veranstaltung ist von ca. 90 Teilnehmern besucht worden. Allen, die zum Gelingen des Außenwirtschaftsrechtstags beigetragen haben, sei auch an dieser Stelle noch einmal vielmals gedankt. Unser besonderer Dank gilt Herrn Marcel Dué für die redaktionelle Bearbeitung dieses Bandes.

Münster, im März 2003   Die Herausgeber

Inhaltsübersicht

Seite

Vorwort V

Inhaltsverzeichnis XI

Prof. Dr. Dirk Ehlers, Geschäftsführender Direktor des Instituts für öffentliches Wirtschaftsrecht, Universität Münster
Eröffnung des 7. Außenwirtschaftsrechtstages 1

Prof. Dr. Christian Tietje, LL.M. (Michigan), Lehrstuhl für Öffentliches Recht, Europarecht und Internationales Wirtschaftsrecht, Direktor des Instituts für Wirtschaftsrecht, Universität Halle-Wittenberg
Ausfuhrförderung aus der Sicht des WTO-Rechts 9

Diskussion 35
Zusammenfassung: *Harald Sievers*, Doktorand am Institut für öffentliches Wirtschaftsrecht, Universität Münster

Dr. Till Müller-Ibold, LL.M., Rechtsanwalt der Sozietät Cleary, Gottlieb, Steen & Hamilton in Brüssel
Ausfuhrförderung aus der Sicht der Europäischen Gemeinschaft 41

Dr. Michael Kruse, Bundesministerium für Wirtschaft und Technologie
Förderung der deutschen Außenwirtschaft im internationalen Wettbewerb 85

Diskussion 95
Zusammenfassung: *Daniel Fischer*, Wissenschaftliche Hilfskraft, Institut für Umwelt- und Planungsrecht, Universität Münster

Dr. Roland Scheibe, Rechtsanwalt, Leiter des Fachbereichs Recht und Grundsatz im Geschäftsbereich Ausfuhrgewährleistungen des Bundes der HERMES Kreditversicherungs-AG in Hamburg
Rechtsfragen der Ausfuhrgewährleistungen des Bundes im Zusammenhang mit deren Übernahme 101

Joachim Osinski, Gerling NCM. Gerling Speziale Kreditversicherungs-AG, Köln
Die Absicherung außenwirtschaftlicher Risiken durch Privatversicherungen 127

Diskussion 137
Zusammenfassung: *Volker Schepers*, Freiherr-vom-Stein-Institut, Münster

Dr. Alexander Böhmer, Bundesverband der Deutschen Industrie e.V., Berlin
Ausfuhrförderung aus unternehmerischer Sicht 141

Diskussion 159
Zusammenfassung: *Christian Hüser*, Doktorand, Institut für öffentliches Wirtschaftsrecht, Universität Münster

Dr. Christian Pitschas, LL.M., Rechtsanwalt, Freshfields Bruckhaus Deringer, Brüssel
Ausfuhrförderung von Agrarprodukten nach dem WTO-Übereinkommen über die Landwirtschaft 163

Diskussion 197
Zusammenfassung: *Nikolas Hübschen, LL.M.*

Reinhart Rüsken, Richter am Bundesfinanzhof, München
Neue Rechtsprechung zum Ausfuhrerstattungsrecht 199

Diskussion 219
Zusammenfassung: *Daniel Rudolph*, Doktorand am Institut für öffentliches Wirtschaftsrecht, Universität Münster

Dr. Ulrich Schrömbges, Rechtsanwalt und Steuerberater, Graf von Westphalen, Bappert & Modest, Hamburg
Ausfuhrverordnung in der Praxis 229

Dr. Elisabeth Sperber, Europäisches Amt für Betrugsbekämpfung (OLAF), Brüssel
Ausfuhrerstattung aus der Sicht des Europäischen Amtes für Betrugsbekämpfung (OLAF) 265

Diskussion 279

Zusammenfassung: *Jörgen Rubel, LL.M.*, Doktorand, Institut für
öffentliches Wirtschaftsrecht, Universität Münster

Stichwortverzeichnis 283

Satzung des Zentrums für Außenwirtschaftsrecht e. V. 285

Inhaltsverzeichnis

                                                          Seite

Vorwort V

Inhaltsübersicht VII

Prof. Dr. Dirk Ehlers, Geschäftsführender Direktor des Instituts für öffentliches Wirtschaftsrecht, Universität Münster
Eröffnung des 7. Außenwirtschaftsrechtstages 1

Prof. Dr. Christian Tietje, LL.M. (Michigan), Lehrstuhl für Öffentliches Recht, Europarecht und Internationales Wirtschaftsrecht, Direktor des Instituts für Wirtschaftsrecht, Universität Halle-Wittenberg
Ausfuhrförderung aus der Sicht des WTO-Rechts 9
A. Einleitung 9
B. Formen der Ausfuhrförderung und relevante internationale
    Regelwerke 11
    I.   Informelle Maßnahmen und staatliche Zurechenbarkeit 11
    II.   Exportrestriktionen zur Ausfuhrförderung (Art. XI:2 lit. b)
         GATT) 12
    III. Ausfuhrförderung durch Staatshandelsunternehmen 14
    IV. Finanzielle Maßnahmen der Ausfuhrförderung 15
C. Ökonomische Aspekte der finanziellen Ausfuhrförderung
(Exportsubventionen) 17
D. Finanzielle Ausfuhrförderung und WTO-
Subventionsübereinkommen 19
    I.   Die Vereinbarkeit allgemeiner Ausfuhrförderprogramme
         mit dem WTO-Recht 21
    II.   Einzelheiten zur Definition einer Subvention und
         verbotenen Ausfuhrsubvention 22
         1. Der allgemeine Subventionsbegriff nach Art. 1 WTO-
             Subventionsübereinkommen 23
         2. Gesetzliche oder tatsächliche Bedingung einer Aus-
             fuhrleistung (Art. 3.1 lit. a) WTO-Subventionsüber-
             einkommen) 25
    III. Die Voraussetzungen von ausnahmsweise zulässigen
         Exportsubventionen 26
         1. Ausfuhrkreditbürgschaften und -versicherungen
             (Buchstabe j) der Beispielliste) 26

    2. Ausfuhrkredite (Buchstabe k) der Beispielliste) 27
E. Die Reichweite des Anwendungsbereiches des WTO-Subventionsübereinkommens mit Blick auf die innerstaatlichen Rechtsordnungen der WTO-Mitglieder 29
F. Ausblick 32

Diskussion 35
Zusammenfassung: *Harald Sievers*, Doktorand, Institut für öffentliches Wirtschaftsrecht, Universität Münster

Dr. Till Müller-Ibold, LL.M., Rechtsanwalt der Sozietät Cleary, Gottlieb, Steen & Hamilton in Brüssel
Ausfuhrförderung aus der Sicht der Europäischen Gemeinschaft 41
A. Einleitung 41
B. Ausfuhrbeihilfen zwischen Mitgliedstaaten 43
    I.   Grundgedanke 43
    II. Wann sind staatliche Förderungsmaßnahmen „Beihilfen"? 43
    III. Ausfuhrbeihilfen sind in aller Regel nicht genehmigungsfähig 46
    IV. Beihilfeverfahrensrecht 48
    V. Erweiterung der EG-internen Regelungen auf bestimmte Drittstaaten 49
        1. EWR-Abkommen 50
        2. Europaabkommen 51
        3. Türkei 54
        4. Euro-mediterrane Abkommen 54
    VI. Ergebnis 56
C. Ausfuhrbeihilfen gegenüber Drittstaaten 56
    I.   Einleitung 56
    II. Zuständigkeit der Gemeinschaft 57
        1. Kongruenz von Innenkompetenzen und Außenkompetenzen 58
        2. Rechtsgrundlagen zur Regelung der Ausfuhrförderung 58
    III. Maßnahmen durch Beteiligung an internationalen Abkommen 63
        1. WTO-Abkommen 63
        2. OECD-Arrangement 66
        3. Mitgliedstaatliche Maßnahmen 66
    IV. Maßnahmen der autonomen Handelspolitik 67

		1. Kreditversicherung 67
		2. Schiffbaubeihilfen 68
		3. Maßnahmen gegen durch Drittstaaten gewährte Beihilfen 68
	V.	Maßnahmen auf der Basis des Beihilfenrechts 69
		1. Legislativmaßnahmen 69
		2. Einzelfallentscheidungen 71
		a) Ausfuhrförderungsprogramme 72
		b) Tubemeuse 74
		c) Steuererleichterungen für ausländische Tochterunternehmen 74
		d) Exportbeihilfen in Mecklenburg-Vorpommern 75
		e) Investitionen in Drittstaaten 78
		f) Förderbanken 80
D.	Zusammenfassung 82

Dr. Michael Kruse, Bundesministerium für Wirtschaft und Technologie
Förderung der deutschen Außenwirtschaft im internationalen Wettbewerb 85

A. Ziel der Außenwirtschaftsförderung der Bundesregierung ist die Chancengleichheit für die deutsche Wirtschaft im internationalen Wettbewerb 85
B. Die Bundesregierung verfolgt das in WTO, OECD und EU verankerte Leitbild einer subventionsfreien staatlich gestützten Exportfinanzierung und -kreditversicherung 87
C. Nach dem Prinzip der Subsidiarität gewährt die Bundesregierung staatliche Unterstützung bei der Absicherung von Ausfuhrrisiken nur, soweit private Ausfuhrkreditversicherungen keine flächendeckende Absicherung anbieten 89
D. Die Außenwirtschaftsförderung ist Teil einer konsistenten Wirtschaftspolitik der Bundesregierung 90
E. Die Außenwirtschaftsförderung wird moderner und setzt auf zunehmende europäische und internationale Kooperation 92
F. Ergebnis 94

Diskussion 95
Zusammenfassung: *Daniel Fischer*, Wissenschaftliche Hilfskraft, Institut für Umwelt- und Planungsrecht, Universität Münster

Dr. Roland Scheibe, Rechtsanwalt, Leiter des Fachbereichs Recht und Grundsatz im Geschäftsbereich Ausfuhrgewährleistungen des Bundes der HERMES Kreditversicherungs-AG in Hamburg
Rechtsfragen der Ausfuhrgewährleistungen des Bundes im Zusammenhang mit deren Übernahme **101**
A. Vorbemerkungen 101
B. Verfassungsrechtliche Anforderungen oder der dreifache Gesetzesvorbehalt 102
C. Der zweistufige Übernahmevorgang oder eine Rechtstheorie bewährt sich in der Praxis 105
D. Das Zustandekommen der Übernahmeentscheidung oder die Kunst, vier Bundesministerien unter einen Hut zu bringen 107
E. Übernahmeanspruch oder der Sieg der Komplexität der Materie bzw. der praktischen Notwendigkeiten über die rechtliche Theorie 111
    I. Materielle Rechtslage 111
    II. Prozessuale Durchsetzung 115
        1. Hauptsacheverfahren 115
        2. Einstweiliger Rechtsschutz 117
F. Zustandekommen und Wirksamkeit des Gewährleistungsvertrages oder der Bedeutungsverlust der Bundesschuldenverwaltung 121
G. Schicksal des Übernahmeverwaltungsakts nach Zustandekommen des Gewährleistungsvertrages oder die Dominanz der Kreditversicherungsspielregeln 124

Joachim Osinski, Gerling NCM. Gerling Speziale Kreditversicherungs-AG, Köln
Die Absicherung außenwirtschaftlicher Risiken durch Privatversicherungen **127**
A. Die Unterscheidung zwischen wirtschaftlichen und politischen Exportrisiken 127
B. Die traditionelle Arbeitsteilung zwischen Staat und Kreditversicherern 128
C. Die traditionelle Beschränkung auf nationale Märkte 129
D. Die Internationalisierung der Kreditversicherer seit 1992 130
E. Die Veränderung der politischen Risiken in den 90ern und die zunehmende private Rückversicherungskapazität 130
F. Die Definition marktfähiger Risiken als Basis des Rückzugs der EU-Staaten aus den Märkten 131

G. Das Verhältnis zwischen privaten Kreditversicherern und
   staatlichen Absicherungssystemen in der EU heute – eine
   Spannbreite von Subsidiarität bis zum unfairen Wettbewerb 132
   I. Die Absicherung kurzfristiger Exportgeschäfte 132
   II. Die Absicherung mittel- und langfristiger Exportgeschäfte 133
   III. Die Organisationsform 133
      1. Organisationsformen in den Niederlanden 133
      2. Organisationsformen in Frankreich 134
      3. Organisationsformen in Deutschland 134
H. Ausblick für Deutschland 134

Diskussion 137
Zusammenfassung: *Volker Schepers*, Freiherr-vom-Stein-Institut,
Münster

*Dr. Alexander Böhmer, Bundesverband der Deutschen Industrie e.V.,
Berlin*
Ausfuhrförderung aus unternehmerischer Sicht 141
A. Einleitung 141
B. Außenwirtschaftliche Verflechtung der deutschen Industrie 141
C. Sinn und Entwicklung der Ausfuhrförderung 143
D. Außenwirtschaftsoffensive der Bundesregierung 145
   I. Punkt: Außenwirtschaftsförderung sichern 145
   II. Punkt: Bilaterale Wirtschaftsbeziehungen aktiv gestalten 146
   III. Punkt: Multilaterales Handelssystem stärken 146
   IV. Punkt: Märkte öffnen 146
   V. Punkt: Handel erleichtern 146
E. Ausfuhrförderung und EU 147
   I. Debatte im EU-Konvent 147
   II. EU-konforme Neugestaltung öffentlich-rechtlicher Kredit-
       institute 150
F. Ausfuhrförderung durch strukturelle Verbesserungen im Bereich
   Handelspolitik 151
   I. Senkung der Industriezölle erforderlich 152
   II. Zurückhaltung beim Gebrauch handelspolitischer
       Instrumente 155

Diskussion 159
Zusammenfassung: *Christian Hüser,* Doktorand, Institut für öffentliches Wirtschaftsrecht, Universität Münster

Dr. Christian Pitschas, LL.M., Rechtsanwalt, Freshfields Bruckhaus Deringer, Brüssel
Ausfuhrförderung von Agrarprodukten nach dem WTO-Übereinkommen über die Landwirtschaft 163
A. Einleitung 163
    I. Die Rechtslage nach dem GATT 1947 163
    II. Individuelle Verpflichtungen der WTO-Mitglieder als integrale Bestandteile des GATT 1994 164
    III. Erreichung von Reduktionszielen innerhalb eines Durchführungszeitraums 165
    IV. Besondere und differenzierte Behandlung von Entwicklungsland-Mitgliedern 166
B. Die Regulierung des Ausfuhrwettbewerbs 167
    I. Begriff der Ausfuhrsubvention 168
       1. Subvention 168
       2. Abhängigkeit von der Ausfuhrleistung 170
       3. „Amber Box" Maßnahmen als Ausfuhrsubventionen? 171
    II. Systematik der Ausfuhrsubventionsregulierung 172
       1. Umsetzung der Senkungsverpflichtungen 173
          a) Besondere Stellung des Artikels 9 173
          b) Parameter der Senkungsverpflichtung in Artikel 9 175
             (1) Grundsatz 175
             (2) Zeitlich beschränkte Ausnahme 177
       2. Umgehungsverbot 178
          a) Wesen und Reichweite des Umgehungsverbots 178
          b) Beweislastregel 180
       3. Per se unzulässige Ausfuhrsubventionen 181
       4. Äquivalenzgebot 182
       5. Notifikationspflichten 182
    III. Schutzklausel und Pflicht zur angemessenen Zurückhaltung 183
       1. Funktion und Dauer der Schutzklausel 183
       2. Angemessene Zurückhaltung gegenüber Ausfuhrsubventionen 185
C. Fortsetzung des Reformprozesses 186
    I. Stillhalteverpflichtung der WTO-Mitglieder während des Reformprozesses 186

II.	Fortsetzung des Reformprozesses	188
	1. Verhandlungsmandat der 4. WTO-Ministerkonferenz	188
	2. Verhandlungsphasen	189
	3. Verhandlungspositionen der WTO-Mitglieder zum Ausfuhrwettbewerb	192
	4. Ausblick	194

Diskussion 197
Zusammenfassung: *Nikolas Hübschen, LL.M.* Doktorand, Institut für öffentliches Wirtschaftsrecht, Universität Münster

Reinhart Rüsken, Richter am Bundesfinanzhof, München
Neue Rechtsprechung zum Ausfuhrerstattungsrecht 199

A.	Die Sanktionsregelung der Ausfuhrerstattungsverordnung hat Bestand	199
	I. Der Inhalt der Sanktionsregelung	199
	II. Das Problem: Sanktion ohne Schuldvorwurf?	200
	III. Die Unterscheidung zwischen Prävention und Repression	201
	IV. Die Rechtsprechung des EuGH zur Zulässigkeit verschuldensunabhängiger Verwaltungssanktionen	202
	V. Der Verhältnismäßigkeitsgrundsatz ist nicht verletzt	202
	VI. Neue Hoffnung auf Grund der Neufassung der Ausfuhrerstattungsverordnung?	203
B.	Kein Ankunftsnachweis bei nichtdifferenzierter Ausfuhrerstattung	204
	I. Die Rechtslage im Rückforderungsverfahren ist anders als vor Gewährung der Erstattung	204
	II. Was ist der rechtfertigende Grund für die unterschiedliche Behandlung im Rückforderungsverfahren?	205
	III. Folgerungen für Wesen und Voraussetzungen der Ausfuhrerstattung	206
	IV. Der Begriff „Vermarktung"	207
	V. Neue Rechtslage für das Rückforderungsverfahren	208
C.	Was ist gesunde und handelsübliche Qualität?	208
D.	Keine Rückforderung bei folgenloser Versäumnis von Vorlagepflichten	210
	I. Rechtfertigung und Einschränkung prozeduraler Anforderungen	211
	II. Der BFH-Beschluss zur verspäteten Vorlage des Beförderungspapiers	212

III. Unverzichtbarkeit der Beachtung des vorgeschriebenen
   Verfahrens ... 212
IV. ... aber Unterscheidung zwischen Hauptpflicht und folgenlos verletzter Nebenpflicht ... 213
V. ... jedoch keine Sanktionslosigkeit der Fristversäumnis, wenn Erstattung deshalb nicht gewährt wird ... 214
VI. Keine behördliche Erinnerung an Frist erforderlich ... 214
E. Keine Aufrechnung mit in der Vollziehung ausgesetzter Forderung des Hauptzollamtes ... 215
   I. Fortführung der bereits für das Steuerschuldverhältnis bestehenden BFH-Rechtsprechung ... 215
   II. Keine Divergenz zur BVerwG-Rechtsprechung ... 216
   III. ... jedenfalls nicht unter der Geltung des bisherigen MOG-Rückforderungsrechts ... 217

Diskussion ... 219
Zusammenfassung: *Daniel Rudolph*, Doktorand, Institut für öffentliches Wirtschaftsrecht, Universität Münster

Dr. Ulrich Schrömbges, Rechtsanwalt und Steuerberater, Graf von Westphalen, Bappert & Modest, Hamburg
Ausfuhrverordnung in der Praxis ... 229
A. Vorbemerkungen ... 229
B. Ausfuhrtheorie versus Vermarktungstheorie ... 230
C. Wirtschaftembargo ... 235
D. Beweislast ... 240
E. Differenzierte Erstattung ... 245
   I. Abfertigung zu einem Veredelungsverkehr ... 245
   II. Überführung in den freien Verkehr/Vergütung von drittländischen Eingangsabgaben ... 246
   III. Bestimmungsgebiet ... 248
   IV. Russlandentscheidungen der Europäischen Kommission ... 250
      1. Gutgläubigkeit des Exporteurs ... 251
      2. Vermarkungsbescheinigung der russischen Zollfahndung ... 255
   V. Beförderungspapiere ... 258
F. Sanktionen ... 259
   I. Das Urteil des EuGH zu Art. 11 VO Nr. 3665/87 ... 259
   II. Restriktive Anwendung der Sanktionsvorschrift ... 262
   III. Art. 51 VO Nr. 800/99 ... 264

Dr. Elisabeth Sperber, Europäisches Amt für Betrugsbekämpfung (OLAF), Brüssel
Ausfuhrerstattung aus der Sicht des Europäischen Amtes für Betrugsbekämpfung (OLAF) 265
A. Aufbau des OLAF und sein Aufgabe in Zusammenhang mit Fragen der Ausfuhrerstattung 265
    I. Vor-Ort-Kontrollen gemäß VO (EURATOM, EG) Nr. 2185/96 266
    II. Verwaltungsrechtliche und finanzielle sowie gerichtliche Folgemaßnahmen 267
    III. Sammlung von Mitteilungen der Mitgliedstaaten über Unregelmäßigkeiten und Wiedereinziehung zu Unrecht gezahlter Beträge nach VO (EWG) Nr. 595/91 267
B. EU-Budget und Ausfuhrerstattung im Rahmen der gemeinsamen Agrarpolitik im Jahr 2000 270
C. Fälle aus der Praxis der Betrugsbekämpfung 271
    I. Ausfuhr von britischem Rindfleisch unter Zahlung von Erstattung während des BSE-Embargos 271
    II. Ausfuhr mit Erstattung von Feta im Rahmen eines Scheingeschäftes 273
    III. Zuckerausfuhr mit Erstattung und Wiedereinfuhr 274
D. Besondere Probleme bei Ausfuhren von landwirtschaftlichen Produkten mit Erstattung nach Russland 275
    I. Entscheidung der Kommission Nr. C-2497 vom 28.7.1999 über Ankunftsnachweise bei Ausfuhren von landwirtschaftlichen Erzeugnissen nach Russland 275
    II. Gegenseitiges Informationssystem (MIS) mit Russland gemäß VO (EG) NR. 2584/2000 276

Diskussion 279
Zusammenfassung: *Jörgen Rubel, LL.M.*, Doktorand, Institut für öffentliches Wirtschaftsrecht, Universität Münster

Stichwortverzeichnis 283

Satzung des Zentrums für Außenwirtschaftsrecht e. V. 285

Eröffnung des 7. Außenwirtschaftsrechtstages

Prof. Dr. Dirk Ehlers

Meine Damen und Herren,

im Mittelpunkt des Außenwirtschaftsrechts steht jedenfalls auf dem Gebiet des Warenverkehrs das Recht der Ausfuhrbeschränkungen. Weniger Aufmerksamkeit pflegt der Ausfuhrförderung geschenkt zu werden. Dass es sich bei der Ausfuhrförderung jedoch nicht um einen zu vernachlässigenden Vorgang handelt, mag der Blick auf einige Zahlen verdeutlichen.

So ermächtigt das Gesetz über die Feststellung des Bundeshaushaltsplans für das Haushaltsjahr 2002 das Bundesministerium der Finanzen zur Übernahme von Bürgschaften, Garantien und sonstigen Gewährleistungen im Zusammenhang mit förderungswürdigen Ausfuhren in Höhe von 117,6 Milliarden Euro. Für die Gewährleistung anderer außenwirtschaftsrechtlicher Förderungsmaßnahmen wie Kredittransaktionen oder Kapitalausfuhren ist ein zusätzlicher Ermächtigungsrahmen von 40 Milliarden Euro vorgesehen. Hinzu kommt schließlich ein Betrag von 1,74 Milliarden Euro, der zur Absicherung von Krediten zur Mitfinanzierung entwicklungspolitisch förderungswürdiger Vorhaben der bilateralen finanziellen Zusammenarbeit eingesetzt werden kann. Insgesamt ergibt sich somit ein Betrag von nahezu 160 Milliarden Euro.

Auf der internationalen Ebene kommt es oftmals zum Streit über die Zulässigkeit von Ausfuhrförderungsmaßnahmen. So gibt es seit längerer Zeit Meinungsunterschiede zwischen der Europäischen Union und den Vereinigten Staaten von Amerika über die Vereinbarkeit amerikanischer Steuervorschriften mit den Regeln der Welthandelsorganisation, die es den amerikanischen Unternehmen erlauben, ihren Export über Foreign Sales Corporations in Steueroasen wie Barbados oder den Jungferninseln abzuwickeln. Die Streitbeilegungsgremien der Welthandelsorganisation haben mehrfach entschieden, dass die amerikanischen Steuerbestimmungen mit den multilateralen Übereinkommen über Subventionen und Ausgleichsmaßnahmen sowie über die Landwirtschaft unvereinbar sind, weil sie den amerikanischen Unternehmen unfaire Wettbewerbsvorteile verschaffen. Insgesamt sollen bis zu 5.000 Unternehmen, darunter auch Tochtergesellschaften europäischer Konzerne, davon profitieren. Am 30. August dieses Jahres, also vor knapp einem Monat, hat die Welthandelsorganisation der Europäischen Union erlaubt, Strafzölle gegen amerikanische Exporte im Wert von jährlich rund vier Milliarden Dollar zu verhängen.

Die Zahlenangaben dürften zur Genüge belegen, dass es bei der Ausfuhrförderung nicht um Petitessen geht. Schon auf dem ersten Außenwirtschaftsrechtstag des Zentrums für Außenwirtschaftsrecht im Jahre 1996 hat daher Herr Thomas Greuter von der HERMES Kreditversicherungs-AG über „Rechtsfragen der Exportförderung durch Ausfuhrgarantien und -bürgschaften" referiert. Der zweite Außenwirtschaftsrechtstag war den europäischen Marktordnungen und damit auch den Erstattungsproblemen gewidmet. Ferner sind einige Aspekte des Themas auf dem vierten Außenwirtschaftsrechtstag zur Sprache gekommen, in dem es um die „Rechtsfragen des Handelsschutzes im globalen Wettbewerb" ging. In diesem Jahr sollen die „Rechtsfragen der Ausfuhrförderung" ganz im Zentrum unserer Erörterungen stehen.

Zulässigkeit und Grenzen der Ausfuhrförderung bestimmen sich nach internationalem, europäischem Gemeinschafts- und nationalem Recht. International gesehen müssen sich die Ausfuhrförderungsregelungen vor allem an den GATT-Bestimmungen des Art. XVI sowie an dem multilateralen WTO-Übereinkommen über Subventionen und Ausgleichsmaßnahmen von 1994 messen lassen. Das genannte Übereinkommen unterscheidet nach Art einer Verkehrsampel zwischen verbotenen (gewissermaßen roten) und bedingt zulässigen (so genannten orangefarbenen) Subventionen, während die ursprünglich vorgesehene Kategorie der nichtanfechtbaren (d. h. grünen) Subventionen mittlerweile entfallen ist. Ausfuhrsubventionen gehören grundsätzlich zu der zuerst genannten Kategorie. Im Anhang I des Übereinkommens sind Beispiele von Ausfuhrsubventionen aufgeführt. Ausfuhrkredite stellen danach nur dann eine Subvention dar, wenn sie zu Sätzen gewährt werden, die unter jenen liegen, die der Staat selbst zahlen muss oder müsste, um sich die Mittel zu verschaffen. Ausfuhrkreditbürgschaften oder -versicherungen zum Schutz vor Preissteigerungen bei für die Ausfuhr bestimmten Waren oder von Programmen zur Abdeckung von Währungsrisiken durch den Staat sind ebenfalls nur verboten, wenn sie zu Prämiensätzen gewährt werden, die nicht ausreichen, um langfristig die Betriebskosten und Verluste der Programme zu decken (lit. j des Anhangs I). Ferner gelten Ausfuhrkredite, die im Einklang mit den OECD-Übereinkommen über die Leitlinien für öffentlich unterstützte Exportkredite gewährt werden, nicht als Ausfuhrsubventionen (lit. k des Anhangs I). Unzulässige Subventionen können angefochten werden und berechtigen zu Abhilfe- und Ausgleichsmaßnahmen. Für die Europäische Gemeinschaft hat der Rat die Verordnung Nr. 2026/97 über den Schutz gegen subventionierte Einfuhren aus nicht zur Europäischen Gemeinschaft gehörenden Ländern erlassen, mit deren Hilfe auch unzulässige Ausfuhrförderungen der nicht zu den Europäischen Gemeinschaften gehörenden Länder zum Schutze der europäischen Wirtschaft abgewehrt werden können. Die Hinweise zeigen, dass es – wie fast immer im Außenwirtschaftsrecht – zunächst auf das Welthandelsrecht ankommt. Daher muss das Augenmerk zunächst auf dieses Rechtsgebiet gelenkt werden. Ich freue mich darüber, dass wir Herrn Professor Tietje von der Universität Halle-Wittenberg für das Referat „Ausfuhrförderung aus der Sicht des WTO-Rechts" gewinnen konnten. Herr Kollege Tietje hat sich mit bemerkenswerten Veröffentlichungen zum Welthandels- und zum sonstigen internationalen Recht einen Namen gemacht.

Wenden wir uns nun der europäischen Ebene zu. Das europäische Gemeinschaftsrecht nennt als Anwendungsgebiet der gemeinsamen Handelspolitik auch die Ausfuhrpolitik (Art. 133 EGV). Darunter ist in erster Linie die Ausfuhrförderung zu verstehen. Gemäß Art. 132 des EG-Vertrages werden die Systeme der von den Mitgliedstaaten für die Ausfuhr nach dritten Ländern gewährten Beihilfen unbeschadet der von den Mitgliedstaaten im Rahmen anderer internationaler Organisationen eingegangenen Verpflichtungen schrittweise vereinheitlicht, soweit dies erforderlich ist, um eine Verfälschung des Wettbewerbs zwischen den Unternehmen der Gemeinschaft zu vermeiden. Solche Regelungen sind bisher indessen kaum erlassen worden. Vielmehr beteiligt sich die Europäische Gemeinschaft nebst ihren Mitgliedstaaten an der internationalen Zusammenarbeit im Rahmen der OECD zur Vereinheitlichung von ausfuhrfördernden Maßnahmen. So wurde auf der OECD-Ebene im Jahre 1978 ein „Übereinkommen über Leitlinien für öffentlich unterstützte Exportkredite" in Form eines Gentlemen's Agreement geschlossen, das später aktualisiert worden ist und durch an die Mitgliedstaaten der Europäischen Gemeinschaft gerichtete Ratsentscheidungen für verbindlich erklärt wurde. Gegenwärtig wird vor allem darüber diskutiert, ob und gegebenenfalls in welchem Ausmaße bei der Vergabe staatlicher Exportkredite Umweltkriterien Berücksichtigung finden müssen. So wird gefordert, dass der Export von Kernkraftwerken nicht durch Ausfuhrgewährleistungen abgesichert wird. Ferner plädieren zahlreiche NGO's dafür, die Ausfuhrgewährleistungen auch in den Dienst der Entwicklungs-, Friedenssicherungs- und Menschenrechtspolitik zu stellen. Neben dem OECD-Übereinkommen sind staatliche Förderungsmaßnahmen nach der Rechtsprechung des Europäischen Gerichtshofs ferner an den Beihilfevorschriften der Art. 87 f. EG zu messen, weil Ausfuhrbeihilfen auch den Handel zwischen den Mitgliedstaaten der Europäischen Gemeinschaft beeinträchtigen können. Auf der Grundlage dieser Vorschriften hat die EG-Kommission im Jahre 1997 eine Mitteilung an die Mitgliedstaaten gerichtet, die diesen im Bereich der marktfähigen Risiken eine kurzfristige Exportkreditversicherung untersagt, um Wettbewerbsverfälschungen zulasten privater Exportkreditversicherungen zu verhindern. Mit Wirkung ab dem 1.1.2002 ist diese Mitteilung modifiziert und um die Definition marktfähiger Risiken erweitert worden. Als marktfähig gelten nunmehr wirtschaftliche und politische Risiken öffentlicher und nicht öffentlicher Schuldner in den Kernländern der OECD mit einem Risikohorizont von weniger als zwei Jahren. Gleichwohl kann nicht davon gesprochen werden, dass es eine harmonisierte, geschweige denn gemeinschaftliche Ausfuhrförderung in der Europäischen Gemeinschaft gibt. Über den genauen Stand und die Entwicklungsperspektiven der europäischen Ausfuhrpolitik wird uns Herr Dr. Müller-Ibold von der Rechtsanwaltskanzlei Cleary Gottlieb Steen & Hamilton informieren, der auch in dem bekannten Kommentar von Lenz zum EG-Vertrag die einschlägigen Vertragsbestimmungen erläutert hat.

Im nationalen Rechtskreis gestattet Art. 115 des Grundgesetzes die Übernahme von Bürgschaften, Garantien oder sonstigen Gewährleistungen, die zu Ausgaben in künftigen Haushaltsjahren führen können, verlangt aber eine der Höhe nach bestimmte oder bestimmbare Ermächtigung durch Bundesgesetz. Diese Ermächtigung findet sich heute im jeweiligen Haushaltsgesetz, das seinerseits auf Richtlinien verweist, die das Bundesministerium für Wirtschaft und Technologie im Einvernehmen mit dem Bundesministerium der Finanzen, dem Bundesministerium für wirtschaftliche Zusammenarbeit und Entwicklung und dem Auswärtigen Amt festlegt. Wesentlicher Inhalt der Richtlinien sind die materiellen Voraussetzungen für eine Gewährleistungsübernahme, die Verfahrensregeln für die Übernahmeentscheidung sowie die Grundlagen des Gewährleistungsvertrages. Gehandelt wird auf der Grundlage der so genannten Zweistufentheorie. Zunächst wird öffentlich-rechtlich entschieden, ob einem Gewährleistungsantrag stattgegeben werden soll. Erfolgt eine Deckungszusage, wird zur Umsetzung ein privatrechtlicher Gewährleistungsvertrag geschlossen, der das „Wie" der Deckung im Einzelnen regelt. Die Geschäftsführung für die Übernahme und Abwicklung der Ausfuhrgewährleistungen hat der Bund so genannten Mandataren übertragen, die im Auftrag und für Rechnung des Bundes handeln. Als Mandatar tritt ein Konsortium in Erscheinung, das aus der HERMES Kreditversicherungs-AG als Federführer und der PWC Deutsche Revision Aktiengesellschaft Wirtschaftsprüfungsgesellschaft besteht. Die Übernahme einer Ausfuhrgewährleistung setzt unter anderem die risikomäßige Vertretbarkeit sowie eine Förderungswürdigkeit voraus. Bei der Beurteilung der Förderungswürdigkeit ist wiederum zu entscheiden, wie mit Rüstungsgeschäften oder umweltpolitisch fragwürdigen Projekten umgegangen werden soll. Näheres über den Stand der Diskussion, die geltende Rechtslage und die Fragen der technischen

Abwicklung werden wir von Herrn Dr. Kruse und Herrn Dr. Scheibe erfahren. Herr Dr. Kruse ist im Bundesministerium für Wirtschaft und Technologie für die Ausfuhrgewährleistungen zuständig, Herr Dr. Scheibe ist Mitglied der Direktion der HERMES Kreditversicherungs-AG und Mitautor eines dreibändigen Loseblattwerkes über Garantien und Bürgschaften.

Auslandsbezogene Risiken eines Exportgeschäftes können nicht nur vom Staat, sondern in bestimmtem Umfange auch von der privaten Assekuranz abgesichert werden. Lange Zeit traf dies allerdings nicht auf politische Risiken zu. Mit wachsender Risikodauer sowie der zunehmenden Entfernung zum Schuldnerland und den damit steigenden Schwierigkeiten, die Bonität des Schuldners und die wirtschaftlichen Rahmenbedingungen seiner Geschäftstätigkeit verlässlich zu beurteilen, verringerte sich auch die Möglichkeit der Absicherung wirtschaftlicher Risiken auf dem privaten Versicherungsmarkt. Mittlerweile haben sich die privaten Versicherungen aber zum einen internationalisiert, zum anderen ist die Produktpalette ausgeweitet worden. So sind nunmehr auch bestimmte politische Risiken privat versicherbar. Wie bereits ausgeführt wurde, hat die Europäische Gemeinschaft darauf reagiert. Es stellt sich gleichwohl die Frage, ob die bisherigen Regelungen zur Abgrenzung von staatlicher und privater Exportkreditversicherung zu überzeugen vermögen. Hierzu wird Herr Abteilungsdirektor Osinski von der Gerling Speziale Kreditversicherungs-AG Stellung nehmen, der sicher den Standpunkt der Privatversicherungen deutlich zum Ausdruck bringen wird.

Der Außenwirtschaftsrechtstag soll ein Wissenschaft und Praxis zusammenführendes Gesprächsforum für außenwirtschaftsrechtliche Fragestellungen sein. Regelungen müssen sich stets auch an ihren praktischen Wirkungen messen lassen. Daher liegt uns sehr viel an der Einbeziehung von Praxiserfahrungen. In diesem Jahr haben wir Herrn Dr. Böhmer vom Bundesverband der Deutschen Industrie e. V. für diesen Part gewinnen können. Er wird die Ausfuhrförderung aus unternehmerischer Sicht beleuchten.

Der zweite Tag ist der Ausfuhrförderung von Agrarprodukten gewidmet. Der von der WTO ausgewiesene Handel mit Nahrungsmitteln und agrarischen Rohstoffen betrug in der zweiten Hälfte der neunziger Jahre jährlich zwischen 500 und 600 Milliarden US-Dollar oder etwa 10 % des weltweiten Güterhandels. Gleichzeitig ist der Protektionismus in diesem Bereich so stark wie wohl in keinem anderen Wirtschaftszweig verbreitet. Nach einem bekannten Wort von Kenneth W. Dam hat das GATT 1947 im Agrarbereich versagt. Im Rahmen der Uruguay-Runde hat man sich immerhin auf ein Übereinkommen über die Landwirtschaft verständigt. Dieses verfolgt drei Hauptziele: Die Verbesserung des gegenseitigen Marktzugangs, ein Abbau der internen Stützungsmaßnahmen, die sich auf die Produktion und/oder den internationalen Handel auswirken, sowie den Abbau der Exportbeihilfen und der subventionierten Exportmengen. Anders als im Industriegüterbereich haben sich die Mitglieder nur darauf verständigt, die landwirtschaftlichen Exportsubventionen zu vermindern sowie auf die Neueinführung von Subventionen und Kompensationsleistungen zu verzichten. Ausfuhrförderungen sind also nicht per se unzulässig. Dass noch viel zu tun ist, haben die Mitglieder selbst erkannt. Jedenfalls haben sie sich zur Fortsetzung des Reformprozesses mit dem Ziel einer schrittweisen wesentlichen Senkung der Stützungs- und Schutzmaßnahmen verpflichtet. Ich bin sehr gespannt darauf, was uns Herr Dr. Pitschas von der Rechtsanwaltskanzlei Freshfields Bruckhaus Deringer über die „Ausfuhrförderung von Agrarprodukten nach dem WTO-Landwirtschaftsübereinkommen" berichten wird.

In der Europäischen Gemeinschaft hat das WTO-Übereinkommen über die Landwirtschaft insofern Wirkung gezeigt, als Ausfuhren nur noch bis zu einer bestimmten Menge subventioniert werden dürfen und zugleich festgelegt wurde, für welche Erzeugnisse Subventionen erlaubt sind. Da der EG-Agrarmarkt im globalen Wettbewerb nicht mithalten kann, ist es ohne Ausfuhrerstattungen in der Regel nicht möglich, landwirtschaftliche Güter aus EG-Mitgliedstaaten in Drittländer zu exportieren. Ausfuhrerstattungen lassen sich als Ausgleichszahlungen definieren, die aus dem Gemeinschaftshaushalt durch die Mitgliedstaaten an die Ausführer bestimmter Agrarerzeugnisse oder verarbeiteter Agrarerzeugnisse gezahlt werden. Ziel der Ausfuhrerstattung ist es, für diese Erzeugnisse die Differenz zwischen dem hohen Preis in der Gemeinschaft und dem niedrigen Weltmarktpreis auszugleichen und damit sowohl die Erzeugung im Binnenmarkt als auch den Absatz in Drittländern zu ermöglichen und zu fördern. Das Erstattungsrecht ist eine hoch komplexe Materie, in der es häufig zum Streit kommt – auch weil es um hohe Beträge geht. Über die Auslegung der Rechtsvorschriften entscheiden letztverbindlich die Gerichte. Wir schätzen uns glücklich, mit Herrn Rüsken jemanden unter uns haben, der uns aus erster Hand über die neuere Rechtsprechung zum Ausfuhrerstattungsrecht berichten kann. Als Richter des Bundesfinanzhofs hat Herr Rüsken an grundsätzlichen Entscheidungen zum Ausfuhrerstattungsrecht mitgewirkt. Oftmals hat der Senat, dem Herr Rüsken angehört, eine Vorabentscheidung des Europäischen Gerichtshofs eingeholt und damit einen Beitrag zur Fortentwicklung dieses Rechtsgebiets geleistet. Ich erinnere nur an die Vorlage zur Rechtmäßigkeit der Sanktionsregelungen gemäß Art. 11 der Ausfuhrerstattungsverordnung. Wir dürfen gespannt auf den Vortrag von Herrn Rüsken sein.

Die Gewährung der Ausfuhrerstattungen richtet sich nach der Ausfuhrerstattungsverordnung. Die Anwendung dieser Verordnung wirft in der Praxis immer wieder Probleme auf. So stellt sich schon die Frage, wann eine Ware ausgeführt worden ist. Kommt es auf die Ausfuhr oder die Vermarktung an? Von erheblichem Interesse sind die Rückforderungsregelungen. Zum Beispiel geht es um die Abgrenzung und das Zusammenspiel von Gemeinschaftsrecht und nationalem Recht, um die Zuordnung von Rücknahme und Rückforderung, um die Auslegung der kürzlich in das Gemeinschaftsrecht eingeführten Vertrauenstatbestände, um Beweislastfragen und um zahlreiche Einzelprobleme der differenzierten Ausfuhrerstattung. Ist eine Erstattung zu Unrecht gewährt worden, muss der Empfänger damit rechnen, dass mehr als der gewährte Betrag zurückgefordert wird. Das wirft die Frage nach der Abgrenzung von Verwaltungssanktionen und Strafnormen auf. Über dieses und vieles weitere mehr werden wir von Herrn Dr. Schrömbges von der Rechtsanwaltskanzlei Graf von Westphalen Bappert & Modest hören. Herr Dr. Schrömbges bedarf keiner weiteren Vorstellung, weil er als Experte für alle Fragen des Marktordnungsrechts bundesweit bekannt ist. Erwähnen möchte ich nur, dass er dem Zentrum für Außenwirtschaftsrecht als aktives Beiratsmitglied verbunden ist und wir ihm schon viele Anregungen und Förderungen zu verdanken haben.

Regulierte Märkte sind in hohem Maße fehler- und betrugsanfällig. Im Jahr 2000 haben sich die Mitgliedstaaten und das von der Europäischen Gemeinschaft eingerichtete Europäische Amt für Betrugsbekämpfung mit insgesamt 6.915 neuen Betrugsfällen befasst. Die festgestellten bzw. geschätzten Auswirkungen auf den Haushalt sollen mehr als zwei Milliarden Euro betragen haben. Dabei verteilten sich die untersuchten Fälle etwa zur Hälfte auf den Agrarbereich. Zusätzlich muss in Rechnung gestellt werden, dass viele Betrugshandlungen nicht aufgedeckt werden und daher ein großes Dunkelfeld besteht. Dies gibt uns Veranlassung, uns am Schluss unserer Veranstaltung dem Thema der Betrugsbekämpfung zuzuwenden. Als Referentin konnten wir Frau Dr. Sperber vom Europäischen Amt für Betrugsbekämpfung gewinnen. Sie wird uns sicher nicht nur über den Aufbau des Amtes für Betrugsbekämpfung und seine Aufgaben im Zusammenhang mit den Fragen der Ausfuhrerstattung, sondern auch über Fälle aus der Praxis der Betrugsbekämpfung zu berichten wissen.

Meine Damen und Herren, wir freuen uns darüber, dass Sie der Einladung zum 7. Außenwirtschaftsrechtstag gefolgt sind. Es wird ausreichend Gelegenheit zum Gespräch gegeben. Ich darf Sie bitten, sich rege an der Diskussion zu beteiligen. Bereits jetzt möchte ich allen danken, die an der Organisation der Tagung mitgewirkt haben und noch mitwirken werden. Ein besonderer Dank gilt der Rechtsanwaltskanzlei Graf von Westphalen Bappert & Modest, die den diesjährigen Außenwirtschaftsrechtstag durch eine Spende unterstützt hat. Damit darf ich den 7. Außenwirtschaftsrechtstag eröffnen, uns interessante Erörterungen wünschen und Sie, Herr Kollege Tietje, bitten, zu uns zu sprechen.

Ausfuhrförderung aus der Sicht des WTO-Rechts

Prof. Dr. Christian Tietje, LL.M. (Michigan)*

A. Einleitung

In der Geschichte spielten Im- und Exporte schon immer eine wichtige Rolle für die staatliche Wirtschaftspolitik. Insbesondere seit der weitgehenden Anerkennung der Theorien zu absoluten (Adam Smith) und komparativen Kostenvorteilen (David Ricardo) im 18. und 19. Jahrhundert hat sich die Erkenntnis durchgesetzt, dass der Im- und Export wesentlich zur nationalen Wohlfahrtssteigerung beiträgt. Über diese allgemeine ökonomische Bedeutung des im- und exportorientierten Austauschs von Gütern (und Dienstleistungen) hinausgehend hat sich in jüngerer Zeit ein zunehmendes Interesse an spezifischen Exportfragen gezeigt. Das hat mehrere Ursachen, wobei an erster Stelle der Zusammenbruch des IMF-Systems fester Wechselkurse und der daraus folgende Übergang zu freien Wechselkursen Anfang der 1970er Jahre[1] zu nennen ist. Seither werden Exporte als zentrales Element der Wechselkurspolitik der Staaten betrachtet.[2] Im Zusammenhang damit steht auch, dass Exporte aufgrund ihrer wohlfahrtssteigernden Wirkung die Importmöglichkeiten und somit letztlich die ökonomische Lebensqualität der individuellen Konsumenten steigern. Zudem gewährleisten sie für einen nationalen Wirtschaftsraum insgesamt betrachtet weitgehende ökonomische Stabilität, da es aufgrund weitreichender Verflechtungen in einem globalen, von großer Diversifikation gekennzeichneten Markt nicht zu einseitigen Abhängigkeiten einer Volkswirtschaft kommt.[3] Vor diesem Hintergrund verwundert es nicht, dass die Exportförderung gerade für Entwicklungsländer ein zentraler Bau-

---

* Der Verfasser ist Inhaber des Lehrstuhls für Öffentliches Recht, Europarecht und Internationales Wirtschaftsrecht an der Juristischen Fakultät der Martin-Luther-Universität Halle-Wittenberg und Direktor des dortigen Instituts für Wirtschaftsrecht.
[1] Vgl. Art. IV:2 lit. b)(iii) IMF-Abkommen i.d.F. vom 30. April 1976, BGBl. 1978 II, 16; *Hahn*, Währungsrecht, 1990, 178 f.
[2] *Czinkota*, National export promotion: a statement of issues, changes, and opportunities, in: Kotabe u.a. (Hrsg.), Emerging issues in international business research, 2002, 123; zu den ökonomischen Einzelheiten statt vieler *Kenen*, The International Economy, 4. Aufl., 2000, 322.
[3] Zu diesen Aspekten *Czinkota* (Fn. 2), 123 (124).

stein ihrer Strategien zur Wachstumssteigerung war und ist.[4] Aber auch in den industrialisierten Staaten spielt die Exportförderung eine wichtige Rolle. Jüngster Beweis hierfür ist die gesetzliche Erneuerung des Mandates der US-amerikanischen Export-Import Bank (Eximbank) auf der Grundlage eines entsprechenden Gesetzes, das Präsident Bush am 14. Juni 2002 unterzeichnete.[5]

Auch in ökonomischen Zahlen kommt die wirtschaftliche Bedeutung des Exports zum Ausdruck: Gegenwärtig sind jährlich weltweite Warenexporte von über 6 Billionen US-$ zu verzeichnen. Zu dieser Größenordnung kam es aufgrund eines Wachstums des Welthandels in den letzten 40 Jahren um das Fünfzehnfache, während das Weltbruttosozialprodukt in dieser Zeit nur um das Sechsfache stieg. Bei den weltweiten Exporten zeigt sich namentlich seit den 1980er Jahren ein drastischer Anstieg. Von 1985 bis 1990 stiegen die Weltwarenexporte um durchschnittlich 5,8 Prozent, von 1990 bis 1995 um durchschnittlich 6 Prozent. Das Weltbruttosozialprodukt wuchs in dieser Zeit hingegen nur um 1 bis 3 Prozent.[6]

Die Rolle der Exportwirtschaft und das staatliche Interesse hieran führen freilich auch zu Problemen. Im internationalen Wirtschaftssystem kommt es regelmäßig zu Konflikten, wenn Staaten in welcher Form auch immer in die Exporttätigkeit privater Unternehmen eingreifen. Die langwierigen und bis heute noch nicht abschließend gelösten Handelsstreitigkeiten zwischen der EG und den USA im Hinblick auf Steuervergünstigungen für die amerikanische Exportwirtschaft sind hierfür ein deutlicher Beleg.[7]

Angesichts der Bedeutung der Exportwirtschaft auf der einen Seite und regelmäßigen, zu Konflikten führenden Interventionen von Staaten in diesem Wirtschaftsbereich auf der anderen Seite ist der Versuch der rechtlichen Disziplinierung der staatlichen Ausfuhrförderung kein neues Thema im Weltwirtschaftsrecht. Mit In-Kraft-Treten der Übereinkommen der WTO-Rechtsordnung im Jahre 1995 hat sich allerdings die juristische Dimension von Rechtsfragen im Zusammenhang mit der Ausfuhrförderung deutlich erweitert. Hierauf soll im Folgenden näher eingegangen werden: Zunächst

---

[4] Hierzu insbesondere mit Blick auf Exportsubventionen im Überblick *Hoekman/Kostecki*, The Political Economy of the World Trading System, 2. Aufl., 2001, 175 f.

[5] P.L. 107-189; Einzelheiten hierzu bei *Jackson*, Export-Import Bank: Background and Legislative Issues, CRS Report for Congress v. 18. Juni 2002.

[6] Zahlen nach Angaben der WTO, verfügbar unter: http://www.wto.org/english/res_e/statis_e/statis_e.htm.

[7] Siehe noch infra bei Fn. 44.

werden verschiedene Formen der Ausfuhrförderung und diesbezüglich relevante internationale Regelwerke dargestellt (B.). Im Anschluss hieran ist es notwendig, einige ökonomische Aspekte der Ausfuhrförderung, insbesondere mit Blick auf Exportsubventionen, zu diskutieren, da sich nur so der Regelungsgehalt des für die Ausfuhrförderung zentralen WTO-Subventionsübereinkommens erschließt (C.). Das Subventionsübereinkommen wird dann im dritten Teil behandelt, wobei allerdings keine umfassende Darstellung dieses komplexen Übereinkommens erfolgen wird, sondern nur eine Diskussion einiger für die Ausfuhrförderung besonders wichtiger und aktueller rechtlicher Aspekte (D.). Abschließend sollen kurz die Auswirkungen des Subventionsübereinkommens in der innerstaatlichen Rechtsordnung aufgezeigt werden (E.).

B. Formen der Ausfuhrförderung und relevante internationale Regelwerke

Die Formen staatlicher Ausfuhrförderung sind vielfältig. Sie reichen vereinfacht dargestellt von der informellen Bereitstellung von Informationen an interessierte Unternehmen über die schon formellere Anbahnung von Kontakten mit ausländischen Unternehmen und Regierungen bis zur rechtlich geregelten Bereitstellung finanzieller Mittel.

I. Informelle Maßnahmen und staatliche Zurechenbarkeit

Die eher im Informations- und Geschäftsvermittlungsbereich angesiedelten staatlichen Aktivitäten der Ausfuhrförderung unterliegen grundsätzlich keinen weltwirtschaftsrechtlichen Regelungen. Allerdings kann unter bestimmten Voraussetzungen auch eine informelle staatliche Einflussnahme auf private Unternehmensaktivitäten im Import- oder Exportbereich welthandelsrechtliche Relevanz entfalten. Das damit angesprochene Rechtsproblem der staatlichen Zurechenbarkeit privaten Verhaltens wurde erstmals Ende der 1980er Jahre im Zusammenhang mit dem Halbleiter-Streit zwischen der EG, Japan und den USA relevant. Damals ging es u.a. um das informelle Zusammenwirken des japanischen *Ministry of International Trade and Industry* (MITI) und japanischen Herstellern von Halbleitern, welches u.a. zu einer Exportbevorzugung des amerikanischen Marktes führte.[8] Ein-

---

[8] *Japan – Trade in Semi-Conductors*, Report of the Panel adopted on 4 May 1988, BISD 35S/116 ff.; zum Verfahren im Überblick *Tietje*, Normative Grundstrukturen

zelheiten zu diesem Verfahren sollen hier nicht interessieren. Entscheidend ist nur, dass spätestens seit der damaligen Entscheidung eines GATT-Panel im GATT- und heute WTO-Recht anerkannt ist, dass eine intensive – auch informelle – staatliche Einflussnahme auf private Unternehmensaktivitäten eine hoheitliche Verantwortlichkeit begründen kann. Das Panel im so genannten Fuji/Kodak-Verfahren stellte hierzu nach einer Analyse der bisherigen Rechtsprechung fest: „These past GATT cases demonstrate that the fact that an action is taken by private parties does not rule out the possibility that it may be deemed to be governmental if there is sufficient government involvement with it. It is difficult to establish bright-line rules in this regard, however. Thus, that possibility will need to be examined on a case-by-case basis."[9] Mit dieser Aussage, die in ähnlicher Form in weiteren Entscheidungen getroffen wurde,[10] wird im Ergebnis die Anwendbarkeit der Zurechnungsgrundsätze anerkannt, die aus dem allgemeinen Völkerrecht bekannt sind.[11]

Festzuhalten ist damit, dass auch eine informelle Einflussnahme auf private Unternehmensaktivitäten welthandelsrechtliche Bedeutung haben kann, wenn sie dazu führt, dass ein Verstoß gegen materielle Rechtsvorgaben der WTO-Rechtsordnung erfolgt. Zu denken ist hierbei insbesondere an Maßnahmen der Ausfuhrförderung, die sich aufgrund einer Lenkung von Exportströmen positiv für einen Handelspartner auswirken, für einen anderen Handelspartner aber als eine verbotene mengenmäßige Exportbeschränkung im Sinne von Art. XI:1 GATT darstellen.[12]

III. Exportrestriktionen zur Ausfuhrförderung (Art. XI:2 lit. b) GATT)

In diesem Zusammenhang ist allerdings hervorzuheben, dass das Verbot der Exportbeschränkungen im Bereich der Ausfuhrförderung einer Ausnahmeregelung unterliegt. Gemäß Art. XI:2 lit. b) GATT sind Maßnahmen der Ex-

---

der Behandlung nichttarifärer Handelshemmnisse in der WTO/GATT-Rechtsordnung, 1998, 391 ff.

[9] *Japan – Measures Affecting Consumer Photographic Film and Paper*, Panel Report adopted on 31 March 1998, WT/DS44/R, para. 10.56.

[10] Ausführliche Analyse bei *Tietje* (Fn. 8), 388 ff.; *Villalpando*, Attribution of Conduct to the State: How the Rules of State Responsibility may be Applied within the WTO Dispute Settlement System, Journal of International Economic Law 5 (2002), 393 ff.

[11] So bereits frühzeitig *Tietje* (Fn. 8), 388 ff.; bestätigend jetzt *Villalpando* (Fn. 10), 393 ff.

[12] Zu Art. XI:1 GATT ausführlich *Tietje* (Fn. 8), 273 ff.

portbeschränkung zulässig, die u.a. für „den Absatz von Waren im internationalen Handel notwendig sind". Die genaue Bedeutung dieser Vorschrift wurde in der GATT- bzw. WTO-Praxis noch nicht geklärt. Die Entstehungsgeschichte der Norm deutet zwar darauf hin, dass alle Marketingmaßnahmen erfasst sein sollen.[13] Entscheidend ist jedoch, dass diese nach dem klaren Wortlaut der Vorschrift „notwendig" sein müssen. Das Tatbestandsmerkmal der Notwendigkeit, das sich auch in anderen Vorschriften der WTO-Rechtsordnung findet (siehe z.B. Art. XX GATT, Art. 2.2 TBT-Übereinkommen), wird in Fortführung entsprechender Panel-Entscheidungen nach dem alten GATT 1947[14] zwischenzeitlich in gefestigter Spruchpraxis des Dispute Settlement Body (DSB) der WTO im Sinne einer zweistufigen Prüfung ausgelegt: Eine Maßnahme ist zunächst nur dann notwendig, wenn es nicht eine alternative Handlungsoption gibt, die mit dem GATT vereinbar ist und deren Anwendung von dem betroffenen WTO-Mitglied „reasonably be expected" werden kann. Soweit es keine entsprechende Alternative gibt, muss in jedem Fall diejenige Maßnahme gewählt werden, „which entails the least degree of inconsistency with other GATT provisions".[15]

Auf der Grundlage des Notwendigkeitskriteriums in Art. XI:2 lit. b) GATT erweist es sich damit in jedem Fall als unzulässig, eine Exportrestriktion für eine Ware zu etablieren, um so die Ausfuhr einer anderen Ware zu fördern. In diesem Sinne entschied auch ein GATT-Panel im Jahre 1988.[16] Maßnahmen der Ausfuhrförderung dürfen nur zu Exportrestriktionen für das Produkt führen, dessen Absatz im internationalen Handel gefördert werden soll. Eine Exportrestriktion, die für ein Produkt erlassen wird, um den Absatz bzw. das Absatzmarketing für ein anderes Produkt zu verbessern, ist in jedem Fall unzulässig.[17] Überdies ist natürlich auch bei einer zulässigen Exportrestriktion zur Ausfuhrförderung der Gleichbehandlungsgrundsatz zu beachten (Art. XIII:1 GATT).

---

[13] Nachweise zur Entstehungsgeschichte in: GATT, Analytical Index, 6. Aufl., 1994, 298.
[14] Ausführlich hierzu *Tietje* (Fn. 8), 315 ff.
[15] Zu dieser Auslegung siehe aus jüngerer Zeit *Korea - Measures Affecting Imports of Fresh, Chilled and Frozen Beef*, Report of the Appellate Body v. 10.1.2001, WT/DS161/AB/R, WT/DS169/AB/R, para. 166; *European Communities - Measures Affecting Asbestos and Asbestos-Containing Products*, Report of the Appellate Body v. 12.3.2001, WT/DS135/AB/R, para. 170 ff.; zur diesbezüglichen Rechtsprechung unter dem GATT 1947 ausführlich *Tietje* (Fn. 8), 315 ff. m.w.N.
[16] *Canada - Measures Affecting Exports of Unprocessed Hering and Salmon*, Panel Report adopted on 22 March 1988, BISD 35S/98, para. 4.2 f.
[17] Siehe auch *Senti*, WTO - System und Funktionsweise der Welthandelsorganisation, 2000, Rn. 555.

III. Ausfuhrförderung durch Staatshandelsunternehmen

Neben informellen Maßnahmen kommt im Bereich der nicht primär finanziellen Unterstützung so genannten Staatshandelsunternehmen eine wichtige Rolle im Bereich der Ausfuhrförderung zu. Staatshandelsunternehmen, die eine gezielte Exportpolitik verfolgen, sind zwar in erster Linie aus den Transformationsstaaten und den Entwicklungsländern bekannt. Es darf aber nicht übersehen werden, dass es in Frankreich mit der *Gaz de France* noch ein Staatshandelsunternehmen in der EG gibt, dessen Aktivitäten Auswirkungen auf den Export von Gas haben.[18] Darüber hinaus bleibt der Staatshandel natürlich in vielen WTO-Mitgliedern außerhalb der EG von großer Bedeutung. Das hat sich in jüngerer Zeit nochmals im Rahmen des Beitritts Chinas zur WTO gezeigt. Der Bericht der Arbeitsgruppe der WTO zum Beitritt Chinas zur WTO enthält zahlreiche Forderungen, die sich auf eine marktwirtschaftliche Ausrichtung chinesischer Staatsbetriebe, u.a. im Bereich von Ausfuhraktivitäten, beziehen.[19]

Die rechtliche Ausgestaltung der WTO-Regeln zu Staatshandelsunternehmen ist nach wie vor unbefriedigend. In der WTO-Rechtsordnung existiert zwar eine Auslegungsübereinkunft zu dem einschlägigen Art. XVII GATT.[20] Eine seit langer Zeit geforderte Definition von Staatshandelsunternehmen sowie rechtliche Klarstellungen zu den sie betreffenden Verpflichtungen finden sich hierin aber nur in Ansätzen bzw. überhaupt nicht.[21] Damit bleibt es auch weiterhin im Wesentlichen bei der materiellen Rechtslage, die von Art. XVII:1 lit. a) GATT vorgegeben wird. Für die Ausfuhrförderung ist dabei die Verpflichtung von Staatshandelsunternehmen auf die Meistbegünstigungsklausel relevant, die in Art. XVII GATT mit den Worten umschrieben wird, dass Staatshandelsunternehmen „bei ... Käufen oder Verkäufen, die Einfuhren oder Ausfuhren zur Folge haben, die allgemeinen Grundsätze der

---

[18] Siehe Trade Policy Review, European Union, 2002, WT/TPR/S/102, 51.
[19] WT/Min(01)/3 v. 10. November 2001; hierzu *Berrisch*, Allgemeines Zoll- und Handelsabkommen (GATT 1994), in: Prieß/Berrisch (Hrsg.), WTO-Handbuch (im Erscheinen), B.I.1 Rn. 173 f.; *Zinser*, Der Beitritt der Volksrepublik China zur WTO: rechtliche Rahmenbedingungen und Auswirkungen, EuZW 2002, 208 ff.
[20] Vereinbarung zur Auslegung des Artikel XVII des Allgemeinen Zoll- und Handelsabkommens 1994, ABl. EG 1994, Nr. L 336/13, abgedruckt bei: *Tietje* (Hrsg.), Welthandelsorganisation, 2000, 70 f.
[21] Im Überblick zur Entwicklung der Rechtslage und zu den Problemen *Tietje* (Fn. 8), 247 ff. m.w.N.

Nicht-Diskriminierung" beachten müssen. Unstrittig ist, dass hiermit zumindest die Meistbegünstigungsklausel gemeint ist.[22]

Eine genaue Definition der von Art. XVII GATT erfassten Staatshandelsunternehmen gibt es in der WTO-Rechtsordnung, wie bereits erwähnt, nicht. Die Vereinbarung zur Auslegung des Art. XVII GATT umschreibt diese aber immerhin als „[s]taatliche und nichtstaatliche Unternehmen einschließlich Vertriebsorganisationen, denen ausschließliche oder besondere Vorrechte einschließlich gesetzlicher oder verfassungsrechtlicher Befugnisse gewährt worden sind, in deren Ausübung sie durch ihre Käufe oder Verkäufe den Umfang oder die Bestimmung von Ein- oder Ausfuhren beeinflussen". Mit Blick auf die für die Ausfuhrförderung wichtigen „Vertriebsorganisationen" ist zu beachten, dass diese nicht mit „Marketing Boards", also Institutionen des reinen Marketings, gleichgesetzt werden dürfen.[23]

Insgesamt zeigt sich damit, dass die WTO-Rechtsordnung zwar einen weiten und unbestimmten Begriff der Staatshandelsunternehmen gebraucht, für sie allerdings kaum über Notifikationspflichten hinausgehende materiellrechtliche Verpflichtungen statuiert. Staatshandelsunternehmen zur Ausfuhrförderung sind nach dem WTO-Recht zulässig, solange ihre Wirtschaftstätigkeit im Einklang mit dem Meistbegünstigungsgrundsatz steht. Immerhin ist aber zu konstatieren, dass Staatshandelsunternehmen im Rahmen der Ausfuhrförderung nach ökonomischen Gesichtspunkten handeln müssen und damit bei ihrer Wirtschaftstätigkeit nicht von politischen Vorstellungen und Zielen geleitet werden dürfen.[24]

IV. Finanzielle Maßnahmen der Ausfuhrförderung

Auf einer weiteren Stufe der Intensität der Ausfuhrförderung anzusiedeln sind schließlich finanzielle staatliche Maßnahmen. Dabei kann zwischen Exportbürgschaften bzw. -risikoabsicherungen und -krediten auf der einen Seite und allgemeinen Exportsubventionen auf der anderen Seite unterschieden werden. Beide Fallgruppen werden vom WTO-Subventionsübereinkommen erfasst und sollen daher an späterer Stelle detailliert unter WTO-rechtlichen Gesichtspunkten untersucht werden. An dieser Stelle ist nur kurz darauf hinzuweisen, dass Exportbürgschaften und -kredite nicht nur

---

[22] Zur problematischen, für die Ausfuhrförderung aber nicht relevanten Frage, ob auch eine Verpflichtung zur Inländergleichbehandlung besteht, siehe *Tietje* (Fn. 8), 251 f. m.w.N.
[23] *Senti* (Fn. 17), Rn. 890; *Berrisch* (Fn. 19), Rn. 171.
[24] Ausführlich hierzu *Tietje* (Fn.8), 251 ff. m.w.N.

vom WTO-Recht erfasst werden. Internationale Regelwerke zur Disziplinierung der Exportfinanzierung existieren vielmehr schon seit langer Zeit. Bereits 1928 wurde die „International Credit Insurance Association (ICIA)" (jetzt: International Credit Insurance & Surety Association – ICISA) gegründet. Es handelt sich um einen Zusammenschluss von privaten, kommerziellen Versicherungsgesellschaften, die Exportrisiken auf eigene Rechnung, ohne staatliche Rückbindung, versichern. Die Aufgaben der ICISA beziehen sich insbesondere auf den Informations- und Erfahrungsaustausch.[25] Neben der ICISA existiert seit 1934 die so genannte Berner Union als Zusammenschluss von Exportkreditgesellschaften mit staatlichem Hintergrund. Heute vereint die Berner Union mit Sitz in London die öffentlichen/staatlichen und privaten Kreditversicherer von über 40 Ländern. Sie setzt sich für die Akzeptanz von vernünftigen Grundsätzen und für die Disziplin in der Einhaltung von Kreditbedingungen im internationalen Handel ein.[26] Inhaltlich befasst sich die Union nur mit der Exportkreditversicherung, nicht jedoch mit der allgemeinen Exportfinanzierung. Außerdem werden nur Exportkredite mit einer bestimmten Laufzeit erfasst,[27] was zur Erarbeitung weitergehender Instrumentarien in anderen internationalen Foren zwang.

Herausragende Bedeutung im Bereich der finanziellen Ausfuhrförderung kommt heute der OECD zu. Schon unter dem ursprünglichen Dach der Organization for European Economic Cooperation (OEEC) wurden weitreichende Anstrengungen zur Disziplinierung von Exportfördermaßnahmen ergriffen.[28] Diese führten letztlich zum erstmals am 22. Juli 1978 verabschiedeten „Konsensus" über die Leitlinien für staatlich unterstützte Ausfuhrkredite. Die gegenwärtig aktuelle Fassung dieser völkerrechtlich nicht verbindlichen, aber in das Gemeinschaftsrecht übernommenen[29] Übereinkunft datiert aus dem Jahre 1998.[30] Inhaltlich werden von dem Konsensus öffentlich unterstützte Exportkredite mit einer Laufzeit von mindestens zwei Jahren erfasst. Für diese Kredite wurden Regelungen u.a. zu An- und Zwischenzahlungen, zu Höchstkreditlaufzeiten sowie zu Mindestzinssätzen aufgestellt.

---

[25] Informationen sind verfügbar unter: www.icisa.org.
[26] Informationen sind verfügbar unter: www.berneunion.org.uk.
[27] Hierzu und zu weiteren Einzelheiten *Gumpold*, Internationale Rahmenregelungen zur Ausfuhrförderung, IEF Working Paper Nr. 17, Juni 1996, 2 ff.
[28] Im Überblick zur Entwicklung *Engelhard*, Exportförderung – Exportentscheidungsprozesse und Exporterfolg, 1992, 63 f.
[29] Entscheidung des Rates vom 22. Dezember 2000 zur Ersetzung der Entscheidung vom 4. April 1978 über die Anwendung bestimmter Leitlinien auf dem Gebiet öffentlich unterstützter Exportkredite, ABl. EG Nr. L 32/1 v. 2.2.2001.
[30] Verfügbar unter: www1.oecd.org/ech/docs/xcr.htm.

Alle Einzelheiten des OECD-Konsensus sollen hier nicht interessieren. Hinzuweisen ist indes darauf, dass der OECD-Konsensus heute eine zentrale Rolle in der WTO-rechtlichen Bewertung von Exportkrediten spielt, worauf im Rahmen der Analyse des WTO-Subventionsübereinkommens noch näher einzugehen sein wird. Wie sich dabei zeigen wird, erfährt der rechtsunverbindliche OECD-Konsensus durch das WTO-Recht eine Aufwertung, die im Ergebnis zu einer universellen rechtsnormativen Wirkung einzelner Bestimmungen der Absprache führt.

C. Ökonomische Aspekte der finanziellen Ausfuhrförderung (Exportsubventionen)

Bevor konkret auf einzelne Aspekte der WTO-rechtlichen Bewertung der finanziellen Ausfuhrförderung, d.h. von Exportsubventionen, einzugehen ist, soll zunächst kurz dargelegt werden, welche ökonomischen Probleme hiermit verbunden sind. Es ist zwar als solches weitgehend anerkannt, dass Exportsubventionen erhebliche negative Auswirkungen auf das Welthandelssystem haben. Welche genauen Ursachen hierfür verantwortlich sind, wird allerdings nicht immer klar herausgestellt.

Die Ausfuhrförderung insbesondere durch Exportsubventionen hat in jüngerer Zeit durch die so genannte strategische Handelspolitik, die insbesondere mit den Namen von *Brander* und *Spencer*[31] verbunden ist, erheblichen Zuspruch gefunden. Die strategische Handelspolitik argumentiert vereinfacht dargestellt dahingehend, dass ein Staat durch Marktintervention einem inländischen Unternehmen zu einem Monopol oder zu einer besseren Oligopolstellung auf dem Weltmarkt verhelfen könne. Zentrales Instrumentarium „strategischer" Handelspolitik ist hierbei die Exportsubvention, also die finanzielle Ausfuhrförderung.

Das Konzept der strategischen Handelspolitik wurde im wirtschaftswissenschaftlichen Schrifttum vielfach kritisch gewürdigt. Dabei hat sich im Wesentlichen gezeigt, dass es durchaus ökonomisch bestimmbare Anreize für einen Staat geben kann, eine strategische Handelspolitik zu betreiben. Zugleich ist heute aber auch weitgehend anerkannt, dass eine strategische

---

[31] *Brander/Spencer*, Export Subsidies and Market Share Rivalries, Journal of International Economics 18 (1985), 83 ff.

Handelspolitik durch Exportsubventionen zu erheblichen Problemen führt und auch konzeptionell wenig überzeugt.[32] Dazu im Einzelnen:[33] Die strategische Handelspolitik vermag zwar durchaus einzelstaatliche Entscheidungen zur „strategischen" Ausfuhrförderung in einer Situation bestehender Marktunvollkommenheiten erklären. Insgesamt leidet das Modell freilich unter der zu einfachen Annahme von zwei Duopolisten aus zwei verschiedenen Ländern, die für einen Drittmarkt produzieren. Abgesehen von der Flugzeugproduktion (Airbus und Boeing-McDonell-Douglas) existieren heute keine weltweiten Monopole oder Oligopole. Das ist insbesondere in der Bestreitbarkeit der Märkte begründet, die rechtlich durch Art. III und Art. XI:1 GATT gesichert wird.[34] Weiterhin ist zu beachten, dass strategische Handelspolitik nicht nur zur Schaffung und Verschiebung von Renten führt (rent creation und rent shifting), sondern überdies zu einem so genannten Rentensuchen (rent seeking). Darunter ist zu verstehen, dass Unternehmen versuchen, in den Genuss möglichst weitreichender staatlicher Ausfuhrförderung zu kommen. Das bindet Ressourcen, die nicht mehr im Bereich der eigentlichen Unternehmenspolitik eingesetzt werden können, was notwendig zu Effizienzverlusten führt. Ebenso wenig berücksichtigt wird, dass eine „strategische" Ausfuhrförderung natürlich vom Staat finanziert werden muss. Das geht nur durch Steuern, wodurch wiederum Wohlfahrtsverluste eintreten. Ein weiterer prinzipieller Einwand gegen die strategische Handelspolitik in der Form aktiver Exportförderung besteht in dem klassischen Problem der Anmaßung von Wissen.[35] Staatlich gesetzte Entscheidungen über „zukunftsträchtige", für den Export vermeintlich wichtige Wirtschaftszweige vermögen nie das ökonomische Optimum zu erreichen, das die spontane, nicht gesetzte Ordnung des Marktes hervorbringt.[36]

---

[32] Zur Entwicklung und zum Stand der wirtschaftswissenschaftlichen Diskussion zur strategischen Handelspolitik siehe *Welzel*, Das Argument der „strategischen Handelspolitik" – was ist geblieben?, Diskussionsbeitrag Nr. 172, Institut für Volkswirtschaftslehre, Universität Augsburg, Januar 1998.

[33] Zu den Kritikpunkten *Siebert*, Weltwirtschaft, 1997, 169 f.

[34] Zur Theorie bestreitbarer Märkte und ihrer Verwirklichung in der WTO-Rechtsordnung siehe *Tietje*, Grundlagen und Perspektiven der WTO-Rechtsordnung, in: Prieß/Berrisch (Hrsg.), WTO-Handbuch (im Erscheinen), A.II. Rn. 20 f.

[35] Grundlegend hierzu *v. Hayek*, Die Anmaßung von Wissen (1974), abgedruckt in: Kerber (Hrsg.), F.A. von Hayek, Die Anmaßung von Wissen, 1996, S. 3 ff.

[36] Klassisch *v. Hayek*, Recht, Gesetzgebung und Freiheit, Bd. 3, 1981, S. 192: „Aus einem gelenkten Prozeß kann nicht Größeres entstehen als der lenkende Geist voraussehen kann ... Eine sich entwickelnde Gesellschaft schreitet nicht dadurch voran, daß die Regierung ihr neue Ideen aufprägt, sondern dadurch, daß in einem Prozeß von Versuch und Irrtum ständig neue Wege und Methoden ausprobiert werden.".

Schließlich ist das wohl wichtigste und unmittelbar in die WTO-Rechtsordnung überleitende Argument gegen eine strategische Ausfuhrförderung darin zu sehen, dass diese nie isoliert von einem Staat angewandt wird. Ausfuhrsubventionen eines Staates, die die „strategische" Position seiner Unternehmen im Wettbewerb fördern, führen unweigerlich zu Gegenreaktionen anderer Staaten. Überdies ist die egoistische Rationalität zu Gunsten von Exportsubventionen, die die strategische Handelspolitik überzeugend erklärt, auf alle Staaten anwendbar. Da folglich alle Staaten Exportsubventionen einsetzen werden, steigt weltweit das Preisniveau der betreffenden Waren, was zwangsläufig zu Wohlfahrtsverlusten insgesamt führt. Damit liegt ein klassisches, Wohlfahrtsverluste begründendes Gefangenendilemma vor.[37]

Insgesamt erweist sich die finanzielle Ausfuhrförderung namentlich in der Gestalt von Exportsubventionen aus ökonomischer Perspektive als überaus problematisch.[38] Die mit ihr notwendig verbundenen Wohlfahrtsverluste stellen die eigentliche Ratio des Verbotes von Exportsubventionen durch die WTO-Rechtsordnung dar.

D. Finanzielle Ausfuhrförderung und WTO-Subventionsübereinkommen

Seit 1995 kam es zu insgesamt 38 Entscheidungen in 10 WTO-Streitverfahren, die das WTO-Subventionsübereinkommen betreffen. Mehrere dieser Streitverfahren befassten sich mit Exportsubventionen, d.h. Maßnahmen der finanziellen Ausfuhrförderung. Am bekanntesten hiervon ist sicherlich der Streit zwischen der EG und den USA über US-amerikanische Steuervergünstigungen für Exportgeschäfte. Dieses Verfahren soll nicht im Einzelnen behandelt werden. Angemerkt sei nur, dass der Streit über die welthandelsrechtliche Zulässigkeit von Steuervergünstigungen von so genannten „Foreign Sales Corporations" bis in das Jahr 1972 zurückreicht, als die USA erstmals entsprechende Regelungen für „Domestic International Sales Corporations (DISC)" einführten.[39] Zwischenzeitlich wurden die US-

---

[37] Statt vieler hierzu *Kenen* (Fn. 2), 136 f.
[38] Zusammenfassend und weitergehende wirtschaftswissenschaftliche Erklärungen zu Gunsten eines weltweiten Verbots von Exportsubventionen darlegend aus jüngerer Zeit *Collie*, A Rationale for the WTO Prohibition of Export Subsidies: Strategic Export Subsidies and World Welfare, Open Economie Review 11 (2000), 229 ff.
[39] Im Überblick zum gesamten Streitverfahren *Stehmann*, Foreign Sales Corporations under WTO, Journal of World Trade 34 (No. 3, 2000), 127 ff.; *Skeen*, Knick-Knack Paddy Whack Leave the FSC Alone: An Analysis of the WTO Panel Ruling That the

amerikanischen Regelungen zu Foreign Sales Corporations rechtskräftig als verbotene Exportsubventionen eingestuft.[40] Auch die von den USA daraufhin im Jahre 2000 eingeführten Nachfolgeregelungen im „Extraterritorial Income Exclusion Act"[41] stellten, wie ebenfalls rechtskräftig bestätigt wurde, eine verbotene Exportsubvention dar.[42] Am 30. August 2002 wurde schließlich entschieden, dass die EG berechtigt ist, aufgrund der weiterhin vorliegenden rechtswidrigen Gesetzeslage Handelszugeständnisse gegenüber den USA im Wert von US-$ 4,043 Milliarden jährlich auszusetzen.[43] Die EG veröffentlichte am 13. September 2002 eine erste Liste von Produkten, die für Gegenmaßnahmen in dieser Höhe in Betracht kommen.[44]

Den Entscheidungen im Streit um die US-amerikanischen „Foreign Sales Corporations" sind zwar einige wichtige rechtliche Aspekte im Hinblick auf Exportsubventionen zu entnehmen. Insgesamt gesehen handelt es sich aber aus rechtlicher Sicht keineswegs um ein spektakuläres Verfahren. Vielmehr waren die maßgeblichen Rechtsfragen bereits 1976 in einer diesbezüglichen GATT-Panelentscheidung[45] geklärt.

Von größerer Bedeutung für die finanzielle Ausfuhrförderung sind andere Entscheidungen des Dispute Settlement Body der WTO, u.a. in den Verfahren gegen Brasilien und Kanada, die von den beiden Staaten wechselseitig

---

U.S. Foreign Sales Corporation Program is an Illegal Export Subsidiy Under GATT, New England Law Review 35 (2000), 69 ff.;

[40] *United States – Tax Treatment For „Foreign Sales Corporations"*, Report of the Appellate Body adopted 20 March 2000, WT/DS108/AB/R.

[41] US Public Law 106-519, 114 Stat. 2423 (2000).

[42] *United States – Tax Treatment For „Foreign Sales Corporations"*, Recourse to Article 21.5 of the DSU by the European Communities, Report of the Appellate Body of 14 January 2002, WT/DS108/AB/RW.

[43] *United States – Tax Treatment For „Foreign Sales Corporations"*, Recourse to Arbitration by the United States under Article 22.6 of the DSU and Article 4.11 of the SCM Agreement, Decision of the Arbitrator of 30 August 2002, WT/DS108/ARB.

[44] Bekanntmachung über das WTO-Streitbeilegungsverfahren betreffend die steuerliche Behandlung ausländischer Vertriebsgesellschaften (Foreign Sales Corporation) in den USA – Aufforderung zur Übermittlung von Stellungnahmen zum Verzeichnis der Waren, die für Gegenmaßnahmen in Betracht kommen, ABl. EG Nr. C 217/2 v. 13.9.2002.

[45] *United States Tax Legislation (DISC)*, Report of the Panel presented to the Council of Representatives on 12 November 1976, BISD 23S/98 ff.; zur Annahme dieses Berichts sowie einer dabei verabschiedeten einschränkenden Auslegung siehe z.B. *Ohlhoff*, Verbotene Beihilfen nach dem Subventionsabkommen der WTO im Lichte aktueller Rechtsprechung, EuZW 2000, 645 (650).

eingeleitet wurden, zu Subventionen für den Flugzeugbau.[46] Diese und andere Entscheidungen enthalten wichtige Aussagen zu den folgenden rechtlichen Aspekten im Zusammenhang mit finanziellen Maßnahmen der Ausfuhrförderung: (1.) Die Vereinbarkeit allgemeiner Ausfuhrförderprogramme mit dem WTO-Recht; (2.) Einzelheiten zur Definition einer Subvention und verbotenen Ausfuhrsubvention; und (3.) Die Voraussetzungen von ausnahmsweise zulässigen Exportsubventionen.

I. Die Vereinbarkeit allgemeiner Ausfuhrförderprogramme mit dem WTO-Recht

In Streitbeilegungsverfahren der WTO werden zum Teil staatliche Rechtsregime als solche angegriffen, d.h. nicht konkrete, auf der Grundlage einer entsprechenden innerstaatlichen Regelung ergriffene Einzelmaßnahmen. Auch im Bereich der Ausfuhrförderung erlangt die hiermit im Zusammenhang stehende Rechtsfrage Bedeutung, ob schon die Existenz eines innerstaatlichen Rechtsregimes für sich einen Verstoß gegen WTO-Recht begründen kann. Bei der Ausfuhrförderung kann es sich hierbei z.B. um die Einrichtung einer staatlichen Agentur zur Förderung des Exports in einem bestimmten Produktionsbereich handeln. In dem zweiten Streitverfahren von Brasilien gegen Kanada in Sachen Exportsubventionen für die Flugzeugproduktion, das am 28. Januar 2002 entschieden wurde, griff Brasilien die Existenz entsprechender institutionalisierter kanadischer Förderprogramme an.[47]

Nach gefestigter WTO-Rechtsprechung hängt die Möglichkeit der Rechtswidrigkeit eines innerstaatlichen Rechtsregimes, z.B. eines allgemeinen Ausfuhrförderprogramms, davon ab, ob die mit der Durchführung des rechtlichen Regelwerkes betrauten Institutionen zwingend gegen WTO-Recht verstoßen müssen, oder ob ihnen die Möglichkeit bleibt, WTO-rechtskonform zu handeln.[48] Diese schon aus der Zeit des alten GATT 1947 stammende

---

[46] Im Überblick zu den Verfahren *Stehmann*, Export Subsidies in the Regional Aircraft Sector – The Impact of Two WTO Panel Rulings against Canada and Brazil, Journal of World Trade 33 (No. 6, 1999), 97 ff.; *Hofley/Whitehead*, Defining the Boundaries of Export Assistance: Preliminary Lessons from Two Recent Canadian WTO Losses, International Trade Law & Regulation 1999, 59 ff.

[47] *Canada – Export Credits and Loan Guarantees for Regional Aircraft*, Report of the Panel of 28 January 2002, WT/DS222/R.

[48] Siehe insbesondere die folgenden Entscheidungen: *United States – Anti-Dumping Act of 1916*, Report of the Panel, WT/DS136/R-WT/DS162/R und Report of the Appellate Body adopted 26 September 2000, WT/DS136/AB/R-WT/DS162/AB/R; *United States – Measures Affecting the Importation*, Internal Sale, and Use of Tobacco, Report of the Panel adopted on 4 October 1994, BISD 41S/131; *Thailand – Restric-*

Rechtsprechung wurde im zweiten kanadischen Flugzeugfall herangezogen, um zu begründen, dass die Existenz der betreffenden kanadischen Ausfuhrförderprogramme als solches keinen Verstoß gegen WTO-Recht darstellt.[49] Angesichts der zahlreichen Entscheidungen, auf die sich das Panel in diesem Verfahren stützen konnte, lässt sich hieran scheinbar nichts kritisieren. Allerdings sollte beachtet werden, dass in der Panel Entscheidung zu Section 301 US Trade Act 1974 eine andere Rechtsauffassung vertreten wurde. In dieser Entscheidung wurde dargelegt, dass schon das Risiko einer handelsbeschränkenden Maßnahme einen Verstoß gegen einschlägige Prinzipien und Regeln der WTO-Rechtsordnung begründete.[50] Das ist im Hinblick darauf, dass Rechtsunsicherheit im Wirtschaftsverkehr immer erhöhte Transaktionskosten verursacht und damit eine optimale Ressourcenallokation verhindert, überzeugend. Ungeachtet dessen bleibt es aber vorerst dabei, dass die dargelegte Differenzierung zwischen gebundenen und Beurteilungs- bzw. Ermessensspielräume einräumenden Rechtsakten zumindest im Antidumping- und Subventionsrecht für die Beurteilung eines möglichen Verstoßes gegen WTO-Rechtsnormen weiterhin Anwendung findet. Allgemeine Ausfuhrförderprogramme, die nicht einen zwingenden Verstoß gegen WTO-Vorschriften, namentlich das Subventionsübereinkommen, vorsehen, können folglich für sich keinen Verstoß gegen WTO-Recht darstellen.

II. Einzelheiten zur Definition einer Subvention und verbotenen Ausfuhrsubvention

Soweit es nicht um allgemeine Programme, sondern um konkrete Einzelmaßnahmen der Ausfuhrförderung geht, stellt sich konkret die Frage, ob ein Verstoß gegen das Verbot von Exportsubventionen nach Art. 3.1 lit. a) WTO-

---

      tions on Importation of and Internal Taxes on Cigarettes, Report of the Panel adopted on 7 November 1990, BISD 37S/200; *European Economic Community – Regulation on Imports of Parts and Components*, Report of the Panel adopted on 16 May 1990, BISD 37S/132; *United States – Taxes on Petroleum and Certain Imported Substances (Superfund)*, Report of the Panel adopted on 17 June 1987, BISD 34S/136.

[49] *Canada – Export Credits and Loan Guarantees for Regional Aircraft*, Report of the Panel of 28 January 2002, WT/DS222/R, para. 7.56 ff.

[50] *United States – Section 301-310 of the Trade Act of 1974*, Report of the Panel of 22 December 1999, WT/DS152/R, para. 7.80 ff.; ausführlich zu diesem Argument bereits vor dieser Entscheidung *Tietje* (Fn. 8), 396 ff.; zum gesamten Problemkreis jetzt auch *Bhuiyan*, Mandatory and Discretionary Legislation: The Continued Relevance of the Distinction under the WTO, Journal of International Economic Law 5 (2002), 571 ff.

Subventionsübereinkommen vorliegt. Das ist bekanntlich für Maßnahmen der finanziellen Ausfuhrförderung von großem Interesse, da nach der Beispielliste von Ausfuhrsubventionen in Anhang I des Übereinkommens u.a. Ausfuhrbürgschaften und -versicherungen sowie Ausfuhrkredite unter bestimmten, an späterer Stelle noch näher darzustellenden Voraussetzungen klassische Exportsubventionen sind (Buchstabe j) und k) Anhang I WTO-Subventionsübereinkommen).

Eine verbotene Exportsubvention nach dem WTO-Subventionsübereinkommen liegt vor, wenn (1.) allgemein eine Subvention im Sinne der Definition des Art. 1 des Übereinkommens gegeben und diese (2.) gesetzlich oder tatsächlich von einer Ausfuhrleistung abhängig ist. Zu beiden Tatbestandsvoraussetzungen gibt es zwischenzeitlich Rechtsprechung, die insbesondere für Ausfuhrfördermaßnahmen interessant ist.

1. Der allgemeine Subventionsbegriff nach Art. 1 WTO-Subventionsübereinkommen

Im Hinblick auf den allgemeinen Subventionsbegriff nach Art. 1 WTO-Subventionsübereinkommen ist zunächst in Erinnerung zu rufen, dass (1.) eine finanzielle Beihilfe von einem WTO-Mitglied oder einer hierzu hoheitlich angewiesenen privaten Stelle vorliegen muss, die (2.) eine Vorteilsgewährung beim Empfänger darstellt.[51] Im Zusammenhang mit diesen beiden Merkmalen stellte sich in der WTO-Rechtsprechung die Frage, ob das Vorliegen einer Subvention das Entstehen von „Kosten" für öffentliche Stellen voraussetzt. Dieses Problem ist auch aus dem Beihilfenrecht des Gemeinschaftsrechts bekannt. Der EuGH hat bekanntlich in der PreussenElektra-Entscheidung festgestellt, dass eine Beihilfe von der unmittelbaren oder mittelbaren Übertragung staatlicher Mittel auf ein privates Unternehmen abhängig sei.[52] In diesem Sinne müssen also unmittelbar oder mittelbar „Kosten" für einen öffentlichen Haushalt entstehen.

In der WTO-Rechtsprechung wurde zwischenzeitlich klar gestellt, dass es nicht darauf ankommt, ob einer öffentlichen Stelle „Kosten" entstehen. Wie der Appellate Body im ersten kanadischen Flugzeugfall ausführlich darlegte, kommt es für den Subventionsbegriff nach Art. 1 WTO-Subventionsübereinkommen vielmehr nur darauf an, dass ein Vorteil beim Empfänger

---

[51] Ausführlich zu den Einzelheiten des Subventionsbegriffes *Pitschas*, Übereinkommen über Subventionen und Ausgleichsmaßnahmen, in: Prieß/Berrisch (Hrsg.), WTO-Handbuch (im Erscheinen), B.I.12. Rn. 59 ff.; *Grave*, Der Begriff der Subvention im WTO-Übereinkommen über Subventionen und Ausgleichsmaßnahmen, 2002, 129 ff.

[52] EuGH, Rs. C-379/98, *PreussenElektra ./. Schleswag AG*, Slg. 2001, I-2159, Rz. 58 f.

der finanziellen Zuwendung vorliegt. Daher sei es irrelevant, ob Kosten auf der Seite des WTO-Mitglieds entstanden sind.[53] Man mag zwar dogmatisch darüber streiten, ob die Diskussion zu dieser Frage im Tatbestandsmerkmal der Vorteilserlangung richtig angesiedelt ist, oder ob es hier nicht vielmehr um eine Problem im Zusammenhang mit dem Merkmal der Gewährung einer Beihilfe (Art. 1.1 lit. a) WTO-Subventionsübereinkommen) geht.[54] Am Ergebnis ändert dies aber nichts, da für das WTO-Subventionsübereinkommen die Verfälschung einer Wettbewerbssituation und nicht der formelle Aspekt der Entstehung von Kosten von zentraler Bedeutung ist.[55]

Damit kommt im WTO-Recht ein Subventionsbegriff zur Anwendung, der tatbestandlich in einem zentralen Punkt weiter ist als der Beihilfenbegriff des Gemeinschaftsrechts. Nach der WTO-Rechtsprechung wäre der Sachverhalt der PreussenElektra-Entscheidung des EuGH als Subvention einzustufen.[56] Für Ausfuhrförderprogramme, die auf der Grundlage hoheitlicher Regelungen über private Institutionen abgewickelt werden, hat dies weitreichende Bedeutung.

Nebenbei sei übrigens angemerkt, dass die EG-Kommission in dieser Rechtsfrage eine ambivalente Position einnimmt. Während sie vor dem EuGH nachdrücklich die Auffassung vertrat, dass es auf eine finanzielle Belastung eines öffentlichen Haushaltes nicht ankomme,[57] trug sie vor der WTO die genau entgegengesetzte Position vor.[58]

---

[53] *Canada – Measures Affecting the Export of Civilian Aircraft*, Report of the Appellate Body of 2 August 1999, WT/DS70/AB/R, para. 154 ff.; hierzu auch *Pitschas* (Fn. 51), Rn. 65 ff.

[54] So überzeugend *Pitschas* (Fn. 51), Rn. 66.

[55] Zur Bedeutung der Marktsituation als Bewertungsmaßstab für die Bestimmung einer Vorteilsgewährung siehe *Canada – Measures Affecting the Export of Civilian Aircraft*, Report of the Appellate Body of 2 August 1999, WT/DS70/AB/R, para. 157.

[56] Ausführlich zu diesem Vergleich und Ergebnis *Slotboom*, Subsidies in WTO Law and in EC Law – Broad and Narrow Definitions, Journal of World Trade 36 (No. 3, 2002), 517 ff.

[57] Siehe die Wiedergabe der Argumente der Kommission in den Schlussanträgen von GA *Jacobs*, EuGH, Rs. C-379/98, *PreussenElektra ./. Schleswag AG*, Slg. 2001, I-2103, Rz. 109 und 134 ff.

[58] Siehe die Wiedergabe der Argumente der Kommission in: *Canada – Measures Affecting the Export of Civilian Aircraft*, Report of the Appellate Body of 2 August 1999, WT/DS70/AB/R, para. 95 ff.

2. Gesetzliche oder tatsächliche Bedingung einer Ausfuhrleistung (Art. 3.1 lit. a) WTO-Subventionsübereinkommen)

Ein weiterer, auch für die Ausfuhrförderung wichtiger Punkt, betrifft die Frage, unter welchen Voraussetzungen eine Subvention gesetzlich oder tatsächlich von einer Ausfuhrleistung abhängig ist und damit eine verbotene Exportsubvention darstellt (Art. 3.1 lit. a) WTO-Subventionsübereinkommen). Angesichts der weitreichenden Rechtsfolgen, die mit der Feststellung des Vorliegens einer Exportsubvention verbunden sind, wird diesbezüglich in zwischenzeitlich gefestigter Rechtsprechung ein strenger Maßstab angelegt, der ausgehend vom Wortlaut der Vorschrift eine konditionale Verknüpfung der Subventionierung und der Ausfuhrleistung fordert.[59] Mit Blick auf eine gesetzliche Regelung lässt sich eine solche konditionale Verknüpfung recht einfach feststellen. Probleme bereitet aber die Frage, wann nach den tatsächlichen Umständen die Ausfuhrleistung als Bedingung für die Subventionierung gewertet werden kann. Hierzu wurde in WTO-Streitverfahren von Klägern mehrfach vertreten, dass u.a. eine Überproduktion auf dem heimischen Markt sowie eine ohnehin gegebene Exportorientierung des Subventionsempfängers gleichsam eine Vermutung dahingehend begründen, dass eine Ausfuhrleistung verlangt werde. Der Appellate Body folgte dieser Argumentation indes nicht, sondern stellte klar, dass die Kenntnis des Subventionsgebers von diesen Umständen „alone is not proof that the granting of the subsidy is tied to the anticipation of exportation".[60]

Die Feststellung einer tatsächlichen Verknüpfung von Subventionierung und Exportleistung ist damit nur auf der Grundlage einer ausführlichen Analyse im Einzelfall möglich. Die WTO-Rechtsprechung hat hierzu verschiedene Kriterien herausgearbeitet, die insgesamt darauf abzielen, eine umfassende, an objektiven Gesichtspunkten orientierte strikte Prüfung zu verlangen.[61]

---

[59] *Canada – Measures Affecting the Export of Civilian Aircraft*, Report of the Appellate Body of 2 August 1999, WT/DS70/AB/R, para. 166; *Canada – Export Credits and Loan Guarantees for Regional Aircraft*, Report of the Panel of 28 January 2002, WT/DS222/R, para. 7.365.

[60] *Canada – Measures Affecting the Export of Civilian Aircraft*, Report of the Appellate Body of 2 August 1999, WT/DS70/AB/R, para. 172.

[61] *Canada – Measures Affecting the Export of Civilian Aircraft*, Report of the Appellate Body of 2 August 1999, WT/DS70/AB/R, para. 169 ff.; *Canada – Export Credits and Loan Guarantees for Regional Aircraft*, Report of the Panel of 28 January 2002, WT/DS222/R, para. 7.370 ff.; siehe auch *Pitschas* (Fn. 51), Rn. 83; *Ohlhoff* (Fn. 45), 645 (648 f.).

III. Die Voraussetzungen von ausnahmsweise zulässigen Exportsubventionen

Die Bestimmung einer verbotenen Exportsubvention nach Art. 3.1 lit. a) WTO-Subventionsübereinkommen erfolgt u.a. anhand der in Anhang I des Übereinkommens enthaltenen Beispielliste von Ausfuhrsubventionen. Im Bereich der Ausfuhrförderung statuiert diese allerdings nicht nur Beispiele von diesbezüglichen Ausfuhrsubventionen, sondern legt zugleich fest, unter welchen Voraussetzungen entsprechende Ausfuhrfördermaßnahmen nicht verboten sind. Wie bereits angedeutet, sind die Buchstaben j) und k) der Beispielliste für die Ausfuhrförderung von zentraler Bedeutung.

1. Ausfuhrkreditbürgschaften und -versicherungen (Buchstabe j) der Beispielliste

Buchstabe j) der Beispielliste erfasst Ausfuhrkreditbürgschaften oder -versicherungen, Versicherungs- und Bürgschaftsprogramme zum Schutz vor Preissteigerungen bei der Warenausfuhr sowie Programme zur Abdeckung von Währungsrisiken. Diese Ausfuhrfördermaßnahmen stellen grundsätzlich unzulässige Exportsubventionen dar, und zwar unabhängig davon, ob eine Zahlung auf der Grundlage einer übernommenen Bürgschaft oder vereinbarten Versicherung erfolgt.[61]

Allerdings legt Buchstabe j) der Beispielliste auch fest, dass das Verbot nur greift, wenn die genannten Ausfuhrfördermaßnahmen zu Prämiensätzen arbeiten, „die nicht ausreichen, um langfristig die Betriebskosten und -verluste der Programme zu decken". Eine Konkretisierung dieser Voraussetzung, die die in Buchstabe j) genannten Ausfuhrfördermaßnahmen insgesamt vom Verbot der Exportsubventionen ausnimmt, ist bislang in der Spruchpraxis des WTO-Streitbeilegungsorgans noch nicht erfolgt. Im Ergebnis wird die Feststellung, ob eine kosten- bzw. verlustdeckende Prämienpolitik vorliegt, von betriebswirtschaftlichen Überlegungen abhängen. Dabei ist allerdings zu beachten, dass nach dem klaren Wortlaut der Vorschrift eine langfristige Analyse notwendig ist. Nimmt man in diesem Sinne die von der Hermes Kreditversicherungs-AG administrierten Ausfuhrgewährleistungen der Bundesrepublik Deutschland in den Blick, so ist das diesbezügliche finanzielle Ergebnis für den Bundeshaushalt von 1982 bis 1998 negativ gewesen. Erst seit 1998 werden positive finanzielle Jahresergebnisse der Hermes-Ausfuhr-

---

[62] *Brazil – Export Financing Programme for Aircraft*, Report of the Panel of 14 April 1999, WT/DS46/R, para. 7.68.

förderung des Bundes verzeichnet.[63] In dieser Geschäftsentwicklung wird man noch keine Ausfuhrförderung erblicken können, die langfristig nicht die Kosten und Verluste abdeckt.

2. Ausfuhrkredite (Buchstabe k) der Beispielliste)

Weitere finanzielle Maßnahmen der Ausfuhrförderung, die potentiell eine verbotene Exportsubvention nach dem WTO-Subventionsübereinkommen darstellen, sind Ausfuhrkredite. Sie stellen nach Buchstabe k) der Beispielliste des WTO-Subventionsübereinkommens eine verbotene Exportsubvention dar, wenn sie dazu dienen, dass der Kreditempfänger „auf dem Gebiet der Ausfuhrkreditbedingungen einen wesentlichen Vorteil" erlangt. Die Frage nach einer wesentlichen Vorteilerlangung ist anhand einer Betrachtung der allgemeinen Situation auf dem Kreditmarkt zu beantworten,[64] wobei der sogleich noch näher darzustellende OECD-Konsensus über öffentliche Exportkredite eine wesentliche Bedeutung als Referenzrahmen einnimmt.

Auch für Ausfuhrkredite gibt es allerdings eine in der WTO-Terminologie „sichere Zufluchtstätte" (safe haven).[65] Sie bezieht sich nach dem zweiten Absatz des Buchstaben k) der Beipielliste auf eine Praxis bei der Vergabe von Ausfuhrkrediten, die im Einklang steht mit – wie es in recht umständlichen Worten heißt – einer „internationalen Verpflichtung auf dem Gebiet der öffentlichen Ausfuhrkredite, an der am 1. Januar 1979 mindestens zwölf der ursprünglichen Mitglieder beteiligt waren (oder einer Nachfolgeverpflichtung, welche diese ursprünglichen Mitglieder eingegangen sind) ...". Mit dieser auf den ersten Blick nicht sofort klaren Regelung wird konkret auf den bereits erwähnten OECD-Konsensus zu Leitlinien für öffentlich unterstütze Exportkredite Bezug genommen. Es entspricht zwischenzeitlich gefestigter WTO-Rechtsprechung, dass eine Gewährung von öffentlichen Ausfuhrkrediten, die im Einklang mit dem OECD-Konsensus erfolgt, die sichere Zufluchtstätte des Buchstaben k) der Beispielliste eröffnet.[66] Das gilt ungeachtet der fehlenden Rechtsverbindlichkeit des OECD-Konsensus, der durch

---

[63] Hermes Kreditversicherungs-AG, Geschäftsbericht 2001, 39.
[64] *Pitschas* (Fn. 51), Rn. 86.
[65] *Canada – Export Credits and Loan Guarantees for Regional Aircraft*, Report of the Panel of 28 January 2002, WT/DS222/R, para. 7.82.
[66] *Brazil – Export Financing Programme for Aircraft*, Report of the Appellate Body adopted 20 August 1999, WT/DS46/AB/R, para. 180; *Canada – Measures Affecting the Export of Civilian Aircraft*, Recourse by Brazil to Article 21.5 of the DSU, Report of the Panel of 9 May 2000, WT/DS70/RW, para. 5.78.

die Inkorporation in die WTO-Rechtsordnung überwunden wird (übrigens eine im WTO-Recht nicht unübliche Methode).[67]

Die Feststellung der Einschlägigkeit der Ausnahmebestimmung des Buchstaben k) für Ausfuhrkredite hängt mit Blick auf den OECD-Konsensus zentral davon ab, ob die Nettozinsrate eines Ausfuhrkredites nicht unterhalb der von der OECD regelmäßig festgelegten „Commercial Interest Reference Rates (CIRR)" liegt.[68] Allerdings sind nicht nur die Commercial Interest Reference Rates selbst von Bedeutung, sondern ebenso die verschiedenen Vorschriften im OECD-Konsensus, die ihrer Beachtung und Durchsetzung dienen.[69]

Im Auge zu behalten ist aber auch, dass der OECD-Konsensus und die Festlegung der Commercial Interest Reference Rates immer sachspezifisch auf den OECD-Wirtschaftsraum erfolgt. Es ist daher denkbar, dass ein WTO-Mitglied im Einzelfall nachweisen kann, dass eine Kreditvergabe, die nicht im Einklang mit den OECD-Leitlinien steht, trotzdem Marktbedingungen entspricht und daher keinen „wesentlichen Vorteil" im Sinne von Absatz 1 des Buchstaben k) der Beispielliste gewährt. Auch in diesem Fall wäre, wie der Appellate Body feststellte, ein Ausfuhrkredit zulässig.[70]

Im Übrigen ist noch anzumerken, dass die Inkorporation des OECD-Konsensus eine weitere Beschränkung erfährt. Nach dem OECD-Konsensus kann unter bestimmten Voraussetzungen ein so genanntes „Matching", d.h.

---

[67] Zur Inkorporation unverbindlicher Regelwerke in die WTO-Rechtsordnung siehe Tietje, The Changing Structure of International Treaties as an Aspect of an Emerging Global Goverance Architecture, German Yearbook of International Law 42 (1999), 26 (40 f.); ders., Internationalisiertes Verwaltungshandeln, 2001, 344 ff.

[68] Brazil – Export Financing Programme for Aircraft, Report of the Appellate Body adopted 20 August 1999, WT/DS46/AB/R, para. 181; Canada – Measures Affecting the Export of Civilian Aircraft, Recourse by Brazil to Article 21.5 of the DSU, Report of the Panel of 9 May 2000, WT/DS70/RW, para. 5.83 ff.

[69] Canada – Measures Affecting the Export of Civilian Aircraft, Recourse by Brazil to Article 21.5 of the DSU, Report of the Panel of 9 May 2000, WT/DS70/RW, para. 5.114: "Thus, we conclude that full conformity with the "interest rates provisions" – in respect of "export credit practices" subject to the CIRR – must be judged on the basis not only of full conformity with the CIRR but in addition full adherence to the other rules of the Arrangement that operate to support or reinforce the minimum interest rate rule by limiting the generosity of the terms of official financing support."; bestätigt in Canada – Export Credits and Loan Guarantees for Regional Aircraft, Report of the Panel of 28 January 2002, WT/DS222/R, para. 7.163.

[70] Brazil – Export Financing Programme for Aircraft, Recourse by Canada to Article 21.5 of the DSU, Report of the Appellate Body of 21 July 2000, WT/DS46/AB/RW, para. 64.

eine Anpassung an Konkurrenzkreditbedingungen selbst dann erfolgen, wenn die Kreditbedingungen des ersten Angebotes nicht mit dem OECD-Konsensus übereinstimmten.[71] Auf diese Möglichkeit berief sich Kanada in den beiden Flugzeugfällen und argumentierte, dass eine Kreditanpassung im Hinblick auf ein OECD-widriges Erstangebot auch nach dem WTO-Subventionsübereinkommen zulässig sein müsse. Diese Ansicht wurde insbesondere mit dem überzeugenden Argument zurückgewiesen, dass hierdurch jeder Versuch der rechtlichen Disziplinierung von Ausfuhrkrediten durch das Subventionsübereinkommen leer laufen würde.[72]

E. Die Reichweite des Anwendungsbereiches des WTO-Subventionsübereinkommens mit Blick auf die innerstaatlichen Rechtsordnungen der WTO-Mitglieder

Im Anschluss an den kurzen Überblick zu einigen Einzelaspekten von Tatbestandsvoraussetzungen, die für die Bewertung der Ausfuhrförderung nach dem WTO-Subventionsübereinkommen maßgebend sind, soll noch kurz darauf eingegangen werden, welche Bedeutung das Subventionsübereinkommen im Bereich der Ausfuhrförderung für die internen Rechtsordnungen der WTO-Mitglieder hat.

An erster Stelle ist auf die wohl wichtigste Erkenntnis aus dem Verfahren zu den US-amerikanischen Foreign Sale Corporations hinzuweisen. In diesem Streitfall ging es bekanntlich um eine US-amerikanische internationale Steuergesetzgebung. Die USA argumentierten im Wesentlichen, dass die WTO-Rechtsordnung keine Vorgaben dahingehend mache, welches internationale Steuersystem ein WTO-Mitglied anwende. Die Harmonisierung der internationalen Steuergesetzgebung sei Verhandlungsgegenstand in Foren außerhalb der WTO, so dass das WTO-Recht keine Anwendung finde.[73] Zur Bekräftigung dieser Ansicht verwiesen die USA auch auf eine Fußnote im WTO-Subventionsübereinkommen, nach der Maßnahmen zur Vermeidung der Doppelbesteuerung zulässig sind (Fn. 59 letzter Satz WTO-Subventionsübereinkommen).

---

[71] Siehe insbesondere Nr. 29 des OECD-Konsensus.
[72] *Canada – Measures Affecting the Export of Civilian Aircraft*, Recourse by Brazil to Article 21.5 of the DSU, Report of the Panel of 9 May 2000, WT/DS70/RW, para. 5.125; *Canada – Export Credits and Loan Guarantees for Regional Aircraft*, Report of the Panel of 28 January 2002, WT/DS222/R, para. 7.165.
[73] Zu den diesbezüglichen Argumenten der USA siehe *Stehmann* (Fn. 39), 127 (144 f.).

Diese Argumentation wurde vom Appellate Body in aller Deutlichkeit zurückgewiesen: „A Member of the WTO may choose any kind of tax system it wishes – so long as, in so choosing, that Member applies that system in a way that is consistent with its WTO obligations. Whatever kind of tax system a Member chooses, that Member will not be in compliance with its WTO obligations if it provides, through its tax system, subsidies contingent upon export performance that are not permitted under the covered agreements."[74]

Diese Feststellung des Appellate Body hat weitreichende Auswirkungen, gerade wenn man bedenkt, mit welcher Sensibilität die Harmonisierung des Steuerrechts selbst im Gemeinschaftsrecht (Art. 93 und 95 Abs. 2 EG) behandelt wird.[75] Über das Steuerrecht hinausgehend zeigt sich im Übrigen, dass in der WTO-Rechtsordnung ein Rechtsgrundsatz gilt, der aus dem Gemeinschaftsrecht schon längere Zeit bekannt ist. Auch im Gemeinschaftsrecht haben die EG-Mitgliedstaaten immer wieder argumentiert, dass bestimmte Regelungsbereiche nicht vom EG-Vertrag erfasst seien und daher diesbezügliche einzelstaatliche Maßnahmen keinen Verstoß namentlich gegen die Grundfreiheiten darstellen könnten. In jüngerer Zeit wurde dies besonders vehement für das internationale Gesellschaftsrecht vertreten. Der EuGH ist dem jedoch in der Centros-Entscheidung mit dem Verweis darauf entgegen getreten, dass die Nichterfassung einer Sachmaterie durch das Gemeinschaftsrecht nicht von der Beachtung des Gemeinschaftsrechts entbinde.[76] Das entspricht der zitierten Argumentation des Appellate Body.

Ein zweiter Bereich, der die weitreichenden Auswirkungen des WTO-Subventionsrechts u.a. im Bereich der Ausfuhrförderung auf die Rechtsordnungen der WTO-Mitglieder belegt, betrifft die Rechtsfolgen, die sich aus einem Verstoß gegen das Subventionsübereinkommen ergeben. Nach Art. 4.7 WTO-Subventionsübereinkommen ist eine verbotene Subvention „unverzüglich zurückzunehmen". Bei der finanziellen Ausfuhrförderung wie auch sonst im Subventionssektor stellt sich natürlich die Frage, welche Auswirkungen es auf diese völkerrechtliche Rücknahmeverpflichtung hat, dass der Subventionsgeber nach innerstaatlichem öffentlichen Recht oder Zivilrecht eine Zahlungspflicht gegenüber dem Subventionsempfänger hat. Ebenso relevant ist das Problem, dass der Subventionsempfänger seiner-

---

[74] *United States – Tax Treatment For „Foreign Sales Corporations"*, Report of the Appellate Body adopted 20 March 2000, WT/DS108/AB/R, para. 179.
[75] Hierzu auch *Pitschas* (Fn. 51), Rn. 84; *Ohlhoff* (Fn. 61), 645 (651).
[76] EuGH, Rs. C-212/97, *Centros*, Slg 1999, I-1459 Rz. 28; in aller Deutlichkeit auch GA *Colomer* in seinen Schlussanträgen vom 4.12.2001 in: Rs. C-208/00, *Überseering*, Rz. 39 (noch nicht in der amtlichen Sammlung).

seits im Vertrauen auf die Subvention möglicherweise vertragliche Verpflichtungen gegenüber Dritten eingegangen ist, die er ohne die Subvention nicht erfüllen kann. Nach WTO-Recht hat all dies allerdings keine Bedeutung. Der Appellate Body stellte hierzu unmissverständlich klar: „[A] Member's obligation ... to withdraw prohibited subsidies ‚without delay' is unaffected by contractual obligations that the Member itself may have assumed under municipal law. Likewise, a Member's obligation to withdraw prohibited export subsidies ... cannot be affected by contractual obligations which private parties may have assumed *inter se* in reliance on laws conferring prohibited export subsidies".[77]

Noch einen Schritt weiter ging das Panel im Australischen Lederfall. Es entschied, dass die Rücknahmeverpflichtung nach Art. 4.7 WTO-Subventionsübereinkommen eine Rückwirkung dahingehend statuiere, dass auch die bereits ausgezahlte und ggf. verbrauchte Subvention zurückgefordert werden müsse.[78] Sollte diese umstrittene[79] Entscheidung bestätigt werden, wofür eine zumindest nicht ablehnende und vorsichtig bestätigende Bezugnahme in einer Entscheidung aus dem Januar 2002 spricht,[80] würde das WTO-Recht die gleichen weitreichenden Anforderungen an das nationale Recht des subventionierenden WTO-Mitglieds statuieren, die aus dem Beihilfenrecht der Gemeinschaftsrechtsordnung hinlänglich bekannt sind (Stichwort: Alcan[81]) und zu weitreichenden Kontroversen Anlass gegeben haben.[82]

---

[77] *United States – Tax Treatment for „Foreign Sales Corporations"*, Recourse to Article 21.5 of the DSU by the European Communities, Report of the Appellate Body of 14 January 2002, WT/DS108/AB/RW, para. 230.

[78] *Australia - Subsidies Provided to Producers and Exporters of Automotive Leather*, Recourse to Article 21.5 of the DSU by the United States, Report of the Panel of 21 January 2000, WT/DS126/RW, para. 6.18 ff.; hierzu *Moulis/Freehills*, Does "Withdraw of Subsidy" mean "Repay of Subsidy"?, International Trade Law & Regulation 2000, 168 ff.

[79] Siehe z.B. die ablehnende Ansicht von *Pitschas* (Fn. 51), Rn. 104 ff.

[80] *Canada – Export Credits and Loan Guarantees for Regional Aircraft*, Report of the Panel of 28 January 2002, WT/DS222/R, para. 7.170: "In our view, however, it is not entirely clear that the WTO dispute settlement system only provides for prospective remedies in cases involving prohibited export subsidies. In this regard, we recall that the Australia – Leather – Article 21.5 panel found that remedies in cases involving prohibited export subsidies may encompass (retrospective) repayment in certain instances".

[81] EuGH, Rs. C-24/95, *Alcan*, Slg. 1997, I-1591, 1617, Rz. 27 ff.; im Überblick zur Rechtslage z.B. *Bär-Bouyssière*, in: Schwarze (Hrsg.), EU-Kommentar, 2000, Art. 88 EGV Rn. 28 ff. m.w.N.;

[82] Siehe insbesondere die überzogene und inhaltlich nicht überzeugende Kritik von *Scholz*, Zum Verhältnis von europäischem Gemeinschaftsrecht und nationalem Ver-

Damit wird deutlich, dass das WTO-Subventionsrecht zu zahlreichen zivilrechtlichen und öffentlich-rechtlichen Problemen im innerstaatlichen Bereich führen kann. Soweit eine WTO-rechtswidrige finanzielle Ausfuhrförderung zivilrechtlich abgewickelt wird, wäre zu prüfen, ob das Schuldverhältnis nach § 134 oder § 138 BGB nichtig ist, ob ein Leistungshindernis nach § 311a BGB vorliegt oder ggf. welche Grundsätze der Pflichtverletzung nach den §§ 280 ff. BGB zur Anwendung kommen. Wenn es sich um ein öffentlich-rechtliches Rechtsverhältnis handelt, wäre zu prüfen, ob der der Subventionszahlung zugrunde liegende Verwaltungsakt rechtswidrig im Sinne von § 48 Abs. 1 VwVfG ist. Selbst wenn man das bejahen würde, bliebe es aber wohl bei der Anwendung des Vertrauensschutzgrundsatzes und der Fristenregelung der §§ 48 Abs. 2 und 48 Abs. 4 VwVfG. Bei all dem wäre dann auch noch die EG-Richtlinie 98/29/EG zur Harmonisierung bestimmter Bereiche der Exportkreditversicherung zu beachten.[83]

Angesichts der offensichtlichen Rechtsprobleme, die sich hier andeuten, wird man wohl nur empfehlen können, bei der Anwendbarkeit von Zivilrecht eine Rücktrittsklausel zu vereinbaren und im öffentlichen Recht den zugrunde liegenden Verwaltungsakt mit einem Widerrufsvorbehalt (§§ 36 Abs. 2 Nr. 3, 49 Abs. 2 Nr. 1 VwVfG) zu versehen.

F. Ausblick

Zusammenfassend wurde aufgezeigt, dass das WTO-Recht den Handlungsspielraum der WTO-Mitglieder im Bereich der Ausfuhrförderung deutlich eingrenzt. Das ist ökonomisch sinnvoll und verlangt, bestehende oder geplante Ausfuhrförderprogramme zu überprüfen. Zugleich konnte herausgestellt werden, dass eine staatliche Ausfuhrförderung auch weiterhin möglich ist. Inhalt und Grenzen der insofern zulässigen Maßnahmen werden dabei im Wesentlichen durch die Arbeiten in der OECD bestimmt. Ihr ist daher neben dem WTO-Recht besondere Aufmerksamkeit zu schenken. Ob die Initiativen der OECD selbst einmal zu welthandelsrechtlichen Problemen führen werden, lässt sich heute zwar nicht abschließend sagen, aber doch zumindest vermuten. Insbesondere die jüngst vorgelegten Ergänzungen des OECD-

---

[83] fahrensrecht, DÖV 1998, 261 ff.; zur Diskussion ausführlich *Kadelbach*, Allgemeines Verwaltungsrecht unter europäischem Einfluss, 1999, 206 ff.
Richtlinie 98/29/EG des Rates vom 7. Mai 1998 zur Harmonisierung der wichtigsten Bestimmungen über die Exportkreditversicherung zur Deckung mittel- und langfristiger Geschäfte, ABl. EG Nr. L 148/22 v. 19.5.1998.

Konsensus zu Gesichtspunkten des Umweltschutzes bei der staatlichen Ausfuhrförderung[84] könnten diesbezüglich noch Diskussionsstoff bieten.

---

[84] Working Party on Export Credits and Credit Guarantees, Draft Recommendation on Common Approaches on Environment and Officially Supported Export Credits: Revision 6, OECD Dok. TD/ECG(2000)11/REV6.

Diskussionszusammenfassung zu dem Vortrag „Ausfuhrförderung aus der Sicht des WTO-Rechts"

Zusammenfassung: *Harald Sievers*, Doktorand am Institut für öffentliches Wirtschaftsrecht, Universität Münster

Privat-Dozent Dr. *Wegener* (Universität Münster) begann die Diskussion mit der Bitte an *Tietje*, genauer zu erläutern, wie Exportrestriktionen der Förderung der Ausfuhr dienen könnten. Weiterhin fragte er, auf Grund welcher Rechtsvorschriften Maßnahmen der Ausfuhrförderung, die – wie etwa im Bereich der Landwirtschaft häufig – nicht in eine der beiden von *Tietje* genannten Kategorien ausnahmsweise zulässiger Exportsubventionen (Ausfuhrkreditbürgschaften und Ausfuhrkredite) fielen, mit dem WTO-Recht vereinbar seien.

Als Antwort auf die erste Frage verwies *Tietje* darauf, dass – zum Beispiel zur Erhaltung der spezifischen Attraktivität eines Ausfuhrprodukts – die Notwendigkeit bestehen könne, einen Exportstrom, der aus einem Land herausfließt, zu steuern. Für derartige Fälle sehe Art. XI:2 GATT 1994 unter bestimmten Voraussetzungen eine Ausnahme vom allgemeinen Verbot von Exportrestriktionen in Art. XI:1 GATT 1994 vor. Was die Subventionspraxis im Bereich der Landwirtschaft betreffe, so befänden sich hierzu im WTO-Landwirtschaftsübereinkommen umfassende Spezialregeln, über die Dr. *Pitschas* in seinem Vortrag referieren werde. Er selbst – so *Tietje* – wolle sich deshalb auf die Feststellung beschränken, dass nicht nur diese Spezialregeln, sondern auch die von ihm erörterten Ausnahmefälle zulässiger Exportsubventionen, die sich aus den Vorschriften (j) und (k) der Beispielliste von Exportsubventionen im Anhang I zum WTO-Subventionsübereinkommen ableiten ließen, von hoher Praxisrelevanz seien. Nach Vorschrift (j) der Beispielliste sei die finanzielle Ausfuhrförderung des Bundes nur möglich, weil dabei eine langfristige Kostendeckung derzeit noch als gegeben angesehen werde.

Herr *Schloemann* (Kanzlei Baker & McKenzie, Berlin) griff das Problem auf, ob schon die bloße Existenz eines bestimmten innerstaatlichen Rechtsregimes oder erst dessen konkrete Anwendung in Form von Einzelmaßnahmen einen Verstoß gegen das Welthandelsrecht begründen kann. Seiner Ansicht nach ließe sich der von *Tietje* angedeutete Widerspruch zwischen den Aussagen, die hierzu in den WTO-Streitschlichtungsentscheidungen *United States – Sections 301-310 of the Trade Act of 1974* (DS 152) bzw. *Canada –*

Export Credits and Loan Guarantees for Regional Aircraft (DS 222) getroffen worden seien, auflösen, wenn man die Eingriffsintensität des jeweiligen Beschwerdegegenstands in die Bewertung der Rechtswidrigkeit einbeziehe. Section 301 des Trade Act of 1974 berge das Risiko, von einer Negativmaßnahme getroffen zu werden, und wirke deshalb bereits für sich genommen verhaltenslenkend. Die Möglichkeit einer Positivmaßnahme für einen Wettbewerber, die sich aus der Existenz eines Ausfuhrförderprogramms ergebe, habe dagegen als solche deutlich weniger Eingriffscharakter.

Tietje stimmte *Schloemann* zu, dass der von diesem aufgezeigte Unterschied zwischen den beiden Streitfällen die einzige Erklärung für die von ihm konstatierte Widersprüchlichkeit sein könne, zeigte sich in der Sache von der Begründung aber nicht überzeugt. Wenn sowohl Art. III GATT 1994 als auch das WTO-Subventionsübereinkommen einen fairen Wettbewerb unabhängig vom Eintritt eines konkreten Schadens garantierten, könne es für die Beurteilung der Rechtswidrigkeit einer Maßnahme nicht auf deren Auswirkungen ankommen, so dass eine Differenzierung hieran nicht anknüpfen könne. Unabhängig davon dürfe das Panel die Auffassung, die es in der Entscheidung DS 222 vertrete, zumindest nicht als ständige Rechtsprechung hinstellen, ohne das Urteil DS 152 überhaupt nur zu erwähnen. Ergänzend anzumerken – so *Tietje* – sei, dass es schon in der Entscheidungspraxis unter dem GATT 1947 widersprüchliche Aussagen zu der beschriebenen Auslegungsfrage gegeben habe und dass die bestehende Unklarheit bis heute nicht endgültig beseitigt sei.

Herr *Herrmann* (Universität Bayreuth) zeigte sich skeptisch, ob die seinem Eindruck nach von *Tietje* gutgeheißene Annahme, dass Art. 4.7 des WTO-Subventionsübereinkommens zur Rücknahme einer rechtswidrig gewährten Subvention nicht nur für die Zukunft, sondern auch für die Vergangenheit verpflichte, die Parallelen zwischen Europarecht und WTO-Recht nicht etwas überbetone. Im EG-Recht sei die Rückforderung bereits gezahlter Subventionen auch und gerade dadurch begründet, dass im gemeinsamen Markt keine andere Möglichkeit bestehe, die eingetretene Wettbewerbsverzerrung zu heilen. WTO-Mitglieder, deren Interessen durch Subventionen geschädigt würden, könnten einer Wettbewerbsverfälschung dagegen bereits mit Ausgleichszöllen gegen subventionierte Einfuhren begegnen. Vor diesem Hintergrund stelle sich die Frage, wie derartige Ausgleichszölle im Zusammenhang mit einer etwaigen Rückforderungspflicht zu bewerten seien.

Ähnlich äußerte sich Prof. Dr. *Ehlers* (Universität Münster), der darauf verwies, dass die Alcan-Rechtsprechung des EuGH wesentlich auf dem Notifikationserfordernis beruhe, das im EG-Recht für mitgliedstaatliche Subventionen bestehe. Da es eine derartige Verpflichtung im WTO-Subventionsübereinkommen nicht gebe, sei fraglich, ob sich das Problem einer Rückforderung – gerade mit Blick auf einen Vertrauensschutz – auf WTO-Ebene nicht doch anders als im Europarecht darstelle.

Ebenfalls kritisch zu einer Rückforderungspflicht bei Subventionen nahm Dr. *Berrisch* (Kanzlei Covington & Burling, Brüssel) Stellung. Das Welthandelsrecht verlange grundsätzlich nur die Aufgabe eines rechtswidrigen Verhaltens für die Zukunft. Entsprechend sei etwa bei unrechtmäßig erhobenen Zöllen keine Rückerstattung vorgeschrieben. Vor diesem Hintergrund erscheine die Annahme einer rückwirkenden Verpflichtung im Subventionsrecht als ein Systembruch, der – wenn man das Urteil *United States – Tax Treatment for "Foreign Sales Corporations"* (DS 108) als Beispiel nehme – dazu führe, dass die US-Regierung pro Jahr der Subventionsgewährung vier Millionen US-Dollar von der heimischen Industrie zurückfordern müsse.

Dr. *Müller-Ibold* (Kanzlei Cleary Gottlieb Steen & Hamilton, Brüssel) wies darauf hin, dass es nach dem WTO-Recht zwei Möglichkeiten zur Auflösung eines entstandenen Konflikts gebe. Ein verurteilter Staat könne entweder sein rechtswidriges Verhalten aufgeben oder Kompensationen für den Schaden anbieten, der einem anderen WTO-Mitglied durch den Rechtsverstoß erwachse. Angesichts dieses Wahlrechts sei zweifelhaft, ob man zur verwaltungsrechtlichen Umsetzung einer Verpflichtung zur Rücknahme von Subventionen in Deutschland tatsächlich – wie von *Tietje* angedeutet – von einer auch innerstaatlichen Rechtswidrigkeit des Subventionsbescheids ausgehen könne oder ob man – sofern das WTO-Recht im nationalen Rechtsraum überhaupt unmittelbare Wirkung entfalte – nicht eigentlich sagen müsse, dass eine Bewertung des entsprechenden Verwaltungsakts als rechtswidrig oder rechtmäßig davon abhänge, für welche Art der Konfliktlösung sich die Bundesregierung im Außenverhältnis entscheide.

In seiner Antwort auf die vorgetragenen Bedenken und Fragen erinnerte *Tietje* zunächst daran, dass das Urteil *Australia – Subsidies Provided to Producers and Exportes of Automotive Leather* (DS 126), das den Ausgangspunkt für die aktuelle Diskussion über eine Rücknahmeverpflichtung von Subventionen auch für die Vergangenheit bilde, bei der Beratung im *Dispute Settlement Body* der WTO Gegenstand heftiger Kritik gewesen sei. Mehrere Mitgliedstaaten hätten von einem Systembruch gesprochen und dem Panel eine Kompetenzüberschreitung vorgeworfen.

Dass die Möglichkeit zur Erhebung von Ausgleichszöllen dazu führen solle, dass die ratio, der der EuGH im Alcan-Fall gefolgt sei, auf WTO-Ebene nicht zur Anwendung kommen könne, hielt *Tietje* aus ökonomischer Perspektive für nicht überzeugend. Die wirtschaftlichen Wirkungen eines Ausgleichszolls unterschieden sich grundlegend von denen der Rücknahme einer Subvention. Eine Subvention verursache eine Wettbewerbsverzerrung im heimischen Markt, wohingegen Ausgleichszölle im Außenwirtschaftsverkehr zu Wettbewerbsverzerrungen führten, die die Wettbewerbsstörung auf dem heimischen Markt nicht bereinigten. Wenn man – was *Tietje* für gut begründbar hielt – annehme, dass es dem WTO-Recht auf objektive Wettbewerbsfairness nicht nur im Außenwirtschaftsbereich, sondern auch im Hinblick auf die Konstitution der einzelnen Volkswirtschaften ankomme, dürfe eine Wettbewerbsverzerrung nicht mit einer anderen, die zudem in einem ganz anderen Forum angesiedelt sei, beantwortet werden, um dann annehmen zu können, dass die Wettbewerbsverfälschung damit insgesamt beseitigt sei. Ob sich dieser Gedanke, der die Grundlage für die Entscheidung DS 126 gebildet habe und der aus Sicht der WTO-Mitglieder – so *Tietje* – zugegebenermaßen mit weitreichenden Konsequenzen verbunden sei, in der Entscheidungspraxis der Streitschlichtungsorgane der WTO etabliere, bleibe abzuwarten. Dass die Mitgliedstaaten eine bestimmte Auslegung durch ein Panel – wie im Fall DS 126 – beim Abschluss des WTO-Übereinkommens nicht vorhergesehen hätten, könne dabei aus seiner Sicht nicht als gewichtiges Argument gegen diese Entscheidung gelten, da dies in einer institutionalisierten Rechtsordnung, die durch eine Rechtsprechung fortentwickelt werde, nicht ungewöhnlich sei.

Dass die Annahme einer Verpflichtung zur Rücknahme von Subventionen auch für die Vergangenheit einen fundamentalen Systembruch bedeute, sei aus der Perspektive des allgemeinen Völkerrechts sicher zutreffend. Generell sei die völkerrechtliche Staatenverantwortlichkeit allein auf die Beseitigung eines rechtswidrigen Zustands von dem Zeitpunkt an, zu dem dessen Feststellung erfolge, gerichtet. Zu fragen sei allerdings, ob das Welthandelsrecht diesem Rechtsgrundsatz nicht seit jeher nur in abgemilderter Form gefolgt sei, worauf eine Reihe von Streitschlichtungsentscheidungen gerade zu den Anti-Dumping-Vorschriften des GATT 1947, die rückwirkende Verpflichtungen der Vertragsstaaten begründet hätten, hindeute. Vor diesem Hintergrund erscheine es durchaus diskussionswürdig, ob wirklich von einem Bruch der Systematik des Subventionsregimes der WTO gesprochen werden könne. Darüber hinaus sei zu bedenken, dass es beim WTO-Subventionsübereinkommen – anders als im allgemeinen Völkerrecht – nicht nur um die Wiederherstellung eines rechtmäßigen Zustands, sondern um den Schutz einer bestimmten Wettbewerbssituation gehe, weshalb – wie es das Panel im Fall DS 126 getan habe – in diesem Bereich möglicherweise andere Wertungsmaßstäbe anzulegen seien.

Bezüglich der innerstaatlichen Rechtswidrigkeit eines nach WTO-Recht unzulässigen Subventionsbescheids und der damit zusammenhängenden Frage der unmittelbaren Anwendbarkeit des WTO-Rechts im nationalen Rechtsraum könne man – so *Tietje* – natürlich mit guten Gründen argumentieren, dass auch hier ein Systembruch vorliege, wenn man einerseits mit dem EuGH die Auffassung vertrete, dass das WTO-Recht innerstaatlich nicht unmittelbar anwendbar sei, andererseits aber eine verwaltungsrechtliche Bewertung vornehme, die dann mittelbar doch wieder zur unmittelbaren Anwendbarkeit des WTO-Rechts führe. Auch wenn das Ergebnis ungewöhnlich sei und zum Nachdenken anrege, sei für ihn aber nicht erkennbar, wie man – jedenfalls unter dem Gesichtspunkt der Rechtswidrigkeit – zu einem anderen Befund als einer Einschlägigkeit des § 48 VwVfG kommen wolle. Der Rechtswidrigkeitsbegriff in § 48 I VwVfG sei ein objektiver. Warum der Verwaltungsakt rechtswidrig sei, sei aus Sicht dieser Vorschrift egal. Verlangt werde nur ein Verstoß gegen die Rechtsordnung. Die Bundesrepublik sei WTO-Mitglied, und das WTO-Übereinkommen sei objektives innerstaatliches Recht. Folglich mache ein Verstoß gegen das WTO-Recht einen Verwaltungsakt im Sinne des § 48 I VwVfG rechtswidrig.

Dr. *Friedrich* (BDO Deutsche Warentreuhand AG, Frankfurt/Main) machte darauf aufmerksam, dass auch Ursprungsregeln – jedenfalls mittelbar – ein Instrument der Ausfuhrförderung sein könnten. Er fragte *Tietje*, ob er diese Einschätzung teile, und bat um Erläuterung, wie die WTO mit dieser Problematik umgehe. Dabei interessierte *Friedrich* vor allem, ob die Tendenz zur Vereinheitlichung der Ursprungsregeln auch darauf abziele zu verhindern, dass mit diesen eine Ausfuhrförderung betrieben werde.

Tietje erklärte, dass das WTO-Übereinkommen über Ursprungsregeln zwischen präferentiellen und nichtpräferentiellen Ursprungsregeln differenziere. Soweit erkennbar, werde die Arbeitsgruppe, die seit 1995 über eine Konkretisierung der bisher nur sehr rudimentären Rechtsvorschriften zu den nichtpräferentiellen Ursprungsregeln verhandele, bald zu einem Abschluss kommen. Dass Ursprungsregeln mit der Ausfuhrförderung zusammenhängen könnten, liege auf der Hand. Ursprungsregeln seien der Bereich, in dem wohl am meisten Missbrauch zu diesem Zwecke betrieben werde. Mehr könne man zu dem von *Friedrich* geschilderten Problem im Augenblick leider nicht sagen, da endgültige Vorschläge der erwähnten Arbeitsgruppe für eine Konkretisierung der einschlägigen WTO-Disziplinen noch nicht vorlägen.

Ausfuhrförderung aus der Sicht der Europäischen Gemeinschaft

Dr. Till Müller-Ibold, LL.M.*

A. Einleitung

Die Europäische Gemeinschaft und ihre Mitgliedstaaten sind – ebenso wie ihre Handelspartner – daran interessiert, dass „ihre" Unternehmen im weltweiten Wettbewerb erfolgreich bestehen. Zu diesem Zwecke fördern die Mitgliedstaaten gelegentlich den Erfolg dieser Unternehmen in anderen Ländern durch geldwerte Leistungen. Dabei wird solche Unterstützung nicht nur Unternehmen zuteil, die Waren exportieren. Es geht auch um Förderung von Dienstleistungen für oder von Investitionen in Drittstaaten.[1] Andererseits wachen die Mitgliedstaaten und die Gemeinschaft darüber, dass Drittstaaten nicht deren Unternehmen beim Export „unangemessen" unterstützen und dadurch den internationalen Wettbewerb verfälschen.

Damit diese Gratwanderung gelingt, sind auf internationaler Ebene, also vor allem im Rahmen der WTO[2] und der OECD[3], Begrenzungslinien für Ausfuhrförderung eingezogen worden, die die Gemeinschaft und die Mitgliedstaaten binden.[4] Prof. Tietje hat in seinem Beitrag diese Begrenzungslinien

---

* Der Verfasser ist Rechtsanwalt der Sozietät Cleary, Gottlieb, Steen & Hamilton in Brüssel.
[1] Vor diesem Hintergrund liegt diesem Beitrag ein „weiter" Begriff der Ausfuhrförderung zugrunde, der alle geldwerten Anreize umfasst, durch die staatliche Stellen (gleich welcher Ebene) den Transfer von Waren, Dienstleistungen oder Kapital (insb. Investitionen) in andere Staaten fördern.
[2] Übereinkommen über die Gründung der Welthandelsorganisation („WTO") (Abl. 1994, L 336/1), insbesondere das damit verbundene Übereinkommen über Subventionen und Ausgleichsmaßnahmen = „Subventionskodex" (Agreement on Subsidies and Countervailing Measures), Abl. 1994 L 336/156.
[3] OECD Export Credit Arrangement, Entscheidung 2001/76, Abl. 2001 L 32/1 und 2002/634, Abl. 2002 L 206/16.
[4] Die EG wird durch die völkerrechtlichen Abkommen gebunden, die sie schließt. Vorsorglich erklärt Art. 300 Abs. 7 solche Abkommen nicht nur für die Organe der EG sondern auch für die Mitgliedstaaten für verbindlich. Nach der Formulierung des Gerichtshofs der Europäischen Gemeinschaften („EuGH") werden die Abkommen mit ihrem völkerrechtlichen Inkrafttreten „integrierender Bestandteil" der EG-Rechtsordnung (st. Rspr. EuGH, Rs. 181/73, Haegeman/Belgien 1974, 449 (460); C-321/97, Anderson u. a./Schweden, Slg. 1999, I-3551, Rn. 26). Völkerrechtlichen Abkommen gehen dem Sekundärrecht vor (vgl. EuGH, C-61/94, Kommissi-

41

näher analysiert, der vorliegende Beitrag beschränkt sich daher insoweit auf Bezugnahmen, soweit es zum Verständnis der EG-internen Regelungen erforderlich ist.

Innerhalb der WTO-Regeln zur Ausfuhrförderung gibt es einen großen Sonderbereich: die Agrarausfuhrförderung.[5] Dieser Sonderbereich findet auch im Gemeinschaftsrecht seinen Niederschlag, in Form von zahlreichen und komplexen Regelungen über Ausfuhrerstattungen. Der Agrarbereich ist morgen Gegenstand des Außenwirtschaftsrechtstages, und die Beiträge von Herrn Bundesrichter Rüsken, von Dr. Schrömbges und Frau Dr. Sperber werden diese Regeln in diesem Bereich (auch soweit das Gemeinschaftsrecht betroffen ist), näher beleuchten. Diese Spezialmaterie ist daher ebenfalls nicht Gegenstand dieses Beitrags.

Die Europäische Gemeinschaft hat darüber hinaus ein besonderes Interesse daran, den Binnenmarkt, dessen Schutz ihre ureigenste Aufgabe ist, vor Wettbewerbsverzerrungen durch staatliche Maßnahmen zu schützen. Ausfuhrförderungen zwischen den Mitgliedstaaten unterliegen deshalb der Kontrolle der Europäischen Kommission und werden nur äußerst selten zugelassen.

Diesen allgemeinen Vorüberlegungen folgt die Struktur dieses Beitrags. Dargestellt wird der rechtliche Rahmen für Ausfuhrförderung im Gemeinschaftsrecht unter Ausschluss des Agrarrechts. Unterschieden wird dafür zwischen der Ausfuhrförderung zwischen Mitgliedstaaten und der Ausfuhrförderung hinsichtlich von Drittstaaten.[6]

---

on/Deutschland, Slg. 1996, I-3989, Rn. 52). Allerdings hat der EuGH die innergemeinschaftlichen Rechtswirkungen des WTO-Abkommens stark relativiert, vergl. *Müller-Ibold* in Lenz, EG Vertrag – Kommentar, 3. Aufl. 2003, Art. 133 Rn. 67 ff.

[5] Siehe u.a. das im Rahmen des WTO Abkommens geschlossene Übereinkommen über die Landwirtschaft (Agreement on Agriculture), Abl. 1994 L 336/22.

[6] Allerdings ist die Grenze zwischen den Regeln für Ausfuhrförderung zwischen Mitgliedstaaten und an Drittstaaten durch verschiedene internationale Abkommen der Gemeinschaft (EWR, Europaabkommen) etwas verwischt worden (siehe dazu unter Ziffer B.E. dieses Beitrags).

B. Ausfuhrbeihilfen zwischen Mitgliedstaaten

I. Grundgedanke

Gemäß Art. 2 EG errichtet die Gemeinschaft einen „Gemeinsamen Markt" und errichtet gemäß Art. 3 lit g) EG „ein System, dass den Wettbewerb innerhalb des Binnenmarkts vor Verfälschungen schützt". Nach dem Grundkonzept des Binnenmarktes sollen Waren, Dienstleistungen und Kapital frei zirkulieren. Der Wettbewerb zwischen verschiedenen Anbietern solcher Waren (insbesondere aus verschiedenen Mitgliedstaaten) soll nicht verfälscht werden, insbesondere nicht durch Maßnahmen der Mitgliedstaaten.

Vor diesem Hintergrund ist es nicht verwunderlich, dass die Europäische Kommission Ausfuhrbeihilfen zwischen Mitgliedstaaten grundsätzlich für unzulässig hält. Speziell Ausfuhrbeihilfen verfälschen den Wettbewerb besonders nachhaltig, oft dienen sie dem „Export" von eigenen Problemen. Der Grundsatz wird technisch insbesondere über die Regelungen des Beihilfenaufsichtsrechts umgesetzt (Art. 87 ff. EG).

II. Wann sind staatliche Förderungsmaßnahmen „Beihilfen"?

„Ausfuhrbeihilfen" zwischen Mitgliedstaaten unterliegen dabei der Aufsicht durch die Europäische Kommission nur, wenn es sich um „Beihilfen" i. S. v. Art. 87 (1) EG handelt. Gemäß Art. 87 (1) EG *„sind staatliche oder aus staatlichen Mitteln gewährte Beihilfen gleich welcher Art, die durch die Begünstigung bestimmter Unternehmen oder Produktionszweige den Wettbewerb verfälschen oder zu verfälschen drohen, mit dem Gemeinsamen Markt unvereinbar, soweit sie den Handel zwischen Mitgliedstaaten beeinträchtigen".*

Diese Definition ist so zu verstehen, dass eine staatliche Maßnahme dann eine Beihilfe ist, wenn vier Kriterien erfüllt sind:

- Es handelt sich um eine staatliche Maßnahme, d.h. eine Maßnahme die dem Staat zurechenbar ist, und auf seine Kosten erfolgt (z.B. auch durch staatlich kontrollierte Unternehmen privatwirtschaftlicher Rechtsform);[7]

- die staatliche Maßnahme führt zu einem unentgeltlichen wirtschaftlichen Vorteil bei dem begünstigten Unternehmen („Gegenleistungen" die der Staat einem Unternehmen im Rahmen von Lieferverträgen zahlt sind keine „unentgeltlichen" Vorteile, die Höhe der Beihilfe bemisst sich nach dem unentgeltlichen Vorteil, und nicht nach den Kosten für den Staat, die, z.B. im Fall von Bürgschaftsprogrammen, oft niedriger sind als die Vorteile);[8]

- die staatliche Maßnahme begünstigt „spezifisch" einzelne Unternehmen, Branchen oder Regionen. Demgegenüber sind Maßnahmen, die zugunsten aller Wirtschaftsteilnehmer erfolgen (Beispiel: der Körperschaftsteuersatz wird um 2 % abgesenkt) und hinsichtlich derer die zuständige Behörde kein Ermessen hat, als „allgemeine Maßnahmen" keine „spezifischen" Beihilfen, und werden vom Anwendungsbereich von Artikel 87 (1) EG nicht erfasst und

- die staatliche Maßnahme ist geeignet, den Wettbewerb zu verfälschen und den Handel zwischen Mitgliedstaaten zu beeinträchtigen.

Diese Voraussetzungen werden bei staatlichen Förderungsmaßnahmen, die darauf abzielen, speziell den Export von Waren, Dienstleistungen oder Kapital in andere Mitgliedstaaten zu fördern, in aller Regel erfüllt sein. Insbesondere sind Förderungsmaßnahmen dieser Art geeignet, eine Wettbewerbsverfälschung zu verursachen und den Handel zwischen Mitgliedstaaten zu be-

---

[7] Das Handeln staatlicher Unternehmen muss aber dem Staat zurechenbar sein, siehe EuGH C-482/99, Frankreich / Kommission ("Stardust Marine"), Slg. 2002, I-4397 Rn. 55.

[8] Vor dem Hintergrund des PreussenElektra-Urteils (C-379/98, PreussenElektra/ Schleswag, Slg. 2001, I-2099) ist darauf hinzuweisen, dass das Gemeinschaftsrecht eine Verbindung, einen Link, fordert zwischen den staatlichen Mitteln auf der einen Seite und den Vorteilen für den Empfänger auf der anderen Seite, so dass das Stromeinspeisungsgesetz, das dem einspeisenden Stromerzeugnis bestimmte Vorteile gewährt hat, aber eben nicht auf Kosten des Staates, sondern auf Kosten der Energiewirtschaft im Allgemeinen, nicht als staatliche Beihilfe anzusehen war. Es ist aber unbestritten, dass die Höhe der Kosten für den Staat nicht die Höhe der Beihilfe bestimmt. Vielmehr können Vorteile, wie z.B. Bürgschaften, beim betroffenen begünstigten Unternehmen zu Vorteilen führen, selbst wenn für den Staat die Bürgschaftsgebühren kostendeckend sind. Die Höhe der Beihilfe bestimmt sich in solchen Fällen nach dem Wert des Vorteils für das begünstigte Unternehmen.

einträchtigen, weil bei Ausfuhrförderung gegenüber anderen Mitgliedstaaten der innergemeinschaftliche Handel per definitionem beeinflusst werden soll.

Dabei ist insbesondere von Bedeutung, dass Fördermaßnahmen, die allen „Exporttransaktionen" gleichermaßen zugute kommen, dennoch „spezifische" Maßnahmen sind, die als Beihilfen einzustufen sind. Der Europäische Gerichtshof hat dies in seiner Entscheidung zu französischen Vorzugsrediskontsätzen ausdrücklich bestätigt.[9] Frankreich hatte bei der Kommission beantragt, eine Vergünstigung für französische Exporteure für Ausfuhren in andere Mitgliedstaaten beibehalten bzw. erhöhen zu dürfen. Die Vergünstigung bestand in einem besonders günstigen Rediskontsatz der Banque de France, der auf alle ausgeführten einheimischen Erzeugnisse angewandt wurde. Der Gerichtshof hatte offenbar keine Mühe, diese Maßnahmen als Beihilfen einzustufen, und auch aus dem Schlussantrag von Generalanwalt *Roemer* ergibt sich, dass solche Maßnahmen deshalb nicht als allgemeine Maßnahmen angesehen wurden, weil sie nur für Exporttransaktionen gewährt wurden, nicht aber für „normale" inländische Transaktionen.[10]

Im Falle der Ausfuhrförderung gilt das selbst dann, wenn wegen des geringen Beihilfenwertes für nicht exportbezogene Beihilfen die Gefahr einer Wettbewerbsverfälschung verneint würde. Beihilfen für ein bestimmtes Unternehmen in einer Größenordnung von weniger als € 100.000 in drei Jahren sind als „*de minimis*" Beihilfen durch Art. 2 (2) der Verordnung 69/2001[11] von der Anwendung des Art. 87 (1) ausgenommen. Gemäß Art. 1 lit b) gilt die Ausnahme aber nicht für die Ausfuhrförderung. Zur Begründung heißt es in der 4. Begründungserwägung für die Verordnung:

> „(4) In Übereinstimmung mit dem WTO-Übereinkommen über Subventionen und Ausgleichsmaßnahmen sollten Ausfuhrbeihilfen oder Beihilfen, die heimische Erzeugnisse gegenüber Importwaren begünstigen, nicht unter diese Verordnung fallen. Beihilfen, die die Teilnahme an Messen, die Durchführung von Studien oder die Inanspruchnahme von Beratungsdiensten zwecks Lancierung eines neuen oder eines bestehenden Produkts auf einem neuen Markt ermöglichen sollen, stellen in der Regel keine Ausfuhrbeihilfen dar."

---

[9] EuGH, Rs 6/69, Kommission / Frankreich, Slg. 1969, 523.
[10] EuGH, aaO., Rn. 20 ff.; GA *Roemer*, ebendort, S. 554.
[11] Verordnung (EG) Nr. 69/2001 der Kommission vom 12. Januar 2001 über die Anwendung der Artikel 87 und 88 EG-Vertrag auf „De-minimis"-Beihilfen, Abl. 2001 L 10/30.

Ausfuhrbeihilfen zur Förderung des Absatzes von Waren, Dienstleistungen oder Kapital in andere Mitgliedstaaten stellen deshalb in aller Regel „Beihilfen" i.S.v. Art. 87 (1) EG dar. Diese müssen in der Regel, bevor sie gewährt werden, der Kommission zur Genehmigung vorgelegt werden (zum Verfahren siehe unten D.), sind aber materiell nur in extremen Ausnahmefällen genehmigungsfähig.

III. Ausfuhrbeihilfen sind in aller Regel nicht genehmigungsfähig

Beihilfen sind gemäß Art. 87 (1) EG im Prinzip mit dem Gemeinsamen Markt unvereinbar. Art. 87 (2) und (3) EG enthalten aber eine Reihe von Ausnahmen:

(2) Mit dem Gemeinsamen Markt vereinbar sind:

a) Beihilfen sozialer Art an einzelne Verbraucher, wenn sie ohne Diskriminierung nach der Herkunft der Waren gewährt werden;

b) Beihilfen zur Beseitigung von Schäden, die durch Naturkatastrophen oder sonstige außergewöhnliche Ereignisse entstanden sind;

c) Beihilfen für die Wirtschaft bestimmter, durch die Teilung Deutschlands betroffener Gebiete der Bundesrepublik Deutschland, soweit sie zum Ausgleich der durch die Teilung verursachten wirtschaftlichen Nachteile erforderlich sind.

(3) Als mit dem Gemeinsamen Markt vereinbar können angesehen werden:

a) Beihilfen zur Förderung der wirtschaftlichen Entwicklung von Gebieten, in denen die Lebenshaltung außergewöhnlich niedrig ist oder eine erhebliche Unterbeschäftigung herrscht;

b) Beihilfen zur Förderung wichtiger Vorhaben von gemeinsamem europäischem Interesse oder zur Behebung einer beträchtlichen Störung im Wirtschaftsleben eines Mitgliedstaats;

c) Beihilfen zur Förderung der Entwicklung gewisser Wirtschaftszweige oder Wirtschaftsgebiete, soweit sie die Handelsbedingungen nicht in einer Weise verändern, die dem gemeinsamen Interesse zuwiderläuft;

d) Beihilfen zur Förderung der Kultur und der Erhaltung des kulturellen Erbes, soweit sie die Handels- und Wettbewerbsbedingungen in der Gemeinschaft nicht in einem Maß beeinträchtigen, das dem gemeinsamen Interesse zuwiderläuft;

e) sonstige Arten von Beihilfen, die der Rat durch eine Entscheidung mit qualifizierter Mehrheit auf Vorschlag der Kommission bestimmt.

Diese Ausnahmen sind in aller Regel auf Ausfuhrbeihilfen unanwendbar. Die Kommission hat dies seit ihrem ersten „Bericht über die Entwicklung der Wettbewerbspolitik" schon 1971 betont[12] und seither mehrfach bestätigt.[13] Die Kommission fasst ihre Position im siebten Wettbewerbsbericht wie folgt zusammen:[14]

„*Danach ist es mit den allgemeinen Grundsätzen eines Gemeinsamen Marktes, in dem die Zollunion seit 1968 verwirklicht ist, und insbesondere mit dem Grundsatz des freien Warenverkehrs nicht zu vereinbaren, dass ein Mitgliedstaat seinen Absatz in den übrigen Mitgliedstaaten durch Exportbeihilfen künstlich fördert. Solche Beihilfen können keine Ausnahmevorschriften für sich beanspruchen, wobei es weder auf Intensität oder Form, noch auf Gründe oder Zielsetzungen der Beihilfen ankommt.*"

Insbesondere die Ausnahmen für regionale Beihilfen gelten nicht, weil Ausfuhrbeihilfen in der Regel gerade nicht an Investitionen in benachteiligten Regionen gekoppelt werden.

Nur in sehr wenigen Fällen hat die Kommission Ausfuhrbeihilfen tatsächlich für zulässig gehalten. Der wohl bekannteste Fall betrifft Zuschüsse der französischen Regierung zur Förderung der Ausfuhr von Büchern in kleinen Kontingenten gewährt hat, damit es französische Bücher überall in der Welt zu lesen gäbe. Buchhändler im nicht französischsprachigen Ausland, die in kleinen Mengen Werke benötigen, die von verschiedenen Verlegern veröffentlicht worden sind, gaben ihre Bestellungen bei der von den Beihilfen begünstigten CELF auf, die dann die Funktion eines Ausfuhrkommissionärs

---

[12] Kommission (Hrsg.), Bericht über die Entwicklung der Wettbewerbspolitik, Brüssel-Luxemburg 1971, Tz. 187.

[13] Kommission (Hrsg.), Sechster Bericht über die Entwicklung der Wettbewerbspolitik, Brüssel-Luxemburg 1976, Tz. 241; Kommission (Hrsg.), Siebenter Bericht über die Entwicklung der Wettbewerbspolitik, Brüssel-Luxemburg 1977, Tz. 242; Kommission (Hrsg.), Elfter Bericht über die Entwicklung der Wettbewerbspolitik, Brüssel-Luxemburg 1981, Tz. 247.

[14] Kommission (Hrsg.), Siebenter Bericht über die Entwicklung der Wettbewerbspolitik, Brüssel-Luxemburg 1977, Tz. 242

wahrnahm. Die Subvention des Staates zielte speziell darauf ab, die Ausführung von Bestellungen mit einem Auftragswert von weniger als 500 französischen Francs - ohne Transportkosten - zu ermöglichen, die sonst unrentabel wären. Die Kommission hat diese Subvention zweimal genehmigt.[15] Die Subvention wurde dabei als Beihilfe im Sinne von Artikel 92 Absatz 1 EG-Vertrag behandelt, aber auf der Grundlage von Art. 87 Absatz 3 Buchstabe d EG für mit dem Gemeinsamen Markt vereinbar erklärt.

Das Gericht erster Instanz der europäischen Gemeinschaften („EuG") hat beide Entscheidungen aufgehoben, jeweils aus „technischen" Gründen, ohne sich jedoch mit der Frage der grundsätzlichen Genehmigungsfähigkeit von innergemeinschaftlichen Exportbeihilfen wirklich auseinanderzusetzen.[16] Auch der Gerichtshof hat sich insoweit zurückgehalten.[17]

Die Exportförderung für Bücher ist sicher ein Sonderfall, der sich nur vor dem Hintergrund französischer Empfindlichkeiten im Bereich der Kultur und Sprachpolitik erklären lässt, die in der Kommission einen gewissen Widerhall gefunden haben. Außerhalb der Sonderbereiche „Förderung der Teilnahme an Messen und Ausstellungen" und „Export von Kulturgütern" ändert die Entscheidung nichts an dem allgemeinen Grundsatz, dass Ausfuhrbeihilfen von einem Mitgliedstaat in den anderen materiell nicht genehmigungsfähig und damit rechtswidrig sind.

IV. Beihilfenverfahrensrecht

Die materiellen Beihilfenregeln des Gemeinschaftsrechts sind verfahrensrechtsrechtlich abgesichert. Art. 88 (3) EG schreibt vor, dass neue Beihilfen, also Beihilfen, die bei Inkrafttreten des EG-Vertrages noch nicht bestanden haben oder in der Zwischenzeit von der Kommission schon einmal genehmigt waren, nur gewährt und eingeführt werden dürfen, wenn die Kommission dem zugestimmt hat. Das ist in Art. 3 der dazu ergangenen Verfahrens-

---

[15] Entscheidung vom 18. Mai 1993 in der Sache NN 127/92, Abl. 1993 C 174/6 (aufgehoben durch das Urteil T-49/93, SIDE/Kommission, Slg. 1995, II-2501), sowie Entscheidung 1999/133/EG v. 10. Juni 1998 über die staatliche Beihilfe zugunsten der Coopérative d'exportation du livre français (CELF), Abl. 1999, L 44/37 (aufgehoben durch das Urteil v. 28.2.2002, T-155/98, SIDE/Kommission, Slg. 2002, II-1179).

[16] EuG, T-49/93, SIDE/Kommission, Slg. 1995, II-2501; T-155/98, SIDE/Kommission, Slg. 2002, II-1179.

[17] EuGH, C-332/98, Frankreich/Kommission, Slg. 2000, I-4833.

verordnung[18] noch einmal betont worden: *„Anmeldungspflichtige Beihilfen nach Artikel 2 dürfen nicht eingeführt werden, bevor die Kommission eine diesbezügliche Genehmigungsentscheidung erlassen hat oder die Beihilfe als genehmigt gilt."*[19]

Das bedeutet insbesondere eine Standstill-Verpflichtung. Die Mitgliedstaaten sind verpflichtet, der Kommission eine geplante Beihilfe mitzuteilen. Bis zu einer positiven Entscheidung der Kommission dürfen die Behörden aber noch nichts auszahlen, und keine Maßnahmen zur Gewährung der geplanten Beihilfe ergreifen. Ein zinsgünstiger Kredit darf also nicht ausgezahlt, eine Bürgschaft noch nicht gewährt werden, wenn darin eine Beihilfe liegt.

Diese Standstill-Verpflichtung ist deshalb besonders bedeutsam, weil – anders als die materielle Rechtswidrigkeit der Beihilfe (die nur von der Kommission festgestellt werden kann) – der Verstoß gegen diese Standstill-Verpflichtung auch Drittrechte begründet. Wettbewerber können sich unmittelbar auf diesen Verstoß des Mitgliedstaats berufen und den Mitgliedstaat (auch vor nationalen Gerichten) gegebenenfalls auf Unterlassung in Anspruch nehmen sowie möglicherweise Schadensersatz fordern.[20]

V. Erweiterung der EG-internen Regelungen auf bestimmte Drittstaaten

Das innergemeinschaftliche Verbot von Ausfuhrbeihilfen gilt auch im Verhältnis zu bestimmten Drittstaaten. Verschiedene internationale Abkommen wurden mit dem Ziel abgeschlossen, die innergemeinschaftlichen Wettbewerbsregeln auf die Handelsbeziehungen mit bestimmten Drittstaaten zu erstrecken. Solche völkerrechtlichen Abkommen sind für die Gemeinschaft und ihre Mitgliedstaaten (Art. 300 Abs. 7 EG) verbindlich. Nach der Formu-

---

[18] Verordnung (EG) Nr. 659/1999 des Rates vom 22. März 1999 über besondere Vorschriften für die Anwendung von Artikel 93 [jetzt 88] des EG-Vertrags, Abl. 1999 L 83/1 („Verfahrensverordnung").

[19] Beihilfen „gelten als genehmigt" wenn die Kommission bestimmte Fristen für die Entscheidung nicht einhält, vergl. z.B. Art. 4 (6) der Verfahrensverordnung.

[20] Zur unmittelbaren Wirkung von Art. 88 (3) vergl. EuGH, Rs 6/64, Costa / ENEL, Slg. 1964, 594; Rs 120/73, Lorenz/Deutschland, Slg. 1973, 1471; hinsichtlich der Pflicht mitgliedstaatlicher Gerichte der Standstill-Verpflichtung zur praktischen Wirksamkeit zu verhelfen, vergl. EuGH, C-354/90, FNCEPA / Frankreich, Slg. 1991, I-5505.

lierung des EuGH werden die Abkommen mit ihrem völkerrechtlichen Inkrafttreten „integrierender Bestandteil" der EG-Rechtsordnung.[21]

1. EWR-Abkommen

Besonders deutlich kommt diese Absicht im Abkommen über den Europäischen Wirtschaftsraum[22] zum Ausdruck, das die EG heute mit Norwegen, Island und Liechtenstein verbindet. Die innergemeinschaftlichen Beihilfenregelungen werden fast wörtlich in Art. 61-63 des EWR-Abkommens übernommen.[23] Art. 62 EWR regelt darüber hinaus, dass die Vertragstaaten des EWR, die nicht Mitgliedstaaten der Gemeinschaft sind, den gleichen Verfahrensregeln unterliegen, die auch innerhalb der Gemeinschaft gelten; dazu wurde eine besondere Behörde (die EFTA-Überwachungsbehörde) geschaffen. Der EuGH hat in seinem ersten Gutachten zum EWR[24] zwar deutlich gemacht, dass der EWR (wie die Freihandelsabkommen) auf völkerrechtlichen Strukturen beruht und dass es deshalb nicht völlig ausgeschlossen ist, dass EG-Recht und gleichlautende Bestimmung im Rahmen des EWR anders ausgelegt werden könnten. Doch ist die gleichlautende Auslegung Vertragsziel (Art. 6 EWR), so dass in aller Regel Bestimmungen materiell gleichen Inhalts im EWR und im EG-Recht gleich auszulegen sind.[25]

Vor diesem Hintergrund liegt es nahe, die Beihilfenregelungen im EWR-Abkommen dahingehend auszulegen, dass Ausfuhrbeihilfen zwischen den EWR-Mitgliedern – wie im EG-Recht – grundsätzlich unzulässig sind.

---

[21] St. Rspr. EuGH, Rs. 181/73, Haegeman/Belgien 1974, 449 (460); Rs. 12/86, Demirel/Stadt Schwäbisch Gmünd, Slg. 1987, 3747, Rn. 7; Gutachten 1/91 (EWR I) Slg. 1991, I-6084 Rn. 32; C-321/97, Anderson u. a./Schweden, Slg. 1999, I-3551, Rn. 26.

[22] Beschluss des Rates und der Kommission vom 13. Dezember 1993 (94/1/EG, EGKS) über den Abschluss des Abkommens über den Europäischen Wirtschaftsraum zwischen den Europäischen Gemeinschaften und ihren Mitgliedstaaten sowie der Republik Österreich, der Republik Finnland, der Republik Island, dem Fürstentum Liechtenstein, dem Koenigreich Norwegen, dem Koenigreich Schweden (...), Abl.1994 L 1/1 ("EWR-Abkommen").

[23] Hinzukommen Anhang XV und Protokoll 26 und 27.

[24] EuGH, Gutachten 1/91, „EWR I", Slg. 1991, I–6079, Rn. 14ff.

[25] EuG, T-115/94, Opel Austria/Rat, Slg. 1997, I–39, Rn. 115f.

2. Europaabkommen

Ähnliches gilt hinsichtlich der Beitrittskandidaten und anderer Länder, die so genannte Europaabkommen mit der Gemeinschaft geschlossen haben.[26] Diese inhaltlich weitgehend übereinstimmenden Abkommen gemäß Art. 310 begründen eine Freihandelszone mit diesen Staaten. Der Wortlaut der Abkommen ähnelt oft dem des EG, doch bedeutet dies nicht immer, dass sie ebenso wie dieser ausgelegt werden müssen. Die diesbezügliche Rspr. zu den ehemaligen EFTA-Freihandelsabkommen[27] ist auf diese Abkommen übertragbar, wenngleich diese letztlich weitergehen als die Freihandelsabkommen, weil sie auf die Übernahme des gemeinschaftlichen Besitzstandes (*acquis communautaire*) abzielen.[28]

In allen Europaabkommen gibt es (als Teil der Wettbewerbsregeln) eine Vorschrift, das ist meistens Art. 62 oder 63, jeweils Abs. 1 (iii), nach der staatliche Beihilfen, soweit sie den Handel zwischen der Gemeinschaft und dem betreffenden Land beeinträchtigen, mit dem ordnungsgemäßen Funktionieren des Abkommens unvereinbar sind.[29] Hinzu kommt ein Abs. 2, in dem festgeschrieben wird, dass die staatlichen Förderungsmaßnahmen nach den Kriterien zu beurteilen sind, die sich u.a. aus Art. 87 EG ergeben.[30] Diese Regeln betreffen den Agrarbereich allerdings nicht.

---

[26] Solche Abkommen bestehen mit folgenden Ländern: Bulgarien (Abl. 1994 L 358/1, Inkrafttr. 1.2.1995), Estland (Abl. 1998 L 26/1, Inkrafttr. 1.2.1998), Lettland (Abl. 1998 L 68/1, Inkrafttr. 1.2.1998), Litauen (Abl. 1998 L 51/1, Inkrafttr. 1.2.1998), Polen (Abl. 1993 L 348/2, Inkrafttr. 1.2.1994), Rumänien (Abl. 1994 L 357/1, Inkrafttr. 1.2.1995), Slowakische Republik (Abl. 1994 L 357/1, Inkrafttr. 1.2.1995), Slowenien (Abl. 1999 L 51/1, Inkrafttr. 1.2.1999), Tschechische Republik (Abl. 1994 L 360/1, Inkrafttr. 1.2.1995), Ungarn (Abl. 1993 L 347/1, Inkrafttr. 1.2.1994).

[27] EuGH, C-312/91, Metalsa, Slg. 1993, I-3751, Rn. 9ff.; Rs. 270/80, Polydor/Harlequin, Slg. 1982, 329, Rn. 14ff.; Rs. 104/81, HZA Mainz/Kupferberg (I), Slg. 1982, 3641, Rn. 28ff.; s. aber EuGH, C-207/91, Eurim Pharm/BGA, Slg. 1993, I-3723, Rn. 21ff.

[28] EuGH, C-63/99, Gloszcuk/Secretary of State, Slg. 2001, I-6369, Rn. 48; C-257/99, Barkoci/Secretary of State, Slg. 2001, I-6557, Rn. 51f..

[29] Das Europaabkommen mit Polen (Abl. 1993 L 348/2, Inkrafttr. 1.2.1994) z.B. lautet insoweit wie folgt: Art. 63 (1): „Soweit sie den Handel zwischen der Gemeinschaft und Polen beeinträchtigen, mit dem ordnungsgemäßen Funktionieren dieses Abkommens unvereinbar (...) (iii) jegliche staatliche Beihilfen, die durch Begünstigung bestimmter Unternehmen oder Produktionszweige den Wettbewerb verfälschen oder zu verfälschen drohen."

[30] Art. 63 Abs. 2 des Europaabkommens mit Polen lautet: „Alle Verhaltensweisen, die im Gegensatz zu diesem Artikel stehen, werden nach den Kriterien beurteilt, die sich

Die Europaabkommen werden durch Durchführungsbestimmungen authentisch interpretiert.[31] Darin heißt es (hier nach den Durchführungsbestimmungen mit Polen zitiert): *„Artikel 2 - Vereinbarkeitskriterien - (1) Die Beurteilung der Vereinbarkeit von Einzelbeihilfen und Beihilfeprogrammen mit dem Europa-Abkommen nach Artikel 1 erfolgt nach den Kriterien, die sich aus Artikel 87 des Vertrags zur Gründung der Europäischen Gemeinschaft ergeben, einschließlich der derzeitigen und künftigen abgeleiteten Rechtsvorschriften, Rahmenregelungen, Leitlinien und sonstigen in der Gemeinschaft geltenden einschlägigen Verwaltungsakte, der Rechtsprechung des Gerichts erster Instanz und des Gerichtshofs der Europäischen Gemeinschaften sowie jedes etwaigen vom Assoziationsrat nach Artikel 4 Absatz 3 gefassten Beschlusses."* Das damit auch die Regelungen über Ausfuhrbeihilfen gemeint sind, folgt schon aus dem betont weiten Wortlaut. Dies ergibt sich aber auch aus weiteren Bezugnahmen. So enthalten auch die Durchführungsbestimmungen, in Art. 3 eine *de minimis* Ausnahme, die – wie im Gemeinschaftsrecht – Ausfuhrbeihilfen ausdrücklich vom Anwendungsbereich der *de minimis* Regeln ausnimmt.[32]

In den Europaabkommen selbst war kein besonderes Prüfungsverfahren vorgesehen, das den Verfahren im Bereich der EG und des EWR vergleichbar gewesen wäre. Auch insofern enthalten die Durchführungsbestimmungen Neuerungen, in dem sie ein Verfahren der obligatorischen Vorab-Notifizierung für Beihilfen einführen. Zwar erfolgt eine solche Notifizierung in den jeweiligen Partnerstaaten der EG nicht an eine vom jeweiligen Staat unabhängige Behörde, doch gingen die Vertragsparteien davon aus, dass die jeweilige nationale Überwachungsbehörde über ein ausreichendes Maß an Unabhängigkeit verfügt, um ihre Prüfungsaufgabe sinnvoll wahrnehmen zu können.

---

aus den Art. 85, 86 und 92 des Vertrages zur Gründung der Europäischen Wirtschaftsgemeinschaft ergeben." Artikel 92 ist, nach der Neunummerierung des EG, jetzt Art. 87 EG.

[31] Z.B., hinsichtlich von Polen, der Beschluss 3/2001 des Assoziationsrates EU-Polen vom 23. Mai 2001, zur Annahme der Durchführungsbestimmungen nach Artikel 61 Absatz 3 des Europaabkommens (...) zu den Vorschriften über staatliche Beihilfen in Art. 63 Absatz 1 Ziffer iii) (...), Abl. 2001 L 215/39.

[32] Artikel 3 - Geringfügige Beihilfen - Bei Beihilfeprogrammen und Einzelbeihilfen, die keine Ausfuhrbeihilfe umfassen und unter der in der Gemeinschaft geltenden Schwelle für geringfügige Beihilfen liegen, wird davon ausgegangen, dass sie nur unbedeutende Auswirkungen auf den Wettbewerb und den Handel zwischen den Vertragsparteien haben; (...), Abl. 2001 L 215/40.

Vor dem Hintergrund dieser Regelungen zur materiellen Rechtmäßigkeit und des Verfahrens ist davon auszugehen, dass auch im Verhältnis zu den Staaten, die der Gemeinschaft durch Europaabkommen verbunden sind, Ausfuhrbeihilfen – wie im Gemeinschaftsrecht – regelmäßig nicht genehmigt werden dürften. Die Kommission hat dies im Ergebnis in verschiedenen Verfahren jüngst bestätigt. Sowohl in der Entscheidung der Kommission zu den Förderbanken[33] als auch in der Entscheidung zu einem Ausfuhrförderungsprogramm Mecklenburg-Vorpommerns[34] hat die Kommission bestimmte Beihilfen an Mitgliedstaaten und Beitrittskandidaten für unzulässig gehalten, diese aber hinsichtlich anderer Drittstaaten genehmigt.[35]

Deshalb ist es nicht länger selbstverständlich, dass z.B. für die Ausfuhr nach Polen begünstigte Exportkredite (oder andere Maßnahmen, die innerhalb der OECD im Prinzip zulässig sein müssten) noch zulässig sind. Das ist in der Praxis auch vor dem Hintergrund interessant, dass zu den Beitrittskandidaten mit Bulgarien, Litauen und Rumänien solche Länder gehören, bei denen der Sinn und Zweck von Exportkreditversicherungen und Exportkrediten noch etwas leichter zu dokumentieren ist als gerade gegenüber den „weiter"-entwickelten Beitrittskandidaten.[36]

---

[33] Vgl. Entscheidung der Kommission vom 27.3.2002 zur staatlichen Beihilfe E 10/2000 – Deutschland – Anstaltslast und Gewährträgerhaftung, veröffentlicht auf der web-site des Generalsekretariats der Europäischen Kommission, vgl. II. Teil, Ziffer 2 lit. e) der vorgenannten Entscheidung.

[34] Kommission, Entscheidung vom 5. März 2003 zu Beihilfe C 94/01 (ex NN 55/2001) — Gewährung von Zuwendungen zur Unterstützung des Absatzes und Exports von Produkten aus Mecklenburg-Vorpommern, (noch nicht im Amtsblatt veröffentlicht).

[35] Siehe dazu auch unten, Ziffer C. V. 2.d) und e) dieses Beitrages

[36] Die sich stellenden Fragen sprengen den Rahmen dieses Beitrags. Letztlich kommt es darauf an, wer von der Beihilfe begünstigt wird. Die Kommission hat im Zusammenhang mit der beihilfenrechtlichen Analyse von kurzfristigen Exportkreditversicherungen die (halb-)staatlichen Kreditversicherer als Begünstigte gesehen, und in der beihilfenrechtlichen Analyse darauf abgestellt, ob die konkrete Versicherung marktfähig war. War eine Versicherung nicht marktfähig, so ergab sich auf dem Markt für Versicherungsleistungen kein Wettbewerbsverhältnis, so dass eine Förderung solcher Versicherungen den Wettbewerb auch nicht verfälschen kann. Sieht man auf den von einer solchen Versicherung begünstigten Exporteur als Beihilfenempfänger, und sieht man in der Gewährung der Versicherung eine Ausfuhrförderung, dann stellt sich die weitere Frage, ob in diesem Verhältnis nach dem Europaabkommen unzulässige Beihilfe gewährt wird. Anschlussfragen könnten sich ergeben, weil solche Förderung schon vor Inkrafttreten der Europaabkommen gewährt wurde, so dass die Beihilfe möglicherweise als „bestehende Beihilfe" privilegiert ist.

3. Türkei

Die Gemeinschaft hat mit der Türkei ein Assoziationsabkommen geschlossen.[37] Auf der Grundlage dieses Abkommens wurde 1995 eine Zollunion mit der Türkei vereinbart, die wirtschaftliche Verzahnung mit der Türkei ist deshalb besonders eng (die Europaabkommen begründen nur eine Freihandelszone, ohne gemeinsames Zollgebiet). Die dafür relevanten Bestimmungen finden sich im Beschluss 1/1995 des Assoziationsrates EG-Türkei.[38] Solche Beschlüsse sind auch in der Gemeinschaft unmittelbar bindendes Recht.[39]

Artikel 34 des Beschlusses des Assoziationsrates enthält eine fast wörtliche Wiederholung von Art. 87 EG, setzt allerdings voraus, dass eine Beihilfe Auswirkungen auf den Handel zwischen der EG und der Türkei haben kann (und betrifft nicht Agrarbeihilfen). Artikel 35 schreibt vor, dass Artikel 34 so auszulegen ist, wie sich dies aus der gemeinschaftsinternen Interpretation von Art 87 EG (ex-Art. 92) ergibt. Artikel 37 sieht den Erlass von Durchführungsbestimmungen vor. Diese Durchführungsbestimmungen[40] sind noch nicht in Kraft getreten. Der Entwurf betont aber in Art. 10 erneut, dass eine Prüfung der Beihilfen nach den materiellen Kriterien, die in der Gemeinschaft anwendbar sind, durch eine Wettbewerbsbehörde erfolgen muss. Die Rechtslage hinsichtlich der Türkei ähnelt daher stark der Situation, die gegenüber den Staaten besteht, mit denen die Gemeinschaft Europaabkommen geschlossen hat.

4. Euro-mediterrane Abkommen

Nach der Süderweiterung der EG hat insbesondere Spanien auf den Ausbau der Beziehungen der EG mit den Anrainerstaaten des Mittelmeers gedrängt. Als Ergebnis hat die EG neben einem verstärkten politischen Dialog eine

---

[37] Assoziationsabkommen EG Türkei vom 12. September 1963, Abl. V. 29/12/1964, S. 3687 – 3688 (siehe auch Abl. 1977, L 361/29).

[38] Beschluss Nr. 1/95 des Assoziationsrates EG - Türkei vom 22. Dezember 1995 über die Durchführung der Endphase der Zollunion, Abl. 1996 L 35/1.

[39] Vgl. zu anderen Beschlüssen des Assoziationsrates EG-Türkei siehe EuGH, C-192/89, Sevince, Slg. 1990, I-3461 Rn. 26; C-1/97, Birden, Slg. 1998, I-7747, Rn. 19; EuGH, Urt. V. 19. November 2002, Az.: C-188/00.

[40] Vorschlag für einen Beschluss des Rates über den Standpunkt der Gemeinschaft im Assoziationsrat EG-Türkei zu einem Beschluss des Assoziationsrates EG-Türkei über Durchführungsvorschriften zur Wettbewerbspolitik gemäß Artikel 37 des Beschlusses Nr. 1/95 des Assoziationsrates EG-Türkei, KOM/2001/0632 endg. (Celex: 52001pc0632).

Reihe von sog. „euro-mediterranen Abkommen" mit Mittelmeeranrainern vereinbart, die den Europaabkommen in Aufbau und Struktur ähneln.[41]

Im Gegensatz zu den Europaabkommen geht es bei diesen euromediterranen Assoziationsabkommen gemäß Art. 310 EG nicht um die Heranführung zukünftiger Mitgliedstaaten an den acquis communautaire,[42] sondern um eine „Entwicklungsassoziation", die den Entwicklungs- und Aufbauprozess in diesen Ländern fördern soll.

Darüber hinaus unterscheiden sich Abkommen dieses Typs inhaltlich stärker als die Europaabkommen. Beispielsweise enthält das euro-mediterrane Abkommen mit Israel hinsichtlich der Frage, welche staatlichen Beihilfen zulässig sind, keine Bezugnahme auf die innergemeinschaftliche Rechtsordnung. Es wird vielmehr auf die WTO-Regeln Bezug genommen.[43] Das euromediterrane Abkommen mit Marokko hingegen verweist an gleicher Stelle – wie die Europaabkommen – auf die innergemeinschaftlichen Regeln.[44]

Eine Antwort auf die Frage, ob Ausfuhrbeihilfen im Verhältnis der EG zu diesen Staaten (und vice versa) unzulässig sind, muss deshalb für jedes der euro-mediterranen Abkommen selbständig getroffen werden. Soweit eine ausdrückliche Bezugnahme auf die innergemeinschaftlichen Beihilfenregelungen enthalten ist, spricht manches dafür, dass Ausfuhrbeihilfen in aller Regel unzulässig sind, selbst wenn nach der Rechtsprechung der Gerichts-

---

[41] Euro-mediterrane Abkommen bestehen mit folgenden Drittstaaten: Tunesien (Vertragsschluss 17.7.1995, Inkrafttr. 1.3.1998, Abl. 1998 L 97/2, L 132/14); Israel (Vertragsschluss 20.11.1995, Inkrafttr. 1.6.2000, Abl. 2000 L 147/3), Marokko (Vertragsschluss 26.2.1996, Inkrafttr. 1.3.2000, Abl. 2000 L 70/2), Jordanien (Vertragsschluss 24.11.1997, Inkrafttr. 1.5.2002, Abl. 2002 L 129/1), PLO (Vertragsschluss 24.2.1997, Inkrafttr. 1.7.1997; Interimsabkommen, Abl. 1997 L 187/3), Ägypten (Vertragsschluss 25.6.2001, noch nicht in Kraft getreten), Algerien (Vertragsschluss 22.4.2002, noch nicht in Kraft getreten), Libanon (Vertragsschluss 17.6.2002, noch nicht in Kraft; Interimsabkommen, Abl. 2002 L 262/1).

[42] Die Drittstaaten mit denen die EG euro-mediterrane Abkommen geschlossen hat sind nicht Beitrittskandidaten, weil sie keine europäischen Staaten sind (vgl. Art 49 (1) EUV).

[43] Vgl. Art. 36 Abs.2 UAbs. 2 des Euro-mediterranen Abkommens mit Israel, Abl. 2000 L 147/2 (10).

[44] Art. 36 Abs. 2 des Euro-mediterranen Abkommens mit Marokko, Abl. 2000 L 70/2 (10).

hofs zu den Freihandelsabkommen der geringere Grad an angestrebter Integration Auslegungsunterschiede rechtfertigen würde.[45]

VI. Ergebnis

Als Ergebnis bleibt festzuhalten, dass Ausfuhrbeihilfen zwischen Mitgliedstaaten der Gemeinschaft grundsätzlich unzulässig sind. Ausnahmen sind nur in Extremfällen denkbar.

Ähnliches gilt zwischen den Vertragsstaaten des EWR-Abkommens, und wohl auch im Verhältnis zu den Drittstaaten, mit denen sog. Europaabkommen geschlossen wurden (mit Ausnahme des Agrarbereichs). Hinsichtlich der Drittstaaten, mit denen euro-mediterrane Abkommen bestehen, bedarf es einer Einzelfallanalyse, ob das betreffende Abkommen nach seinem Inhalt und seiner Zielsetzung die Übertragung des innergemeinschaftlichen Ausfuhrbeihilfeverbots auf den Handelsverkehr zwischen dem betroffenen Drittstaat und der Gemeinschaft erfordert.

Die Erstreckung des Ausfuhrbeihilfeverbots auf das Verhältnis zu Drittstaaten mit vertraglichen Sonderbeziehungen zur EG ist bisher erst in wenigen Fällen Gegenstand von Entscheidungen der EG Institutionen gewesen. Insoweit bedarf auch die weitere Entwicklung der Praxis genauer Beobachtung.

C. Ausfuhrbeihilfen gegenüber Drittstaaten

I. Einleitung

Im Gegensatz zur Situation im Innenbereich ist die Gemeinschaft in ihren Außenbeziehungen weniger frei, die Grenzen von Ausfuhrförderung autonom zu bestimmen. Zwar ist die Gemeinschaft für die Regelung dieser Fragen (im Verhältnis zu den Mitgliedstaaten) ausschließlich zuständig (dazu sogleich unter II). Doch ist sie zum einen an eine Reihe von internationalen

---

[45] Siehe die folgenden Beispiele aus der Rechtsprechung: EuGH, C-312/91, Metalsa, Slg. 1993, I-3751, Rn. 9ff.; Rs. 270/80, Polydor/Harlequin, Slg. 1982, 329, Rn. 14ff.; Rs. 104/81, HZA Mainz/Kupferberg (I), Slg. 1982, 3641, Rn. 28ff.; s. aber EuGH, C-207/91, Eurim Pharm/BGA, Slg. 1993, I-3723, Rn. 21ff.

Abkommen gebunden, deren Vertragspartei sie ist (siehe dazu unten III.). Zum anderen zeigt die Praxis der Kommission (und der im Rat handelnden Mitgliedstaaten) ihre Neigung, sich und die Mitgliedstaaten möglichst den Handlungsspielraum zu belassen, der auch den wichtigsten Handelspartnern der Gemeinschaft verblieben ist, wenn auch die Gemeinschaft in einigen Bereichen insoweit zum „Trendsetter" avanciert ist (siehe dazu unten IV. und V.).

Aber auch soweit internationale Abkommen entweder einen Spielraum lassen oder soweit bestimmte Bereiche nicht geregelt sind (das gilt z.B. für Beihilfen für Direktinvestitionen im Ausland), nimmt die Kommission eine eher kritische Haltung ein. Die negative Grundhaltung dokumentiert sich z. B. in der bereits erwähnten Verfahrenseinleitung für die Exportförderungsrichtlinien des Landes Mecklenburg-Vorpommern. Da heißt es: *„Sollten Exportbeihilfen vergeben worden sein, die nicht von den de-minimis-Vorschriften abgedeckt worden sind, erhebt die Kommission Bedenken in Bezug auf die Vereinbarkeit mit dem Gemeinsamen Markt. Exportbeihilfen sind besonders schädlich für den Wettbewerb, egal, ob die Beihilfen Exporte für Länder außerhalb der EU oder Exporte für andere Mitgliedstaaten der EU fördern."*[46]

II. Zuständigkeit der Gemeinschaft

Die Europäische Gemeinschaft ist kein allumfassend zuständiger Staat. Es gilt vielmehr das Prinzip der beschränkten Einzelermächtigung, das besagt, dass die Gemeinschaft nur dann und nur insoweit für die Regelung einer Materie zuständig ist, als ihr eine solche Zuständigkeit durch die Gründungsverträge zugewiesen worden ist.[47] Deshalb bedarf die Zuständigkeit der Gemeinschaft, Fragen der Ausfuhrförderung im Verhältnis zu Drittstaaten zu regeln, einer kurzen Erläuterung. Die verschiedenen Rechtsgrundlagen für ein Tätigwerden von Rat und Kommission unterscheiden sich außerdem hinsichtlich von Organkompetenz und Regelungsinhalt. Die Vorgehensweise der Gemeinschaft erschließt sich z.T. erst vor dem Hintergrund dieser Unterschiede.

---

[46] Kommission, Beihilfe C 94/2001 (ex NN 55/2001) — Gewährung von Zuwendungen zur Unterstützung des Absatzes und Exports von Produkten aus Mecklenburg-Vorpommern, Aufforderung zur Abgabe einer Stellungnahme gemäß Artikel 88 Absatz 2 EG-Vertrag, Abl. 2002 C 170/2, Rn. 15 des Schreibens der Kommission.

[47] *Hetmeier* in: Lenz, EG-Vertrag – Kommentar, Art. 249, Rn. 2.

1. Kongruenz von Innenkompetenzen und Außenkompetenzen

Hinsichtlich der Zuständigkeit der Gemeinschaft, Regelungen mit „Auslandsbezug" zu erlassen und insbesondere der Zuständigkeit der Gemeinschaft, Abkommen mit dritten Staaten zu schließen, hat die Rechtsprechung den Grundsatz entwickelt, dass die Außenkompetenzen der Gemeinschaft den internen Regelungskompetenzen entsprechen.[48] Soweit die EG von ihren internen Kompetenzen Gebrauch gemacht hat, sollen die MS nicht berechtigt sein, Verpflichtungen einzugehen, die gemeinschaftsrechtliche Normen beeinträchtigen.[49] Sofern die Gemeinschaft von ihren internen Befugnissen noch keinen Gebrauch gemacht hat, setzt eine implizite Außenkompetenz zusätzlich voraus, dass ein Handeln der Gemeinschaft „notwendig" ist, um eines der Ziele der EG zu erreichen.[50] Der EGV sieht zusätzlich in einer Reihe von Fällen auch ausdrückliche Vertragsschlusskompetenzen der EG vor. Zu diesen gehört insbesondere die Gemeinsame Handelspolitik (Art. 131 ff. EG).

2. Rechtsgrundlagen zur Regelung der Ausfuhrförderung

Im Bereich der Ausfuhrförderung gibt es im Wesentlichen drei große Gruppen von Kompetenznormen. Das ist zum einen das Außenhandelsrecht, zum anderen das schon erwähnte Beihilfenrecht und schließlich zum dritten das Agrarmarktrecht. Hinsichtlich des Agrarmarktrechts ist auch in der Rechtsprechung anerkannt, dass die Regeln über Ausfuhrerstattungen und überhaupt die landwirtschaftlichen Marktordnungen dem Außenhandelsrecht und dem Beihilfenrecht vorgehen, so dass sie wirklich eine relativ geschlossene Sondermaterie bilden. Außerdem lassen sich die Waren, um die es geht, anhand von Anhang I zum EG relativ leicht bestimmen. Vor diesem Hintergrund bleibt die Darstellung der Ausfuhrförderung im Bereich der Landwirtschaft den Referenten des zweiten Tages dieses Außenwirtschaftstages über-

---

[48] EuGH, Rs. 22/70, KOM/Rat, AETR, Slg. 1971, 263, Rn. 19; verb. Rs. 3, 4 und 6/76, Kramer u.a./Niederlande, Slg. 1976, 1279, Rn. 20 f.; Gutachten 2/94, EMRK, Slg. 1996, I-1759, Rn. 26.
[49] EuGH, AETR, a.a.O.
[50] EuGH, Gutachten 1/76, Slg. 1977, 741, für die Verwirklichung des freien Dienstleistungsverkehrs; z.B. verneint in EuGH, Urt. v. 5.11.2002, Rs. C-476/98 = EuZW 2003, 82.

lassen.⁵¹ Es verbleiben zwei große Gruppen, das Außenhandelsrecht und das Beihilfenrecht.

Handelspolitische Maßnahmen können auf zweierlei Weise beschlossen werden. Die EG kann mit Drittstaaten oder Staatengruppen Verträge zur Regelung handelspolitischer Fragen abschließen (vertragliche Handelspolitik). Soweit Fragen nicht vertraglich geregelt sind, sowie zur Umsetzung vertraglicher Regelungen kann die EG gestützt auf Art. 133 eine autonome Handelspolitik betreiben, indem sie für erforderlich gehaltene Maßnahmen als Verordnung oder Richtlinie beschließt. Grundsätzlich kann die EG beide Instrumente parallel verwenden; es können also vertragliche und autonome Maßnahmen gleichzeitig eingesetzt werden. Allerdings darf die EG nicht mit autonomen Maßnahmen gegen vertragliche Verpflichtungen verstoßen.⁵²

Zum Außenhandelsrecht hat der Gerichtshof schon recht früh festgestellt: *„Da die Vergabe von Ausfuhrkrediten unzweifelhaft dem System der von den Mitgliedstaaten für die Ausfuhr gewährten Beihilfen zuzurechnen ist, ergibt sich bereits aus Art. 112 [jetzt Art. 132], dass die in der fraglichen Vereinbarung vorgesehene Norm eine Materie betrifft, für die der Vertrag eine Zuständigkeit der Gemeinschaft einräumt."*⁵³ Der Gerichtshof fährt fort: *„Die Gemeinsame Handelspolitik und insbesondere die Ausfuhrpolitik umfasst notwendigerweise die Ausfuhrbeihilferegelungen (...). Solche Maßnahmen sind in der Praxis ein wichtiger Bestandteil der Handelspolitik (...). Aus diesen Gründen [ist ein Abkommen zu den lokalen Kosten im Rahmen der Exportkreditfinanzierung nicht nur als] (...) Ausfuhrbeihilfensystem nach Artikel 112 (...) sondern allgemeiner [als Teil] der Ausfuhrpolitik und damit der in Art. 113 [jetzt Art. 133] des Vertrages geregelten Gemeinsamen Handelspolitik (...)"* anzusehen. Aus der Entscheidung ergibt sich außerdem, dass die Zuständigkeit der Gemeinschaft eine ausschließliche ist.

Ausfuhrbeihilfen sind deshalb Teil der Regelungskompetenzen im Rahmen der Gemeinsamen Handelspolitik (Art. 131 ff. EG). Von den insoweit relevanten zwei Vorschriften ist Art. 132 nach der Auffassung des EuGH gegenüber Art. 133 keine lex specialis. Deshalb können Regelungen mitgliedstaat-

---

[51] Im Übrigen gab es früher Sonderregelungen im EGKS Vertrag. Nach dem dieser nach fünfzig Jahren Gültigkeitsdauer „pünktlich" drei Monate vor dieser Veranstaltung außer Kraft getreten ist, bleiben diese Sonderprobleme ebenfalls unberücksichtigt.
[52] Siehe dazu auch *Müller-Ibold*, in: Lenz, EG-Vertrag-Kommentar, 3. Aufl. 2003, Art. 133, Rn. 7 ff.
[53] EuGH, Gutachten 1/75, (lokale Kosten), Slg. 1975, 1355, 1362.

licher Exportförderung sowohl auf Art. 132 als auch auf Art. 133 gestützt werden.[54] Tatsächlich wurden fast alle heute in Kraft befindlichen außenhandelsrechtlichen Regelungen auf der Basis von Art. 133 beschlossen.[55] Ein Grund dafür ist die größere Flexibilität der Vorschrift, die – im Gegensatz zu Art. 132 – nicht nur den Erlass von Richtlinien, sondern auch von Verordnungen und Entscheidungen erlaubt.

Fünfzehn Jahre nach dem Gutachten 1/75 hat der Gerichtshof sich dann mit der Frage beschäftigt, inwieweit die ausschließliche Zuständigkeit und die Tatsache, das in Art. 132 ausdrücklich von Ausfuhrförderung die Rede ist, die Kommission hindert das Beihilfenrecht der Art. 87 ff. EG auf diesen Bereich anzuwenden. Die belgische Regierung hatte argumentiert, wenn es eine Sonderregelung für die Ausfuhrförderung gibt, dann sei diese abschließend, und das Beihilferecht müsse insoweit zurücktreten.

Der Gerichtshof hat sich in der sog. *Tubemeuse*-Entscheidung anders entschieden.[56] Der Gerichtshof sieht das Verhältnis der beiden Vorschriften als das zweier sich überschneidender Kreise. Beide Vorschriften regeln die Wettbewerbsverhältnisse auf verschiedenen Märkten. Regelungen der Ausfuhrförderung auf der Basis der Gemeinsamen Handelspolitik sichern die Wettbewerbsgleichheit der Unternehmen der Mitgliedstaaten auf Drittlandsmärkten, während die Marktverhältnisse und die Wettbewerbsgleichheit innerhalb des Gemeinsamen Markts über Art. 87, 88 sichergestellt werden. „*Insoweit ist darauf hinzuweisen, dass unabhängig von der Frage, ob die streitigen Beihilfen als Ausfuhrbeihilfen angesehen werden können, Art. 112 [heute Art. 132 EG] der die Angleichung der staatlichen Ausfuhrbeihilfen im Rahmen der gemeinschaftlichen Handelspolitik betrifft, die Anwendung der Art. 92 – 94 [heute Art. 87 bis 89 EG] nicht ausschließt. Es ist nämlich nicht ausgeschlossen, dass eine Ausfuhrbeihilfe den Handel zwischen Mitgliedstaaten beeinträchtigt.*"[57] Allerdings sind diese Beeinträchti-

---

[54] Wie hier *Vedder*, in Grabitz/Hilf, Art. 112, Rn. 2 m.w.N.

[55] Z.B. Entscheidung 854/82, Abl. 1982 L 357/20 und RL 568/84, Abl. 1984 L 314/24, mit Regelungen für die staatlichen Exportkreditgarantie-Organisationen (z.B. in Deutschland die Hermes Kreditversicherung). Auch die Beteiligung der EG am OECD Exportkredit-Arrangement wurde auf dieser Grundlage beschlossen, Abl. 2001 L 32/1 sowie Abl. 2002 L 206/16. Der Rat hat auf dieser Basis durch die RL 29/98 hinsichtlich von mittel- und langfristigen Exportkreditversicherungen das Kostendeckungsprinzip eingeführt (Abl. 1998 L 148/22).

[56] EuGH, Rs 142/87, Belgien / Kommission, (Tubemeuse), Slg. 1990, I-959, siehe dazu näher unten, Ziffer III.E.2.b).

[57] EuGH, Rs 142/87, Belgien / Kommission, (Tubemeuse), Slg. 1990, I-959, Rn. 32; siehe auch Rn. 35: „*Zunächst ist darauf hinzuweisen, dass es angesichts der Ver-

gungen bei Beihilfen, die sich a priori auf Situationen beschränken, in denen die betroffenen Waren in Drittstaaten exportiert werden, näher darzulegen.

Bei der Anwendung dieser Vorschriften hat die Kommission in der Praxis versucht, dann nicht mit Mitteln des Beihilfenrechts einzugreifen, wenn es Ansätze oder Bemühungen um eine internationale Harmonisierung der Voraussetzungen für Ausfuhrförderung in einem bestimmten Bereich gab, um solche Bemühungen nicht zu stören. Sie hat das in der Mitteilung zu den kurzfristigen Exportkreditversicherungen folgendermaßen zusammengefasst:[58]

> *„Exportbeihilfen beeinträchtigen unmittelbar den Wettbewerb zwischen den auf dem Markt konkurrierenden potentiellen Lieferanten von Waren und Dienstleistungen. In Anerkennung der schädigenden Auswirkungen hat die Kommission als Hüterin des Wettbewerbs im Rahmen des EG-Vertrags Exportbeihilfen im innergemeinschaftlichen Handel stets streng verurteilt. Wenngleich jedoch die Beihilfen der Mitgliedstaaten für ihre Ausfuhren in Drittländer ebenfalls den Wettbewerb innerhalb der Gemeinschaft beeinträchtigen können, ist die Kommission auf der Grundlage der Vorschriften über staatliche Beihilfen des EG-Vertrags, d. h. der Artikel 92, 93 und 94, nicht systematisch gegen diese Tätigkeiten vorgegangen. Dies hat mehrere Gründe: Erstens finden die Bestimmungen des EG-Vertrags über den Außenhandel, d. h. die Artikel 112 und 113, zum Teil auf diesen Bereich Anwendung, und Artikel 112 sieht in der Tat die Vereinheitlichung der Ausfuhrbeihilfen vor. Zweitens wird nicht nur der Wettbewerb in der Gemeinschaft durch Beihilfen für Ausfuhren außerhalb der Gemeinschaft beeinträchtigt, sondern auch die Wettbewerbsfähigkeit der Exporteure der Gemeinschaft gegenüber der der Handelspartner der Gemeinschaft, die ähnliche Beihilfen vergeben. Schließlich wurden Fortschritte bei der Kontrolle der Beihilfen auf der Grundlage der Handelsbestimmungen des Vertrags sowie in der OECD und der WTO erzielt."*

---

flechtung der Märkte, auf denen die Unternehmen der Gemeinschaft tätig sind, nicht ausgeschlossen ist, dass eine Beihilfe den Wettbewerb innerhalb der Gemeinschaft auch dann verfälschen kann, wenn das begünstigte Unternehmen fast seine gesamte Produktion außerhalb der Gemeinschaft absetzt."

[58] Mitteilung der Kommission an die Mitgliedstaaten nach Artikel 93 Absatz 1 EG-Vertrag zur Anwendung der Artikel 92 und 93 EG-Vertrag auf die kurzfristige Exportkreditversicherung, Abl. 1997 C 281/4, Ziffer 1.2.

Der letzte von diesen drei Punkten ist dabei wohl von besonderer Bedeutung. Soweit internationale Harmonisierung absehbar ist, insbesondere weil Fortschritte bei der Harmonisierung in internationalen Gremien erreicht werden, will die EG keine einseitigen Maßnahmen ergreifen, weil diese die Verhandlungen stören, und oft auch die Verhandlungsposition der Gemeinschaft untergraben (verpflichtet sich die Gemeinschaft intern zu einer bestimmten Disziplin, fehlt der Anreiz für die Verhandlungspartner, sich derselben Disziplin zu unterwerfen, weil die Gemeinschaft sich je der Disziplin unterwirft ohne dass die Verhandlungspartner ihrerseits eine entsprechende Bindung eingehen). Soweit solche Fortschritte aber fehlen (oder es konkrete Verhandlungen gar nicht gibt), ist die Kommission dabei, von ihrer Haltung abzuweichen und die Vorzüge des Beihilfenrechts für sich zu entdecken.

Die Haltung der Kommission ist politisch verständlich, rechtlich allerdings nicht unproblematisch. Art. 88 (3) entfaltet unmittelbare Rechtswirkungen, ohne dass es auf ein Tätigwerden/Untätigbleiben der Kommission ankommt. Handelt es sich bei Maßnahmen der Ausfuhrförderung um neue Beihilfen i.S.v. Art. 88 (3) (bzw. Art. 3 der Verfahrensordnung)[59], so ist die Gewährung unzulässig, bis die Kommission (positiv) entschieden hat.[60] Dritte können die Unzulässigkeit der Beihilfengewährung unmittelbar geltend machen, notfalls auch vor den Gerichten der Mitgliedstaaten.[61] Die Begünstigten solcher nicht genehmigter Beihilfen müssten mit deren Rückforderung rechnen.[62] Ob sie sich auf Vertrauensschutz berufen könnten, ist zweifelhaft: grundsätzlich ist Berufung auf Vertrauensschutz nur in sehr engen Grenzen

---

[59] Verordnung (EG) Nr. 659/1999 des Rates vom 22. März 1999 über besondere Vorschriften für die Anwendung von Artikel 93 [jetzt 88] des EG-Vertrags, Abl. 1999 L 83/1.
[60] Artikel 3 der Verfahrensverordnung.
[61] EuGH, Rs 6/64, Costa / ENEL, Slg. 1964, 594; Rs 120/73, Lorenz/Deutschland, Slg. 1973, 1471, C-354/90, FNCEPA / Frankreich, Slg. 1991, I-5505.
[62] Gemäß Art. 14 Abs. 1 Satz 1. der Verfahrensverordnung ist die Kommission grundsätzlich verpflichtet, die Rückzahlung einer materiell und formell rechtswidrigen Beihilfe anzuordnen.

möglich,[63] und ob die oben zitierte Erklärung der Kommission Vertrauensschutz begründen konnte, ist zumindest zweifelhaft.[64]

III. Maßnahmen durch Beteiligung an internationalen Abkommen

Die Gemeinschaft hat sich im Rahmen ihrer gemeinsamen Handelspolitik an einer Reihe von internationalen Abkommen beteiligt, die unter anderem Regeln über die Ausfuhrförderung enthalten.

1. WTO Abkommen

Besonders wichtig ist die Beteiligung an der Gründung der Welthandelsorganisation (WTO). Als Ergebnis der sog. Uruguay-Runde zum GATT 1947[65] wurde völkerrechtlich mit dem Übereinkommen über die Gründung der WTO[66] ein neues und vom GATT 1947 rechtlich unabhängiges Regelwerk geschaffen. Das GATT 1994 (General Agreement on Tariffs and Trade 1994)[67] das, von einigen Änderungen abgesehen, das GATT 1947 materiell im Wesentlichen dupliziert und eine Vielzahl anderer Abkommen sind als Anlagen Teil des WTO-Gründungsübereinkommens. Wichtig in diesem Zusammenhang ist das Verbot der Exportsubventionen in Art. XVI GATT 1994 sowie in Art. 3 des ASCM. Das WTO-Abkommen, und insbesondere das ASCM mit Annex 1 Abschnitte 2 j und k[68] definieren den Begriff der Ex-

---

[63] Vgl. Art. 14 Abs. 1 Satz 2 der Verfahrensverordnung (der Vertrauensschutz ist ein allgemeiner Rechtsgrundsatz des Gemeinschaftsrechts), sowie EuGH, C-24/95, Rheinland Pfalz/Alcan, Slg. 1997, T-1607; C-5/89, Kommission/Deutschland, Slg. 1990, I-3437; siehe auch *Mederer*, in: Groeben, Thiesing, Kommentar zum EU/EG Vertrag, 5. Aufl. 1999, Art. 93 Rn. 67 (mwN.).

[64] Vgl. die Anforderungen der Kommission für den Verzicht auf Rückforderung in zwei jüngeren Entscheidungen: Entscheidung der Kommission (2002/347/EGKS) vom 21. November 2001 über Steuervergünstigungen Frankreichs für Auslandsniederlassungen von Unternehmen, Abl. 2002, L 127/27; Entscheidung der Kommission (2001/168/EGKS) vom 31. Oktober 2000 über die spanischen Körperschaftsteuervorschriften, Abl. 2001 L 60/57.

[65] Siehe dazu den Bericht der Kommission KOM (94) 134 endg.

[66] Abl. 1994, L 336/1.

[67] Abl. 1994 L 336/11.

[68] Diese lauten: „j) Bereitstellung von Programmen für Ausfuhrkreditbürgschaften oder -versicherungen, von Versicherungs- oder Bürgschaftsprogrammen zum Schutz vor Preissteigerungen bei für die Ausfuhr bestimmten Waren oder von Programmen zur Abdeckung von Währungsrisiken durch den Staat (oder von ihm kontrollierte

portsubvention näher, schaffen damit aber zugleich einen gewissen „safe haven" für Ausfuhrförderung, der von der Gemeinschaft und den Mitgliedstaaten auch genutzt wird.[69] Allerdings beziehen sich diese Regelungen im Wesentlichen auf den Warenexport. Hinsichtlich von Dienstleistungen beinhaltet Art. XV:1 GATS lediglich einen Verhandlungsauftrag und hinsichtlich der Förderung von Direktinvestitionen ist ebenfalls keine klare Regelung erkennbar.[70]

Hinsichtlich des WTO-Gründungsübereinkommens, einschl. des GATT 1994 und des ASCM, sind sowohl die EG als auch die MS Vertragsparteien, nachdem der EuGH im Gutachten 1/94 festgestellt hatte, dass der EG die Vertragsschlusskompetenz für bestimmte Regelungen zu Dienstleistungen und des geistigen Eigentums fehle.[71] Der EuGH stellte fest (unter äußerlicher Bestätigung des „offenen" Charakters des Begriffs der Handelspolitik), dass Regelungen über Dienstleistungen (das „GATS"-Abkommen) und den Schutz geistigen Eigentums („TRIPS") nur zum Teil unter den Begriff der Handelspolitik i.S.v. Art. 133 EG fallen, weil sie nicht den freien Warenver-

---

Sondereinrichtungen) zu Prämiensätzen, die nicht ausreichen, um langfristig die Betriebskosten und -verluste der Programme zu decken;
Gewährung von Ausfuhrkrediten durch den Staat (oder von ihm kontrollierte und/oder ihm unterstellte Sondereinrichtungen) zu Sätzen, die unter jenen liegen, die er selbst zahlen muss, um sich die dafür aufgewandten Mittel zu verschaffen (oder zahlen müsste, wenn er internationale Kapitalmärkte in Anspruch nähme, um Gelder derselben Fälligkeit und zu denselben Kreditbedingungen und in derselben Währung wie der Ausfuhrkredit zu erhalten), oder staatliche Übernahme aller oder eines Teils der Kosten, die den Ausführern oder den Finanzinstituten aus der Beschaffung von Krediten entstehen, soweit sie dazu dienen, auf dem Gebiet der Ausfuhrkreditbedingungen einen wesentlichen Vorteil zu erlangen.
Ist jedoch ein Mitglied Vertragspartei einer internationalen Verpflichtung auf dem Gebiet der öffentlichen Ausfuhrkredite, an der am 1. Januar 1979 mindestens zwölf der ursprünglichen Mitglieder beteiligt waren (oder einer Nachfolgeverpflichtung, welchen diese ursprünglichen Mitglieder eingegangen sind), [Anm. d. Verf.: gemeint ist das OECD Exportkredit Arrangement] oder wendet ein Mitglied in der Praxis die Zinssatzbestimmungen dieser Verpflichtung an, so gilt eine bei Ausfuhrkrediten angewandte Praxis, die mit den betreffenden Bestimmungen im Einklang steht, nicht als durch dieses Übereinkommen verbotene Ausfuhrsubvention."

[69] Vergl. z.B. die Definition von Exportförderung in Art. 1 b der Verordnung (EG) Nr. 69/2001 der Kommission vom 12. Januar 2001 über die Anwendung der Artikel 87 und 88 EG-Vertrag auf „De-minimis"-Beihilfen, Abl. 2001 L 10/30.

[70] Insofern ist es aber denkbar, auf die später in einer geförderten Betriebsstätte hergestellten Waren die allgemeinen Regeln des ASCM anzuwenden.

[71] EuGH, Gutachten 1/94, WTO, Slg. 1994, I–5276, Rn. 35ff.

kehr beträfen, sondern andere Grundfreiheiten.[72] Dennoch hat der EuGH betont, dass die Gemeinschaft und die Mitgliedstaaten das WTO Abkommen (einschl. GATT, GATS und TRIPS) gemeinschaftlich ratifiziert haben, dass also eine Aufteilung in einen „Gemeinschafts-"Teil und einen „mitgliedstaatlichen" Teil nicht erfolgt ist. Eine solche Aufteilung wäre aus Sicht des WTO-Rechts infolge des dort geltenden single-undertaking approach auch gar nicht möglich. Deshalb erstreckt sich die Bindung der Gemeinschaft auf das gesamte WTO-Abkommen einschl. der Teile, die der Vertragsschlusskompetenz der MS unterliegen.[73]

Von Bedeutung ist die Zuständigkeitsabgrenzung aber hinsichtlich der innergemeinschaftlichen Umsetzungsmaßnahmen: Insoweit kann die Gemeinschaft selbst nur im Rahmen ihrer Zuständigkeiten im Bereich der gemeinsamen Handelspolitik tätig werden, wie sie im Gutachten 1/94 umschrieben wurden.[74] Innergemeinschaftliche Regelungen zur Ausförderung lassen sich deshalb auf der Grundlage der handelspolitischen Zuständigkeiten nur inso-

---

[72] Noch weiter ging der EuGH im später erstatteten Gutachten 2/92, (OECD Beschluss zur Inländerbehandlung, Slg. 1995, I–525, Rn. 24ff.), in dem er, auch soweit der Warenverkehr betroffen war, Art. 133 im Einzelfall für unanwendbar erklärte mit dem Argument, es gehe im konkreten Fall mehr um den Binnenmarkt und weniger um den Außenhandel.

[73] EuGH, C-53/96, Hermès/FHT, Slg. 1998, I–3603, Rn. 24–29. Der EuGH hat allerdings auch entschieden, dass die Handlungen der EG-Institutionen nicht am GATT 1947 gemessen werden können, weder wenn Mitgliedstaaten als Kläger auftreten (C-280/93, Deutschland/Rat, Slg. 1994, I–4973 Rn. 109; C-149/96, Portugal/Rat, Slg. 1999, I-8395, Rn. 43-47, Plenarentscheidung) noch wenn „Privatparteien" Kläger sind (EuGH, Rs. 267/81 u.a., Amministratione delle Finanze/SPI and SAMI, Slg. 1983, 801, Rn. 15; Rs. 21/72 u.a., International Fruit Company/Produktschap, Slg. 1972, 1219, Rn. 10f.; C-27/00, Omega Air, Slg. 2002, I-2569, Rn. 89 ff.; EuG, T-2/99, T.Port/Rat, Slg. 2001, II-2093, Rn. 51); zur Rolle des WTO Rechts im Gemeinschaftsrecht vergl. *Berrisch/Kamann*, WTO-Recht im Gemeinschaftsrecht – (k)eine Kehrtwende des EuGH, EWS 2000, 89; *Cremona*, Rhetoric and Reticence: EU external commercial policy in a multilateral context, CMLRev 2001, 359; *Royla*, WTO-Recht, EG-Recht – Kollision, Justitiabilität, Implementation, EuR 2001, 495; *Müller-Ibold*, in Lenz: EG Vertrag - Kommentar, 3. Aufl. 2003, Art. 133, Rn. 64 ff.

[74] Die Erweiterung der handelspolitischen Zuständigkeiten durch den Vertrag von Nizza (Art. 133 Abs. 5-7 (n.F.) EG) ändert daran nichts, weil diese Erweiterung sich nur auf die Außenkompetenzen beschränkt, und gerade keine Ermächtigungsnorm zum Erlass innergemeinschaftlichen Rechtsakten umfassen sollte; siehe dazu *Müller-Ibold*, in Lenz, EG Vertrag – Kommentar, 3. Aufl. 2003, Vorbem. vor Art. 131-134, Rn. 5-20 (m.w.N.), insbes. Rn. 15.

weit treffen, als es um Fragen des freien Warenverkehrs und der grenzüberschreitenden Dienstleistungen geht.[75]

2. OECD-Arrangement

Von Bedeutung ist auch die Beteiligung der Gemeinschaft an dem im Rahmen der OECD ausgehandelten sog. „Export Credit Arrangement.[76] Angesichts der weitgehenden Unzulässigkeit von Exportsubventionen kommt dem Instrument der Gewährung von Exportkrediten in der Praxis aller industrialisierten Staaten besonderes Gewicht zu. Einerseits sind diese Kredite wegen politischer Risiken oft nur von staatlichen Stellen zu erhalten, andererseits lassen sich hinter besonders günstigen Bedingungen auch Exportsubventionen „verstecken". Vor diesem Hintergrund haben die Industriestaaten im Rahmen der OECD ein Arrangement getroffen, das die Bedingungen und Voraussetzungen für Exportkredite durch staatliche Stellen näher regelt.

Werden Exportkredite auf der Basis dieser Vereinbarung gewährt, „gelten" sie zugleich – gemäß Anhang I lit. k) des ASCM Übereinkommens – nicht als Exportsubventionen im Sinne des GATT 1994.

3. Mitgliedstaatliche Maßnahmen

Trotz des Wortlauts von Art. 132 EG[77] spielen gemeinsame Maßnahmen der Mitgliedstaaten in anderen internationalen Organisationen, die in Art. 132 EG erwähnt werden, praktisch keine Rolle. Grund dafür ist wohl die klare Position des Gerichtshofs im Gutachten 1/75,[78] wonach Regelungen der Ausfuhrförderung in die „ausschließliche Zuständigkeit" der Gemeinschaft fallen.

---

[75] Dies mag erklären, warum die Gemeinschaft sich zur Regelung der Förderung von Direktinvestitionen in Drittstaaten sich auf beihilferechtliche Vorschriften gestützt hat, siehe unten unter III. E. 2. e).

[76] Entscheidung des Rates 2001/76/EG vom 22. Dezember 2000 zur Ersetzung der Entscheidung vom 4. April 1978 über die Anwendung bestimmter Leitlinien auf dem Gebiet öffentlich unterstützter Exportkredite – Übereinkommen über Leitlinien für öffentlich unterstützte Exportkredite, Abl. 2001 L 32/1, sowie Entscheidung 2002/634, Abl. 2002 L 206/16.

[77] Art. 132 (1) EG: „Unbeschadet der von den Mitgliedstaaten im Rahmen anderer internationaler Organisationen eingegangenen Verpflichtungen werden [die Ausfuhrbeihilfensysteme schrittweise] vereinheitlicht".

[78] EuGH, Gutachten 1/75, (lokale Kosten), Slg. 1975, 1355, 1362.

IV. Maßnahmen der autonomen Handelspolitik

Die Gemeinschaft hat eine Reihe von Regelungen auf der Grundlage ihrer handelspolitischen Kompetenzen verabschiedet, die die Exportförderung näher regeln. Z.T. handelt es sich um wirklich „autonome" Rechtssetzung, meist aber werden die völkerrechtlichen Abkommen in innergemeinschaftliches Recht umgesetzt und – z.T. – inhaltlich und hinsichtlich von Verfahrensfragen näher ausgestaltet.

1. Kreditversicherung

Der Rat hat verschiedene Regelungen zur Harmonisierung mitgliedstaatlicher Regelungen über lang- und mittelfristige Exportkreditversicherungen verabschiedet. Diese Richtlinie 98/29[79] regelt einige, wenn auch nicht alle der Bedingungen, zu denen staatlich geförderte mittel- und langfristige Exportkreditversicherungen gewährt werden können. Als mittel- und langfristig gelten Versicherungen mit einer Laufzeit von über zwei Jahren. Ziel ist erstens die Einführung des Kostendeckungsprinzips sowie die Vereinheitlichung der Bedingungen, zu denen diese Exportkreditversicherungen gewährt werden. Es ist keine abschließende Regelung aller relevanten Fragen beabsichtigt, es werden vielmehr bestimmte Mindeststandards festgelegt. Ergänzt wird die Richtlinie durch eine weitere Richtlinie[80] und eine Entscheidung,[81] die verfahrensrechtliche Fragen klären und die die staatlich beeinflussten Exportkreditversicherer zwingen sollen, ihre Bedingungen aufeinander abzustimmen und anzugleichen. Zumindest müssen diese sich gegeneinander über relevante Bedingungen informieren, also Informationsaustausch betreiben, was letztlich ebenfalls einen Harmonisierungsprozess bewirkt.

---

[79] Richtlinie 98/29/EG des Rates vom 7. Mai 1998 zur Harmonisierung der wichtigsten Bestimmungen über die Exportkreditversicherung zur Deckung mittel- und langfristiger Geschäfte, Abl. 1998 L 148/22. Diese Richtlinie ersetzt zwei Richtlinien aus dem Jahr 1970 (Richtlinie 70/509, Abl. 1970 L 254/1, sowie die Richtlinie 70/510, Abl. 1970 L 254/26.

[80] Richtlinie 84/568/EWG des Rates vom 27. November 1984 betreffend die gegenseitigen Verpflichtungen der Ausfuhrkredit-Versicherungsinstitutionen der Mitgliedstaaten, die für Rechnung oder mit Unterstützung des Staates handeln, oder der Behörden, die anstelle solcher Institutionen handeln, im Falle der Mitversicherung für ein Geschäft, das eine oder mehrere Zulieferungen aus einem oder mehreren Mitgliedstaaten der Europäischen Gemeinschaften umfasst, Abl. 1984 L 314/24.

[81] Entscheidung des Rates (73/391/EWG) vom 3. Dezember 1973 über die Verfahren für Konsultationen und Notifizierungen auf dem Gebiet der Kreditversicherung, der Bürgschaften und der Finanzkredite , Abl. 1973 L 346/1.

Die Richtlinie zur mittel- und langfristigen Exportkreditversicherungen wird ergänzt um eine (beihilfenrechtliche) Mitteilung der Kommission zu kurzfristigen Exportkreditversicherungen.[82]

2. Schiffbaubeihilfen

Der Rat hat eine besondere Verordnung über Schiffbaubeihilfen angenommen.[83] Diese hat zwei Teile: (i) einen beihilfenrechtlichen Teil, in dem es um Schiffbaubeihilfen für Schiffe und Werften innerhalb der Gemeinschaft geht, und (ii) einen Teil mit Sondervorschriften für Beihilfen zur Förderung des Baus von Schiffen für Entwicklungsländer, der das handelspolitische Element enthält. Die Verordnung setzt dabei das OECD „Sector Understanding" für Schiffbaubeihilfen in Gemeinschaftsrecht um. Deshalb ist die Verordnung sowohl auf Art. 89, das ist die Ermächtigungsgrundlage zum Erlass von allgemeinen Maßnahmen im Beihilfenrecht, als auch auf Art. 132 EG gestützt.

3. Maßnahmen gegen durch Drittstaaten gewährte Beihilfen

Zu den durch internationale Abkommen motivierten Umsetzungsmaßnahmen gehört sicher auch die Verordnung 2026/97,[84] die die Voraussetzungen regelt für die Verhängung von Ausgleichszöllen gegenüber Waren, denen in Drittstaaten Subventionen zugute kommen und die deshalb zur Schädigung eines Wirtschaftszweiges in der EG führen. Die Verordnung 2026/97 lehnt

---

[82] Mitteilung der Kommission an die Mitgliedstaaten nach Artikel 93 Absatz 1 EG-Vertrag zur Anwendung der Artikel 92 und 93 EG-Vertrag auf die kurzfristige Exportkreditversicherung, Abl. 1997 C 281/4, zuletzt geändert durch Mitteilung der Kommission, Abl. 2001 C 217/2 (siehe unten).

[83] Verordnung (EG) Nr. 1540/98 des Rates vom 29. Juni 1998 zur Neuregelung der Beihilfen für den Schiffbau, Abl. 1998 L 202/1, iVm. der Entscheidung 2001/76/EG betreffend Exportkredite für Schiffe Abl. 2001 L 32/1 und der Entscheidung 2002/634/EG zur Änderung der Entscheidung 2001/76/EG betreffend Exportkredite für Schiffe, Abl. 2002 L 206/16. Dabei ist davon auszugehen, dass Art. 3 (5) der Verordnung das neue „Sector Understanding" für den Schiffbau in Bezug nimmt, nach dem dieses von der Gemeinschaft akzeptiert wurde.

[84] Verordnung (EG) Nr. 2026/97 des Rates vom 6. Oktober 1997 über den Schutz gegen subventionierte Einfuhren aus nicht zur Europäischen Gemeinschaft gehörenden Ländern, Abl. 1997 L 288/1, zuletzt geändert durch die VO 1973/2002 Abl. 2002 L 305/4.

sich im Wortlaut eng an das ASCM Übereinkommen der WTO[85] an und bezieht sich nach dem Auslaufen des EGKSV auf alle Warenarten.

Die Verordnung regelt nicht das Handeln der Mitgliedstaaten, sondern die Art und Weise, wie die Gemeinschaft auf Maßnahmen von Drittstaaten reagieren kann. Die Anwendung in der Praxis auf Maßnahmen von Drittstaaten zeigt aber, welche Formen der Ausfuhrbeihilfen die Gemeinschaft für unzulässig hält.[86] Indien ist zurzeit das Land, hinsichtlich dessen die Gemeinschaft, was Ausfuhrbeihilfen betrifft, am aktivsten ist. Offenbar gibt es in Indien gesetzliche Regelungen über direkte Exportsubventionen, die die Gemeinschaft auf Antrag der betroffenen Gemeinschaftsindustrie schon mehrfach veranlasst haben, die Exportsubventionsmaßnahmen Indiens mit entsprechenden Abwehrzöllen zu belegen.[87]

Diese Aufzählung von „autonomen" Maßnahmen zeigt, dass es sich bei den internen Legislativmaßnahmen zumeist um die Umsetzung internationaler Vereinbarungen handelt, während wirklich „autonome" handelspolitische Maßnahmen nur punktuell beschlossen wurden.

V. Maßnahmen auf der Basis des Beihilfenrechts

1. Legislativmaßnahmen

Wie oben erwähnt, ist es ein Unterschied, ob eine Ausfuhrbeihilfe Exporte nach innerhalb der Gemeinschaft begünstigt oder solche in Drittstaaten. Im ersten Fall werden der Handel zwischen Mitgliedstaaten (und der innerge-

---

[85] Abl. 1994 L 336/156.
[86] Maßnahmen gegen Exportsubventionen wurden z. B. in folgenden Fällen ergriffen: Verordnung (EG) Nr. 977/2002 des Rates vom 4. Juni 2002 zur Einführung eines endgültigen Ausgleichszolls auf die Einfuhren bestimmter Ringbuchmechaniken (RBM) mit Ursprung in Indonesien, Abl. 2002 L 170/17; Beschluss Nr. 284/2000/EGKS der Kommission vom 4. Februar 2000 zur Einführung eines endgültigen Ausgleichszolls auf die Einfuhren bestimmter flachgewalzter Erzeugnisse aus Eisen oder nichtlegiertem Stahl, mit einer Breite von 600 mm oder mehr, weder plattiert noch überzogen, in Rollen (Coils), nur warmgewalzt, mit Ursprung in Indien und Taiwan, Abl. 2000 L 31/44; Verordnung (EG) Nr. 1411/2002 der Kommission vom 29. Juli 2002 zur Einführung eines vorläufigen Ausgleichszolls auf die Einfuhren texturierter Polyester-Filamentgarne mit Ursprung in Indien, Abl. 2002 L 205/26.
[87] Vg. z.B. Verordnung 1411/2002, Abl. 2002 L 205/26; sowie Entscheidung 284/2000, Abl. 2000 L 31/44.

meinschaftliche Wettbewerb) offensichtlich berührt, während dies bei Exportbeihilfen an Drittstaaten nicht so selbstverständlich ist.

Die Kommission hat erstmals vor sechs Jahren generelle Regelungen zu Ausfuhrbeihilfen auf der Grundlage des Beihilfenrechts erlassen. Die Kommission hat in der für das Beihilfenrecht typischen Form von soft law, eine „Mitteilung" über kurzfristige Exportkreditversicherungen erlassen.[88] Durch solche Mitteilungen verpflichtet sich die Kommission selbst, bei Entscheidungen über Beihilfenvorhaben nach den mitgeteilten Kriterien zu verfahren. Die durch diese Selbstbindung festgelegten Entscheidungskriterien binden die Kommission, sie kann davon im Einzelfall nicht abweichen (weil sie sonst gegen den Gleichbehandlungsgrundsatz verstoßen würde).[89] Diese Mitteilung ist aus zwei Gründen interessant. Sie beschreibt zum einen den oben erwähnten Ansatz, Beihilfenrecht nur anzuwenden, soweit es an internationaler Harmonisierung mangelt.[90]

Diese Mitteilung ist auch aus einem anderen Grunde interessant. Sie trägt dem Gedanken, dass das Beihilfenrecht hinsichtlich der Auswirkungen auf den innergemeinschaftlichen Markt anwendbar ist, in einer folgerichtigen, wenn auch auf den ersten Blick überraschenden Form Rechnung. Die Mitteilung unterscheidet zwischen der Ebene der betroffenen Exporteure einerseits und der staatlichen Institutionen, die die Exportförderung betreiben, andererseits. Die Mitteilung beruht auf der Überlegung, dass, soweit die Exportkreditversicherungen nicht nur von staatlichen Förderinstitutionen angeboten werden, sondern auch von privaten Anbietern, es innerhalb der Gemeinschaft einen Markt für derartige Dienstleistungen gibt. Staatliche geförderte Exportkreditversicherung unterstützt dann nicht nur die Exporteure (mit Auswirkungen vornehmlich in Drittstaaten), sondern verfälscht auch den Wettbewerb mit privaten Anbietern gleichwertiger Dienstleistungen innerhalb der Gemeinschaft.

Inhaltlich legt die Mitteilung fest, dass staatliche Förderung nur für solche kurzfristigen Exportkreditversicherungen erfolgen darf, die „nicht marktfähige" Risiken abdecken (insoweit herrscht ja innerhalb der Gemeinschaft kein Wettbewerb). Förderung der Deckung marktfähiger Risiken ist danach

---

[88] Mitteilung der Kommission an die Mitgliedstaaten nach Artikel 93 Absatz 1 EG-Vertrag zur Anwendung der Artikel 92 und 93 EG-Vertrag auf die kurzfristige Exportkreditversicherung, Abl. 1997 C 281/4, zul. geänd. durch Mitteilung der Kommission, Abl. 2001 C 217/2.
[89] EuGH, C-313/90, CIRFS/Kommission, Slg. 1993, I-1125.
[90] Vgl. oben, Ziffer III.B.2. dieses Beitrages.

unzulässig. Als „marktfähige Risiken" werden kurzfristige Exportversicherungen für Lieferungen in die „Kernländer" der OECD angesehen.[91]

In jüngerer Zeit hat die Kommission auch begonnen, Regelungen durch Verordnungen zu erlassen. Sie hat in zwei Gruppenfreistellungsverordnungen „Auslandsachverhalte" angesprochen. Zum einen hat die Kommission im Rahmen der Gruppenfreistellungsverordnung für bestimmte Beihilfen an kleine und mittlere Unternehmen (KMU's)[92] die Förderungen von Direktinvestitionen im Ausland zugunsten von KMU's genehmigt. In der gleichen Gruppenfreistellungsverordnung hat sie die Förderung des Marktzugangs durch Förderung von Messeteilnahmen oder der Einführung neuer Produkte, wiederum beschränkt auf KMU's, zugelassen. Gleichzeitig hat die Kommission in der Gruppenfreistellungsverordnung zu „de-minimis" Beihilfen[93] Exportbeihilfen grundsätzlich von der Freistellung ausgenommen. Als Gegenausnahme wird die Förderung von Messeteilnahmen und Produkteinführungen wiederum zugelassen.[94]

2. Einzelfallentscheidungen

Die Kommission hat Einzelfallentscheidungen zu Exportförderungsmaßnahmen in jüngerer Zeit im Wesentlichen auf der Basis des Beihilferechts getroffen. Soweit es in den Entscheidungen um Beihilfen für Exporte an Drittstaaten ging, hat die Kommission Überlegungen zur Wirkung der Beihilfe auf den Handel zwischen Mitgliedstaaten angestellt. Diese basieren auf dem Ansatz, den der Gerichtshof seinem Urteil Tubemeuse zugrunde gelegt

---

[91] Nach dem (2001 geänderten) „Verzeichnis der Länder mit marktfähigen Risiken" (dem Anhang I der Bekanntmachung) handelt es sich um sämtliche Mitgliedstaaten der Europäische Union sowie folgende „OECD-Mitgliedstaaten: Australien, Kanada, Island, Japan, Neuseeland, Norwegen, Schweiz, USA." Vergl. Mitteilung der Kommission, Abl. 2001 C 217/2.
[92] Verordnung (EG) Nr. 70/2001 der Kommission vom 12. Januar 2001 über die Anwendung der Artikel 87 und 88 EG-Vertrag auf staatliche Beihilfen an kleine und mittlere Unternehmen, Abl. 2001 L 10/33.
[93] Verordnung (EG) Nr. 69/2001 der Kommission vom 12. Januar 2001 über die Anwendung der Artikel 87 und 88 EG-Vertrag auf „De-minimis"-Beihilfen, Abl. 2001 L 10/30, Art. 1 lit. b).
[94] Vgl. auch die Entscheidung vom 5. März 2003 zu Beihilfe C 94/01 (ex NN 55/2001) – Gewährung von Zuwendungen zur Unterstützung des Absatzes und Exports von Produkten aus Mecklenburg-Vorpommern (noch nicht im Amtsblatt veröffentlich).

hat,[95] dass es nämlich nicht ausgeschlossen ist, dass Exportbeihilfen auch Auswirkungen innerhalb des Gemeinsamen Markts haben.

Die Überlegungen der Kommission bewegen sich zwischen zwei Grundgedanken. Der erste Gedanke hat offenbar im Rahmen des Tubemeuse Verfahrens eine Rolle gespielt. In einer kapitalintensiven Industriebranche kann ein Unternehmen, das relativ viel exportiert, seine Kapazitätsauslastung durch (geförderte) Exporte an Drittstaaten sichern oder jedenfalls verbessern. Es würde auf dieser Basis im Ergebnis in der Lage sein, bei Verkäufen in der Gemeinschaft (denen keine Beihilfen direkt zugute kommen) auf der Basis dieser guten Kapazitätsauslastung durch die Exportförderung, seinen innergemeinschaftlichen Kunden günstigere Angebote zu machen (weil diese zu Grenzkosten kalkuliert werden können). In dieser Situation zeigt sich, dass Exportförderung, auch soweit sie „an sich" streng auf nach Drittstaaten ausgeführte Produkte beschränkt wäre, Auswirkung im Gemeinsamen Markt haben könnte.

Der andere Begründungsansatz lässt sich so zusammenfassen: „Money is fungible". Wenn Förderung (wo und in welcher Beziehung auch immer) die Betriebskosten eines Unternehmens verringert, dann kann es diese Kostenvorteile nach seiner Entscheidung für beliebige Zwecke nutzen. Soweit dieses Unternehmen überhaupt auf dem Gemeinsamen Markt tätig wird, hat es hinsichtlich aller Geschäfte, die es tätigt, also in seinem gesamten Wettbewerbsverhalten einen Vorteil und dieser Vorteil wirkt sich, solange es überhaupt irgendwelche Geschäfte dieses Unternehmens im Gemeinsamen Markt gibt, wettbewerbsstörend aus und kann den Handel zwischen Mitgliedstaaten beeinträchtigen. Dieser Gedanke führt allerdings zu einem fast unbeschränkten Anwendungsbereich des Beihilfenrechts.

Diese Gedanken konkretisieren das Spannungsfeld, in dem Exportbeihilfen sich „gemeinschaftsrechtlich" bewegen, nämlich zwischen den Anforderungen des Außenwirtschaftsrechts einerseits und denen des Beihilfenrechts andererseits. Ein kurzer Abriss der Entscheidungspraxis zu Einzelfällen belegt dies.

a) Ausfuhrförderungprogramme

Die Kommission ist Ende der sechziger Jahre und zu Beginn der siebziger Jahre gegen eine Reihe von Ausfuhrförderungsprogramme vorgegangen,

---

[95] EuGH, Rs 142/87, Belgien / Kommission (Tubemeuse), Slg. 1990, I-959.

wobei viele solcher Verfahren ohne förmliche Entscheidung abgeschlossen wurden.[96] Zwei Entscheidungen sind insoweit instruktiv.

Frankreich hatte bei der Kommission beantragt, eine Vergünstigung für französische Exporteure für Ausfuhren in andere Mitgliedstaaten beibehalten bzw. erhöhen zu dürfen. Die Vergünstigung bestand in einem besonders günstigen Rediskontsatz der Banque de France, der auf alle ausgeführten einheimischen Erzeugnisse angewandt wurde. Die Kommission hatte solche Vorteile zunächst für eine Übergangszeit bis zu einer bestimmten Höhe genehmigt.[97] Frankreich gewährt die Vorteile aber auch über den Rahmen der ursprünglichen Genehmigung hinaus. Die Kommission untersagte deshalb diese Beihilfen. Der Gerichtshof bestätigte die Unzulässigkeit der gewährten Vorteile,[98] weil Frankreich durch die ursprüngliche Entscheidung der Kommission gebunden sei. Aus dem Urteil sowie aus dem Schlussantrag von Generalanwalt *Roemer* ergibt sich, dass die Vorteile nicht als „allgemeine Maßnahmen" angesehen wurden, weil sie nur für Exporttransaktionen gewährt wurden, nicht aber für „normale" inländische Transaktionen.[99]

Die Kommission hat 1984 (nach dem Beitritt Griechenlands) eine französische Maßnahme für unzulässig erklärt, mit der die französischen Behörden das Risiko einer Wechselkursänderung zwischen der griechischen Drachme und dem französischen Franc übernommen hätten, um die Lieferung bestimmter Ausrüstungsgüter aus Frankreich für ein Kraftwerk nach Griechenland zu fördern. Die Kommission bekräftigte in ihrer Entscheidung, sie habe schon immer den Standpunkt vertreten, dass die Gewährung von Exportbeihilfen im Handel zwischen Mitgliedstaaten i. S. v. Art. 87 Abs. 1 des EG-Vertrages mit dem Gemeinsamen Markt unvereinbar sei und auch nicht in den Genuss einer Ausnahmevorschrift von Abs. 3 dieses Artikels gelangen könne.[100]

---

[96] Zur „frühen" Entscheidungspraxis der Kommission siehe Sechster Bericht über die Entwicklung der Wettbewerbspolitik, Brüssel-Luxemburg 1976, Tz. 242.
[97] Vgl. die Sachverhaltsdarstellung im Urteil des Gerichtshofs, Rs 6/69, Kommission / Frankreich, Slg. 1969, 523, Rn. 1-8, sowie den Sitzungsbericht.
[98] EuGH, Rs 6/69, Kommission / Frankreich, Slg. 1969, 523.
[99] EuGH, aaO., Rn. 20 ff.; GA *Roemer*, ebendort, S. 554.
[100] Entscheidung der Kommission (84/416/EWG) vom 27. Juni 1984 über die von der französischen Regierung beabsichtigte Übernahme einer besonderen Wechselkursversicherung für französische Exporteure, die sich an einer Ausschreibung für den Bau eines Kraftwerks in Griechenland beteiligen, Abl. 1984 L 230/25.

b) Tubemeuse

SA des Usines à tubes de la Meuse (kurz: Tubemeuse) war ein belgischer Stahlrohrhersteller. Zu seinen Gunsten hatte die Kommission eine Umstrukturierungsbeihilfe genehmigt. Die erhofften Rentabilitätsverbesserungen stellten sich nicht ein, die privaten Anteilseigner zogen sich aus dem Unternehmen zurück. Die belgische Regierung beantragte bei der Kommission die Genehmigung für weitere Beihilfen in einer Größenordnung von BEF 12 Mrd. und gewährte diese Förderung, noch bevor die Kommission entschieden hatte. Die Kommission erließ daraufhin eine negative Entscheidung und ordnete an, dass die belgische Regierung die unzulässigen Beihilfen zurückfordern müsse.[101]

Diese Entscheidung wurde von Belgien u.a. mit der Begründung angefochten, Tubemeuse habe 90 % seiner Produktion in Drittländer exportiert. Deshalb handele es sich (wenn überhaupt) um eine Ausfuhrbeihilfe, die den Beihilfevorschriften nicht unterfalle, außerdem habe die Beihilfe praktisch keine Auswirkungen auf den Handel zwischen Mitgliedstaaten. Die Kommission und der Gerichtshof haben diese Argumente nicht akzeptiert. Zum einen genüge der 10 %ige innergemeinschaftliche Lieferanteil um die Anwendbarkeit des Beihilfenrechts zu begründen, insbesondere in einer Situation, in der sich dieser Anteil auch kurzfristig wieder ändern könne. Zum anderen sei es allgemein so, dass die Existenz einer Ausfuhrbeihilfe auch unter Berücksichtigung von Artikel 132 die Anwendbarkeit des Beihilfenrechts nach Art. 88 ff. EG nicht ausschließe, wenn die Ausfuhrbeihilfe Auswirkungen auf den Handel zwischen Mitgliedstaaten haben.[102]

c) Steuererleichterungen für ausländische Tochterunternehmen

In jüngerer Zeit hat sich die Kommission verstärkt mit steuerlichen Beihilfen beschäftigt.[103] Nach Art. 39 octies A und D der französischen Abgabenordnung (Code Général des Impôts) kann ein Unternehmen bestimmte Verluste

---

[101] Entscheidung der Kommission (87/418/EWG) vom 4. Februar 1987 über eine von der belgischen Regierung gewährte Beihilfe zugunsten eines Unternehmens der Stahlröhrenindustrie, Abl. 1987 L 227/45.

[102] EuGH, Rs 142/87, Belgien / Kommission (Tubemeuse), Slg. 1990, I-959, Rn. 32, 35 ff.

[103] Diese Feststellung betrifft das Beihilfenrecht allgemein. Die nachfolgend erwähnten zwei Entscheidungen mit „Auslandsberührung" passen deshalb gut in einen größeren Trend.

ausländischer Tochtergesellschaften[104] von der Bemessungsgrundlage der eigenen Steuern abziehen, um so die eigene Steuerbelastung zu vermindern. Offenbar war tatsächliche Voraussetzung für die Gewährung des Steuervorteils die Vermarktung von in Frankreich hergestellten Produkten durch die „verlustbringende" Tochtergesellschaft.[105] Die Regelung galt nur hinsichtlich von Tochtergesellschaften mit Sitz außerhalb der EG. Die Kommission betrachtete diesen Steuervorteil deshalb als spezifische Maßnahme (weil sie nur bestimmten Unternehmen zugute kam und an den Export französischer Produkte anknüpfte). Da dieser geldwerte Vorteil in der Gemeinschaft an ein dort ansässiges Unternehmen gewährt wurde, lag darin nach Ansicht der Kommission eine staatliche Beihilfe.[106] Die Kommission erließ eine Entscheidung nach den Regeln der EGKS Vertrages, mit der sie die Unvereinbarkeit der Beihilfe mit dem EGKS Vertrag feststellte.[107] Eine ähnliche Entscheidung erging auch gegenüber ähnlichen spanischen Steuervergünstigungen.[108]

d) Exportbeihilfen in Mecklenburg-Vorpommern

In jüngerer Zeit hat die Kommission ein Hauptprüfverfahren gemäß Art. 88 (2) EG hinsichtlich einer Richtlinie des Landes Mecklenburg-Vorpommern zur Ausfuhrförderung[109] eingeleitet und mit einer teilweise negativen Ent-

---

[104] Die im Amtsblatt veröffentlichte deutsche Übersetzung der Entscheidung (Abl. 2002 L 126/27) spricht wohl zu Unrecht von „ausländischen Niederlassungen und Betriebsstätten". Es geht aber in der Entscheidung tatsächlich weniger um (rechtlich unselbständige) Betriebsstätten oder Niederlassungen, sondern eher um (rechtlich selbständige) Tochtergesellschaften, wie der verbindliche französische Text (filiale) sowie die englische Fassung (subsidiaries and certain establishments) zeigen.
[105] Entscheidung der Kommission (2002/347/EGKS) vom 21. November 2001 über Steuervergünstigungen Frankreichs für Auslandsniederlassungen von Unternehmen, Abl. 2002, L 127/27, Rn. 24 ff.
[106] Darin klingt der Gedanke „money is fungible" deutlich an.
[107] Interessanterweise ordnete die Kommission aber nicht die Rückzahlung der Beihilfen an, weil dies gegen den Grundsatz des Vertrauensschutzes verstoßen würde, nachdem die Kommission diesen Vorteil früher als nicht beihilfenrelevant bewertet hatte, vergl. Rn. 32 ff. der Entscheidung, Abl. 2002, L 127/27 (30).
[108] Entscheidung der Kommission (2001/168/EGKS) vom 31. Oktober 2000 über die spanischen Körperschaftsteuervorschriften, Abl. 2001 L 60/57.
[109] Kommission, Beihilfe C 94/01 (ex NN 55/2001) — Gewährung von Zuwendungen zur Unterstützung des Absatzes und Exports von Produkten aus Mecklenburg-Vorpommern, Aufforderung zur Abgabe einer Stellungnahme gemäß Artikel 88 Absatz 2 EG-Vertrag, Abl. 2002 C 170/2 betreffend die „Richtlinie über die Gewährung von Zuwendungen zur Unterstützung des Absatzes und Exports von Produkten aus Mecklenburg-Vorpommern".

scheidung abgeschlossen.[110] Nach der Richtlinie sollte „de-minimis" Förderung für verschiedene auslandsbezogene Aktivitäten gewährt werden. Die Entscheidung ist sehr instruktiv, weil sie sehr genau zwischen den verschiedenen Formen der Förderung und ihrer Wirkung auf den Gemeinsamen Markt trennt.

Die Beihilfe betraf folgende Maßnahmen, hinsichtlich derer die Beihilfen pro Unternehmen nicht mehr als höchstens € 25.000 betragen konnten (z.T. lagen die Höchstbeträge auch darunter):

(A) Förderung von Markteinführungsprogrammen durch Bezuschussung von Beratung bei der Erarbeitung von unternehmensspezifischen Marketingzielen und Marketingkonzepten (z.B. Produktgestaltung, Preisbildung, Werbestrategie, Vertriebsorganisation), Beratung bei der Präsentation und Vorführung von Prototypen, Beratung bei der Durchführung von Warenbörsen, Veranstaltungen zur Verbesserung des Exports, zur Erschließung neuer Absatz- und Kooperationsmöglichkeiten und zur Herstellung von imagebezogenen und branchenübergreifenden Herkunftslogos,

(B) Messen und Ausstellungsbeteiligungen im In- und Ausland durch Bezuschussung der Ausgaben, die für die Einrichtung und den Betrieb des Standes unmittelbar erforderlich sind,

(C) Firmengemeinschaftsbüros im Ausland durch Bezuschussung von Ausgaben, die für die Errichtung und den Betrieb des Firmengemeinschaftsbüros unmittelbar erforderlich sind (bewegliche Büroeinrichtung und Bürotechnik, Ausgaben für den laufenden Geschäftsbedarf, Ausgaben für das ausländische Personal, wenn das zugrunde liegende Rechtsverhältnis im Hinblick auf die Errichtung und den Betrieb des Gemeinschaftsbüros begründet wurde),

(D) Einstellung von Außenwirtschaftsassistenten durch Bezuschussung des Bruttogehalts eines einzigen Mitarbeiters für Außenwirtschaft für ein Jahr, in Ausnahmefällen für zwei Jahre.

---

[110] Kommission, Entscheidung vom 5. März 2003 zu Beihilfe C 94/01 (ex NN 55/2001) — Gewährung von Zuwendungen zur Unterstützung des Absatzes und Exports von Produkten aus Mecklenburg-Vorpommern, (noch nicht im Amtsblatt veröffentlicht).

Die Kommission prüft diese verschiedenen Förderungsmaßnahmen separat.[111] Angesichts der geringen Maximalbeträge geht sie bei ihrer Prüfung von der de-minimis Gruppenfreistellungsverordnung aus.[112] Diese ist – wie oben erwähnt – unanwendbar, wenn und soweit es sich um „Exportbeihilfen" handelt. Die Kommission erläutert sodann, dass in Artikel 1 Buchstabe b) der Verordnung 69/2001 der Begriff „Exportbeihilfe" definiert wird und folgende Fälle erfasst:

- Beihilfen, die sich unmittelbar auf die ausgeführten Mengen beziehen,

- Beihilfen für die Errichtung und den Betrieb eines Vertriebsnetzes,

- Beihilfen zu anderen laufenden Ausgaben in Zusammenhang mit einer Exporttätigkeit.

Andererseits erläutert Begründungserwägung 4 der Verordnung 69/2001, dass *„Beihilfen, die die Teilnahme an Messen, die Durchführung von Studien oder die Inanspruchnahme von Beratungsdiensten zwecks Lancierung eines neuen oder eines bestehenden Produkts auf einem neuen Markt ermöglichen sollen, in der Regel keine Ausfuhrbeihilfen dar[stellen]"*.

Vor diesem Hintergrund kommt die Kommission zu dem Ergebnis, dass die Teilprogramme A und B keine Exportbeihilfen sind und deshalb durch die Globalgenehmigung der Gruppenfreistellungsverordnung 69/2001 erfasst werden. Die Teilprogramme C und D werden demgegenüber als Exportbeihilfen angesehen und weiter geprüft.

Hinsichtlich der Prüfung unterscheidet die Kommission zwischen den Auswirkungen auf die Mitgliedstaaten, die EWR-Mitgliedstaaten und die Beitrittskandidaten[113] einerseits und den Rest der Welt („Drittstaaten") andererseits. Hinsichtlich letzterer geht die Kommission davon aus, dass angesichts der geringen Beihilfenbeträge und der geringeren wirtschaftlichen Verflech-

---

[111] Kommission, Entscheidung vom 5. März 2003 zur Beihilfe C 94/01 (ex NN 55/2001) — Gewährung von Zuwendungen zur Unterstützung des Absatzes und Exports von Produkten aus Mecklenburg-Vorpommern, noch nicht im Amtsblatt veröffentlicht.

[112] Die Sonderprobleme, die sich hinsichtlich der zeitlichen Anwendung der Verordnung (Inkrafttreten nach Beginn des Förderprogramms) ergaben, bleiben für die Zwecke dieses Beitrags unberücksichtigt.

[113] Gemäß Fußnote 16 der Entscheidung der Kommission gelten folgende 13 Staaten als „Kandidatenländer", deren Antrag auf Beitritt zur Europäischen Union vom Europäischen Rat akzeptiert worden ist: Bulgarien, Zypern, Tschechische Republik, Estland, Ungarn, Lettland, Litauen, Malta, Polen, Rumänien, Slowakei und Slowenien und die Türkei.

tung dieser Länder mit der Gemeinschaft die Förderung den Handel zwischen Mitgliedstaaten nicht beeinträchtigen würde, so dass die Förderung insoweit keine Beihilfe i.S.v. Art. 87 (1) EG sei. Hinsichtlich der ersten Gruppe von Staaten folgt die Kommission ihrer Entscheidungspraxis, wonach jedenfalls unter Mitgliedstaaten auch kleine Beihilfenbeträge Auswirkungen auf den Handel zwischen Mitgliedstaaten haben können. Insoweit liegt daher eine Beihilfe i.S.v. Art. 87 (1) EG vor, und deren Gewährung wird als nicht genehmigungsfähig untersagt.[114]

Die Einbeziehung der EWR-Staaten und der Beitrittkandidaten wird mit der engen wirtschaftlichen Verflechtung der Gemeinschaft mit diesen Staaten begründet. Das ist vom Ansatz her grundsätzlich nachvollziehbar. Es bleibt allerdings die Frage offen, warum die EWR-Staaten und die Beitrittskandidaten mit den eigentlichen Mitgliedstaaten vollständig gleich gestellt werden und warum die wirtschaftliche Integration mit Ländern wie Rumänien (Beitrittskandidat der zweiten Welle) stärker sein soll als z.B. die mit den Vereinigten Staaten (hinsichtlich derer die Fördermaßnahmen zulässig bleiben). Juristisch wäre es hier überzeugender gewesen, auf die Europaabkommen (bzw. den Beschluss 1/95 des Assoziationsrates Türkei/EG) abzustellen, selbst wenn das Ergebnis nahezu identisch ist.[115]

e) Investitionen in Drittstaaten

Die Kommission hat sich in jüngerer Zeit mehrfach mit Beihilfen beschäftigt, die zur Förderung von Investitionen durch Unternehmen der Gemeinschaft in Drittstaaten gewährt werden sollten. Hinsichtlich solcher Direktinvestitionen gibt es keinen multilateralen Regelungsrahmen, weil Bemühungen, innerhalb der WTO insoweit Regelungen zu vereinbaren, über Ansätze nicht hinausgekommen sind.

Die erste Entscheidung betrifft ein österreichisches Beihilfenprogramm, mit dem die „Internationalisierung" von Unternehmen gefördert werden sollte.[116] Nachdem die österreichische Regierung im Verlauf des Verfahrens bereits

---

[114] Ein Problem der Entscheidung dürfte allerdings die Frage sein, wie festgestellt werden soll, ob der Lohnzuschuss für einen Außenwirtschaftsassistenten (Maßnahme D) als Maßnahme zugunsten von Exporten in Drittländer oder als Maßnahme zugunsten von Exporten an Mitgliedstaaten, EWR Staaten und Beitrittskandidaten zu sehen ist.
[115] Ein Unterschied hätte sich allenfalls hinsichtlich von Malta und Zypern ergeben, hinsichtlich derer keine Europaabkommen bestehen.
[116] Entscheidung der Kommission (97/240/EWG) vom 5. Juni 1996 über Beihilfevorhaben der Republik Österreich im Rahmen des ERP Internationalisierungsprogramms, Abl. 1997 L 96/15.

auf die Förderung von Maßnahmen zum Aufbau von Vertriebsnetzen verzichtet hatte, ging es letztlich noch um Investitionsbeihilfen für Investitionen in Drittstaaten. Hinsichtlich dieser erläutert die Kommission, unter Bezugnahme auf die Tubemeuse-Entscheidung und Erläuterungen der österreichischen Regierung, dass die Beihilfen auch dazu gewährt würden, um die Marktstellung der begünstigten Unternehmen in Österreich zu stärken. Daher sei eine solche Förderung eine Beihilfe i.S.v. Art. 87 (1) EG. Die Kommission genehmigte diese Förderung (innerhalb bestimmter Förderhöchstsätze) für kleine und mittlere Unternehmen, denn diese seien insoweit besonders benachteiligt. Hinsichtlich von „großen" Unternehmen erfolgte demgegenüber keine allgemeine Genehmigung, die Kommission verlangte, dass ihr jede einzelne Maßnahme einzeln notifiziert werde.

Die zweite Entscheidung ist nahezu eine Folgeentscheidung.[117] Der LiftGmbH, einer „großen" österreichischen Gesellschaft, sollten Beihilfen von eigentlich sehr geringer Intensität für die Gründung eines Tochterunternehmens in China gewährt werden. Erneut hatte die österreichische Regierung argumentiert, dass die Förderungsmaßnahme die Forschungs- und Entwicklungskapazität sowie die Profitabilität der Muttergesellschaft in Österreich verbessern werde. Die Kommission sah dies als ausreichend an, um ausreichende Auswirkungen der Beihilfe in der Gemeinschaft zu begründen, so dass eine Beihilfe i.S.v. Art. 87 (1) vorläge.[118] Ähnlich wie im ersten Fall erläuterte die Kommission, dass solche Investitionsbeihilfen für „große Unternehmen" nur dann genehmigt werden können, wenn die Förderung dazu diene, konkrete regional bedingte Nachteile für den Investor auszugleichen. Die Kommission kam zu dem Ergebnis, dass solche Nachteile im konkreten Fall nicht nachgewiesen seien.

Als dritter Fall ist aus jüngerer Zeit eine Entscheidung zur Einleitung eines förmlichen Prüfungsverfahrens (Art. 88 (2) EG) berichtenswert.[119] CDC Group plc ist eine englische Gesellschaft, die der englische Staat nutzen will, um Risikokapital in die ärmsten Entwicklungsländer zu kanalisieren. Um das zu fördern, will der englische Staat CDC in England Steuererleichterungen gewähren. Dadurch sollen Investoren mit privatem Kapital angezo-

---

[117] Entscheidung der Kommission (1999/365/EG) vom 14. Oktober 1998, über ein Beihilfevorhaben Österreichs zugunsten der LiftGmbH, Abl. 1999 L 142/32.
[118] Eine nähere Begründung warum die Beihilfe auch Auswirkungen auf den Handel zwischen Mitgliedstaaten haben würde fehlt allerdings.
[119] Entscheidung der Kommission in der Sache Vereinigtes Königreich - Beihilfe C 46/2002 (ex N 56/2001) - CDC Group plc - Aufforderung zur Abgabe einer Stellungnahme gemäß Artikel 88 Absatz 2 EG-Vertrag, Abl. 2002 C 223/6.

gen werden, das dann für den Risikokapitaltransfer in die Entwicklungsländer verwendet werden kann. Die Kommission hat dies in der relativ ausführlich begründeten Entscheidung grundsätzlich akzeptiert. Das Verfahren wurde (nur) insofern eröffnet, als die Steuererleichterungen auf unbestimmte Zeit gewährt werden sollten. Dies schien der Kommission zu weit zu gehen.

f) Förderbanken

Die Kommission hat im Frühjahr 2002 ein politisch hoch brisantes Beihilfeverfahren abgeschlossen, nämlich das Verfahren zu Anstaltslast und Gewährträgerhaftung zugunsten der deutschen öffentlichen Banken.[120] Ein kleiner Ausschnitt, nämlich die Regelungen betreffend die sog. „Förderbanken" (also z.B. die Kreditanstalt für Wiederaufbau) betrifft auch die Ausfuhrförderung.

Einige der Förderbanken sind beauftragt, für die Bundesrepublik Exportkredite zu gewähren oder zu arrangieren. Die Kommission sah in der Gewährung von Anstaltslast und Gewährträgerhaftung (die die Wirkung einer staatlichen Ausfallbürgschaft haben) eine staatliche Beihilfe, weil sie innerhalb der Gemeinschaft an Banken gewährt wurden, die ihrerseits mit privaten Banken konkurrieren, so dass der Vorteil den Wettbewerb und den Handel zwischen Mitgliedstaaten beeinträchtigen könnte.

Die Kommission gründete ihre Entscheidung auf die – aus dem Bereich der kurzfristigen Exportkreditfinanzierung ja schon bekannte – Überlegung, dass die Förderung durch Anstaltslast und Gewährträgerhaftung insoweit unproblematisch sei, als das begünstigte Unternehmen nicht im Wettbewerb mit nicht geförderten privaten Banken steht. Um das sicherzustellen, dürfen so geförderte „Förderbanken" Exportfinanzierungen nur im folgenden Rahmen gewähren:

> *e) Exportfinanzierungen außerhalb der Europäischen Union, des Europäischen Wirtschaftsraums und von Ländern mit offiziellem Status als EU-Beitrittskandidat, soweit diese im Einklang mit den für die Gemeinschaft bindenden internationalen Handelsabkommen, insbesondere den WTO-Abkommen stehen. Dabei gelten im Einzelnen folgende Grundsätze:*

---

[120] Staatliche Beihilfe Nr. E 10/2000 – Deutschland - Anstaltslast und Gewährträgerhaftung, veröffentlicht auf der Website der Kommission unter:
http://europa.eu.int/comm/secretariat_general/sgb/state_aids/industrie/e010-00.pdf

(1) Beteiligungen von Förderinstituten an Konsortialfinanzierungen auf Aufforderung durch und unter Führung eines oder mehrerer Kreditinstitute (...)

(2) Bei Beteiligungen von Förderinstituten an Konsortialfinanzierungen in eigener Initiative und/oder bei eigener Führung des Förderinstituts müssen folgende Voraussetzungen kumulativ erfüllt sein:

> *Zusammenarbeit mit mindestens einem Co-Lead-Arranger, der kein Förderinstitut und auch keine Finanzierungsinstitution ist, an bzw. bei der das Förderinstitut direkt oder indirekt [beteiligt ist] (...)*

(3) Alleine kann ein Förderinstitut nur tätig werden, wenn:

- *ein Land aus der OECD-Länderrisikokategorie 7 betroffen ist, oder*
- *ein Land aus den OECD-Länderrisikokategorien 5 oder 6 betroffen ist, das zugleich in Teil 1 der DAC-Liste aufgeführt ist, und die Finanzierungssumme unter 50 Mio. EUR und die Laufzeit der Finanzierung über 4 Jahren liegt.*

Es gibt sicher Unterschiede zwischen Exportkreditversicherungen und Exportkrediten. Es ist aber dennoch interessant, sich den relativ großen Unterschied in der Behandlung beider Geschäftsfelder vor Augen zu führen. Im Bereich der Exportkreditversicherung wurden als „nicht marktfähige" Risiken die Risiken angesehen, die Exportkreditversicherungen außerhalb der OECD-Kernländer betreffen. Im Vergleich dazu sind die Förderbanken nicht nur auf „Exportfinanzierung außerhalb der Europäischen Union, des europäischen Wirtschaftsraums und von Ländern mit offiziellem Status als EU-Beitrittskandidat" beschränkt (dies ließe sich aus dem Beihilfenrecht und den Europaabkommen herleiten), sondern darüber hinaus auf die relativ wenigen Länder der OECD-Länderrisikokategorien 5-7.[121]

Dies ist nicht der Ort, die sehr komplexen Einzelheiten dieser Regelung zu kommentieren. Auffällig ist nur, in welch starkem Maße sich die Beurteilung von dem, was „marktfähige Risiken" sind, in dieser Entscheidung von der

---

[121] Die Länderrisikolisten und die DAC-Liste finden sich auf der Website der OECD (www.oecd.org).

entsprechenden Analyse kurzfristiger Exportkreditversicherungen unterscheidet.

D. Zusammenfassung

Insgesamt bleibt festzustellen, dass Ausfuhrbeihilfen im Gemeinschaftsrecht sowohl gegenüber Drittländern als auch innerhalb der Gemeinschaft als besonders wettbewerbsverzerrend angesehen werden. Sie sind nur in engen Grenzen zulässig, insbesondere, soweit sie durch internationale Vereinbarungen sanktioniert sind. Die Gemeinschaft hat in den Bereichen, die die Exportförderung für Waren und grenzüberschreitende Dienstleistungen betreffen, die Kompetenz, diese internationalen Vereinbarungen selbst zu verhandeln und abzuschließen, selbst wenn dies natürlich koordiniert und unter Beteiligung der Mitgliedstaaten erfolgt.

Autonome Maßnahmen der EG sind erst in jüngerer Zeit in nennenswertem Umfange zustande gekommen. Die Gemeinschaft wählt als Rechtsgrundlage zunehmend das Beihilfenrecht statt die Regeln über die gemeinsame Handelspolitik. Diese Entscheidung wird zumindest teilweise durch zwei Faktoren determiniert: Erstens durch die Tatsache, dass die gemeinsame Handelspolitik keine Möglichkeit vorsieht, hinsichtlich von Dienstleistungen und Direktinvestitionen in Drittstaaten innergemeinschaftliche Regelungen zu beschließen (auch der Vertrag von Nizza hat daran nichts geändert) und zweitens das gelegentliche Fehlen der Bereitschaft der Mitgliedstaaten zur Kompromissfindung im Rat, die die Kommission zwingt, auf der Basis ihrer beihilfenrechtlichen Zuständigkeiten zu handeln, weil diese nicht von der Mitwirkung des Rates abhängen.

Soweit Entscheidungen auf beihilfenrechtlicher Grundlage erfolgen, beginnt die Gemeinschaft auch solche Formen der Ausfuhrförderung kritisch zu hinterfragen und deren Zulässigkeit zu begrenzen, die auf der Grundlage außenhandelsrechtlicher Regelungen „an sich" gegenüber den Handelspartnern der Gemeinschaft zulässig wären. Eine (auch politische) Diskussion der Sinnhaftigkeit einer solchen einseitigen „Selbstbeschränkung" ist allenfalls in Ansätzen erkennbar.

Angesichts der unmittelbaren Wirkungen, die dem Beihilfenrecht immanent sind, also Begrenzung von Vertrauensschutz, Notifizierungspflicht, Standstill-Verpflichtungen, gewisser Drittwirkungen, ergibt sich daraus ein Konfliktpotential. Angesichts der zunehmenden Neigung von Unternehmen, das Beihilferecht als Mittel zum Zweck für mehr Wettbewerb zu nutzen, ist es nicht schwer, die Erwartung zu äußern, dass die politischen Rücksichtnahmen mehr und mehr juristischer Argumentation weichen werden, soweit Mitgliedstaaten und Kommission sich nicht auf weitere legislative Maßnahmen einigen sollten. Sicher ist, dass in den nächsten Jahren noch mehr zu diesem Thema zu berichten sein wird.

Förderung der deutschen Außenwirtschaft im internationalen Wettbewerb

Dr. Michael Kruse[*]

A. Ziel der Außenwirtschaftsförderung der Bundesregierung ist die Chancengleichheit für die deutsche Wirtschaft im internationalen Wettbewerb

Der 7. Außenwirtschaftsrechtstag wird vom Zentrum für Außenwirtschaftsrecht am Institut für öffentliches Wirtschaftsrecht zur Ausfuhrförderung veranstaltet. Die Ausfuhrförderung wird damit zu Recht den staatlichen Aufgaben zugeordnet. Einzelne Wirtschaftswissenschaftler vertreten eine andere Meinung: Der Staat habe auf dem Gebiet der Ausfuhrförderung und insb. der Außenwirtschaftsfinanzierung nichts zu suchen, er solle vielmehr die Gestaltung der Ausfuhrbeziehungen den weltweiten Marktkräften überlassen. Staatliche Ausfuhrförderung führe nur zu Fehlallokationen.

Warum fördert die Bundesregierung die Ausfuhr? Auf diese Frage gibt es zunächst eine einfache Antwort: alle Exportnationen fördern ihre Ausfuhr. Sie alle haben ein umfangreiches Instrumentarium zur Unterstützung ihrer Exporteure entwickelt. Also muss auch die Bundesregierung handeln, um Wettbewerbsverzerrungen zu Lasten der deutschen Exportwirtschaft zu vermeiden.

Für Deutschland ist der Export besonders wichtig. Jeder dritte Arbeitsplatz hängt von ihm ab. Er ist ein unentbehrlicher Wachstumsmotor für unsere Wirtschaft.

Welchen Nachteil hätte eine einseitige Einschränkung unserer Exportförderung? Auf den ersten Blick würden deutsche Exporteure nur den einen oder anderen Auftrag verlieren. Die mangelnde Unterstützung seitens der Bundesregierung wäre aber ein deutliches Signal für ausländische Besteller, zukünftig gleich nach Lieferanten in anderen Ländern mit besserer staatlicher Ausfuhrförderung zu suchen. Für die deutschen Unternehmen könnte dies ein Grund zur Verlagerung ihrer Produktion ins Ausland sein. Das ist heute relativ einfach umzusetzen, da viele Unternehmen bereits über Produktionsstrukturen in mehreren Ländern verfügen.

---

[*] Bundesministerium für Wirtschaft und Technologie.

Die Außenwirtschaftsförderung ist damit ein wichtiges Element im Wettbewerb der Produktionsstandorte. Eine Verschlechterung des deutschen Standorts würde zur Verlagerung von Arbeitsplätzen ins Ausland und damit zum Verlust von Arbeitsplätzen in Deutschland führen.

Schon eine sektorale Einschränkung der Außenwirtschaftsförderung kann das hohe Ansehen unseres Landes als umfassendes Kompetenzzentrum in wichtigen Bereichen moderner Technologien schmälern.

Materiell geht es bei der staatlichen Ausfuhrförderung aber auch um den Ausgleich von internen strukturellen Schwierigkeiten, die zum Beispiel der Mittelstand bei der Außenwirtschaftsfinanzierung hat. Auch für die Unternehmen aus den neuen Bundesländern waren zur Aufrechterhaltung der Lieferbeziehungen nach dem Zusammenbruch der Sowjetunion besondere Unterstützungsmaßnahmen erforderlich.

Die Außenwirtschaftsförderung ist deshalb für die Bundesregierung eine Aufgabe von hoher Priorität.

Die Bundesregierung verfolgt eine Politik der Marktöffnung: Sie hat z. B. die Deckungsmöglichkeiten für Exportkreditbürgschaften in den letzten zwei Jahren insbesondere nach Russland und in den Iran stark ausgeweitet und – nach Regelung der Schuldenproblematik – die Deckungspolitik wieder vorsichtig geöffnet für Kuba, Pakistan, Syrien, Ukraine und Jugoslawien. Neue Investitionsförderungs- und -schutzverträge mit besseren Schutzstandards wurden abgeschlossen.

Die rechtliche Gestaltung der Ausfuhrförderung muss die Realität des internationalen Wettbewerbs um Aufträge für Lieferungen und Leistungen im Auge behalten. Wir dürfen nicht vergessen: Niemand, auch nicht die Bundesregierung, kann einen ausländischen Besteller dazu zwingen, Aufträge für Lieferungen, Leistungen oder Finanzierungen nach Deutschland zu vergeben. Nur mit einem partnerschaftlichen Ansatz kommen wir weiter. Unsere Regeln zur Ausfuhrförderung müssen sich daran messen lassen, dass sie – negativ ausgedrückt – Wettbewerbsverzerrungen zu Lasten der deutschen Wirtschaft vermeiden oder – positiv ausgedrückt – die Chancengleichheit für die deutsche Wirtschaft auf den Auslandsmärkten sichern.

B. Die Bundesregierung verfolgt das in WTO, OECD und EU verankerte Leitbild einer subventionsfreien staatlich gestützten Exportfinanzierung und -kreditversicherung

Die Politik der Bundesregierung ist darauf ausgerichtet, dass der ausländische Besteller seine Entscheidung über die Vergabe von Aufträgen nach Qualität, Preis, Lieferzeit und Service trifft, nicht aber aufgrund von Subventionen bei der Exportfinanzierung. Bei der finanziellen Unterstützung deutscher Exporte mit Mitteln des Bundeshaushalts hat sich die Bundesregierung deshalb schon immer sehr zurück gehalten.

Statt den Export zu subventionieren und damit zu dem früher ausgeprägten Subventionswettlauf beizutragen, hat sich die Bundesregierung deshalb schon frühzeitig aktiv an internationalen Verhandlungen zur Vermeidung von Subventionen beteiligt. Mit großem Erfolg, wie das WTO-Agreement on Subsidies and Countervailing Measures, der OECD-Konsensus über öffentlich unterstützte Exportkredite und die EU-Regeln zeigen. Der für die 70er Jahre kennzeichnende internationale Subventionswettlauf bei der staatlichen Ausfuhrfinanzierung ist längst überwunden.

Heute geht der Trend weiter in Richtung auf die reine Absicherung des Ausfuhrrisikos durch Bürgschaften und Garantien. Die Bundesregierung hat diese „pure cover" genannte Politik stets favorisiert.

Ein jüngstes Beispiel ist die Finanzierung des Exports von Flugzeugen. Auf britische Initiative und mit unserem und französischem Einvernehmen wird zukünftig der Export von Airbus-Flugzeugen nicht mehr durch staatliche Zinsunterstützung gefördert. Die drei europäischen Regierungen sind gerade dabei, ihr Garantie-Instrumentarium zu verbessern. Dadurch soll das „level playing field" mit der Vergabe von Garantien der US-Eximbank zugunsten von Boeing-Flugzeugen aufrecht erhalten werden, das bis jetzt durch die europäische Zinsunterstützung erreicht wurde.

Auf einem anderen Gebiet, der Finanzierung des Schiffsexports, hat sich die Bundesregierung mit ihrer Politik der Einschränkung finanzieller Unterstützung mit Haushaltsmitteln nicht durchsetzen können. Im Rahmen des neuen OECD-Sektorabkommens über den Export von Schiffen sind für diesen Sektor neue Möglichkeiten zur Zinsunterstützung eingeführt worden. Auch hier hätten wir die Fortführung unserer „pure cover" Politik eindeutig bevorzugt.

Die staatlichen Exportversicherungssysteme, auch unser deutsches System der Ausfuhrgewährleistungen, sollen sich langfristig selbst tragen. Dieses

Grundprinzip ist im WTO-Agreement on Subsidies and Countervailing Measures festgelegt und wird im OECD-Konsensus im Detail geregelt.

In den letzten Jahren haben wir deutliche Erfolge in der Umsetzung dieses Prinzips erreicht. Nach 16 Jahren mit jährlichen Defiziten (größtes Minus in 1993 mit 5 Mrd. DM) erzielten wir bei den Ausfuhrgewährleistungen in 1999 erstmals wieder einen kassenmäßigen Überschuss zu Gunsten des Bundeshaushalts. In 2002 werden wir im vierten Jahr in Folge einen Überschuss erzielen, der aus heutiger Sicht höher als der bisherige Rekordüberschuss von 388 Mio. EUR in 2001 ausfallen wird. Rechnerisch dienen die Überschüsse dem Ausgleich des in der Vergangenheit kumulierten Defizits in der Dimension von 12 Mrd. EUR. Das Prinzip der langfristigen Selbsttragung wird damit umgesetzt. Der break-even point liegt aber noch in relativ weiter Ferne.

Zu diesem Zweck verfolgen wir eine Politik der Risikostreuung durch Absicherung von Geschäften mit möglichst vielen Bestellerländern. Deshalb unterstützen wir im Prinzip möglichst viele Exporteure auf möglichst vielen Märkten.

Die zahlenmäßig hohen Risiken für den Bundeshaushalt aus übernommenen Exportkreditbürgschaften (das maximale Entschädigungsrisiko betrug Ende 2001 55 Mrd. EUR) lassen sich dadurch rechtfertigen, dass die Bundesregierung mit Erfolg eine aktive Politik zur Vermeidung bzw. Minderung von Schäden und zum Erreichen hoher Rückflüsse in den Bundeshaushalt verfolgt.

Wichtigster Hebel zum Erreichen dieser Ziele ist die Öffnung neuer Deckungsmöglichkeiten erst nach einvernehmlicher Regelung der Schadensfälle aus der Vergangenheit. Dabei besteht in aller Regel ein großes finanzielles Interesse der Bestellerländer am Zugang zu den Exportkreditbürgschaften der Bundesregierung. Hinzu kommt aber ein ebenso großes Interesse an dem politischen Signal der Qualifizierung für diese Vertrauen voraussetzende Zusammenarbeit.

Der größte Teil der auf den Bund nach Entschädigung übergegangenen Forderungen ist deshalb durch Umschuldungsabkommen geregelt. Daraus ergeben sich jährliche Rückflüsse für den Bundeshaushalt.

Bei den Investitionsgarantien, die nur das politische Risiko absichern, hat es noch keine nennenswerten Schäden gegeben, so dass hier die Subventionsfreiheit offensichtlich ist. Die von der Bundesregierung mit den Partnerregierungen ausgehandelten Investitionsförderungs- und -schutzverträge entfalten eine breite Schutzwirkung.

C. Nach dem Prinzip der Subsidiarität gewährt die Bundesregierung staatliche Unterstützung bei der Absicherung von Ausfuhrrisiken nur, soweit private Ausfuhrkreditversicherungen keine flächendeckende Absicherung anbieten

So hat sich die Bundesregierung aus der Absicherung von kurzfristigen Geschäften mit privaten Bestellern in den Kern-OECD-Ländern zusammen mit den Regierungen der anderen EU Mitgliedstaaten bereits zum 1.10.1997 zurückgezogen. Seit dem 1.01.2002 werden von der Bundesregierung und den anderen Regierungen der EU-Mitgliedstaaten auch keine Policen mehr für kurzfristige Geschäfte mit öffentlichen Bestellern in den Kern-OECD-Ländern angeboten.

Überlegungen der EU-Kommission, diesen Rückzug der staatlichen Exportkreditversicherer bei kurzfristigen Geschäften auf weitere OECD-Staaten wie Türkei, Mexiko und Südkorea auszudehnen, wurden nicht in EU-Recht umgesetzt. Tatsache ist, dass die privaten Exportkreditversicherungen in diesem Bereich kein nachfragegerechtes und flächendeckendes Angebot dauerhaft zur Verfügung stellen.

So weit von privater Seite keine flächendeckende Absicherung angeboten wird, brauchen gerade kleine und mittelständische Unternehmen Berechenbarkeit durch staatliche Unterstützung.

Auch für die Bestellerländer ist eine langfristige Perspektive bei der Finanzierung wichtig. Die Bundesregierung verfolgt diese Politik bei der Vergabe von Ausfuhrgewährleistungen, um gerade bei krisenhaften Entwicklungen in den Bestellerländern stabilisierend wirken zu können. Statt eines schnellen Rückzugs, wie er von privaten Versicherern angetreten werden muss, ist in solchen Zeiten die Kontinuität in der staatlich abgesicherten Belieferung mit Vormaterialien und Ersatzteilen von großer Bedeutung, um in den Krisenländern die Produktion und möglichst auch den Export aufrechtzuerhalten. Das ist für die Bundesregierung auch aus übergeordneten außenwirtschaftlichen Gründen zum Aufrechterhalten der bilateralen Wirtschaftsbeziehungen wichtig.

Im Februar 1998 fand zum Beispiel eine Konferenz der wichtigsten staatlichen Exportkreditversicherer in London statt. Sie verpflichteten sich gemeinsam, die Deckungsmöglichkeiten für Südostasien aufrechtzuerhalten. Die privaten Exportkreditversicherungen hatten damals ihre Absicherung für die Krisenländer bereits eingestellt.

Ein Teil des großen Vertrauens, das die deutsche Wirtschaft weltweit genießt, beruht auch darauf, dass sie sich nicht sofort wieder zurückzieht, wenn die Zeiten in den Partnerländern schwieriger werden. Dann können die Unternehmen aber auch von der Bundesregierung Verlässlichkeit und Berechenbarkeit erwarten.

Die langfristige Politik der Bundesregierung leistet damit einen wesentlichen Beitrag zur Nachhaltigkeit der Entwicklung in den Partnerländern.

Fazit: Für Deutschland ist bei den kurzfristigen Ausfuhrgeschäften ein paralleles Angebot kennzeichnend, das private Exportkreditversicherungen und die Bundesregierung den Exporteuren zur Verfügung stellen. Der Exporteur entscheidet, welches Angebot seinen wirtschaftlichen Interessen im Hinblick auf Deckungsvolumen und Prämie am besten entspricht.

D. Die Außenwirtschaftsförderung ist Teil einer konsistenten Wirtschaftspolitik der Bundesregierung

Die Außenwirtschaftsförderung ist integraler Bestandteil der Wirtschaftspolitik der Bundesregierung. In diesem Rahmen dient sie insbesondere der Sicherung von hochwertigen Arbeitsplätzen und unterstützt den Mittelstand.

Eine vom Bundeswirtschaftsministerium im Jahr 2000 in Auftrag gegebene Prognose-Studie hat die arbeitsplatzsichernde Wirkung der Ausfuhrgewährleistungen bestätigt. Erfolg auf den Auslandsmärkten ist für deutsche Unternehmen wichtig, um genügend hohe Stückzahlen absetzen zu können; das wiederum ist notwendig, um die Forschungs- und Entwicklungskosten zu finanzieren. Export fördert damit die Entwicklung moderner Technologien gerade auch zur Verbesserung des Umweltschutzes. Daraus folgen unmittelbar positive Auswirkungen auf die Arbeitsplätze bei uns. Aber auch für die Bestellerländer entstehen positive Effekte zur Verbesserung ihrer Wirtschaftsstrukturen.

Ähnlich positive Wirkungen haben die Investitionsgarantien der Bundesregierung. Auslandsinvestitionen erschließen schwierige Absatzmärkte und sichern die nationale und internationale Wettbewerbsfähigkeit der deutschen Unternehmen.

Die staatliche Unterstützung für große Unternehmen mit großen Projekten führt zu verstärkten Zuliefermöglichkeiten auch für kleine und mittlere Unternehmen.

Die Ausfuhrförderung respektiert die Vorgaben der allgemeinen Gesetze und der Exportkontrollpolitik.

Die Bundesregierung berücksichtigt bei der Übernahme von Ausfuhrgewährleistungen und Investitionsgarantien nicht nur ökonomische sondern auch ökologische, soziale und entwicklungspolitische Gesichtspunkte.

Sie hat diese Politik frühzeitig in der OECD koordiniert. Ein einseitiges Vorgehen mit unabgestimmten Prüfverfahren würde die Gefahr von Verzerrungen im internationalen Wettbewerb vergrößern. Ein abgestimmtes Vorgehen aller OECD-Länder trägt dagegen zu Chancengleichheit bei und führt zu wirkungsvolleren Einflussmöglichkeiten gegenüber den Bestellern.

Die OECD-Leitlinien vom November 2001 und unsere nationalen Leitlinien des Interministeriellen Ausschusses für Ausfuhrgewährleistungen vom April 2001 regeln im Wesentlichen inhaltsgleich die Verfahren zur Prüfung von Umweltauswirkungen der Projekte. Dabei ist es gelungen, die ganz überwiegende Zahl von Geschäften insbesondere kleinerer und mittlerer Unternehmen weiterhin unbürokratisch zu fördern. Die ganz wenigen potentiell kritischen Projekte werden im Screening-Verfahren identifiziert. Bei diesen Geschäften setzt eine verantwortungsvolle Prüfung mit dem Ziel ein, eventuell zu befürchtende negative Umweltauswirkungen durch eine Verbesserung der Projekte auszuschalten oder zumindest auf ein akzeptables Maß zu reduzieren. Entscheidend ist dabei eine vertrauensvolle Zusammenarbeit mit der Regierung des Bestellerlandes.

In diesem Zusammenhang sind die Einflussmöglichkeiten des deutschen Exporteurs auf die Ausgestaltung des Gesamtprojekts von Bedeutung. Ist er nur für einen Teil des Gesamtprojekts verantwortlich, hat er in aller Regel keine Möglichkeit, auf die Ausgestaltung insgesamt Einfluss zu nehmen. Seine Teillieferung könnte dann leicht durch Güter aus anderen Ländern ersetzt werden. Nur wenn es sich um ein neues Projekt handelt, das von mehreren Exportkreditagenturen gemeinsam abgesichert werden soll, können wir auch bei einer Teillieferung in Abstimmung mit unseren Partnern Einfluss nehmen.

Nach aller Erfahrung sind die aus Deutschland stammenden Lieferungen umweltpolitisch positiv, zumindest aber unproblematisch. Sie entsprechen meistens hohen deutschen bzw. internationalen technischen Standards, auch in Bezug auf den Umweltschutz. Dafür gibt es eine einfache Erklärung. Ausländische Unternehmen und Regierungen wollen mit deutschen Exporteuren und Investoren gerade deshalb zusammenarbeiten, weil sie Produkte mit dem höchsten technologischen Standard erwerben wollen, um ihrerseits wettbewerbsfähig zu werden und sich in die Weltwirtschaft integrieren zu können. Strategisches Ziel dieser Länder ist es, die eigenen Wirtschaftsstrukturen zu verbessern und die Absatzfähigkeit ihrer Produkte auf dem Weltmarkt zu verbessern. (Beispiel Iran: er bezieht Anlagen für die Petrochemie und zur Aluminiumproduktion aus Deutschland, abgesichert durch Exportkreditbürgschaften, um seine Wirtschaft zu diversifizieren.)

Dem entspricht genau das strategische Ziel der deutschen Wirtschaft. Sie ist interessiert, Güter mit höchsten Standards zu liefern, nicht zuletzt um die hohen Forschungs- und Entwicklungskosten zu erwirtschaften und bei neuen Technologien weltweit Referenzprojekte vorweisen zu können. Dadurch soll unser technologischer Vorsprung gerade auch auf dem Gebiet des Umweltschutzes ausgebaut werden.

Die Außenwirtschaftsförderung der Bundesregierung nutzt daher den deutschen Unternehmen und den ausländischen Bestellern gleichermaßen.

Sie ist damit ein wichtiges Element in der aktiven Gestaltung strategischer Partnerschaften. Die Bundesregierung kann durch konstruktives konkretes Handeln zum Ausbau der Außenwirtschaftsbeziehungen beitragen. Wegen des Interesses der Partnerländer an dieser Zusammenarbeit hat die Bundesregierung auch eine Möglichkeit, konkret auf die Ausgestaltung der Rahmenbedingungen Einfluss zu nehmen. Am deutlichsten ist dies bei den Verhandlungen über den Abschluss eines bilateralen Investitionsförderungs- und -schutzvertrages. Aber auch über die Bedingungen für die Übernahme von Ausfuhrgewährleistungen wird regelmäßig zwischen der Bundesregierung und den Partnerregierungen gesprochen. Dadurch sichert die Bundesregierung langfristig die bilaterale Zusammenarbeit zwischen den Unternehmen.

In diesem Rahmen flankiert die Bundesregierung auch politisch die Unternehmen bei ihren Bemühungen um neue Aufträge aus dem Ausland. Auch hier geht es in erster Linie um ein Gleichziehen mit den internationalen Wettbewerbern. Zu diesem Zweck hat das Bundesministerium für Wirtschaft und Technologie eine spezielle Anlaufstelle für die politische Flankierung eingerichtet.

E. Die Außenwirtschaftsförderung wird moderner und setzt auf zunehmende europäische und internationale Kooperation

Früher waren die Exportkreditagenturen rein national orientierte Institutionen, heute nimmt die bilaterale und multilaterale Zusammenarbeit zwischen ihnen zu. Sie folgen damit den neuen internationalen Produktions- und Absatzstrukturen der Unternehmen. Hinzu kommt, dass immer mehr große Projekte, insbesondere im Infrastrukturbereich, an internationale Konsortien vergeben werden. Die erfolgreiche Beteiligung deutscher Unternehmen an solchen Konsortien setzt voraus, dass sie verlässlich und berechenbar von der Bundesregierung unterstützt werden. Es ist unsere Aufgabe, im engen Kontakt mit den anderen beteiligten Exportkreditagenturen ein tragfähiges Gesamtkonzept zur Realisierung der Projekte zu unterstützen.

Diese Kooperation erfordert Regeln und Verfahren, nach denen sich alle Partner richten. Sie werden im OECD-Konsensus, von der OECD-Exportkreditgruppe und der EU-Ratsarbeitsgruppe Exportkredite entwickelt. Ein Beispiel für die erfolgreiche Harmonisierungsarbeit im OECD-Konsensus sind die inzwischen harmonisierten Versicherungsprämien. Dadurch wird verhindert, dass ein Land sich durch Nachlässe bei den Prämien einen Vorteil im Wettbewerb verschaffen kann. In der EU-Ratsarbeitsgruppe Exportkredite ist mit der Richtlinie für das mittel- und langfristige Geschäft darüber hinaus ein wichtiger Harmonisierungsschritt gelungen. Auf diesem Wege wird sichergestellt, dass die Regierungen innerhalb der EU ihre Exporteure unterstützen können, ohne den Wettbewerb zu verzerren. Gleichzeitig bleibt es bei der dezentralen Verantwortung der Mitgliedstaaten für die Absicherung der konkreten Geschäfte.

Entscheidend für eine verbesserte Zusammenarbeit ist das in den letzten Jahren entstandene, immer dichter werdende Netz von Rückversicherungsabkommen zwischen den Exportkreditagenturen. Der ausländische Besteller hat es trotz Beteiligung von Unternehmen aus mehreren Ländern nur mit <u>einem</u> staatlichen Exportkreditversicherer zu tun. Die Rückversicherer bleiben im Hintergrund und folgen der Entscheidung des Erstversicherers.

Die Instrumente der Außenwirtschaftsfinanzierung werden laufend neuen Entwicklungen angepasst und bei Bedarf auch gebündelt eingesetzt. Sie werden kombiniert auch mit Finanzierungen von Internationalen Finanzinstitutionen wie Weltbank, IFC, regionalen Entwicklungsbanken wie Osteuropabank in London, und der EIB in Luxemburg. Im Rahmen dieser Zusammenarbeit stimmen wir auch das Vorgehen zur Verbesserung der Rahmenbedingungen in den Partnerländern ab, z. B. für Investitionen oder Projektfinanzierungen.

Insgesamt ergibt sich die interessante Erfahrung, dass die Exportförderer mal im harten Wettbewerb zueinander stehen, nämlich dann, wenn die unterstützten Unternehmen um den konkreten Auftrag konkurrieren, während sie in Fällen internationaler Konsortien eng miteinander kooperieren. Insgesamt ergibt sich daraus eine Vertrauensbasis, die Wettbewerbsverzerrungen zunehmend verhindert.

F. Ergebnis

Aufgabe des Außenwirtschaftsrechts ist es, einen Rahmen für die schwierige Balance zwischen der staatlichen Förderung einzelner Unternehmen zur Arbeitsplatzsicherung und der Beachtung der Prinzipien der Subventionsfreiheit und der Subsidiarität sowie den Interessen der Bestellerländer unter Berücksichtigung auch ökologischer, sozialer und entwicklungspolitischer Gesichtspunkte zu schaffen. Ziel ist die Begleitung einer langfristig orientierten und für beide Seiten erfolgreichen Zusammenarbeit der Unternehmen zum Ausbau der bilateralen Wirtschaftsbeziehungen ohne Verzerrung des internationalen Wettbewerbs.

Diskussionszusammenfassung zu den Vorträgen

„Ausfuhrförderung aus der Sicht der Europäischen Gemeinschaften"

und

„Förderung der deutschen Außenwirtschaft im internationalen Wettbewerb"

Zusammenfassung: *Daniel Fischer*, Wissenschaftliche Hilfskraft, Institut für Umwelt- und Planungsrecht, Universität Münster

Zu Beginn der Diskussion fragte Prof. Dr. *Wolffgang* Herrn Dr. *Kruse* danach, wie sich im Bundeswirtschaftsministerium die Aufgaben der Exportkontrolle und der Ausfuhrförderung, die in der gleichen Abteilung zusammengefasst sind, vereinbaren ließen. Als Beispiel für einen potenziellen Konflikt zwischen diesen beiden Aufgaben nannte *Wolffgang* Exporte der deutschen Wirtschaft in den Iran. *Kruse* gab zu verstehen, dass er in dieser Aufgabenzusammenfassung kein unlösbares Problem sehe. Vielmehr lasse sich Widersprüchen in den Zielsetzungen beider Aufgabenbereiche damit begegnen, dass man bei der Ausfuhrförderung klar und unbedingt den Vorgaben der Exportkontrolle folge und Rechnung trage. Das Angebot der Ausfuhrförderung gelte nämlich (nur) für die Produkte, die nach den einschlägigen Vorschriften zur Exportkontrolle genehmigungsfähig und – bei der endgültigen Entscheidung über die Gewährung der Ausfuhrförderung – auch genehmigt sind. Es könne nicht geschehen, dass ein nicht genehmigtes Geschäft abgesichert werde. Dieses Verhältnis von Exportkontrolle und Ausfuhrförderung könne in der Praxis aber auch zu Problemen führen. So reiche sowohl dem Exporteur als auch dem Auswärtigen Amt eine im Frühstadium des Antrags auf Ausfuhrförderung gegebene vorläufige – unter dem Vorbehalt der (oftmals längere Zeit in Anspruch nehmenden) Erteilung der notwendigen Ausfuhrgenehmigungen stehende – Deckungszusage häufig nicht aus, sondern diese wollten möglichst schnell abschließend über die Erfolgsaussichten in Kenntnis gesetzt werden. Was das von *Wolffgang* angesprochene Beispiel des Irans angehe, so sei im Hinblick auf die Gewährung von Ausfuhrbürgschaften eine außerordentlich gute Zusammenarbeit mit dem Iran zu verzeichnen. Allerdings müsse der Iran natürlich bei jedem Geschäft auch sicher stellen, dass die Verwendung der ausgeführten Güter nur zu unbedenklichen Zwecken erfolge.

Herr Dr. *Berrisch* aus Brüssel bat *Kruse* um die Erläuterung einiger Aspekte des Verhältnisses zwischen Exportförderung und Entwicklungspolitik: Als neue Leitlinie der Entwicklungspolitik werde die Abkehr von großen Projekten wie Staudämmen, Kernkraftwerken oder prestigeträchtigen Infrastrukturprojekten und die Förderung von kleinen Projekten zur Bekämpfung der Armut propagiert. Dies sei – wenn er *Kruses* Ausführungen richtig verstanden habe – aber nicht unbedingt die bei der Ausfuhrförderung befolgte Leitlinie, so dass sich die Frage stelle, ob und inwiefern hier Meinungsverschiedenheiten zwischen Bundeswirtschafts- und Entwicklungshilfeministerium bestünden. Zudem sprach *Berrisch* die zur Zeit innerhalb der OECD laufende Diskussion über die Vergabe von Entwicklungshilfe als sog. „tied aid" (d.h. an die Vergabe von Aufträgen an Unternehmen aus dem jeweiligen Geberland gekoppelte Hilfe) bzw. als „untied aid" (d.h. nicht an die Vergabe an bestimmte Unternehmen gebundene Hilfe) an. *Berrisch* wollte *Kruses* bzw. die deutsche Position in dieser Diskussion erfahren, vor allem auch im Hinblick auf amerikanische Bemühungen um die Entwicklung von OECD-Regeln für die Vergabe von „untied aid", insbesondere von solchen ungebundenen Hilfen, die sich im Ergebnis doch als gebundene Hilfen erwiesen, da der Zuschnitt der Projekte, für die sie gewährt wurden, Unternehmen aus dem Geberland begünstige.

Kruse bestätigte im Hinblick auf das Verhältnis von Ausfuhrförderung und Entwicklungshilfe, dass nunmehr die Entwicklungshilfe ihr Augenmerk auf die Förderung kleiner Projekte richte. Er stellte aber gleichzeitig klar, dass die Mittel der Entwicklungshilfe begrenzt seien und bei weitem nicht ausreichen würden, um alle notwendigen Strukturverbesserungen in den ärmeren Regionen durchzuführen. Insofern sei also ein Nebeneinander von Entwicklungshilfe und Ausfuhrförderung auch weiterhin notwendig. Der Anteil der Entwicklungshilfe sei dabei etwas kleiner. Bei der Ausfuhrförderung werde trotz der neuen Leitlinien in der Entwicklungspolitik weiterhin versucht, auch Großprojekte zu fördern. Der für die Ausfuhrförderung zuständige Ausschuss aus den Vertretern von vier Ministerien (neben dem federführenden Wirtschaftsministerium und dem Finanz- und Außenministerium auch das Ministerium für wirtschaftliche Zusammenarbeit und Entwicklung) handele dabei nach dem Konsensprinzip, was im Einzelfall aufgrund der bekannten Haltung des BMZ zu längeren Entscheidungszeiträumen geführt habe.

Weiter erläuterte *Kruse* die unterschiedliche Behandlung von tied und untied aid durch die OECD: Während die Regeln für die tied aid verhältnismäßig strikt seien und deshalb auch zur Zeit nicht zur Debatte stünden, seien die Vorgaben für die untied aid etwas lockerer. Dies erkläre sich aber auch aus der Natur der untied aid: Bei dieser Art der Hilfegewährung werde das Projekt im Entwicklungsland ausgeschrieben und jeder – auch Unternehmen aus anderen Ländern als dem Land, das die Entwicklungshilfe vergibt – könne sich um den Auftrag bewerben und den Zuschlag bekommen. Dabei müsse man zwar – wie auch von Herrn *Berrisch* in seiner Frage angesprochen – manchmal damit rechnen, dass die Entscheidung über den Zuschlag letztlich doch nicht völlig unbeeinflusst von der Hilfe getroffen werde. Dass aber gerade von amerikanischer Seite die Entwicklung strikterer Regeln für die untied aid eingefordert werde, sei aus seiner Sicht vor allem deshalb problematisch, weil die Amerikaner von solchen Regeln überhaupt nicht betroffen wären. Es gebe zur Zeit nur zwei Länder, die in nennenswertem Umfang untied aid vergäben. Dies sei zunächst Japan und – mit deutlichem Abstand – die Bundesrepublik. Andere Länder – etwa die USA oder Frankreich – wollten dagegen das Risiko, dass am Ende ein Unternehmen aus einem anderen Land von den eigenen Geldern profitiert, erst gar nicht eingehen. Deswegen sei es auch bedenklich, dass in diesem Bereich Regeln von denjenigen eingefordert würden, die keine Beschränkungen ihrer eigenen Vergabepraxis zu erwarten hätten. Die Diskussion über die Art der Vergabe von Entwicklungshilfe dauere noch an und lasse die Tendenz erkennen, immer mehr Entwicklungshilfe ungebunden zu vergeben. Sollten deshalb in der Zukunft mehr Länder dazu übergehen, untied aid zu vergeben, dann ließe sich auch über eine mögliche Verschärfung der Regeln für diese Hilfen nachdenken.

Priv.-Doz. Dr. *Cremer* von der Universität Rostock richtete an Herrn Dr. *Müller-Ibold* eine Frage zu dem von ihm dargestellten Spannungsverhältnis zwischen Art. 132 EGV und den Beihilfevorschriften des EG-Vertrags: Er wollte wissen, ob die Vernachlässigung der Überprüfung der Außenwirtschaftsförderung am Maßstab der Art. 87 ff. nicht ein normhierarchisches Problem darstelle, da das Sekundärrecht (nämlich die auf Art. 132 EGV gestützten Rechtsakte) dazu führe, dass die Vorschriften der Art. 87 ff. EGV nicht mehr angewendet würden. Dieses Problem scheine Parallelen zu dem Verhältnis der Art. 87 und 88 EGV zur Verordnungsermächtigung des Art. 89 EGV aufzuweisen, wo ebenfalls fraglich sei, inwieweit die Verordnungsermächtigung ausreiche, um die Regelungen der Art. 87 und 88 zu „beeinflussen". *Müller-Ibold* gab *Cremer* Recht darin, dass es grundsätzlich problematisch sei, wenn eine Behörde auf die Anwendung bestimmter Vorschriften verzichte. Dennoch sei gerade in dem von *Cremer* angesprochenen Fall das Problem nicht so groß wie die aufgeworfenen Bedenken im Hinblick auf die Normhierarchie vermuten ließen, denn bei der Anwendung der Art. 87

und 88 stünde der Kommission ein weiter Ermessensspielraum zu, so dass es ihr – insbesondere aufgrund des im Bereich der Außenwirtschaftsförderung zum Tragen kommenden Art. 87 Abs. 3 lit. c) – auch meistens möglich sei, die Außenwirtschaftsförderung als mit dem EG-Vertrag vereinbar anzusehen. Daher führe man – wenn man den Art. 87 bei der Außenwirtschaftsförderung etwas vernachlässigen würde – im Regelfall keine rechtswidrigen Situationen herbei. Dogmatisch sei dies zwar nicht ganz sauber – möglicherweise könnten auch betroffene Dritte die Kommission zwingen, tätig zu werden – aber praktisch gesehen scheine ihm der Ansatz der Kommission grundsätzlich vernünftig und materiell auch durch deren Entscheidungsspielräume gerechtfertigt zu sein.

Diesen Ausführungen stimmte *Cremer* insoweit zu, als er die Anwendung der Art. 87 Abs. 3 lit. b) oder c) EGV als gangbaren Weg zur materiellen Vereinbarkeit der Beihilfen mit dem Gemeinsamen Markt ansah. Dies ändere aber nichts an der Beihilfenqualität der betreffenden Maßnahmen und der insoweit bestehenden Notifizierungspflicht, hinsichtlich derer der Kommission kein Ermessen zustehe. Insofern müsse die Kommission doch auch auf die Notifizierung drängen, da ansonsten die Gefahr bestünde, dass die Beihilfen von Dritten wegen deren formeller Rechtswidrigkeit angegriffen würden. Dem stimmte *Müller-Ibold* im Grundsatz zu, gab allerdings zu bedenken, dass zumindest einige Formen der Außenwirtschaftsförderung schon seit längerem verwendet werden, so dass zu überlegen sei, ob insoweit nicht die Verfahrensregeln über bestehende Beihilfen, die nicht notifiziert werden müssen, herangezogen werden könnten, um die Konsequenz der formellen Rechtswidrigkeit zu vermeiden. Auch im Übrigen müsse man – selbst wenn man zu dem Schluss gelangen sollte, die Beihilfe sei formell rechtswidrig – aufgrund der bisherigen Haltung und der Äußerungen der Kommission zur Ausfuhrförderung von einem erhöhten Vertrauensschutz in diesem Bereich ausgehen, so dass die Kommission zumindest keine rückwirkenden Maßnahmen in diesem Bereich treffen könne. Ähnliches habe es ja auch bei den – allerdings etwas anders gelagerten – Entscheidungen über die Anstaltslast und Gewährträgerhaftung gegeben, die als bestehende Beihilfen eingestuft wurden und bei denen auch nur Maßnahmen für die Zukunft mit großzügig bemessenen Übergangsfristen (bis 2007) ergriffen wurden.

Herr *Wakonig*, Doktorand an der Universität Münster, wollte von Herrn *Kruse* wissen, inwieweit ökologische Aspekte bei der Entscheidung über die Exportförderung berücksichtigt würden. Insbesondere interessierte ihn, ob Großprojekte, für deren einzelne Bestandteile Ausfuhrförderung geleistet werde, bestimmten Anforderungen im Hinblick auf ihre Umweltverträglichkeit genügen müssten. Als Beispiel für solche Anforderungen nannte *Wako-*

nig das von der Weltbank in der Operating Directive 401 vorgesehene environmental impact assessment, das Grundvoraussetzung für eine Vergabe von Geldern durch die Weltbank sei. Die Kreditvergabe durch die Weltbank sei mit der Ausfuhrförderung zumindest grundsätzlich vergleichbar, so dass sich auch für die Ausfuhrförderung die Frage nach ähnlichen Umweltverträglichkeitskriterien stelle.

Kruse beantwortete die Frage dahingehend, dass über diese Aspekte zur Zeit diskutiert werde, dass sich aber in den Förderungsrichtlinien der Bundesregierung keine konkreten ökologischen Kriterien fänden. Allerdings werde auch nur das gefördert, was nach den geltenden internationalen Vereinbarungen über den Umweltschutz auch zulässig sei. Als nicht zu bewältigende Aufgabe sah *Kruse* jedoch die Aufstellung eigener ökologischer Kriterien durch die Exportversicherer an, da diese für alle Regionen und sämtliche Produktgruppen gültig sein müssten. Die Amerikaner würden allerdings auf die Möglichkeit zur Übernahme der amerikanischen Kriterien hinweisen, die sich die US-Eximbank auf Drängen des amerikanischen Kongresses Anfang bis Mitte der 90er Jahre geben musste. Dies hielt *Kruse* – wohl auch aufgrund unterschiedlicher Maßstäbe und Prioritäten – jedoch nicht für ratsam. Selbst wenn es aber allgemeine Kriterien gäbe, würde sich aber die Folgefrage stellen, wer über (in den Kriterien selbst vorgesehene) Abweichungen zu entscheiden hätte: könnte dies jeder Staat allein oder müsste dies in den USA entschieden werden? In Deutschland wäre schon aufgrund der bereits im Zusammenhang mit dem Verhältnis von Entwicklungshilfe und Ausfuhrförderung geschilderten Zuständigkeit von vier Ministerien für die Ausfuhrförderung eine flexible Entscheidung über Abweichungen nur schwer möglich. Deshalb befürworte Deutschland in dieser Frage ein eher pragmatisches Herangehen an die jeweiligen Projekte: Dabei seien alle Aspekte des Projektes zu berücksichtigen und es werde bei neuen Großprojekten – auch in Zusammenarbeit mit Exportversicherern aus anderen Ländern – versucht, deren Umweltverträglichkeit sicher zu stellen. Anders sehe dies bei alten – schon seit längerem verfolgten – Projekten aus: Wenn man auf diese Projekte keinen Einfluss nehmen könne (z.B. dann, wenn sich auch andere Lieferanten für die benötigten Teile finden würden), könne man nicht auf die Durchsetzung bestimmter ökologischer Kriterien drängen.

Kruse berichtete weiter, dass die diesbezügliche Diskussion aktuell bleibe und erst im September eine Sondersitzung der OECD zu diesem Thema stattgefunden habe, worauf Prof. Dr. *Ehlers* die Frage anschloss, ob auf OECD-Ebene mit neuen Regelungen auf diesem Gebiet zu rechnen sei. *Kruse* konnte sich aber nur schwer vorstellen, dass diese Diskussion verbindliche Kriterien hervorbringen könne, auch wenn die USA dies nach wie vor forderten. Dazu seien auch die unterschiedlichen Vorstellungen von der genauen Ausgestaltung dieser Kriterien zu unterschiedlich. Für richtig halte er einen Erfahrungsaustausch auf der Ebene der OECD, der möglicherweise in bestimmten Bereichen zur Formulierung gemeinsamer ökologischer Kriterien führen könnte.

Rechtsfragen der Ausfuhrgewährleistungen des Bundes im Zusammenhang mit deren Übernahme

Dr. Roland Scheibe[*]

A. Vorbemerkungen

Die Ausfuhrgewährleistungen des Bundes sind nicht im Labor der Rechtswissenschaft „konstruiert" worden. Im Zentrum stand und steht vielmehr das praktische Ziel, den deutschen Export mit den Mitteln der Kreditversicherung zu fördern, und zwar so, dass das Ziel auch tatsächlich erreicht wird. Die Frage, wie dies rechtlich realisiert wird, war und ist immer eine sekundäre Frage gewesen. Ganz insgesamt ist dem rechtlichen Hintergrund der Ausfuhrgewährleistungen vergleichsweise wenig Beachtung geschenkt worden. Von der Rechtswissenschaft nicht, von der Rechtsprechung auch nicht, die ja bekanntlich auch nur tätig wird, wenn man einen Kläger hat, und von der Praxis immer nur punktuell, wenn es einen unmittelbaren Bedarf dafür gab, wie etwa drohende Streitfälle oder das Inkrafttreten des Verwaltungsverfahrensgesetzes im Jahre 1977. Es funktioniert einfach, und wenn man den Äußerungen der Exportwirtschaft Glauben schenken darf, ausgesprochen gut.

Nachfolgend sollen einzelne Rechtsfragen im Zusammenhang mit der öffentlich-rechtlich orientierten Übernahme einer Ausfuhrgewährleistung angesprochen werden. Dabei handelt es sich lediglich um eine Auswahl, für die es sowohl systematische Gründe der Darstellung als auch Gründe der Aktualität gibt. Der gesamte Bereich der zivilrechtlich orientierten Abwick-

---

[*] Rechtsanwalt, Elmshorn. Der Autor ist Leiter des Fachbereichs Recht und Grundsatz im Geschäftsbereich Ausfuhrgewährleistungen des Bundes der HERMES Kreditversicherungs-AG in Hamburg. Der Beitrag gibt die persönlichen Auffassungen des Autors wieder. – Die HERMES Kreditversicherungs-AG ist im Rahmen der Ausfuhrgewährleistungen federführend gemeinsam mit der PwC Deutsche Revision AG sog. Mandatar. D.h. ihr obliegt in Vertretung des Bundes und in Ausführung von ihm getroffener Entscheidungen die Geschäftsführung hinsichtlich Übernahme, Bearbeitung und Abwicklung der einzelnen Deckungen. Daneben nimmt sie auch Stabsaufgaben wahr wie etwa Produktentwicklung, Länderbeurteilung und Mitarbeit in internationalen Gremien der staatlichen Exportkreditversicherung. Dieses Mandat hatte HERMES bereits 1926 vom Deutschen Reich erhalten. 1949 wurde es von der Bundesrepublik Deutschland erneuert. Das Obligo der HERMES beschränkt sich auf die reine Dienstleistungserbringung. Die Risiken aus den übernommenen Ausfuhrgewährleistungen trägt allein der Bund.

lung einer übernommenen Ausfuhrgewährleistung muss ausgeklammert bleiben, da dies sonst den zu begrenzenden Umfang gesprengt hätte.

B. Verfassungsrechtliche Anforderungen oder der dreifache Gesetzesvorbehalt

Die Übernahme von Bürgschaften und Garantien oder sonstigen Gewährleistungen bedarf zunächst nach Art. 115 Abs. 1 Satz 1 GG einer der Höhe nach bestimmten oder bestimmbaren Ermächtigung durch Bundesgesetz. Dieser ohne Zweifel auch für die Ausfuhrgewährleistungen des Bundes geltenden Verfassungsnorm wird durch die im jährlichen Haushaltsgesetz aufgenommene Ermächtigung zum Eingehen von Eventualverpflichtungen Genüge getan. Außer dem Haushaltsgesetz gibt es allerdings kein Gesetz, das speziell die Übernahme von Ausfuhrgewährleistungen regelt. Es stellt sich deshalb die Frage, ob dieser Gesetzesmangel vor dem Hintergrund des weiteren besonderen Gesetzesvorbehalts in Art. 115 Abs. 1 Satz 3 GG bzw. des allgemeinen, aus verfassungsrechtlichen Grundprinzipien hergeleiteten Gesetzesvorbehalts die Ausfuhrgewährleistungen dem Verdikt mangelnder Verfassungskonformität aussetzt.

Was zunächst den *besonderen Gesetzesvorbehalt* in Art. 115 Abs. 1 Satz 3 GG angeht, wonach das Nähere durch Bundesgesetz geregelt wird, gilt dieser unstreitig auch für die Gewährleistungsübernahmen in Satz 1 des Art. 115 Abs. 1 GG.[1] Aus dem systematischen Zusammenhang der Art. 110 bis 115 GG, die im Wesentlichen das Etatrecht des Bundestages regeln,[2] ergibt sich, dass das nach Art. 115 Abs. 1 Satz 3 GG durch Gesetz zu regelnde „Nähere" sich (nur) auf die das parlamentarische Budget- und Kontrollrecht berührenden Fragen des zulässigen Verwendungszwecks, der betragsmäßigen Grenzen und der organisatorischen Verantwortlichkeit für die erteilte Ermächtigung bezieht. Diese Fragen sind bereits entweder im Haushaltsgesetz selbst oder in der Bundeshaushaltsordnung, insbesondere dort in § 39,

---

[1] *Brockmeyer*, in: Bruno Schmidt-Bleibtreu/Franz Klein, Kommentar zum Grundgesetz, 9. Aufl. 1999, Art. 115 Rn. 16; *Maunz*, in: Maunz/Dürig, Grundgesetz, Kommentar, Loseblatt Stand Juli 2001, Art. 115 Rn. 15; *Heuer*, Kommentar zum Haushaltsrecht, Loseblatt Stand Jan. 2002, Art. 115 GG Rn. 15; *Fischer-Menshausen*, in: v. Münch/Kunig, Grundgesetz-Kommentar, Band 3 Art. 70 bis Art. 146, 3. Aufl. 1996, Art. 115 Rn. 16.

[2] *Maunz*/Dürig (Fn. 1), Art. 110 Rnrn. 1 f., Art. 115 Rn. 1.

geregelt.³ Von daher sollten keine Zweifel bestehen, dass der den Staatsinnenbereich betreffende, in seiner Bedeutung zuweilen überschätzte⁴ besondere Gesetzesvorbehalt in Art. 115 Abs. 1 Satz 3 GG ausreichend beachtet wird.⁵

Ob und wie der das Verhältnis zum Bürger in den Blick nehmende allgemeine Gesetzesvorbehalt auch für die Leistungsverwaltung gilt, zu der auch die Übernahme einer Ausfuhrgewährleistung zu rechnen ist, ist nach wie vor umstritten.⁶ Die Rechtsprechung und ein Teil der Literatur lassen bekanntlich die Bereitstellung der Mittel qua Haushaltsgesetz als parlamentarische Kundgabe des Einverständnisses, namentlich im Bereich staatlicher Subventionen, genügen.⁷ Die in der Literatur vertretene Gegenmeinung hält aus rechtsstaatlicher Sicht eine über das Haushaltsgesetz hinausgehende gesetzliche Regelung der Vergabebedingungen für geboten, da die Vorenthaltung von Leistungen den Bürger gravierend treffen könne.⁸ Die Regelung müsse dabei freilich nicht bis ins Detail gehen.⁹ Speziell für die Ausfuhrgewährleistungen wird der Zustand einer nur haushaltsgesetzlichen Absicherung und

---

[3] Vgl. Schmidt-Bleibtreu/Klein/*Brockmeyer* (Fn. 1), Art. 115 Rn. 16; *Piduch*, Bundeshaushaltsrecht, Loseblatt Stand Okt. 2000, § 39 BHO Rn. 2; *Dommach*, in: Heuer, Kommentar zum Haushaltsrecht, Loseblatt Stand Jan. 2002, § 39 BHO Rn. 1; *Mahrenholz*, in: Denninger/Hoffmann-Riem/Schneider/Stein, Kommentar zum Grundgesetz für die Bundesrepublik Deutschland, 3. Aufl., Loseblatt Stand Aug. 2002, Art. 115 Rn. 28 mit Rn. 30; v. Münch/Kunig/*Fischer-Menshausen* (Fn. 1), Art. 115 Rn. 16.

[4] *Siekmann*, in: Sachs, Grundgesetz, Kommentar, 2. Aufl. 1999, Art. 115 Rn. 37.

[5] Vgl. BGH NJW 1997, S. 328.

[6] *Maurer*, Allgemeines Verwaltungsrecht, 13. Aufl. 2001, § 6 Rdnrn. 9 ff., 13; *Wehr*, Grundfälle zu Vorrang und Vorbehalt des Gesetzes, JuS 1997, S. 419 (421).

[7] BVerwGE 6, S. 282, 287 f.; 58, S. 45 (48); BVerwG DVBl. 1978, S. 212 (213); *Stober*, Allgemeines Wirtschaftsverwaltungsrecht, 11. Aufl. 1998, § 7 I 2a dd; *Busch*, Subventionsrecht in der Rechtsprechung, JuS 1992, S. 563 (564); *Sannwald*, in: Schmidt-Bleibtreu/Klein, Kommentar zum Grundgesetz, 9. Aufl. 1999, Vorb. v. Art. 70 Rn. 2; *Jarass*, Das Recht der Wirtschaftssubventionen, JuS 1980, S. 115 (117); *Wehr*, Jus 1997, S. 419 (421).

[8] *Maurer* (Fn. 6), § 6 Rn. 14; vgl. *Ossenbühl*, in: Erichsen, Allgemeines Verwaltungsrecht, 11. Aufl. 1998, § 9 Rn. 16; *Erichsen*, Allgemeines Verwaltungsrecht, 11. Aufl. 1998, § 15 Rn. 18; krit. zur jahresbezogenen Regelung im Haushaltsgesetz *Kaulbach*, Die zivilrechtliche Einordnung der Ausfuhrgewährleistungen des Bundes, VersR 1985, S. 806 mit Fn. 3.

[9] *Maurer* (Fn. 5), § 6 Rn. 14.

im Übrigen einer Vergabe nach Richtlinien sowohl als unbedenklich[10] als auch als zumindest nicht bedenkenfrei eingeschätzt.[11]

Aus der Sicht der Praxis ist hierzu festzustellen, dass das Manko einer in erster Linie nur richtliniengesteuerten Übernahme von Ausfuhrgewährleistungen bislang zu keinen erkennbaren Nachteilen für die deutsche Exportwirtschaft geführt hat. Rechtsstaatliche Defizite sind trotz der unverkennbar den einzelnen Exporteur zuweilen massiv berührenden Frage, ob er eine Deckung erhält oder nicht, nicht auszumachen. Anderes ergibt sich insbesondere auch nicht daraus, dass die Ausfuhrgewährleistungen bislang hinsichtlich ihrer Vergabe praktisch keine Spuren in der Rechtsprechung hinterlassen haben. Wenn eine positive Entscheidung des Bundes fraglich wird, geht es zumeist um solche Details, die durch ein Gesetz ohnehin nicht vorweggenommen werden könnten, sodass mit einem Gesetz für den Einzelnen kaum ein zusätzlicher rechtsstaatlicher Gewinn verbunden wäre. Selbst die hier einschlägigen Richtlinien für die Übernahme von Ausfuhrgewährleistungen vom 30.12.1983[12], die als Verwaltungsvorschriften zu qualifizieren sind,[13] weisen diese Detaildichte nicht auf, was nicht zuletzt die Tatsache belegt, dass sie in knapp 19 Jahren erst dreimal novelliert worden sind.[14]

---

[10] *Christopeit*, Hermes-Deckungen, 1968, S. 207; *Grupp*, Verfassungsrechtliche Probleme der Ausfuhrgewährleistungen des Bundes, WUR 1991, S. 183 (187 ff., 190).

[11] *Gramlich*, Richtlinien für die Übernahme von Ausfuhrgewährleistungen, in: Hohmann/John, Ausfuhrrecht, 2002, Teil VI. Nr. 3 Rn. 7.

[12] BAnz Nr. 42 vom 29.2.1984, abgedruckt bei *Scheibe/Moltrecht/Kuhn*, Garantien & Bürgschaften – Ausfuhrgewährleistungen des Bundes und Rechtsverfolgung im Ausland, Loseblatt Stand Sep. 2002, Register 1 – Anlage 2 mit Kommentierung in Anlage 3; kommentiert sind die Richtlinien auch von *Gramlich* (Fn. 11).

[13] *Frhr. v. Spiegel*, Die neuen Richtlinien für die Übernahme von Ausfuhrgewährleistungen durch die Bundesrepublik Deutschland, NJW 1984, S. 2005 (2006); *Gramlich* (Fn. 11), Rdnrn. 6, 114; *Scheibe*, in: Scheibe/Moltrecht/Kuhn, Garantien & Bürgschaften – Ausfuhrgewährleistungen des Bundes und Rechtsverfolgung im Ausland, Loseblatt Stand Sep. 2002, Register 1 – Anlage 3 (Seite 3 Fn. 3); *Masberg*, Ausfuhrgewährleistungen des Bundes – Hermes-Deckungen, in: Hohmann/John, Ausfuhrrecht, 2002, Teil VI. Nr. 4, Rn. 36; *Graf v. Kageneck*, Hermes-Deckungen, 1991, S. 21; *Horn*, in: von Staudingers Kommentar zum Bürgerlichen Gesetzbuch, Zweites Buch, Recht der Schuldverhältnisse, §§ 765-778, 13. Aufl. 1997; Vorbem. zu §§ 765 ff. Rn. 440.

[14] Per 1.7.1990, BAnz Nr. 154 vom 18.8.1990, S. 4233; per 1.1.1996, BAnz Nr. 26 vom 7.2.1996, S. 1162, per 31.1.2002, BAnz Nr. 59 vom 26.3.2002, S. 6077.

C. Der zweistufige Übernahmevorgang oder eine Rechtstheorie bewährt sich in der Praxis

Die Zweistufentheorie[15] bezeichnet bekanntlich eine nach dem Zweiten Weltkrieg für die öffentliche Verwaltung entwickelte Handlungsform, mit der sich die Absicht verband, bestimmte bis dahin rein privatrechtlich qualifizierte Leistungsgewährungen der öffentlichen Hand an öffentlich-rechtliche Grundsätze, namentlich den Gleichheitsgrundsatz, zu binden. Derartige Leistungsgewährungen werden dabei in eine öffentlich-rechtliche Grundstufe – die erste Stufe –, die das Ob der Leistung betrifft, und eine zivilrechtliche Abwicklungsstufe – die zweite Stufe –, die das Wie der Leistung betrifft, zerlegt. Die Zweistufentheorie oder auch Zweistufenlehre sucht auf diese Weise einerseits auf der ersten öffentlich-rechtlichen, sich als Verwaltungsakt darstellenden Stufe die rechtsstaatlichen Bindungen, denen die öffentliche Verwaltung unterworfen ist, zu garantieren, und andererseits sich auf der zweiten zivilrechtlichen Stufe sich des wesentlich flexibleren und damit praktikableren Privatrechts zu bedienen.

Die § 9 Abs. 1 Nr. 1 des Haushaltsgesetzes von 1984[16] für sich in Anspruch nehmenden Richtlinien für die Übernahme von Ausfuhrgewährleistungen vom 30.12.1983 orientieren das Vergabeverfahren an der Zweistufentheorie.[17] Nach Ziffer 4.3 der Richtlinien wird über den Antrag auf Übernahme

---

[15] Grundlegend BVerwGE 1, S. 308 (309 f.); *Ipsen*, Öffentliche Subventionierung Privater, 1956, S. 62 ff.

[16] Der Hinweis auf Übernahme der Gewährleistungen nach Richtlinien ist seither jedes Jahr im Haushaltsgesetz wiederholt worden. Derzeit findet sich der Hinweis in § 10 Abs. 1 Ziffer 1a Satz 2 des Haushaltsgesetzes 2002. Im Entwurf für das Haushaltsgesetz 2003 taucht er erstmals nicht mehr unmittelbar im Haushaltsgesetz auf, sondern nur in den allerdings für verbindlich erklärten Erläuterungen zum einschlägigen Kapitel 3208 im Bundeshaushaltsplan (BT-Drucks. 14/9750 v. 16.8.2002). – Der Hinweis darf nicht als *Ermächtigung* zum Erlass solcher Richtlinien missverstanden werden, denn angesichts des Art. 86 Satz 1 GG bedarf es einer solchen Ermächtigung überhaupt nicht und deshalb auch nicht der Wiederholung (im Ergebnis ebenso *Gramlich* [Fn. 11], Rn. 5). Der Richtlinienhinweis ist von daher eher als Verpflichtung zum Erlass von Richtlinien zu interpretieren (*v. Spiegel*, NJW 1984, S. 2005 [2006]; *Janus*, Ausfuhrgarantien und Ausfuhrbürgschaften des Bundes, in: Schimansky/Bunte/Lwowski, Bankrechts-Handbuch, Band III, 2. Aufl. 2001, § 122 Rn. 14).

[17] *v. Spiegel*, NJW 1984, S. 2005 (2006 f.); *Euler*, Das System der staatlichen Exportkreditversicherung und deren Beitrag in der Internationalen Verschuldungskrise, in: Schwarze, Kredit und Währung im Lichte des internationalen Rechts, 1987, S. 38, 40; *Gramlich* (Fn. 11) Rn. 9; *Greuter*, Die staatliche Exportkreditversicherung, 6. Aufl. 2000, S. 39 f.; *Janus* (Fn. 16), § 122 Rdnrn. 15, 23; *Graf v. Westphalen*,

einer Ausfuhrgewährleistung im positiven Fall durch eine endgültige Deckungszusage entschieden, wobei nach Ziffer 3.1 erlassende Bundesbehörde das Bundesministerium für Wirtschaft und Technologie (BMWi) ist. Die endgültige Deckungszusage begründet einen Anspruch des Antragstellers auf Abschluss eines Gewährleistungsvertrages mit dem Bund, soweit der im Haushaltsgesetz festgesetzte Höchstbetrag der Gewährleistungen ausreicht. Ziffer 5.1 der Richtlinien formuliert diesen Sachverhalt unter der Überschrift „Vertragliche Abwicklung" gewissermaßen aus der Umsetzungsperspektive, wenn es dort heißt, dass der Bund aufgrund der endgütigen Deckungszusage mit dem nunmehr zum Deckungsnehmer gewordenen Antragsteller einen Gewährleistungsvertrag schließt. Daraus ergibt sich relativ eindeutig: Die Deckungsübernahmeentscheidung, begrifflich als endgültige Deckungszusage bezeichnet, ist der Verwaltungsakt auf Stufe 1, der Gewährleistungsvertrag der zivilrechtliche Vertrag auf Stufe 2. Dabei spielt es keine Rolle, dass in der Praxis diese beiden Stufen zeitlich nicht deutlich unterschieden werden. Vielmehr fallen beide Stufen in einem Akt zusammen, da dem Antragsteller grundsätzlich endgültige Deckungszusage und Gewährleistungsvertrag in Gestalt des sog. Annahmeschreibens[18] zeitgleich zugehen, d.h. der Verwaltungsakt hat quasi seinen Vollzugsakt mit im Gepäck. Der formalisierte und standardisierte Bescheidtext beschränkt sich dabei auf ein Blatt.

Man mag dieses Konzept der Zweistufentheorie mit Blick auf die modernere Handlungsform des öffentlich-rechtlichen Vertrages für antiquiert, möglicherweise auch rechtlich zweifelhaft halten.[19] Tatsache ist jedoch, dass das Übernahmeverfahren nach der Zweistufentheorie in der praktischen Abwicklung bislang noch keine Probleme bereitet hat, der Bundesgerichtshof dem Bund ausdrücklich das Recht zuerkannt hat, die Abwicklung der Aus-

---

Rechtsprobleme der Exportfinanzierung, 3. Aufl. 1987, S. 400 f.; *v. Kageneck* (Fn. 14), S. 48, 129; *Masberg* (Fn. 13), Rdnrn. 63 f.; vgl. *Graf v. Westphalen*, Die Neufassung der HERMES-Bedingungen, ZIP 1986, S. 1497 f.; *Ehlers*, in: Erichsen, Allgemeines Verwaltungsrecht, 11. Aufl. 1998, § 2 Rn. 37; Staudinger/*Horn* (Fn. 13), Vorbem. zu §§ 765 ff. Rn. 443; *Bödeker*, Staatliche Exportkreditversicherungssysteme, 1992, S. 160. – Die unveröffentlichten Richtlinien für die Übernahme von Gewährleistungen im Ausfuhrgeschäft vom 7.9.1961 enthielten keine Verfahrensbestimmungen und insoweit auch keine Hinweise auf eine (die in der Praxis rein zivilrechtliche) Umsetzung. Gleichwohl wurde der Übernahmevorgang auch schon unter ihrer Geltung als Anwendungsfall der Zweistufentheorie begriffen (*Christopeit* [Fn. 10], S. 239 ff.).

[18] Zum Zustandekommen des Gewährleistungsvertrages siehe näher unten VI.
[19] *Maurer* (Fn. 6), § 17 Rdnrn. 14 ff.

fuhrgewährleistungen zivilrechtlich zu regeln,[20] und der Bund vor diesem Hintergrund bislang keinerlei Anlass hatte, das Konzept in Frage zu stellen. Der Bund denkt auch gegenwärtig nicht über eine Änderung in diesem Punkt nach. Eher lässt sich feststellen, dass die Zweistufentheorie in Zeiten, in denen Vieles im Wandel ist, zum eisernen Bestand der Ausfuhrgewährleistungen gehört, weil sie die gewünschte Abwicklung des im Ausgangspunkt öffentlich-rechtlichen Instruments auf Basis des mehr praktischen Anforderungen gerecht werdenden Zivilrechts rechtlich zu fundieren vermag.

D. Das Zustandekommen der Übernahmeentscheidung oder die Kunst, vier Bundesministerien unter einen Hut zu bringen

Nach Ziffer 3.1 der Richtlinien für die Übernahme von Ausfuhrgewährleistungen trifft – innerhalb des Bundes zuständigkeitshalber – das BMWi die Entscheidung über die Übernahme von Ausfuhrgewährleistungen mit Einwilligung des Bundesministeriums der Finanzen (BMF) gemäß § 39 BHO sowie im Einvernehmen mit dem Auswärtigen Amt (AA) und dem Bundesministerium für wirtschaftliche Zusammenarbeit und Entwicklung (BMZ). Während die Mitwirkungsform „Einwilligung" des BMF durch die Bezugnahme auf § 39 BHO und im Hinblick auf die Legaldefinition in § 36 BHO zweifelsfrei als Erfordernis der vorherigen Zustimmung zu deuten ist,[21] könnte der davon abweichend gebrauchte Begriff des „Einvernehmens" für AA und BMZ auf eine weniger intensive Mitwirkungsform hindeuten. Im Ergebnis ist dies freilich grundsätzlich nicht der Fall. „Einvernehmen" ist – nicht anders als im allgemeinen Sprachverständnis[22] – auch im verwaltungsrechtlichen Verständnis völlige Willensübereinstimmung und steht synonym zum Begriff der Zustimmung.[23] Zustimmung und Einver-

---

[20] BGH, NJW 1997, S. 328 = WiB 1997, S. 276 mit Anm. *Mankowski* (S. 277).
[21] *Gramlich* (Fn. 11), Rdnrn. 69, 74; *Masberg* (Fn. 13), Rn. 81; *v. Köckritz/Ermisch/Dittrich/Lamm*, Bundeshaushaltsordnung (BHO), Kommentar, Loseblatt Stand Sep. 2001, § 37 Rn. 7.2; vgl. *Piduch* (Fn. 4), § 39 BHO Rn. 3 sowie Ziff. 4 der allgemeinen Verwaltungsvorschriften zu § 37 BHO.
[22] Vgl. *Duden*, Deutsches Universalwörterbuch, Stichwort „Einvernehmen".
[23] *Sachs*, in: Stelkens/Bonk/Sachs, Verwaltungsverfahrensgesetz, Kommentar, 6. Aufl. 2001, § 44 Rn. 185; *Badura*, in: Erichsen, Allgemeines Verwaltungsrecht, 11. Aufl. 1998, § 37 Rn. 33; *Siegel*, Die Verfahrensbeteiligung von Behörden und anderen Trägern öffentlicher Belange, 2001, S. 89, 94, 122, 175; *Maurer* (Fn. 6), § 9 Rn. 30; *Henneke*, in: Knack, Verwaltungsverfahrensgesetz (VwVfG), Kommentar, 7. Aufl. 2000, § 35 Rn. 56; *Kopp/Ramsauer*, Verwaltungsverfahrensgesetz, 7. Aufl. 2000, §

nehmen sollen sich lediglich in der Art der Verwendung unterscheiden. Während Einvernehmen im Verhältnis gleichberechtigter Körperschaften oder Organe der richtige Begriff sei, werde von Zustimmung im Rahmen hierarchischer Verhältnisse gesprochen.[24]

Vor diesem Hintergrund wäre es deshalb für die Richtlinien falsch, aus der Verwendung unterschiedlicher Begriffe für die Entscheidungsbeteiligung von BMF einerseits und AA sowie BMZ andererseits zu schließen, dass das für die Beteiligung von AA und BMZ verwendete Einvernehmen hinter einer Zustimmung zurückbleibt. Im Vergleich zu einer immer vorab zu erteilenden Einwilligung ist es allerdings möglich, dass das Einvernehmen *nachträglich* hergestellt wird.[25] Insoweit fehlt es an einem gleichermaßen engen Verständnis.

Das Einvernehmen kann, da keine bestimmte Form vorgesehen ist, ebenso wie im Privatrecht[26] auch stillschweigend, d.h. durch schlüssiges Handeln oder konkludentes Handeln geäußert werden.[27] Dies gilt freilich auch für die Einwilligung, da es auch insoweit an einem bestimmten Formerfordernis, insbesondere dem der Schriftlichkeit, in § 39 BHO fehlt.[28] Für Einwilligung und Einvernehmen als rein *behördeninterne* Akte kann insoweit ohne ausdrücklich anderslautende Regelung nichts anderes als für die wesentlich formalisierteren Verwaltungsakte gelten, für die nach § 37 Abs. 2 VwVfG grundsätzlich Formfreiheit besteht und die insoweit auch durch konkludentes Verhalten erlassen werden können.[29] Dass es sich wiederum nur um verwaltungsinterne Akte handelt, folgt für das Einvernehmen aus dem Umstand, dass es nur auf einer – wenn auch durch Haushalts*gesetz* sanktionier-

---

58 Rn. 16; *Piduch* (Fn. 3), § 41 Rn. 1; *Schäfer*, in: Obermayer, Kommentar zum Verwaltungsverfahrensgesetz, 3. Aufl. 1999, § 44 Rn. 72.

[24] *Stelkens*/Bonk/*Sachs* (Fn. 23), § 44 Rn. 185; *Siegel* (Fn. 24), S. 93 f.

[25] *Gramlich* (Fn. 11), Rn. 76.

[26] *Leptien*, in: Soergel, Bürgerliches Gesetzbuch, Band 2 Allgemeiner Teil 2, §§ 104-240, 13. Aufl. 1999, § 182 Rn. 7; die privatrechtlichen Regeln können allerdings nicht für behördliche Zustimmungen zum Handeln anderer Behörden angewendet werden: Soergel/*Leptien*, ebenda, Vor § 182 Rn. 9.

[27] *Greuter* (Fn. 17), S. 39; *Gramlich* (Fn. 11), Rn. 76; *Masberg* (Fn. 13), Rn. 81; vgl. für das Zivilrecht *Heinrichs* in: Palandt, Bürgerliches Gesetzbuch, 61. Aufl. 2002, § 182 Rn. 3; Soergel/*Leptien* (Fn. 26), § 182 Rn. 7; vgl. zum Ergebnis auch *Siegel* (Fn. 23), S. 149.

[28] Vgl. *Piduch* (Fn. 3), § 40 Rn. 5; Heuer/*Dommach* (Fn. 3), § 37 BHO Rn. 8; a.A. *Greuter* (Fn. 17), S. 39; *Gramlich* (Fn. 11), Rn. 76; *Masberg* (Fn. 13), Rn. 81.

[29] *Kopp*/Ramsauer (Fn. 23), § 37 Rn. 19.

ten – Verwaltungsvorschrift beruht,[30] und für die Einwilligung, die in § 39 BHO auch eine gesetzliche Grundlage hat,[31] aus der Spezifität der Bundeshaushaltsordnung als zum Staatsinnenrecht der juristischen Person des öffentlichen Rechts „Bund" gehörig.[32] Weiterhin kann sich für die Einwilligung des BMF auch aus der Tatsache nichts anders ergeben, dass unmittelbar an dieses Ministerium die haushaltsgesetzliche Ermächtigung für die Übernahme einer Ausfuhrgewährleistung gerichtet ist (§ 10 Abs. 1 Haushaltsgesetz 2002).[33] Denn diese Ermächtigung ist regierungsintern über die Richtlinien zulässigerweise[34] an das BMWi als Entscheidungsträger umadressiert worden, sodass sich die Mitwirkung des BMF nicht von der Ermächtigung herleitet, sondern sich (nur) aus § 39 BHO bzw. den Richtlinien und den dafür bestehenden Formalien ergibt.[35] Schließlich ist unterstützend darauf zu verweisen, dass sogar das finanzverfassungsrechtliche Ausgabenbewilligungsrecht des BMF nach Art. 112 GG, eingekleidet in das Erfordernis seiner Zustimmung zu überplan- und außerplanmäßigen Ausgaben, ebenfalls nicht formgebunden ist.[36] Eine ganz andere Frage ist es, ob eine *ausdrückliche* vorherige Zustimmung nicht zweckmäßig ist, was sicher bejaht werden kann.[37]

---

[30] *Stelkens/Stelkens*, in: Stelkens/Bonk/Sachs, Verwaltungsverfahrensgesetz, Kommentar, 6. Aufl. 2001, § 35 Rn. 93; Stelkens/Bonk/*Sachs* (Fn. 23), § 44 Rn. 183.

[31] Zur Qualität der Bundeshaushaltsordnung als förmliches Gesetz Sachs/*Siekmann* (Fn. 4), Art. 109 Rn. 38.

[32] *v. Köckritz/Ermisch/Dittrich/Lamm* (Fn. 21), § 1 Rn. 2.2.1; *Boesen*, Vergaberecht, Kommentar zum 4. Teil des GWB, 2000, Einl. Rn. 2; *Ax/Schneider/Nette*, Handbuch Vergaberecht, 2002, Kap. 1 Rn. 27; *Marx*, in: Jestaedt/Kemper/Marx/Prieß, Das Recht der Auftragsvergabe, 1999, Ziff. 1.2 (S. 3), 1.4 (S. 6, 9); vgl. *Piduch* (Fn. 3), Vorbem. zur BHO Rn. 1.; Sachs/*Siekmann* (Fn. 4), Art. 109 Rdnrn. 29, 37, 44 f., Art. 110 Rdnrn. 24, 36, 40; *Hillgruber*, in: v. Mangoldt/Klein/Starck, Das Bonner Grundgesetz, Band 3 Art. 79 – 146, 4. Aufl. 2001, Art. 109 Rdnrn. 27, 114, 117, 121 f., Art. 110 Rdnrn. 90 f.; z.T. anders *Maunz*/Dürig (Fn. 1), Art. 109 Rn. 51.

[33] So aber *Greuter* (Fn. 17), S. 39 (BMF müsse aktiv zustimmen) und *Masberg* (Fn. 13), Rn. 81 (es bedürfe einer *konkreten* Zustimmung). Beide Autoren sehen die *aktive* bzw. *konkrete* Zustimmung als Gegensatz zur stillschweigenden Zustimmung, also wohl als ausdrückliche Zustimmung.

[34] Heuer/*Dommach* (Fn. 3), § 39 BHO Rn. 4.

[35] Würde das BMF die haushaltsgesetzliche Ermächtigung selbst ausüben, würde umgekehrt § 39 Abs. 2 BHO obsolet, Heuer/*Dommach* (Fn. 3), § 39 BHO Rn. 6.

[36] Schmidt-Bleibtreu/Klein/*Brockmeyer* (Fn. 1), Art. 112 Rn. 5; *Schwarz*, in: v. Mangoldt/Klein/Starck, Das Bonner Grundgesetz, Band 3 Art. 79 – 146, 4. Aufl. 2001, Art. 112 Rn. 36; *Maunz*/Dürig (Fn. 1), Art. 112 Rn. 14.

[37] Vgl. v. Mangoldt/Klein/Starck/*Schwarz* (Fn. 36), Art. 112 Rn. 36, für die Zustimmung des BMF nach Art. 112 GG.

Erlässt das BMWi den Übernahmeverwaltungsakt ohne die erforderliche Einwilligung des BMF oder ohne das erforderliche Einvernehmen von AA oder BMZ, wäre dieser Verwaltungsakt nicht fehlerhaft (rechtswidrig). Die Verletzung verwaltungsinterner Regelungen ist dafür ohne jede Bedeutung.[38] Grundsätzlich anders ist dies zwar im Ausgangspunkt bei gesetzlich vorgesehenen Mitwirkungshandlungen. Aber auch dies schließt die Annahme eines Verwaltungsinternums ohne Außenwirkung nicht aus,[39] wovon für die verwaltungsintern orientierte Bundeshaushaltsordnung auszugehen ist.[40]

Entsprechend fällt das Ergebnis hinsichtlich der Frage aus, welche Rechtsschutzmöglichkeit dem ggf. übergangenen Ministerium zusteht. Ein wehrfähiges subjektives Recht, das Voraussetzung für eine Anfechtungsmöglichkeit wäre, lässt sich hier nicht feststellen. Dies folgt zunächst aus der Qualität der Rechtsquelle, in der das Mitwirkungsrecht verankert ist. Der Verletzung von Mitwirkungsrechten anderer Behörden, die sich allein aus (internen) Verwaltungsvorschriften ergeben, wird man eine Relevanz nach außen absprechen müssen. Dies ist und bleibt auch durch die Missachtung ein Verwaltungsinternum[41] und kann nur eine Frage der internen Sanktion sein.[42] Würde man der übergangenen Behörde eine Anfechtungsmöglichkeit in Bezug auf den ohne ihre Mitwirkung ergangenen Verwaltungsakt eröffnen, bliebe es insgesamt nicht mehr bei einer verwaltungsinternen Angelegenheit, sondern könnte den Adressaten des Verwaltungsakts negativ berühren. Soweit – wie hier für das BMF – das Mitwirkungsrecht durch Gesetz gestützt ist, kann es damit zwar den verwaltungsinternen Bereich verlassen, sodass für die übergangene Behörde durchaus eine Anfechtungsmöglichkeit in Betracht zu ziehen ist und unter bestimmten Voraussetzungen auch bejaht wird.[43] Allerdings muss für das sich auf die Bundeshaushaltsordnung ge-

---

[38] Stelkens/Bonk/*Sachs* (Fn. 23), § 44 Rn. 182; Obermayer/*Schäfer* (Fn. 23), § 44 Rn. 76, § 45 Rn. 56; *Hubert Meyer*, in: Hans Joachim Knack, Verwaltungsverfahrensgesetz (VwVfG), Kommentar, 7. Aufl. 2000, § 44 Rdnrn. 50, 51; *Kopp/Ramsauer* (Fn. 23), § 44 Rn. 59, § 45 Rn. 32; *Siegel* (Fn. 23), S. 232 mit Fn. 17; *Meyer* in: Meyer/Borgs-Maciejewski, Verwaltungsverfahrensgesetz, 2. Aufl. 1982, § 44 Rdnrn. 24 f., § 45 Rn. 20; vgl. BVerwG DVBl. 1976, S. 220 (221).

[39] Vgl. *Stelkens*/Bonk/Sachs (Fn. 30), § 35 Rdnrn. 92, 95; *Janßen*, in: Obermayer, Kommentar zum Verwaltungsverfahrensgesetz, 3. Aufl. 1999, § 35 Rn. 124; *Maurer* (Fn. 6), § 9 Rn. 30; *Wolff/Bachof/Stober*, Verwaltungsrecht, Band 2, 6. Aufl. 2000, § 45 Rdnrn. 66 ff.

[40] Vgl. auch *Piduch* (Fn. 3), § 39 Rn. 3.

[41] *Stelkens*/Bonk/Sachs (Fn. 30), § 35 Rn. 93.

[42] Vgl. *Stelkens*/Bonk/Sachs (Fn. 30), § 35 Rn. 97a.

[43] *Stelkens*/Bonk/Sachs (Fn. 30), § 35 Rn. 98; *Redeker/v. Oertzen*, Verwaltungsgerichtsordnung, Kommentar, 13. Aufl. 2000, § 42 Rn. 87a; *Badura* (Fn. 23), § 37 Rn. 35.

stützte Mitwirkungsrecht des BMF beachtet werden, dass sich dieses lediglich aus einem dem Staatsinnenbereich zugehörigen Gesetz herleitet. Deshalb wird man speziell in Bezug auf dieses Mitwirkungsrecht eine auch nach außen den Adressaten des Deckungsübernahmeverwaltungsakts berührende Anfechtungsmöglichkeit dem BMF versagen müssen.[44]

Neben der Herkunft des Mitwirkungsrechts ist das Verhältnis der federführenden Behörde zu den mitwirkungsberechtigten Behörden zu beachten. Hier gehören Letztere sämtlich demselben Verwaltungsträger wie die federführende Behörde, nämlich dem Bund, an. In solchen Fällen geht es deshalb nicht um die Verwirklichung subjektiver Rechte, sondern lediglich um die Verteilung von Kompetenzen innerhalb desselben Verwaltungsträgers. Hier scheidet eine Verletzung subjektiver Rechte im Verhältnis untereinander von vornherein aus.[45] Die Konfliktlösung ist intern zu suchen.

E. Übernahmeanspruch oder der Sieg der Komplexität der Materie bzw. der praktischen Notwendigkeiten über die rechtliche Theorie

I. Materielle Rechtslage

Im Ausgangspunkt ist zunächst zu konstatieren, dass es in ausdrücklicher Form kein subjektives öffentliches Recht eines einzelnen Antragstellers auf (antragsgemäße) Übernahme einer Ausfuhrgewährleistung gibt. Die gesetzliche Grundlage, auf die sich die Ausfuhrgewährleistungen zurückführen lassen, das jährliche Haushaltsgesetz, räumt einen solchen Anspruch nicht ein. Ganz im Gegenteil: § 3 Abs. 2 HGrG und § 3 Abs. 2 BHO schreiben fest, dass durch den Haushaltsplan, der durch das Haushaltsgesetz nach Maßgabe des Art. 110 Abs. 2 GG festgestellt wird, Ansprüche weder begründet noch aufgehoben werden. Die Richtlinien für die Übernahme von Ausfuhrgewährleistungen formulieren zumindest klarstellend in Ziffer 1.3, dass kein Anspruch auf Übernahme von Ausfuhrgewährleistungen besteht.[46] Somit ist der Bund im Interesse eines einzelnen Antragstellers nicht zur Übernahme einer Ausfuhrgewährleistung bei Erfüllung der formalen Voraussetzungen der haushaltsgesetzlichen Ermächtigung – insbesondere Förde-

---

[44] Vgl. zum Ergebnis *Piduch* (Fn. 3), § 39 BHO Rn. 3.
[45] *Siegel* (Fn. 23), S. 234 f.
[46] Vgl. *Gramlich* (Fn. 11), Rdnrn. 48, 92.

rungswürdigkeit – verpflichtet.⁴⁷ Nach der Ermächtigungsfassung besteht eine solche Verpflichtung auch nicht im allgemeinen öffentlichen Interesse. Vielmehr *kann* der Bund die Ermächtigung in Anspruch nehmen.⁴⁸ Er muss sich dabei lediglich im Rahmen der Ermächtigung halten und darf die insoweit eröffneten Spielräume durch sein Ermessen in den Grenzen des § 40 VwVfG ausfüllen.⁴⁹ Bei Leistungsgewährungen ergibt sich daraus durch die ständige Inanspruchnahme⁵⁰ der Ermächtigung grundrechtlich vermittelt über den in Art. 3 Abs. 1 GG verankerten allgemeinen Gleichheitssatz nur ein subjektives öffentliches Recht darauf, dass dieses Ermessen fehlerfrei ausgeübt wird.⁵¹

Ermessensfehlerfreiheit setzt voraus, dass die Übernahmeentscheidungen dem Zweck der Ermächtigung entsprechend ohne Willkür nach sachlichen Gesichtspunkten getroffen werden müssen.⁵² Wird die Ermächtigung in diesem Rahmen in bestimmter Weise in Anspruch genommen, führt dies darüber hinaus vor dem Hintergrund des aus Art. 3 Abs. 1 GG abgeleiteten Gleichbehandlungsgrundsatzes⁵³ allmählich zu einer Bindung des Ermessens in der Weise, dass gleichgelagerte Fälle prinzipiell gleich behandelt werden müssen bzw. ohne sachlichen Grund nicht unterschiedlich behandelt werden dürfen.⁵⁴ Dies nennt man bekanntlich *Selbstbindung der Verwaltung.*

---

[47] *v. Spiegel*, NJW 1984, S. 2005 (2008); *Christopeit* (Fn. 10), S. 275 f.

[48] *Christopeit* (Fn. 10), S. 270; *Scheibe* (Fn. 13), Register 10 – Tz. 82; *v. Kageneck* (Fn. 13), S. 47.

[49] Vgl. *v. Spiegel*, NJW 1984, S. 2005 (2008); *Christopeit* (Fn. 10), S. 270 ff.; *Gramlich* (Fn. 11), Rn. 48.

[50] *Ossenbühl*, Selbstbindung der Verwaltung, DVBl. 1981, S. 857 (862); *Maurer* (Fn. 6), § 24 Rdnrn. 21 f.

[51] *Christopeit* (Fn. 10), S. 276; *Bödeker* (Fn. 17), S. 163 f.; vgl. *Gramlich* (Fn. 11), Rn. 48. Allgemein zur nicht gänzlich unstreitigen, jedoch notwendigen Herleitung des Anspruchs aus Art. 3 Abs. 1 GG *Maurer* (Fn. 6), § 8 Rn. 15; Stelkens/Bonk/*Sachs* (Fn. 23), § 40 Rn. 143; *Osterloh*, in: Sachs, Grundgesetz, Kommentar, 2. Aufl. 1999, Art. 3 Rn. 38; *Starck*, in: v. Mangoldt/Klein/Starck, Das Bonner Grundgesetz, Kommentar, Band 1 Art. 1 – 19, 4. Aufl. 1999, Art. 3 Rn. 138; *Liebetanz*, in: Obermayer, Kommentar zum Verwaltungsverfahrensgesetz, 3. Aufl. 1999, § 40 Rn. 48; *Pietzcker*, Der Anspruch auf ermessensfehlerfreie Entscheidung, JuS 1982, S. 106 (109 f.); *Redeker/v. Oertzen* (Fn. 43), § 42 Rdnrn. 147 f.; *Dürig*, in: Maunz/Dürig, Grundgesetz, Kommentar, Loseblatt Stand Juli 2001, Art. 3 Abs. 1 Rn. 55.

[52] Vgl. *Maurer* (Fn. 6), § 7 Rn. 23; Knack/*Henneke* (Fn. 23), § 40 Rn. 53; *Stober*, Besonderes Verwaltungsrecht, 11. Aufl. 1998, § 60 II; *Rennert*, in: Eyermann, Verwaltungsgerichtsordnung, Kommentar, 11. Aufl. 2000, § 114 Rn. 27.

[53] *Ossenbühl* (Fn. 8), § 10 Rn. 20; *Pietzcker*, JuS 1982, S. 106 (110); Sachs/*Osterloh* (Fn. 51), Art. 3 Rdnrn. 80 ff..

[54] *Maurer* (Fn. 6), § 24 Rn. 21; Sachs/*Osterloh* (Fn. 51), Art. 3 Rn. 118.

Da die tatsächliche Handhabung der Ermächtigung hier sehr maßgeblich durch die einschlägigen (gesetzesvertretenden[55]) Verwaltungsvorschriften – die Richtlinien für die Übernahme von Ausfuhrgewährleistungen – gesteuert und geprägt wird, ist vorrangig in ihnen das Maß der (mittelbar) nach außen wirkenden Ermessensbindung ablesbar.[56]

Von dem grundsätzlich nur bestehenden Anspruch auf fehlerfreie Ermessensausübung gelangt man auf der Grundlage des Art. 3 Abs. 1 GG nur dann zu einem strikten Anspruch für den einzelnen Antragsteller auf Übernahme der beantragten Ausfuhrgewährleistung, wenn sich die Ermessensbindung entsprechend *verdichtet* hat. Dies ist der Fall, wenn bei Einordnung des in Rede stehenden Exportgeschäfts in die bisherige, in ständiger Anwendung der Richtlinien gebildete gleichmäßige Deckungsübernahmepraxis unter dem Gesichtspunkt zwingender Gleichbehandlung nichts anderes als die Übernahme der begehrten Deckung in Betracht kommt. Es darf sich mithin nur noch diese eine Entscheidung als allein ermessensfehlerfrei darstellen; eine Ablehnung wäre entsprechend in jedem Fall ermessensfehlerhaft. Eine solche, sich auf nur noch eine Entscheidung verengende Bindung des Bundes aus der von ihm auf der Grundlage der Richtlinien geformten Verwaltungspraxis verlangt mit anderen Worten, dass die Versagung der Deckung bzw. deren Übernahme unter nachteiliger Abweichung vom Antrag aus keinem sachlichen Grund zu rechtfertigen wäre.[57] Für das Ergebnis spielt es insoweit keine Rolle, ob man dies nun lediglich als Fall einer besonders intensiv eingetretenen Selbstbindung der Verwaltung betrachtet[58] oder ob es sich zugleich um einen Anwendungsfall der aus dem Polizei- und Ordnungsrecht stammenden Rechtsfigur der Ermessensreduzierung auf null handelt.[59]

---

[55] Zu den verschiedenen Arten von Verwaltungsvorschriften *Maurer* (Fn. 6), § 24 Rdnrn. 8 ff.

[56] *Scheibe* (Fn. 13), Register 10 – Tz. 82; *v. Spiegel*, NJW 1984, S. 2005 (2006); *Euler* (Fn. 17), S. 38; *Greuter* (Fn. 17), S. 21; *Janus* (Fn. 16), Rn. 15; *Masberg* (Fn. 13), Rn. 36; *v. Kageneck* (Fn. 13), S. 21; zur mittelbaren Außenwirkung von Richtlinien BVerwGE 34, S. 278 (280); 36, S. 323 (327); BVerwG, NVwZ 1998, S. 273 (274); *Maurer* (Fn. 6), § 24 Rdnrn. 20 ff.; *Jarass*, Bindungswirkung von Verwaltungsvorschriften, JuS 1999, S. 105 (107 ff.); Sachs/*Osterloh* (Fn. 51), Art 3 Rn. 119; Obermayer/*Liebetanz* (Fn. 51), § 40 Rn. 40; Eyermann/*Rennert* (Fn. 52), § 114 Rn. 28.

[57] *Christopeit* (Fn. 10), S. 276; *Bödeker* (Fn. 17), S. 163 f.; *Scheibe* (Fn. 13), Register 10 – Tz. 82.

[58] So *Ossenbühl* (Fn. 8), § 10 Rdnrn. 19 ff.; *Meyer*/Borgs (Fn. 38), § 40 Rdnrn. 6 f.; Sachs/*Osterloh* (Fn. 51), § 3 Rn. 54; *Redeker*/v. Oertzen (Fn. 43), § 42 Rdnrn. 148 f.; wohl auch Eyermann/*Rennert* (Fn. 52), § 114 Rdnrn. 28, 32.

[59] So Maunz/*Dürig* (Fn. 51), Art. 3 Abs. 1 Rdnrn. 55, 430; *Stober* (Fn. 52), § 60 II; *Pietzcker*, JuS 1982, S. 106 (108); Obermayer/*Liebetanz* (Fn. 51), § 40 Rn. 50;

Klar ist, dass solche Fälle offensichtlicher rechtserheblicher Alternativlosigkeit Ausnahmen sind. Zwar gibt es durchaus einfach gelagerte Exportgeschäfte, die exakt in das von den Richtlinien geprägte Schema passen, mit ihren Details an keiner der vielen national und international zu beachtenden Regeln anecken und schließlich sowohl vom Länderrisiko als auch vom Käuferrisiko unproblematisch sind. In solchen Fällen mag es in der Tat keinen sachlichen Grund geben, eine Ausfuhrgewährleistung zu versagen oder vom Antrag abzuweichen, und die Frage eines Deckungsanspruchs wird erst gar nicht aufkommen. Im Regelfall sind die Exportgeschäfte aber nicht so „stromlinienförmig". Dies wird ohne weiteres verständlich, wenn man sich vergegenwärtigt, wann Exporteure beim Bund um eine Ausfuhrgewährleistung nachsuchen. Sie tun dies dann, wenn eine private Risikotragung nicht möglich ist. Der Bund mit seinen Ausfuhrgewährleistungen, die sich nachrangig gegenüber dem privaten Absicherungsmarkt als nur subsidiäres Angebot verstehen, bekommt deshalb ganz im Einklang mit dieser Zielsetzung zumeist nur Geschäfte zu Gesicht, die den einen oder anderen „Haken" haben und dem Bund unterschiedliche Entscheidungsmöglichkeiten eröffnen. Zudem ist die Entscheidungspraxis des Bundes sehr komplex und vor allem nicht statisch. Sie ist vielerlei, insbesondere politischen und weiter zunehmend internationalen Einflüssen unterworfen, die sie ständig weiterentwickeln. Die Richtlinien als „aufgeschriebene Entscheidungspraxis" helfen hier nur bedingt. Denn sie eröffnen selbst Entscheidungs- und Wertungsspielräume,[60] namentlich der wertungsabhängige Begriff der „Förderungswürdigkeit" ist Beleg dafür. Insoweit erscheint es auch müßig, hier dem Streit nachzugehen, ob Verwaltungsvorschriften wie die Richtlinien erst durch ihre tatsächliche Anwendung vermittelt über Art. 3 Abs. 1 GG eine nach außen wirkende Selbstbindung der Verwaltung begründen[61] und man sie vor ihrer ersten Anwendung notgedrungen als antizipierte Verwaltungspraxis ansehen muss[62] oder ob sie als originäres Administrativrecht schon

---

[60] *Kopp/Schenke*, Verwaltungsgerichtsordnung, 12. Aufl. 2000, § 114 Rn. 6; Stelkens/Bonk/*Sachs* (Fn. 23), § 40 Rn. 125.
[61] Vgl. *v. Spiegel*, NJW 1984, S. 2005 (2008).
[62] BVerwGE 36, S. 323 (327); BVerwG, NVwZ 1998, S. 273 (274); OVG Münster, DÖV 1985, S. 204 (205); *Janus* (Fn. 16), Rn. 15; *v. Kageneck* (Fn. 13), S. 21; *Euler* (Fn. 17), S. 38; *Maurer* (Fn. 6), § 24 Rdnrn. 21, 26; *v. Spiegel*, NJW 1984, S. 2005 (2006); *Kopp/Schenke* (Fn. 59), § 114 Rn. 42; *Ennuschat*, Der Verwaltungsakt und seine Rechtsgrundlagen, JuS 1998, S. 905 (908); Staudinger/*Horn* (Fn. 13); Vorbem. zu §§ 765 ff. Rn. 440; v. Westphalen (Fn. 17), S. 397; grundsätzlich auch *Jarass*, JuS 1999, S. 105 (107 f., 109).
BVerwG, DVBl. 1982, S. 195 (196 f.); BVerwG DÖV 1971, S. 748, und 1982, S. 76.

per se Außenwirkung entfalten.⁶³ Die Praxis beweist ständig, dass die Richtlinien zu einem derart komplexen Thema wie das der Ausfuhrgewährleistungen nicht auf alle im Tagesgeschäft aufkommenden Fragen überhaupt Antworten oder zweifelsfreie Antworten liefern, sondern vielmehr der Bund durch Grundsatz- und Einzelfallentscheidungen die Verwaltungspraxis laufend verändernd gestaltet.⁶⁴ Weiterhin ist die Bindung durch Verwaltungsvorschriften nicht in gleicher Weise strikt wie eine Gesetzesbindung, sondern elastischer.⁶⁵ Überdies ist es für die Verwaltung jederzeit zulässig, die Verwaltungspraxis generell zu ändern⁶⁶ und schließlich weisen Exportgeschäfte insbesondere mit mittel- und langfristigem Horizont – der Domäne der Ausfuhrgewährleistungen – eine vergleichsweise hohe Komplexität auf, die die Vergleichbarkeit der Fälle von vornherein in Frage stellt.⁶⁷ Vergleichsfälle vermitteln demgegenüber grundsätzlich nur bei völliger Übereinstimmung des maßgeblichen Sachverhalts eine Entscheidungsgebundenheit.⁶⁸

II. Prozessuale Durchsetzung

1. Hauptsacheverfahren

Eine Verpflichtungsklage in Form der Versagungsgegenklage⁶⁹ als hier richtige Klageart kann nur dann erfolgreich sein, wenn die Ablehnung eines De-

---

[63] *Ossenbühl* (Fn. 8), § 6 Rdnrn. 50 f.
[64] Die HERMES Kreditversicherungs-AG verfügt über eine sehr umfängliche Datenbank, in der alle relevanten Entscheidungen des Bundes systematisch erfasst sind. Diese Datenbank unterliegt einer ständigen Erweiterung.
[65] Vgl. BVerwGE 53, S. 280 (285); 71, S. 228 (233 f.); BVerwG, NJW 1980, S. 75; OVG Münster, DÖV 1985, S. 204 (205); *Maurer* (Fn. 6), § 24 Rdnrn. 23; Sachs/*Osterloh* (Fn. 51), Art. 3 Rn. 119; *Kopp/Schenke* (Fn. 59), § 114 Rn. 42; Obermayer/*Liebetanz* (Fn. 51), § 40 Rn. 42; *Jarass*, JuS 1999, S. 105 (107 f.); Eyermann/*Rennert* (Fn. 52), § 114 Rn. 28; *Stein*, in: Denninger/Hoffmann-Riem/Schneider/Stein, Kommentar zum Grundgesetz für die Bundesrepublik Deutschland, 3 Aufl., Loseblatt Stand Aug. 2002, Art. 3 Abs. 1 Rdnrn. 64, 66, 68.
[66] BVerwGE 70, S. 127 (136); BVerwG, DVBl. 1981, S. 1062, 1063; BVerwG, NVwZ 1998, S. 273 (274); Eyermann/*Rennert* (Fn. 52), § 114 Rdnrn. 27 f.; Stelkens/Bonk/*Sachs* (Fn. 23), § 40 Rn. 124a; Obermayer/*Liebetanz* (Fn. 51), § 40 Rn. 42; Maunz/*Dürig* (Fn. 51), Art. 3 Abs. 1 Rdnrn. 446 ff.
[67] *Scheibe* (Fn. 13), Register 10 – Tz. 82 f.
[68] Knack/*Henneke* (Fn. 23), § 40 Rn. 56.
[69] Zur begrifflichen Unterscheidung zwischen Versagungsgegenklage und Untätigkeitsklage *Happ*, in: Eyermann, Verwaltungsgerichtsordnung, Kommentar, 11. Aufl. 2000, § 42 Rn. 28; *Kopp/ Schenke* (Fn. 59), 11. Aufl. 1998, § 42 Rn. 6.

ckungsantrags oder dessen eingeschränkte Annahme nicht nur rechtswidrig ist, sondern den Antragsteller als Kläger im Hinblick auf einen (weitergehenden) Anspruch auch in seinen Rechten verletzt. Aus den vorherigen Ausführungen ergibt sich, dass der einzelne Antragsteller vor allem im Falle ablehnender Entscheidung regelmäßig nur gestützt auf seinen Anspruch auf fehlerfreie Ausübung des Ermessens eine Überprüfung und nur im Ausnahmefall die Übernahme der Deckung selbst beim Verwaltungsgericht einfordern kann. Unabhängig davon wird er in beiden Fällen geltend machen und unter Berufung auf die Richtlinien bzw. deren tatsächliche Handhabung, soweit sich diese nicht aus den Richtlinien vollständig ergibt, begründen müssen, dass die im Rahmen der Ablehnung angestellten und im Bescheid zum Ausdruck kommenden Ermessenserwägungen die bestehenden Ermessensbindungen aus Art. 3 Abs. 1 GG verkannt hätten und insoweit eine Verletzung des Art. 3 Abs. 1 GG bzw. der Richtlinien selbst im Hinblick auf die über Art. 3 Abs. 1 GG vermittelte Außenwirkung zu konstatieren sei.[70] Ob dies so weit trägt, dass etwas anderes als die uneingeschränkte Deckungsübernahme in der beantragten Form nicht hätte entschieden werden dürfen, oder ob sich daraus nur ergeben kann, dass die Deckung zumindest so nicht hätte abgelehnt bzw. eingeschränkt übernommen werden dürfen, muss sich im Einzelfall entscheiden. Geht der Antragsteller davon aus, dass sich seine Rechtsposition auf einen seinem Antrag entsprechenden Übernahmeanspruch verdichtet hat, wäre die verwaltungsgerichtliche Klage auf ein Verpflichtungsurteil zu richten (§ 113 Abs. 5 Satz 1 VwGO), andernfalls ginge es nur um ein Bescheidungsurteil (§ 113 Abs. 5 Satz 2 VwGO).[71]

Soweit der Bund keine ablehnende Entscheidung trifft, sondern – was in der Konsequenz letztlich die gleiche Wirkung für den Antragsteller hat – überhaupt keine Entscheidung zum Antrag auf Deckungsübernahme ergeht, kann die Verpflichtungsklage auch in der Form einer Untätigkeitsklage nach § 75 VwGO erhoben werden. § 75 VwGO, der bei Untätigkeit der Verwaltung die Klagezulässigkeitsvoraussetzung des § 68 VwGO – die Durchführung eines Vorverfahrens – abbedingt, ist hier durchaus anzuwenden. Zwar ist bei Erlass eines Verwaltungsakts durch eine oberste Bundesbehörde - wie hier das BMWi - kein Vorverfahren notwendig, sodass diese besondere Klagezuläs-

---

[70] Vgl. *Maurer* (Fn. 6), § 24 Rn. 21; *Kopp/Schenke* (Fn. 59), § 113 Rn. 25, § 114 Rdnrn. 41 f.; *Redeker/v. Oertzen* (Fn. 43), § 42 Rdnrn. 149, 150 f.; Sachs/*Osterloh* (Fn. 51), Art. 3 Rn. 119.

[71] Vgl. näher *Schmidt*, in: Eyermann, Verwaltungsgerichtsordnung, Kommentar, 11. Aufl. 2000, § 113 Rdnrn. 33, 38, 43; Eyermann/*Happ* (Fn. 69), § 42 Rn. 33; Eyermann/*Rennert* (Fn. 51), § 114 Rn. 9; *Kopp/Schenke* (Fn. 58), § 113 Rn. 178; *Pietzcker*, JuS 1982, S. 106 (110).

sigkeitsvoraussetzung an sich gar nicht besteht. Dies gilt aber eben nur dann, wenn tatsächlich ein Verwaltungsakt „erlassen worden ist" (§ 68 Abs. 1 Satz 2 Ziffer 1 VwGO). Ist die Verpflichtungsklage insoweit zulässig, ändert die spezifische Form der Untätigkeitsklage nichts an den zuvor dargestellten Voraussetzungen ihrer Begründetheit.[72]

2. Einstweiliger Rechtsschutz

Die Tatsache, dass für einen negativ beschiedenen Antragsteller die alleinige Erhebung einer Verpflichtungsklage kaum das probate Mittel sein kann, da das gerichtliche Verfahren voraussichtlich erst beendet sein wird, wenn das Exportgeschäft schon lange – ggf. durch einen Wettbewerber – durchgeführt sein dürfte, muss unweigerlich die Frage nach dem einstweiligen, d.h. zeitnahen Rechtsschutz aufkommen lassen. Das in Verpflichtungssituationen zur Verpflichtungsklage passende Rechtsmittel des einstweiligen Rechtsschutzes ist die einstweilige Anordnung nach § 123 VwGO,[73] und zwar hier – da es um die Veränderung des status quo (Übernahme einer Ausfuhrgewährleistung) geht – in Gestalt der Regelungsanordnung nach § 123 Abs. 1 Satz 2 VwGO.[74]

Geht man materiell zunächst von einem *strikten Anspruch* auf Übernahme einer Ausfuhrgewährleistung aus, wäre der für die Begründetheit[75] notwendige Anordnungsanspruch gegeben.[76] Der darüber hinaus für die Begründetheit des Antrages auf Erlass einer einstweiligen Anordnung erforderliche Anordnungsgrund wird insoweit zu bejahen sein, weil die Durchführung des Exportgeschäfts regelmäßig von der Übernahme der Ausfuhrgewährleistung abhängen wird. Denn ohne die Absicherung über die Bundesdeckung wird vielfach die Finanzierung des Geschäfts, sei es über die unmittelbare Finanzierung des Exporteurs über dessen Bank oder sei es über einen Kredit zu-

---

[72] Eyermann/*Rennert* (Fn. 52), § 75 Rn. 3; *Redeker/v. Oertzen* (Fn. 43), § 75 Rn. 2.
[73] Vgl. Eyermann/*Happ* (Fn. 69), § 123 Rn. 9; *Huba*, Grundfälle zum vorläufigen Rechtsschutz nach der VwGO, JuS 1990, S. 983 (984).
[74] Vgl. Eyermann/*Happ* (Fn. 69), § 123 Rn. 20; *Huba*, JuS 1990, S. 983.
[75] Vgl. dazu Eyermann/*Happ* (Fn. 69), § 123 Rn. 45; *Huba*, JuS 1990, S. 983 (987).
[76] Dass es sich im Ausgangspunkt nur um einen Anspruch auf fehlerfreie Ermessensausübung handelt, spielt keine Rolle mehr, wenn sich dieser Anspruch auf einen strikten Anspruch durch entsprechende Ermessensreduzierung verdichtet hat, vgl. *Schoch*, in: Schoch/Schmidt-Aßmann/Pietzner, Verwaltungsgerichtsordnung, Kommentar, Loseblatt, Band II Stand Jan. 2002, § 123 Rn. 158; *Finkelnburg/Jank*, Vorläufiger Rechtsschutz im Verwaltungsstreitverfahren, 4. Aufl. 1998; Eyermann/*Happ* (Fn. 69), § 123 Rn. 49.

gunsten des ausländischen Bestellers, scheitern.[77] Denn die – nur gegen Prämie erhältliche – Absicherung beim Bund entspringt regelmäßig keinem übersteigerten Sicherheitsbedürfnis, sondern ist unabweisbare Notwendigkeit.

Durch eine einstweilige (Regelungs-)Anordnung darf zwar ein *vorläufiger Zustand* bis zur Entscheidung in der Hauptsache durchaus endgültig und abschließend geregelt werden.[78] Durch eine solche Anordnung darf angesichts ihres eben nur vorläufigen Regelungscharakters die Hauptsache aber nicht in *irreversibler* Weise vorweggenommen werden,[79] sodass es grundsätzlich problematisch ist, wenn im Wege der einstweiligen Anordnung die Ausfuhrgewährleistung endgültig übernommen werden würde. Hier scheint es indessen nur „Schwarz oder Weiß" zu geben, denn nur mit der Deckungsübernahme erhält der Exporteur das, was ihn zur Durchführung seines Exportgeschäfts in die Lage versetzt. Jedes Minus dazu, d.h. jede nicht *abschließend* verbindliche Deckungsübernahme wie etwa nur eine unter Widerrufsvorbehalt stehende Deckungszusage, wird ihn in den Augen der finanzierenden Banken aus Vorsichtsgründen so stellen, als wenn er keine Deckung hätte. Denn wenn die Deckungszusage wieder einkassiert wird, bleibt von der für die Finanzierung als zwingend vorausgesetzten Absicherung nichts mehr übrig. Das besondere an dieser Situation ist also, dass es nicht nur um den Exporteur selbst geht, sondern maßgeblich um die Einschätzung involvierter Dritter, für die eine Vorläufigkeit nicht reicht. Der Exporteur wird den Banken kaum eine Kompensation anbieten können, wenn der Bund seinen Deckungsschutz später nach Abschluss des Hauptsacheverfahrens wieder zurückziehen kann.

Man ist sich denn auch im Allgemeinen einig, dass es im Rahmen des § 123 VwGO *ausnahmsweise* doch zur irreversiblen Vorwegnahme der Hauptsache zugunsten des Antragstellers kommen kann, weil eine bestimmte Regelung zugunsten des Antragstellers zur Gewährung des verfassungsrechtlich gesicherten Anspruchs auf effektiven Rechtsschutz (Art. 19 Abs. 4 Satz 1 GG) schlechterdings notwendig ist.[80] Letzteres wird angenommen, wenn die sonst

---

[77] Vgl. *Janus* (Fn. 16), Rn. 3; Staudinger/*Horn* (Fn. 13), Vorbem zu §§ 765 ff. Rn. 439.
[78] *Huba*, JuS 1990, S. 983, 986; *Kopp/Schenke* (Fn. 59), § 123 Rn. 14b.
[79] *Schoch*/Schmidt-Aßmann/Pietzner (Fn. 76), § 123 Rn. 154; Eyermann/*Happ* (Fn. 69), § 123 Rn. 63; *Kopp/Schenke* (Fn. 59), § 123 Rdnrn. 13, 14b; *Quaritsch*, Die einstweilige Anordnung im Verwaltungsprozeß, VerwArch 51 (1960), S. 342 (348).
[80] *Schoch*/Schmidt-Aßmann/Pietzner (Fn. 76), § 123 Rdnrn. 154, 157; *Kopp/Schenke* (Fn. 59), § 123 Rn. 14; *Finkelnburg/Jank* (Fn. 76), Rn. 245; ohne Rückgriff auf Art. 19 Abs. 4 GG Eyermann/*Happ* (Fn. 69), § 123 Rdnrn. 63, 63a; *Huba*, JuS 1990, S. 983 (986); *Quaritsch*, VerwArch 51, S. 342 (350 f.); *Bender*, Die einstweilige An-

zu erwartenden Nachteile für den Antragsteller unzumutbar wären, durch den nachträglichen Rechtsschutz nicht ausgeglichen werden könnten (endgültiger Rechtsverlust) und ein hoher Grad an Wahrscheinlichkeit für einen Erfolg der Hauptsache spricht.[81] Diese Ausnahmesituation kommt namentlich bei strikt zeitgebundenen Verwaltungsmaßnahmen in Betracht,[82] wozu man die Deckungsübernahme mit Blick auf die beschriebene Bedeutung für das Exportgeschäft zählen kann. Festzuhalten bleibt, dass die Interessenlage des Exporteurs über das hinaus geht, was der einstweilige Rechtsschutz nach § 123 VwGO an sich hergibt, sodass es sich letztlich um eine schwierige Einzelfallentscheidung handelt.

Liegt dem begehrten Rechtsschutz demgegenüber nur ein *Anspruch auf ermessenfehlerfreie Entscheidung* zugrunde, ist fraglich, ob ein solcher Anspruch auf Bescheidung im Wege der einstweiligen Anordnung, und zwar durch Regelungsanordnung, ausgesprochen werden kann. Das Problem liegt dabei darin, dass nur die schlichte Neubescheidung mit offenem Ausgang oft nicht der Interessenlage des Antragstellers entspricht und deshalb sein Antrag unmittelbar auf die vorläufige Erfüllung seines eigentlichen Begehrens gerichtet ist. Dies stellt dann bei einem nur begrenzten Anspruch auf ermessensfehlerfreie Entscheidung nicht mehr nur eine vorläufige Vorwegnahme der Hauptsache (= Bescheidung), sondern bereits deren Überschreitung dar (überschießende einstweilige Anordnung).[83]

---

ordnung (§ 123 VwGO), VBlBW 1986, S. 321 (325). – Der Streit in der Literatur, ob aus § 123 VwGO ein Verbot der Vorwegnahme der Hauptsache herauszulesen ist und deshalb verschiedene, anerkannte Formen der Vorwegnahme (dazu *Finkelnburg/Jank* [Fn. 76], Rdnrn. 203 ff.) besonders zu rechtfertigende *Ausnahmen* von § 123 VwGO sind oder sich dies nach Sinn und Zweck unmittelbar aus der Vorschrift selbst ergibt (vgl. dazu näher *Schoch/Schmidt-Aßmann/Pietzner* [Fn. 76], § 123 Rdnrn. 141 ff., *Huba*, JuS 1990, S. 983 [986]), scheint für den unbefangenen Betrachter mehr ein begriffliches Problem zu sein und keines unterschiedlicher Rechtsanwendungsergebnisse (vgl. *Huba*, JuS 1990, S. 983 [986]). Einig ist man sich, dass irreversible Vorwegnahmen, die die Hauptsacheentscheidung gegenstandslos machen, nicht von § 123 VwGO gedeckt und nur über Art. 19 Abs. 4 GG begründbar sind (vgl. *Schoch*/Schmidt-Aßmann/Pietzner [Fn. 76], § 123 Rn. 154).

[81] BVerfGE 79, S. 69 (74 f.); VGH Mannheim, NJW 1994, S. 1362 und NJW 1996, S. 538; vgl. näher *Finkelnburg/Jank* (Fn. 76), Rdnrn. 217 ff., 220 ff., 246; *Kopp/Schenke* (Fn. 59), § 123 Rn. 14 mit weiteren Nachweisen auch in den Rdnrn. 14a ff.
[82] *Kopp/Schenke* (Fn. 59), § 123 Rdnrn. 14, 14c; *Huba*, JuS 1990, S. 983 (986).
[83] *Finkelnburg/Jank* (Fn. 76), Rn. 236; *Huba*, JuS 1990, S. 893 (896).

Die überwiegende Rechtsprechung[84] verneint hier schon grundsätzlich die Möglichkeit eines einstweiligen Rechtsschutzes nach § 123 VwGO. Bislang noch eine Mindermeinung will es demgegenüber unter Rückgriff auf Art. 19 Abs. 4 Satz 1 GG bzw. auf den Sinn und Zweck des § 123 VwGO zulassen, einen Bescheidungsanspruch auch durch einstweilige Anordnung geltend zu machen.[85] Dogmatisch wird der Meinungsstreit beim Merkmal der Vorwegnahme der Hauptsache bzw. bei der Frage des Anordnungsanspruches angesiedelt. Die herrschende Meinung sieht in der Verurteilung zur Bescheidung eines bestimmten Antrages bereits die unzulässige Vorwegnahme der Hauptsache, weil es nach § 113 Abs. 5 Satz 2 VwGO in der Hauptsache eben auch nur um die Bescheidung unter Beachtung der Rechtsauffassung des Gerichts geht.[86] Schon gar nicht sei es dann möglich, den Antragsteller vorläufig überschießend in die begehrte Rechtsposition einrücken zu lassen, weil dies im Hauptsacheverfahren selbst gar nicht erreichbar sei.[87] Diese Argumentation hat zumindest die Logik auf ihrer Seite. Ausnahmen will man nicht zulassen. Folgt man der herrschenden Meinung, muss für den Regelfall eines nur bestehenden Anspruchs auf ermessensfehlerfreie Entscheidung freilich festgestellt werden, dass durch dann fehlenden vorläufigen Rechtsschutz die Rechtsschutzmöglichkeiten durch die Verengung auf die Verpflichtungsklage in Gestalt der Bescheidungsklage im Hauptsacheverfahren faktisch entwertet sind, weil damit die notwendige zeitnahe Entscheidung nicht zu erlangen ist. Es sprechen deshalb prinzipiell gute Gründe dafür, auch den Anspruch auf fehlerfreie Ermessensausübung zur Geltung kommen zu lassen und eine Parallele zu den sonstigen Fällen einer zulässigen Vorwegnahme der Hauptsache nicht nur im Sinne einer Bescheidung unter Beachtung der Rechtsauffassung des Gerichts, sondern auch im Sinne einer Verpflichtung zum Erlass der begehrten Maßnahme zu ziehen.[88] Selbst unter Rückgriff auf

---

[84] BVerwGE 63, S. 110 (112); OVG Berlin, NVwZ 1991, S. 1198; OVG Mannheim, VBlBW 1982, S. 271. Weitere Nachweise bei *Finkelnburg/Jank* (Fn. 76), Rn. 237 in Fn. 132.

[85] *Schoch*/Schmidt-Aßmann/Pietzner (Fn. 76), § 123 Rdnrn. 160 f.; *Huba*, JuS 1990, S.983 (986 f., 988 f.); *Kopp/Schenke*, (Fn. 59), § 123 Rn. 28; Eyermann/*Happ* (Fn. 69), § 123 Rn. 66; *Redeker/v. Oertzen* (Fn. 43), § 123 Rn. 8; vgl. VGH Mannheim, DÖV 1989, S. 776 (778), und NVwZ-RR 1992, S. 57 f.; VGH Kassel, DÖV 1974, S. 750 (751); umfassende Nachweise bei *Finkelnburg/Jank* (Fn. 76), Rn. 238 in Fn. 136 und 137.

[86] *Quaritsch*, VerwArch 51, S. 342 (358 ff.); vgl. *Schoch*/Schmidt-Aßmann/Pietzner (Fn. 76), § 123 Rn. 158

[87] *Quaritsch*, VerwArch 51, S. 342 (359); vgl. *Bender*, VBlBW 1986, S. 324 f.

[88] Vgl. OVG Münster NWVBl. 1995, S. 140 (141); Eyermann/*Happ* (Fn. 69), § 123 Rn. 66; *Kopp/Schenke*, (Fn. 59), § 123 Rn. 28; *Huba* JuS 1990, S. 983 (986, 988 f.);

Art. 19 Abs. 4 Satz 1 GG, d.h. eines entsprechend intensiven Nachteilsszenarios und hoher Erfolgsprognose für das Begehren,[89] wird dem Antragsteller aber auch dann nicht mehr als nur eine *vorläufige* Rechtsposition zugebilligt.[90] Irreversibel darf diese hier nicht sein.[91] Gerade dies wird und kann einem Exporteur vor dem Hintergrund der beschriebenen, regelmäßig bei Exportgeschäften anzutreffenden Schwarz-Weiß-Situation durch die Einbeziehung Dritter (Banken) nicht reichen. Ihm nützt insoweit eine vorläufige, später ggf. wieder der Rückgängigmachung unterliegende Deckungsübernahme nichts. Von daher müssen sich hier bei einem nur begrenzten Anspruch auf ermessensfehlerfreie Entscheidung die Erfordernisse auf der Seite des Exporteurs und die Möglichkeiten eines einstweiligen Rechtsschutzes zwangsläufig verfehlen.

Bislang musste sich das früher zuständige VG Köln bzw. das jetzt zuständige VG Berlin mit dieser Frage noch nicht beschäftigen: Fälle, in denen die Fragestellung akut zu werden drohte, haben sich – wie nicht selten in der Praxis – anderweitig gelöst.

F. Zustandekommen und Wirksamkeit des Gewährleistungsvertrages oder der Bedeutungsverlust der Bundesschuldenverwaltung

Zivilrechtlich kommen Verträge bekanntlich durch Angebot und Annahme zustande. Für den Gewährleistungsvertrag zwischen dem Bund und dem Deckungsnehmer gilt nichts anderes. Er kommt dadurch zustande, dass der Bund auf den Antrag eines Exporteurs oder eines Kreditinstituts auf Übernahme einer Deckung nicht nur öffentlich-rechtlich mit einer positiven Deckungsübernahmeentscheidung in schriftlicher Form antwortet, sondern zugleich „uno actu" auch zivilrechtlich in Gestalt der Annahme des Antrages, und zwar insoweit verstanden als Angebot auf Abschluss eines Gewähr-

---

dazu ausführlich *Finkelnburg/Jank* (Fn. 76), Rdnrn. 238 ff.; *Schoch*/Schmidt-Aßmann/Pietzner (Fn. 76), 123 Rdnrn. 160 ff.

[89] Die Feststellung eines voraussichtlich positiven Ergebnisses einer Bescheidung dürfte angesichts der Komplexität der Deckungsübernahmeentscheidung in der Praxis schwierig sein.

[90] *Schoch*/Schmidt-Aßmann/Pietzner (Fn. 76), § 123 Rn. 161; vgl. *Huba*, JuS 1990, S. 983 (986 f., 988 f.).

[91] *Schoch*/Schmidt-Aßmann/Pietzner (Fn. 76), § 123 Rn. 162; vgl. *Huba*, JuS 1990, S. 983 (986 f., 988 f.).

leistungsvertrages seitens des Antragstellers.[92] Dem Antrag des Antragstellers kommt vor dem Hintergrund des der Zweistufentheorie folgenden zweistufigen Übernahmeverfahrens somit eine zeitversetzte Doppelfunktion zu,[93] wobei die zivilrechtliche Funktion erst im Moment der Deckungsübernahme zutage tritt und die öffentlich-rechtliche ablöst.[94]

Bis zum 31.12.2001 war der Gewährleistungsvertrag mit der Annahme seitens des Bundes aber nicht sogleich wirksam. Vielmehr bedurfte es dazu einer Beurkundung durch die Bundesschuldenverwaltung. Bei diesem Erfordernis handelte es sich um eine Rechtsbedingung, die sich aus § 3 des Gesetzes über die Errichtung einer Schuldenverwaltung des Vereinigten Wirtschaftsgebietes in Verbindung mit §§ 4 und 5 der Reichsschuldenordnung ergab.[95] Mit Beginn des Jahres 2002 hat sich insoweit durch das Inkrafttreten des Bundeswertpapierverwaltungsgesetzes eine bedeutsame Änderung ergeben. Durch dieses Gesetz hat die Bundesschuldenverwaltung nicht nur einen moderneren und wohlklingenderen Namen erhalten (nunmehr *Bundeswertpapierverwaltung*), sondern durch dieses Gesetz sind u.a. bezogen auf die Ausfuhrgewährleistungen auch ihre Mitwirkungsbefugnisse bei der Begründung einer Bundesverpflichtung abhanden gekommen. Der Gewährleistungsvertrag kommt nunmehr sogleich voll wirksam mit der Übersendung der endgültigen Deckungszusage und dem Annahmeschreiben zustande.

Rechtlich leitet sich die Tatsache, dass die Bundeswertpapierverwaltung nicht (mehr) konstitutiv bei einer wirksamen Gewährleistungsbegründung mitwirken muss, zwar nicht ausdrücklich, jedoch aus einer Gesamtschau der einschlägigen Regelungen im Bundeswertpapierverwaltungsgesetz (BWpVerwG) her. Diese mangelnde Ausdrücklichkeit hatte denn zunächst auch zu unterschiedlichen Auffassungen zwischen BMF und Bundeswertpapierverwaltung über das Verständnis des neuen Gesetzes geführt. Bei genauerer Betrachtung ist die Interpretation jedoch eindeutig:

So sind sämtliche Gesetze, aus denen sich bis zum 31.12.2001 das Erfordernis der Mitwirkung der Bundesschuldenverwaltung ergab, durch das Bundeswertpapierverwaltungsgesetz aufgehoben worden (§ 15 Ziff. 1-3). Ver-

---

[92] Im Ergebnis ebenso *v. Kageneck* (Fn. 13)., S. 50; *Christopeit* (Fn. 10), S. 255 f.

[93] Staudinger/*Horn* (Fn. 13), Vorbem zu §§ 765 ff. Rn. 444; im Ergebnis ebenso *Christopeit* (Fn. 10), S. 250 f.; *Gramlich* (Fn. 11), Rn. 110.

[94] Vgl. näher *Scheibe* (Fn. 13), Register 10 – Tz. 8, 108; zur Doppelfunktion des Antrages vgl. *Maurer* (Fn. 6), § 17 Rn. 14; *Ehlers* (Fn. 17), § 2 Rn. 39.

[95] *v. Westphalen,* ZIP 1986, S. 1497 (1498 [aufschiebende Bedingung nach § 158 Abs. 1 BGB]); *Gramlich* (Fn. 11), Rn. 110 (gesetzliches Schriftformerfordernis); näher zur hier vertretenen Sicht *Scheibe* (Fn. 13), Register 1 – Tz. 31 f., Register 10 – Tz. 109 f.

gleichbare Bestimmungen sind an deren Stelle nicht getreten. Soweit es auch weiterhin u.a. Aufgabe der Bundeswertpapierverwaltung ist, vom Bund übernommene Gewährleistungen zu beurkunden (§ 2 Abs. 1 Ziff. 1) und dafür vergleichbare Formerfordernisse bestehen (§ 3), kommt dem keine *konstitutive* Bedeutung für die Wirksamkeit der Verpflichtungen aus einer Gewährleistung zu. Vielmehr handelt es sich nur noch um eine von zwei Möglichkeiten der *Dokumentation* einer bereits (anderweitig) voll wirksam entstandenen Gewährleistungsverpflichtung. Dies wiederum ergibt sich zum einen aus § 11 Abs. 1 BWpVerwG. Dort wird die Beurkundung – bzw. damit gleichbedeutend die Errichtung einer Urkunde – allein dem Zweck der Dokumentation unterstellt. Zum anderen wird für die vom Bundeswertpapierverwaltungsgesetz vorgesehene andere Dokumentationsform – die Eintragung in das Bundesschuldbuch –, für die der alleinige Dokumentationszweck unzweideutig im Bundeswertpapierverwaltungsgesetz festgeschrieben wird (§ 7 Abs. 3 Satz 2), die Gleichwertigkeit zur Beurkundung postuliert, denn die Eintragung kann die Beurkundung ersetzen (§ 7 Abs. 1 Satz 5). Wenn aber die Eintragung, die nur dokumentiert, in dieser Rechtswirkung die Beurkundung zu ersetzen vermag, kann die Rechtswirkung der Beurkundung nicht darüber hinausgehen.

Einzuräumen ist freilich eine gewisse *redaktionelle* Schwäche des Gesetzes. Insbesondere der eben erwähnte Umstand, dass die ihrer Natur nach unterschiedlichen Vorgänge „Beurkundung" und „Eintragung" in ihren Wirkungen gleichwertig sind, muss etwas verblüffen. Denn die Beurkundung ist ein Vorgang mit Außenwirkung, die Eintragung ein Vorgang mit Innenwirkung. Das sieht auch das Gesetz, da zur Eintragung nach innen immer eine Bescheinigung nach außen hinzutritt (§ 11 Abs. 1 Satz 2). Umgekehrt müsste zum äußeren Vorgang der Beurkundung ein innerer Vorgang der Eintragung hinzukommen, was aber nicht geregelt wurde. Wenn aber die Eintragung ohnehin erfolgt, bedarf es in keinem Fall einer Beurkundung, weil ja die Eintragung die Beurkundung ersetzt. Um dem Ganzen Sinn zu geben, hat man dies so zu verstehen, dass zur internen Dokumentation immer eingetragen wird und extern die bestehende Schuld entweder durch Beurkundung oder Bescheinigung Ausdruck erhält.[96]

---

[96] Siehe dazu im Einzelnen *Scheibe* (Fn. 13), Register 1 – Tz. 34a ff.

G. Schicksal des Übernahmeverwaltungsakts nach Zustandekommen des Gewährleistungsvertrages oder die Dominanz der Kreditversicherungsspielregeln

Die Frage, welches Schicksal der öffentlich-rechtliche Übernahmeverwaltungsakt nach dem Zustandekommen des zivilrechtlichen Gewährleistungsvertrages erfährt, stellt sich insbesondere beim Deckungseingriff.[97] Damit ist das in den Allgemeinen Bedingungen zum Gewährleistungsvertrag und damit auf zivilrechtlicher Ebene vorbehaltene Recht des Bundes gemeint, bei Eintritt gefahrerhöhender Umstände Forderungen, für die er noch nicht haftet, von der Ausfuhrgewährleistung auszuschließen.

Das Verhältnis zwischen Verwaltungsakt und zivilrechtlichem Vertrag im Rahmen der Zweistufentheorie ist umstritten. Die hierzu in der Rechtsprechung und in der Literatur häufig im Zusammenhang mit Rechtswegfragen vertretenen Auffassungen reichen von einer unmittelbaren Bestandsverknüpfung von Verwaltungsakt und zivilrechtlichem Vertrag mit der Folge, dass beide nur ein einheitliches Schicksal haben können, bis hin zu einer zeitlichen Abschichtung beider Stufen in dem Sinne, dass sich der Verwaltungsakt mit dem Abschluss des Vertrages erledigt und anschließend nur noch der Vertrag das Rechtsverhältnis bestimmt.[98]

Geht man von einem generellen *Vorrang des konstitutiven öffentlich-rechtlichen Akts* aus,[99] müsste zugleich mit dem Deckungseingriff auch die endgültige Deckungszusage in entsprechendem Umfang gekappt werden, da andernfalls der Exporteur unter Hinweis auf die Deckungszusage Abschluss und Erfüllung des Gewährleistungsvertrages im ursprünglichen Umfang verlangen könnte. Die endgültige Deckungszusage müsste – als ursprünglich

---

[97] Die Frage stellt sich gleichermaßen bei Vertragskündigungen durch den Bund, beispielsweise im Falle grober Pflichtverletzungen des Deckungsnehmers.
[98] Vgl. *Maurer* (Fn. 6), § 17 Rn. 19.
[99] In diesem Sinne konkret zu den Ausfuhrgewährleistungen *v. Spiegel*, NJW 1984, S. 2005 (2008); *v. Kageneck* (Fn. 13), S. 129; *Grupp*, WUR 1991, S. 183 (189); *Gramlich* (Fn. 11), Rnrn. 106 f. unter Hinweis auf den Vorrang des Gesetzes [hier des VwVfG]; allgemein dieser Auffassung folgend für Rechtsverhältnisse nach der Zweistufentheorie BVerwGE 30, S. 211 (213); 35, S. 170 (172); *v. Zezschwitz*, Rechtsstaatliche und prozessuale Probleme des Verwaltungsprivatrechts, NJW 1983, S. 1873 (1879 f.); *Maurer* (Fn. 6), § 17 Rn. 19; *Ipsen* (Fn. 15), S. 86 ff.; *Redeker/v. Oertzen* (Fn. 43), § 42 Rn. 61; wohl auch *Wolff/Bachof/Stober*, Verwaltungsrecht Band 1, 11. Aufl. 1999, § 22 Rn. 70; näher zu dieser Auffassung *Christopeit* (Fn. 10), S. 218 ff.

rechtmäßiger Verwaltungsakt – nach § 49 Abs. 2 Nr. 1 VwVfG (teilweise) widerrufen werden, wobei die Berechtigung dazu – der keiner besonderen Form bedürftige Widerrufsvorbehalt[100] – in dem in der endgültigen Deckungszusage enthaltenen Verweis auf die Allgemeinen Bedingungen mit der dort zu findenden Deckungseinriffsklausel gesehen werden kann.[101] Ein Vermögensnachteil des Deckungsnehmers wäre nach § 49 Abs. 6 VwVfG nicht zu entschädigen, da diese Bestimmung auf Widerrufsfälle nach § 49 Abs. 2 Nr. 1 VwVfG ausdrücklich keine Anwendung findet.

Die dazu in Kontrast stehenden beiden Auffassungen kommen hier hingegen zu dem Ergebnis, dass im Falle eines Deckungseingriffs der Übernahmeverwaltungsakt außer Betracht bleibt. Die begründet sich für die eine Auffassung daraus, dass man immer auf der Ebene bleibt, auf der das in Anspruch zu nehmende Recht geregelt ist, und nur die insoweit bestehenden Voraussetzungen zu beachten hat.[102] Für die andere Auffassung begründet sich dies daraus, dass sich der öffentlich-rechtliche Akt nach dem wirksamen Zustandekommen des zivilrechtlichen Vertrages erledigt und sich die rechtlichen Handlungsmöglichkeiten dann – im Guten wie im Schlechten – allein auf ihn beschränken.[103]

Ohne hier eine generelle Aussage zum Verhältnis der ersten und zweiten Stufe machen zu wollen, erscheint es für die Ausfuhrgewährleistungen richtig, dass mit dem wirksamen Abschluss des Gewährleistungsvertrages die endgültige Deckungszusage nicht nur vollzogen wird, sondern sich diese in ihren Rechtswirkungen auch erledigt. Nach Abschluss des Gewährleistungsvertrages regelt sich das Rechtsverhältnis zwischen Bund und Deckungsnehmer nur nach dem Gewährleistungsvertrag.[104] Die Begründung liegt dabei im Komplexitätsgrad des Gewährleistungsvertrages, seiner Regelungstiefe im Vergleich zur Deckungszusage und seiner hohen Dominanz in zeitli-

---

[100] *Stelkens*, in: Stelkens/Bonk/Sachs, Verwaltungsverfahrensgesetz, Kommentar, 6. Aufl. 2001, § 36 Rn. 23.

[101] Ebenso *v. Kageneck* (Fn. 13), S. 129; a.A. *v. Spiegel*, NJW 1984, S. 2005 (2007 i.V.m. Fn. 39).

[102] BVerwGE, 13, S. 47 (53); 13, S. 307 (310); 41, S. 127 (131); OVG Münster, DVBl. 1959, S. 665; OVG Magdeburg, NVwZ 2002, S. 108; in diesem Sinne wohl auch BGH, NJW 1976, S. 475 (476) sowie NJW 1997, S. 328 (329) und z.T. auch *Ipsen* (Fn. 15), S. 88 f., 93 f.

[103] BGHZ 40, S. 206 (211); LG München, NJW 1968, S. 2016 (2017); BVerwG, DVBl. 1959, S. 665; OVG Berlin, DVBl. 1961, S. 209 (210); *Christopeit* (Fn. 10), S. 229 ff., 233; *Jarass*, Das Recht der Wirtschaftssubventionen, JuS 1980, S. 115 (118); *Wolff/Bachof*, Verwaltungsrecht III, 4. Aufl. 1978, § 154 Rn. 24.

[104] Staudinger/*Horn* (Fn. 13), Vorbem. zu §§ 765 ff. Rn. 443; *Bödeker* (Fn. 17), S. 164.

cher Hinsicht. Er spinnt ein feines, den Spielregeln einer Kreditversicherung folgendes Netz aus Leistung und Gegenleistung, Rechten und Pflichten. Beide Parteien – auch der Bund – unterwerfen sich hier bewusst ganz der privatrechtlichen Spezifität und den Instrumenten eines Kreditversicherungsverhältnisses, d.h. eines besonderen, auf gewisse Dauer angelegten Rechtsverhältnisses mit einer ganzen Reihe von Abwicklungsschritten bis hin zu einem möglichen Entschädigungsverfahren und Verfahren im Rahmen einer Umschuldung. Für den Deckungseingriff bedeutet dies, dass dem Übernahmeverwaltungsakt mit dem wirksamen Abschluss des Gewährleistungsvertrages einmalig Genüge getan und von da ab das Rechtsverhältnis dem Zivilrecht überantwortet ist, ohne dass dieses einer fortwährenden öffentlich-rechtlichen Rechtfertigung bedarf.[105] Dies schützt auch den Deckungsnehmer, da er über den zivilrechtlich konditionierten Deckungseingriff hinaus nicht damit rechnen muss, dass ihm die Deckung auf öffentlich-rechtlicher Ebene wieder entzogen wird.[106] Die Möglichkeit der Aufhebung der endgültigen Deckungszusage gemäß §§ 48, 49 VwVfG entfällt also.[107] Aufhebungsmöglichkeiten ergeben sich nur dann, wenn diese in den Allgemeinen Bedingungen geregelt sind. Genau dieses sehen die Allgemeinen Bedingungen für bestimmte für ein Kreditversicherungsverhältnis erhebliche Umstände vor,[108] freilich nicht mit der Folge der Vertragsaufhebung, sondern der kreditversicherungsgemäßen Sanktion der Haftungsbefreiung. Denn andernfalls ginge dem Bund auch die Behaltensberechtigung für das Entgelt verloren. Und im Übrigen strahlen die Grundrechte, namentlich der allgemeine Gleichheitssatz in der Ausprägung genereller Gleichbehandlung und sonstige rechtsstaatliche Bindungen wie das *Übermaßverbot* (Grundsatz der Verhältnismäßigkeit im weiteren Sinne), nach der Lehre vom Verwaltungsprivatrecht auch auf den privatrechtlichen Gewährleistungsvertrag aus.[109]

---

[105] *Christopeit* (Fn. 10), S. 222 f., 225 f., 227.
[106] *Scheibe* (Fn. 13), Register 10 – Tz. 126 f., Register 14 – Tz. 37.
[107] *Christopeit* (Fn. 10), S. 233, 277.
[108] Vgl. beispielsweise § 16 Abs. 1 und 2 der Allgemeinen Bedingungen G/B.
[109] Dazu näher *Scheibe* (Fn. 13), Register 10 – Tz. 129; im Ergebnis ebenso *v. Kageneck* (Fn. 13), S. 67 ff.; *Greuter* (Fn. 17), S. 40; vgl. auch *Gramlich* (Fn. 11), Rn. 130; anders *Christopeit* (Fn. 10), S. 216 und wohl auch *Bödeker* (Fn. 17), S. 163 f.

Die Absicherung außenwirtschaftlicher Risiken durch Privatversicherungen

Joachim Osinski[*]

Vorausschicken möchte ich meinem Vortrag über die Absicherung außenwirtschaftlicher Risiken durch Privatversicherungen, dass ich im Folgenden unter außenwirtschaftlichen Risiken die Forderungsausfallrisiken von Exporteuren verstehe, die an Kunden im Ausland Lieferungen oder Leistungen erbringen, ohne zuvor Zahlungs-Sicherheiten erhalten zu haben. Private Versicherungen, die solche Forderungsausfallrisiken absichern, bezeichnen sich allgemein als Kreditversicherungen und werden im weiteren von mir auch so genannt werden. Ich selbst bin seit vielen Jahren in der Gerling Speziale Kreditversicherungs-AG in Deutschland tätig.

A. Die Unterscheidung zwischen wirtschaftlichen und politischen Exportrisiken

Eine Analyse der Absicherung außenwirtschaftlicher Risiken durch Privatversicherungen kommt ohne die Einführung der Unterscheidung zwischen wirtschaftlichen und politischen Exportrisiken nicht aus, weil hier zu Beginn der Aktivitäten von privaten Kreditversicherungen im 20. Jahrhundert in Europa die Grenzlinie zwischen staatlichen und privaten Aktionsfeldern verlief.

Unter dem wirtschaftlichen Risiko, das der Exporteur zu tragen hat, wird in der Kreditversicherungspraxis das Forderungsausfallrisiko verstanden, das darauf beruht, dass der ausländische Kunde aufgrund seines eigenen wirtschaftlichen Verhaltens, das sich mit betriebswirtschaftlichen Instrumenten beschreiben und analysieren lässt, zahlungsunfähig wird oder die Forderung aufgrund der Situation des Kunden als nicht einbringbar anzusehen ist. In der Regel kann dann nach den rechtlichen Bestimmungen des jeweiligen Landes seine Insolvenz amtlich festgestellt werden.

Unter dem politischen Risiko, das der Exporteur trägt, wird das Risiko verstanden, dass der Forderungsausfall durch ein Ereignis oder Ereignisse hervorgerufen wird, die nicht im Entscheidungs- und Einflussbereich des Kunden liegen und üblicherweise durch Handlungen staatlicher Organe bewirkt werden. Klassischerweise gehören zu solchen Ereignissen Krieg, Beschrän-

---

[*] Gerling NCM, Gerling Speziale Kreditversicherungs-AG, Köln.

kungen des internationalen Zahlungsverkehrs (Transfer- oder Konvertierungsverbote von Währungen), Beschränkungen des Warenverkehrs (Import- oder Exportverbote), und staatliche Behinderung oder Untersagung der Vertragserfüllung. Hierbei ist der Kunde in der Regel solvent, das Geschäft kann aber dennoch nicht beiderseits vollständig erfüllt werden und der Exporteur erleidet hierdurch einen Vermögensschaden.

Bei Exportgeschäften mit privatrechtlichen Unternehmen kumulieren die genannten wirtschaftlichen und politischen Risiken. Wenn der ausländische Geschäftspartner eine öffentlich-rechtliche Institution oder staatsabhängige Einrichtung ist, entfällt das wirtschaftliche Insolvenzrisiko, aber zu den oben genannten politischen Risiko-Ereignissen kommt dann noch die Möglichkeit des wie auch immer hervorgerufenen Zahlungsunwillens hinzu, gegen den auf handelsrechtlichem Wege in den meisten Ländern der Welt nichts zu erreichen ist.

B. Die traditionelle Arbeitsteilung zwischen Staat und Kreditversicherern

In zahlreichen Ländern Europas ist im vergangenen Jahrhundert, teils vor, teils nach dem 2. Weltkrieg, im Rahmen der Förderung des Außenhandels die Idee aufgekommen und realisiert worden, Exporteuren des eigenen Landes ihr Geschäft im internationalen Wettbewerb dadurch zu erleichtern, dass man ihnen die oben geschilderten wirtschaftlichen und politischen Risiken abnimmt. In Ermangelung privater Kreditversicherungen, die zur Deckung dieser Risiken bereit waren, übernahm üblicherweise der jeweilige Staat (gegen Zahlung von Gebühren) das Risiko im Rahmen von im Haushalt festgelegten Höchstgrenzen.

Die organisatorische Ausgestaltung dieser staatlichen Haftung war von Beginn an von Land zu Land unterschiedlich. In manchen Ländern wurden bestehende staatliche Institutionen mit der Abwicklung betraut (z.B. in Österreich, USA), in anderen spezielle Institutionen hierfür geschaffen (z.B. in Belgien, Frankreich, Großbritannien, Italien), in wieder anderen Ländern wurden Kreditversicherer, die bereits die Absicherung von inländischen Handelsforderungen kommerziell betrieben, beauftragt, als Mandatar (das heißt für Rechnung und auf Risiko des Staates) die Absicherung der Exporteure durchzuführen (z.B. in Deutschland und den Niederlanden).

Im Zuge der zunehmenden Möglichkeiten in der 2. Hälfte des 20. Jahrhunderts, nicht nur über inländische, sondern auch über ausländische Unternehmen zumindest in den Mitgliedstaaten der OECD verwertbare und glaubwürdige Informationen zu erhalten, die eine Bonitätsbeurteilung dieser Unternehmen und damit eine Einschätzung des wirtschaftlichen Risikos erlauben, und auch wegen der im Rahmen der OECD erfolgenden schrittweisen Vereinheitlichung der handelsrechtlichen Bestimmungen und Insolvenzregelungen entschlossen sich private Kreditversicherer, die für sie zunehmend einschätzbaren und aufgrund ihrer inländischen Erfahrungen auch kalkulierbaren wirtschaftlichen Risiken in OECD-Ländern und in einigen benachbarten, als politisch risikoarm beurteilten Ländern zu decken.

Dagegen wurden die politischen Risiken wegen der damit verbundenen hohen Kumulrisiken (nicht nur der gleichzeitige Forderungsausfall bei vielen oder sogar allen Kunden in einem Land ist möglich, sondern auch der gleichzeitige Ausfall vieler verschiedener Länder) als privatwirtschaftlich unversicherbar angesehen. Es entwickelte sich so eine über Jahrzehnte stabile Arbeitsteilung zwischen der staatlichen Absicherung und privaten Kreditversicherern dahingehend, dass Exporteure Geschäfte in Ländern, die sie als politisch risikoarm ansahen, möglichst bei privaten Kreditversicherern ausschließlich gegen wirtschaftliche Risiken versicherten, während sie bei Exporten in Länder außerhalb der OECD, insbesondere aber bei Exporten in Ostblockländer, auf die staatliche Absicherung zugriffen, die das wirtschaftliche und das politische Risiko generell kombiniert deckt und daher kostenaufwändiger ist.

C. Die traditionelle Beschränkung auf nationale Märkte

Die so entstandene duale Exportabsicherungsstruktur bedeutete in der Regel in jedem Land keinen Wettbewerb zwischen Kreditversicherern und Staat. In einigen Ländern (z.B. Niederlande) war sogar lange Zeit das staatliche Mandataruntemehmen gleichzeitig der einzige private Kreditversicherer. Zu Wettbewerb unter den privaten Kreditversicherern selbst kam es nur in wenigen Ländern (z.B. in Deutschland), in denen mehrere inländische Kreditversicherer tätig waren, da in allen relevanten Industrieländern die Regulierung der Versicherungswirtschaft ausländischen Versicherern den Markteintritt erschwerte oder unmöglich machte.

D. Die Internationalisierung der Kreditversicherer seit 1992

Mit dem Beginn der Dienstleistungsfreiheit innerhalb der EU auch für Versicherungen im Jahre 1992 endete sehr schnell die Beschränkung der privaten Kreditversicherer auf ihre jeweiligen nationalen Märkte, während die staatlichen Absicherungssysteme national blieben. Es folgten bis heute 10 Jahre, in denen sich innerhalb der EU fast alle privaten Marktteilnehmer entweder entschlossen, Kreditversicherungspolicen auch im EU-Ausland zu verkaufen und wenn möglich auch in Drittländern die Genehmigung hierfür zu erwerben, oder sich mit Wettbewerbern aus dem Ausland zu Allianzen oder gemeinsamen Unternehmen zusammenzuschließen. Der nun ermöglichte internationale Wettbewerb führte innerhalb weniger Jahre zunächst europaweit, dann weltweit zu einer drastischen Konsolidierung der Zahl der privaten Kreditversicherer: während 1990 in den wichtigsten Industrieländern der Welt rund 20 Kreditversicherer eigenständig agierten, ohne dass einer von ihnen weltweit gesehen einen herausragenden Marktanteil (mehr als 15 %) hatte, so finden wir heute weltweit 3 Unternehmensgruppen vor (Euler Hermes, Gerling NCM, Coface), die zusammen über 80 % des Kreditversicherungsvolumens in der Welt produzieren.

E. Die Veränderung der politischen Risiken in den 90ern und die zunehmende private Rückversicherungskapazität

Zeitgleich mit der Internationalisierung und Konsolidierung der privaten Kreditversicherungsindustrie veränderten sich die bisherigen Rahmenbedingungen für die Absicherung der politischen Risiken wesentlich. Als Hauptfaktoren sind dabei zu sehen: a) der Fall der Blöcke nach dem Fall der Mauer und damit das Ende des Ost-West-Konfliktes, und b) die zunehmende Kapitalkraft der internationalen Rückversicherungsmärkte. Der Fall der Blöcke reduzierte entscheidend das oben beschriebene länderübergreifende, ja weltweite politische Kumulrisiko, während gleichzeitig die inzwischen stark gewachsene Kapitalisierung der Rückversicherungsindustrie das Wagnis möglich machte, die verbliebenen länderbezogenen politischen Risiken auf privater Versicherungsbasis zu decken. Während zunächst allein Spezialversicherer dieses neue Feld testeten, ohne große Verluste einzufahren, folgten die großen Kreditversicherer im Laufe weniger Jahre nach, zumal sie in einigen Ländern aufgrund ihres Mandatargeschäftes über entsprechende Erfahrungen verfügten. Damit wurde die traditionelle wettbewerbslose Arbeitsteilung zwischen der Kreditversicherungswirtschaft und den staatlichen Absicherungssystemen beendet.

F. Die Definition marktfähiger Risiken als Basis des Rückzugs der EU-Staaten aus den Märkten

Als Reaktion auf die entstandene Wettbewerbssituation zwischen staatlichen und privatwirtschaftlichen Systemen entwickelte die EU-Kommission in der zweiten Hälfte der 90er Jahre das Konzept der „marktfähigen Risiken". Als marktfähig werden solche Risiken bezeichnet, für die nach Einschätzung der Kommission am Markt ausreichende private Versicherungskapazität zur Verfügung steht, um die Absicherungswünsche der Wirtschaft zu befriedigen. Aus der Deckung dieser Risiken haben sich die EU-Staaten zwecks Wahrung des Subsidiaritätsprinzips zurückzuziehen.

Im Jahre 1997 bezeichnete die EU zuerst die Absicherung von kurzfristigen wirtschaftlichen Risiken in den Kernländern der OECD (ohne die jungen Mitglieder Polen, Ungarn, Tschechien, Türkei, Mexiko und Korea) als marktfähig und leitete den Rückzug der staatlichen Systeme aus diesem Bereich ein, dann folgte im Jahr 2001 die Marktfähigkeitserklärung für die politischen Risiken innerhalb der Kernländer der OECD und der entsprechende staatliche Rückzug aus diesem Feld mit Wirkung ab 1.1.2002.

Bemerkenswert ist die zeitliche Verzögerung, mit der die EU auf die Marktentwicklung reagiert, insbesondere bei ihrem zweiten Schritt im Jahre 2001. Tatsächlich ist der Markt heute so weit fortgeschritten, dass kein Exporteur noch von einem Vorhandensein politischer Risiken innerhalb der Kern-OECD-Länder ausgeht und daher keiner mehr solche Deckung noch nachfragt. Die von der Kommission hier verifizierten privatwirtschaftlichen Versicherungskapazitäten kommen deshalb gar nicht zum Einsatz. Währenddessen steht inzwischen für fast alle industrialisierten Länder der Welt außerhalb der OECD eine große private Kapazität zur Absicherung wirtschaftlicher und politischer Risiken zur Verfügung, die aber bisher von der EU-Kommission nicht wahrgenommen wird.

G. Das Verhältnis zwischen privaten Kreditversicherern und staatlichen Absicherungssystemen in der EU heute – eine Spannbreite von Subsidiarität bis zum unfairen Wettbewerb

Der von der EU-Kommission unter Subsidiaritätsgesichtspunkten für die staatlichen Systeme vorgezeichnete Weg stellt den kleinsten gemeinsamen Nenner oder die minimale Rückzugsaufforderung innerhalb der EU dar. Tatsächlich haben die verschiedenen EU-Staaten die Organisation und den Umfang ihrer staatlichen Export-Absicherungssysteme in den vergangenen 10 Jahren nicht gleichartig, sondern völlig verschieden weiterentwickelt. Interessant sind die unterschiedlichen Wettbewerbswirkungen, die hiervon ausgehen und die im Folgenden eingehender behandelt werden (untersucht wurden die 10 größten EU-Länder; Finnland, Griechenland, Irland, Luxemburg und Portugal wurden wegen geringer Marktbedeutung nicht berücksichtigt):

I. Die Absicherung kurzfristiger Exportgeschäfte

Aufgrund der nicht realitätsnahen Eingrenzung von „marktfähigen Risiken" durch die EU-Kommission stehen heute in den meisten EU-Ländern (Belgien, Deutschland, Italien, Österreich, Schweden, Spanien) die staatlichen Absicherungsangebote im Bereich kurzfristiger Export-Geschäfte (das sind Geschäfte mit Kreditlaufzeiten bis zu 12 Monaten) außerhalb der Kern-OECD im Wettbewerb zum Deckungsangebot privater Kreditversicherer. Denn in allen EU-Ländern bieten private Kreditversicherer Deckungsschutz für fast alle Export-Länder außerhalb der Kern-OECD an. Lediglich bei wenigen sehr risikoreichen Ländern, für die kaum privater Rückversicherungsschutz zu finden ist, ist das staatliche Absicherungsangebot faktisch konkurrenzlos. In Dänemark, Großbritannien und den Niederlanden tritt der Staat dagegen im kurzfristigen Geschäft nicht in Wettbewerb zu den privaten Kreditversicherern, sondern hat sich hier ganz zurückgezogen. In Dänemark und Großbritannien praktiziert der Staat außerdem bei sehr risikoreichen Export-Ländern gegenüber allen privaten Versicherern eine wettbewerbsneutrale Gleichbehandlung durch ein allgemeines Rückversicherungsangebot. In Frankreich wiederum besteht ein solches Rückversicherungsangebot für spezielle Länder nur gegenüber der einen privaten Mandatargesellschaft und stellt deshalb eine Wettbewerbsverzerrung dar. Österreich kennt ein wettbewerbsneutrales staatliches Rückversicherungsangebot an die Kreditversicherer nur im Bereich politischer Risiken innerhalb der OECD, das aber wegen faktisch nicht bestehenden Absicherungsbedarfs nicht marktrelevant ist.

II. Die Absicherung mittel- und langfristiger Exportgeschäfte

Bei mittel-/und langfristigen Exportgeschäften (Kreditlaufzeit länger als 12 Monate) besteht in keinem EU-Land relevanter Wettbewerb zwischen staatlicher und privater Deckung, da kein wesentliches privates Kreditversicherungsangebot zu verzeichnen ist. In den Niederlanden hat sich der Staat jedoch auch beim mittelfristigen Geschäft aus der Deckung von OECD-Ländern ganz zurückgezogen wegen eines ausreichenden privaten Angebots. Insgesamt sind beim mittelfristigen Exportgeschäft zur Zeit also keine wesentlichen Wettbewerbsverzerrungen feststellbar.

III. Die Organisationsform

Die Organisation der staatlichen Absicherung von Exportkreditrisiken erfolgt heute in 7 EU-Staaten mittels eines staatlichen Instituts (Export Credit Agency), nur 3 Länder (Deutschland, Frankreich, Niederlande) haben die Durchführung jeweils einer privaten Kreditversicherungsgesellschaft (gegen Service-Entgelt) als Mandatar übertragen. In diesen 3 Ländern ist die Frage berechtigt, ob nicht allein schon die herausgehobene öffentliche Mandatarstellung einer privaten Versicherungsgesellschaft sie in ihrem sonstigen privatwirtschaftlichen Geschäft gegenüber anderen privaten Wettbewerbern wesentlich, z.B. marketingmäßig begünstigt. Außerdem ist es untersuchenswert, inwieweit das Unternehmen über das Mandatargeschäft (das es in der Regel unter Nutzung seines eigenen Firmennamens ausführt) sozusagen im Staatsauftrag in unfairen direkten Wettbewerb zu seinen privaten Konkurrenten tritt. Dabei zeigen sich wiederum erhebliche Unterschiede zwischen den 3 genannten EU-Ländern mit Mandatar-Organisation:

1. Organisationsformen in den Niederlanden

In den Niederlanden gibt es keine direkte geschäftliche Konkurrenz des Mandatars (NCM) mit der privaten Versicherungswirtschaft, weil dort, wo private Kreditversicherer Deckungen anbieten (im kurzfristigen Exportgeschäft sowie im mittelfristigen Geschäft innerhalb der OECD), keine staatliche Deckung mehr angeboten wird.

2. Organisationsformen in Frankreich

In Frankreich betreibt die Mandatargesellschaft (Coface) im Außenverhältnis zum Exporteur nur noch mittel- und langfristiges Mandatar-Geschäft, das kurzfristige Exportgeschäft wird nach außen vollständig auf private Rechnung betrieben. Insofern tritt der Mandatar in dieser Funktion im hier interessierenden kurzfristigen Exportgeschäft nicht in Wettbewerb zu privaten Kreditversicherern. Tatsächlich ist der französische Mandatar aber im Innenverhältnis zum Staat exklusiv in der Lage, besonders hohe politische Risikofälle still beim Staat rückzuversichern. Das Mandatargeschäft erzeugt für ihn in diesen speziellen Fällen einen Wettbewerbsvorteil gegenüber seinen privaten Wettbewerbern, wenn diese bei solchen Fällen keinen oder kaum Deckungsschutz anbieten können und deshalb den jeweiligen Exporteur ganz (d.h. auch für die anderen Export-Geschäfte, in denen der Mandatar auf eigene Rechnung arbeitet) an den Kreditversicherer verlieren, der auch das Mandatargeschäft betreibt.

3. Organisationsformen in Deutschland

In Deutschland tritt der Mandatar des Bundes (Hermes AG) unter Nutzung seines für Privat- und Mandatargeschäft einheitlichen Firmen- und Markennamens in erheblichem Umfang, nämlich bei der Absicherung der kurzfristigen Exporte in alle Länder außerhalb der Kern-OECD, als Mandatar in direkten Wettbewerb zu den privaten Kreditversicherern, gegen die er sich auch in seinem übrigen privatwirtschaftlichen Geschäft behaupten muss.

H. Ausblick für Deutschland

Die staatliche Exportkreditversicherungsstruktur ist in Deutschland nachweislich wettbewerbsfeindlicher und wettbewerbsverzerrender als in den übrigen EU-Staaten. Deutschland praktiziert sowohl die Wettbewerbsverzerrung durch das Parallelangebot von privater wie staatlicher Absicherung im kurzfristigen Exportgeschäft mit allen Ländern außerhalb der Kern-OECD als auch die Wettbewerbsverzerrung durch die Positionierung eines privaten Kreditversicherers als exklusiver Mandatar in diesem großen Export-Bereich. Der deutsche Kumulationseffekt ist einmalig innerhalb der EU.

Die Abschaffung des staatlichen Parallel-Angebots für die Absicherung des kurzfristigen Exportgeschäfts mit Ländern außerhalb der Kern-OECD, die auch private Kreditversicherer decken, ist meines Erachtens überfällig.

Die Abschaffung des Mandatarmonopols im Bereich der kurzfristigen Exportabsicherung und statt dessen die Schaffung eines fairen allgemeinen staatlichen Rückversicherungsangebots gegenüber allen privaten Kreditversicherern bei speziellen risikoreichen Ländern ist meines Erachtens ebenfalls überfällig.

Diskussionszusammenfassung zu den Vorträgen „Rechtsfragen der Ausfuhrgewährleistungen des Bundes im Zusammenhang mit deren Übernahme"

und

„Die Absicherung außenwirtschaftlicher Risiken durch Privatversicherungen"

Zusammenfassung: *Volker Schepers*, Freiherr-vom-Stein-Institut, Münster

Die Diskussion im Anschluss an die Vorträge von Herrn Dr. *Scheibe* und Herrn *Osinski* drehte sich zunächst um das Verhältnis zwischen staatlicher und privater Ausfuhrgewährleistung. Während Herr *Osinski* in seinem Beitrag auf die Gefahr eingegangen war, dass Kunden die staatliche Ausfuhrversicherung möglicherweise gegenüber den privaten Wettbewerbern bevorzugen, stellte der Leitende Regierungsdirektor a.D. *Vögele* die Frage, ob sich dies nicht gerade umgekehrt verhalte, die Exporteure also die privaten Anbieter bevorzugen. Daran anknüpfend äußerte Herr *Kruse* vom Bundesministerium für Wirtschaft und Technologie Zweifel an der Vermutung, die Kunden träfen ihre Entscheidung über den Abschluss der Ausfuhrversicherung danach, ob es sich um einen staatlichen oder einen privaten Anbieter handelt. In seiner Stellungnahme hierzu betonte Herr *Osinski*, dass Wirtschaftsunternehmen nicht bei jedem neuen Versicherungsgeschäft auch eine neue Entscheidung über den Versicherer treffen. Die Nachteile der privaten Versicherungsunternehmen gegenüber den staatlichen Konkurrenten seien jedenfalls spürbar. Die Märkte haben sich seiner Auffassung zufolge derart verändert, dass das private Angebot zur Versorgung des Marktes vollkommen ausreichend sei. Herr Dr. *Scheibe* wies demgegenüber in seiner Antwort darauf hin, dass es keine rechtliche Überschneidung zwischen der staatlichen und der privaten Hermes-Versicherung gebe.

Daran anschließend gab Rechtsanwalt Dr. *Müller-Ibold* zu Bedenken, dass das staatliche Angebot einer Ausfuhrversicherung einen Rückhalt in einem sich ständig ändernden Privatmarkt darstelle. Er stellte die Frage, wie nach einem staatlichen Rückzug aus diesem Bereich organisatorisch gewährleistet werden könne, dass ein solcher Rückhalt weiterhin existiere. Herr *Osinski* sah darin allerdings kein besonderes Problem. So habe sich in Großbritannien und die Niederlande der Staat aus dem kurzfristigen Ausfuhrversicherungsgeschäft fast gänzlich zurückgezogen. Trotzdem stehe dort nach wie vor ausreichende Deckungskapazität durch das private Kreditversicherungsangebot zur Verfügung. Er betonte darüber hinaus, dass der Staat nicht den gesamten Bereich der Kreditversicherung betreiben sollte, nur weil in einem bestimmten Ausschnittsbereich kein ausreichendes privates Angebot zur Verfügung steht. Herr Dr. *Scheibe* verwies allerdings darauf, dass in diesen Staaten ein Haushaltsrecht gelte, das dem in Deutschland nicht ohne weiteres vergleichbar sei. Ausfuhrgewährleistungen dürfen in Deutschland durch den Staat nur übernommen werden, wenn es sich nach der Höhe des Risikos noch um eine Eventualverpflichtung handelt. Überdies sei zu Bedenken, dass der Staat die Ausfuhrversicherung nicht kostendeckend leisten könne, wenn er nur das Hochrisiko übernimmt. Dadurch entstünden möglicherweise subventionsrechtliche Probleme.

Prof. Dr. *Altmann* von der Universität Reutlingen stellte die gerade in jüngerer Zeit aktuell gewordene Frage, ob die Ausfuhrversicherung auch Schäden umfasse, die auf Naturkatastrophen oder Terrorakten beruhen. Herrn *Osinski* zufolge sei zwar darüber nachgedacht worden, Terrorschäden vom Versicherungsschutz auszuschließen. Man habe sich dann aber dagegen entschieden. Überhaupt entstünden Schäden im Zusammenhang mit Terrorakten vor allem im Bereich der Sach- und Haftpflichtversicherung. Für Naturkatastrophen gebe es hingegen zwar formal keinen Versicherungsschutz. Eine Insolvenz trete allerdings selten unmittelbar im Anschluss an eine derartige Katastrophe ein, sondern meistens in einigem zeitlichen Abstand. In diesen Fällen leiste die Versicherung in der Praxis stets Ersatz, weil sich nicht genau feststellen lasse, ob eine Insolvenz tatsächlich ausschließlich auf die Naturkatastrophe zurückzuführen sei.

Rechtsanwalt Dr. *Friedrich* erkundigte sich danach, ob Versicherungsschutz nur für in Deutschland hergestellte Ware bestehe und wie gegebenenfalls die Herkunft einer Ware festgestellt wird. Herr Dr. *Scheibe* antwortete, dass der Bund im Grundsatz nur den nationalen Export fördern will und deshalb auch nur Versicherungsschutz für deutsche Waren anbietet. In den entsprechenden Richtlinien sei jedoch vorgesehen, dass ein bestimmter prozentualer Anteil der Ware auch ausländischer Herkunft sein dürfe. Im Bereich des kurzfristigen Geschäfts werde im Rahmen des so genannten Transitgeschäfts sogar unter bestimmten Voraussetzungen Versicherungsschutz für bis zu 100 % Auslandsware gewährt. Die Feststellung, ob es sich um deutsche Ware handelt, erfolge formal nach dem Ursprungszeugnis.

Herr PD Dr. *Wegener* gab im weiteren Verlauf der Diskussion zu Bedenken, ob die Mandatierung eines Unternehmens durch den Staat sich nicht als ein vergaberechtliches Problem darstelle und unter diesem Aspekt gegen die staatliche Ausfuhrversicherung vorgegangen werden könne. Prof. Dr. *Ehlers* bestätigte, dass die Mandatierung sich als Verwaltungshilfe einstufen lasse und damit prinzipiell im Anwendungsbereich des Vergaberechts liege. Herr *Osinski* und Herr Dr. *Scheibe* sahen hierin übereinstimmend ebenfalls ein Problem. Ersterer kritisierte insbesondere, dass die Konditionen, zu denen der staatliche Mandatar in Deutschland Ausfuhrversicherungsverträge abschließt, nicht offen gelegt werden. Herr Dr. *Scheibe* wies demgegenüber darauf hin, dass es sich bei dem Mandatarvertrag um ein unbefristetes Dauerschuldverhältnis handele. Dies müsse nach der Rechtsprechung des Europäischen Gerichtshofs auch unter vergaberechtlichen Gesichtspunkten jedenfalls nicht gekündigt werden.

Zum Abschluss der Diskussion ging Prof. Dr. *Ehlers* auf das von Herrn Dr. *Scheibe* in seinem Beitrag angesprochene zweistufige Vergabeverfahren ein. Er fragte zum einen, ob die Aufspaltung in einen öffentlich-rechtlichen Verwaltungsakt, in dem über das Ob der Vergabe entschieden werde, und einen privatrechtlichen Vertrag, der die genauen zivilrechtlichen Modalitäten regele, angesichts der Entwicklung des so genannten Verwaltungsprivatrechts noch sinnvoll sei. Möglich sei vielmehr unter Umständen auch eine rein öffentlich-rechtliche Konstruktion. Herr Dr. *Scheibe* äußerte in seiner Stellungnahme die Einschätzung, dass das Zivilrecht in der Praxis eine flexible Handhabung der auftauchenden Probleme ermögliche. Eher könne gänzlich auf den vorgeschalteten Verwaltungsakt als öffentlich-rechtlichen Teil des Vergabeverfahrens verzichtet werden.

Ausfuhrförderung aus unternehmerischer Sicht

Dr. Alexander Böhmer[*]

A. Einleitung

Die Außenwirtschaftspolitik und damit auch die Ausfuhrförderung wird kaum im Zentrum der Politikformulierung der nächsten Wochen in Berlin stehen.

Schon die Wahlprogramme der Parteien sind – kommt es auf die Außenwirtschaft – sehr dürftig gehalten. Umso wichtiger ist es, dass wir jetzt für die deutsche Industrie klar und deutlich sagen, wo die Reise hingehen soll.

In einem gemeinsamen Papier mit dem Deutschen Industrie- und Handelskammertag haben wir für die beginnende 15. Legislaturperiode unsere außenwirtschaftspolitischen Forderungen zusammengestellt. Es soll einer aus unternehmerischer Sicht problematischen politischen Weichenstellung vorbeugen, so wie wir sie zu Beginn der letzten Legislaturperiode bei den Hermes-Ausfuhrgewährleistungen des Bundes hatten. Mit der so genannten Hermes-Reform mussten wir uns dann jahrelang auseinandersetzen.[1]

Nach einem kurzen Überblick über die Lage unserer exportierenden Wirtschaft, möchte ich Ihnen unser Verständnis von Ausfuhrförderung nahe legen, um dann exemplarisch einige Punkte, die uns momentan besonders bewegen, herauszuheben. Beenden möchte ich meine Ausführungen mit einem Ausblick auf zwei für uns zentrale Bereiche der WTO Doha-Runde.

B. Außenwirtschaftliche Verflechtung der deutschen Industrie

Wie kein anderes Land ist Deutschland mit der Weltwirtschaft verflochten und auf den Außenhandel angewiesen. Der Export von Gütern und Dienstleistungen macht gut ein Drittel des deutschen Bruttoinlandsprodukts aus (35 %).

---

[*] Bundesverband der Deutschen Industrie e. V., Berlin.
[1] Vgl. hierzu Umweltleitlinien des Interministeriellen Ausschusses (IMA), sowie die Common Approaches der OECD, http://www.hermes-kredit.com/aga/index.html .

Gewinne in Höhe von 150 Milliarden Euro wurden letztes Jahr im Export erzielt. Insgesamt hängen in Deutschland 9 Millionen, also knapp ein Viertel der Arbeitsplätze, vom Außenhandel ab.

Im ersten Halbjahr 2002 exportierten die deutschen Unternehmen Waren im Wert von rund 318,3 Mrd. €. In der deutschen Industrie stehen sogar zwei Drittel aller Arbeitsplätze in direktem oder indirektem Zusammenhang mit den Exporten.

Zusätzlich sichern und erweitern immer mehr deutsche Unternehmen ihre ausländischen Absatzmärkte durch verstärkte Direktinvestitionen. Dieses Engagement hilft auch, Arbeitsplätze und Gewinne im Inland zu sichern. Im Jahre 2001 war die Außenwirtschaft der wesentliche Wachstumsmotor für das deutsche BIP. Und im Jahr 2002 wäre das bescheidene Wachstum von deutlich weniger als 0,5 Prozent ohne den Außenbeitrag überhaupt nicht zu erreichen.

Die Frage, wie es in der Außenwirtschaft weiter geht, ist deshalb von sehr großer Bedeutung nicht nur für die auf den Weltmärkten aktiven Unternehmen, sondern für die wirtschaftliche Entwicklung Deutschlands insgesamt.

Die Antwort war schon 2001 längst nicht so positiv wie noch im Vorjahr. Schon vor dem 11. September waren die Rahmendaten nicht günstig. Zahlreiche Länder mussten im Verlauf des Jahres 2001 ihre Wachstumserwartungen nach unten revidieren. Gleiches gilt für 2002.

Nachdem die Exportdynamik 2001 stark nachgelassen hatte, brachte die Trendwende in der Weltwirtschaft den deutschen Außenhandel zumindest auf den richtigen Kurs. Die schwache Konjunkturbelebung in den USA und Europa bringt die deutsche Exportwirtschaft aber nur sehr langsam in Fahrt. Dennoch ist der Außenhandel auch 2002 wieder Konjunkturmotor der deutschen Wirtschaft. In der ersten Jahreshälfte leistete er mit 1,8 Prozentpunkten den einzig bedeutenden Beitrag zum deutschen BIP-Wachstum.

Für Euphorie besteht kein Anlass: Bislang konnte lediglich der Negativtrend des vergangenen Jahres gestoppt werden. Es fehlt derzeit noch an Kraft, damit die Exporte wieder richtig in Schwung kommen.

Die Aufwärtsdynamik zeigt sich allerdings im Vergleich zu den Vormonaten: Seit Januar geht es hier nach oben, die Auftragslage stellt sich auf den ersten Blick positiv dar. Nachdem sich bereits Ende 2001 und Anfang 2002 die Auslandsaufträge spürbar verbessert haben, erlebte die deutsche Exportwirtschaft im 2. Quartal dieses Jahres eine weitere Nachfragebelebung um 5 % gegenüber dem Vorquartal.

Allerdings sind die außenwirtschaftlichen Perspektiven mit zahlreichen Risiken behaftet. Das macht nicht nur die Entwicklung des Eurokurses deutlich. Getrübte Konjunkturdaten aus den USA reichen aus, um Europa an der eigenen wirtschaftlichen Erholung zweifeln zu lassen. Europa und Deutschland zuvorderst sollten sich daher nicht darauf fixieren, ihre konjunkturellen Probleme im Schlepptau eines amerikanischen Aufschwungs zu lösen. Auch wenn aus Sicht des BDI derzeit kaum Zweifel an der weiteren Erholung der Außenwirtschaftskonjunktur besteht, reicht dies allein nicht aus. Hoffnung auf eine besonders dynamische Entwicklung in 2002 besteht hingegen nicht. Mit gut 2 % (Güter und Dienstleistungen) werden die deutschen Exporte in diesem Jahr nur wenig zulegen können.

Umso wichtiger ist es, dass alle Möglichkeiten – auch die der Ausfuhrförderung – genutzt werden, die zur Belebung des Welthandels im Allgemeinen und zur Förderung der deutschen exportierenden Wirtschaft im Besonderen beitragen können.

C. Sinn und Entwicklung der Ausfuhrförderung

Wenn man sich die Mühe macht und das Instrumentatrium der Ausfuhrförderung, wie es z.B. seit Mitte des 19. Jh. eingesetzt wurde, mit dem aktuellen Instrumentarium vergleicht, so fällt auf, dass es sich in den Grundprinzipien nicht wesentlich unterscheidet.

Gefördert wird nach wie vor die allgemeine und firmenindividuelle Informationspolitik, die Finanz-, Zoll- und Handelspolitik, die Messeförderung sowie Hilfestellungen bei der Anbahnung und Finanzierung bzw. Absicherung von Geschäften.[2]

Ich möchte mich im Folgenden an dieser umfassenden Definition der Ausfuhrförderung orientieren, die unter Ausfuhrförderung nicht nur die Unterstützung unserer Unternehmen bei einzelbetrieblichen Funktionen und die Stärkung ihrer Konkurrenzfähigkeit versteht, sondern auch die Schaffung und Fortentwicklung der handelspolitischen Rahmenbedingungen. Der BDI hat sich in seiner außenwirtschaftspolitischen Arbeit in jüngster Vergangenheit gerade auf dem Feld der Handelspolitik verstärkt engagiert.

Organisatorisch basiert die deutsche Ausfuhrförderung/Außenwirtschaftsförderung bislang auf einem „Drei-Säulen-Modell" (Bundesagentur

---

[2] Vgl. nur Gabler Lexikon Auslandsgeschäft, E. G. Walldorf (Hrsg.), 2000, Wiesbaden, S. 31.

für Außenwirtschaft, Auslandshandelskammern, Wirtschaftsabteilungen der deutschen Botschaften) sowie weiteren Elementen wie beispielsweise der Auslandsmesseförderung, den Deutschen Industrie- und Handelszentren oder dem System der Risikoabsicherung durch Hermes-Bürgschaften und Investitionsgarantien.

Es lässt sich schon fragen, wie es zur Definition des „Drei-Säulen-Modells" gekommen ist. So bleiben wichtige Akteure der staatlichen Außenwirtschaftsförderung außen vor, denkt man an die Mandatare des Bundes für die Ausfuhrgewährleistungen und die Investitionsgarantien. Von rein privatwirtschaftlichen Akteuren ganz zu schweigen. In diesem Zusammenhang muss betont werden, dass auch die Regionalinitiativen der Deutschen Wirtschaft und der BDI Fachverbände als wichtige Akteure im Konzert der Außenwirtschaftsförderung angesehen werden müssen. Der Ost-Ausschuss der deutschen Wirtschaft oder der Asien-Pazifik Ausschuss haben schon so manches Großprojekt für deutsche Firmen entscheidend befördert. Insofern sind nicht nur drei, sondern viele Säulen zu unterscheiden, welche das gemeinsame Dach der Außenwirtschaftsförderung tragen.

In diesem Zusammenhang muss man darauf hinweisen, dass der Umfang der staatlich unterstützten Ausfuhrförderung sehr bescheiden ist. Selbst wenn man die Aufwendungen des Bundes und der Länder zusammenrechnet, lässt sich der Umfang der Ausfuhrförderung nicht einmal in Promille am Exportvolumen der deutschen Wirtschaft ausdrücken. Dennoch sollte man die Wirkungen der Ausfuhrförderung nicht unterschätzen, denn sie dient schwerpunktmäßig als Katalysator, als Initialzündung für die Erschließung neuer Märkte.

Die Haushaltsansätze der Bundesregierung für das Jahr 2002 sahen schmerzhafte Einschnitte für die Messeförderung und die Außenhandelskammern vor. Angesichts des ohnehin relativ bescheidenen Umfangs der außenwirtschaftlichen Förderung und der Tatsache, dass die Außenwirtschaft seit Jahren die entscheidende Triebkraft der deutschen Konjunktur darstellt, eine unverständliche Entscheidung. Nach aktuellen wissenschaftlichen Untersuchungen verhilft Ausfuhrförderung über erhöhte Auslandsumsätze auch dem deutschen Fiskus per saldo zu erhöhten Einnahmen. Einschnitte am System der Ausfuhrförderung wären deswegen auch in fiskalischer Hinsicht Sparen am falschen Ende. Mit diesen Argumenten leistete der BDI erfolgreich Überzeugungsarbeit im Deutschen Bundestag. Der Haushaltsausschuss korrigierte die Ansätze für Außenwirtschaftsförderung nach oben, so dass nun in etwa das Vorjahresniveau gehalten werden kann.

D. Außenwirtschaftsoffensive der Bundesregierung

Auch in dieser Legislaturperiode ist das federführende Bundeswirtschaftsministerium in der Pflicht. Kurz vor Ende der letzten Legislaturperiode hatte der Bundeswirtschaftsminister seine Außenwirtschaftsinitiative vorgestellt. Danach soll es zukünftig verstärkt darum gehen, neue Absatzmärkte in Ländern zu erschließen, deren Potenzial bisher nur unzureichend genutzt wurde.

Wir begrüßen, dass die Globalisierung als Chance für die Wirtschaft und nicht etwa als Gefahr dargestellt wird. In der zurückliegenden Legislaturperiode haben wir das Wirtschaftsministerium hin und wieder wegen mangelnder Aktivitäten (wenig Delegationsreisen, keine Teilnahme an der Doha-Konferenz) im Bereich Außenwirtschaftsförderung kritisiert. Das angekündigte Schwerpunktthema „Außenwirtschaftsoffensive" ist daher dringend notwendig.

Lassen Sie mich aus unserem gemeinsamen Papier[3] mit dem DIHK u.a. für die 15. Legislaturperiode fünf Forderungen hervorheben, die uns besonders am Herzen liegen:

I. Punkt: Außenwirtschaftsförderung sichern

Trotz der notwendigen sparsamen Haushaltsführung muss auch in Zukunft die Leistungsfähigkeit der deutschen Außenwirtschaftsförderung durch eine langfristig gesicherte finanzielle Ausstattung gewährleistest sein. Sparen an der Außenwirtschaftsförderung wäre Sparen am falschen Ende. Die Koordinierung der Akteure der Außenwirtschaftsförderung muss sowohl durch den Einsatz der modernen Informationstechnik als auch durch effiziente Gremien weiter verbessert werden. Die Instrumente der Außenwirtschaftsförderung dürfen nicht durch die Überfrachtung mit Aufgaben aus anderen Politikfeldern an Effizienz verlieren. Für ein effektives Hermes-Instrument haben wir uns diese Legislaturperiode vehement eingesetzt. Insbesondere dürfen Hermes-Vergabeentscheidungen nicht nach sachfremden politischen Zielvorstellungen getroffen werden, sondern müssen sich an den Interessen der Exportwirtschaft orientieren. Eine pauschale Diskriminierung einzelner Projekttypen (Bsp. Großstaudämme) lehnen wir ab.

---

[3] Vgl. gemeinsames Papier von BDI, DIHK, BGA u. a. „Außenwirtschaftspolitik für Wachstum und Beschäftigung – Erwartungen der Deutschen Wirtschaft für die 15. Legislaturperiode", Oktober 2002 http://www.bdi-online.de/ .

II. Punkt: Bilaterale Wirtschaftsbeziehungen aktiv gestalten

Nicht nur der Bundesminister für Wirtschaft, alle Bundesminister sind bei ihren internationalen Reisen gefordert, die bilateralen Wirtschaftsbeziehungen zu stärken. Bei Reisen ins Ausland sollte deswegen stets geprüft werden, wie das unternehmerische Engagement der deutschen Wirtschaft politisch flankiert werden kann. Die diesbezügliche Koordination der Bundesressorts muss weiter verstärkt werden. Die Bundesressorts sind außerdem gefordert, die Initiativen der deutschen Wirtschaft zum Ausbau der bilateralen Beziehungen nach Kräften zu unterstützen.

III. Punkt: Multilaterales Handelssystem stärken

Die in Doha angestoßene neue Welthandelsrunde muss zum Erfolg geführt werden. Die Bundesregierung ist gefordert, sich für den weltweiten substantiellen Abbau von Zöllen und sonstigen Handelshemmnissen sowie für den Ausbau der Welthandelsregeln einzusetzen. Obwohl die EU deutsche Interessen mit vertritt, so muss auch die Bundesregierung sich aktiv für eine erfolgreiche Welthandelsrunde einsetzen. Der Ministerrat und ihre vielfältigen bilateralen Gremien und Kontakte bieten der Bundesregierung zahlreiche Gelegenheiten, sich handelspolitisch zu engagieren.

IV. Punkt: Märkte öffnen

Deutschland ist im hohen Maße auf offene Absatz- und Beschaffungsmärkte angewiesen. Nach wie vor behindern jedoch Zölle und vielfältige nichttarifäre Handelshemmnisse den internationalen Warenaustausch. Marktöffnung bleibt deswegen eine wesentliche politische Aufgabe. Dafür bieten sich mehrere praktische Ansatzpunkte. Im Rahmen der klassischen Diplomatie, im Rahmen der Marktzugangsinitiative der EU, durch regionale Abkommen und bilaterale Gremien muss sich die Bundesregierung für den Abbau von Handelshemmnissen einsetzen.

V. Punkt: Handel erleichtern

Im Internetzeitalter mutet die heute noch in Deutschland praktizierte Zollabwicklung geradezu antiquiert an. Papier und Stempel prägen noch den Arbeitsalltag. Wir unterstützen deswegen den jüngsten Vorschlag der EU zur Vereinfachung der Zollverfahren und zur EU-weiten Einführung der elektronischen Zollabwicklung. Durch die harmonisierte EU-weite Umstellung auf IT-Verfahren lässt sich die Zollabwicklung erheblich beschleunigen. Das spart Zeit und Geld. Die Gelegenheit der Umstellung von Papier auf IT sollte genutzt werden, um die Verfahren gleichzeitig zu vereinfachen und effizienter zu gestalten. Die neuesten Brüsseler Vorschläge zur Modernisierung der Zollabwicklung in der EU sehen genau dies vor und gehen deswegen in die richtige Richtung. Die Wirtschaft unterstützt diese Initiative und wir setzen uns dafür ein, dass auch die Bundesregierung mit am Strang zieht. Bürokratischer Aufwand sowohl beim Ex- als auch Import muss so rasch und so weit wie möglich abgebaut werden.

Soweit unser politisches Credo für die Gestaltung der Ausfuhrförderung in der nächsten Legislaturperiode. Lassen Sie mich jetzt noch auf einige Punkte eingehen, von denen ich meine, dass sie auf dem 7. Außenwirtschaftsrechtstag erörtert werden sollten.

E. Ausfuhrförderung und EU

Mein erster Punkt betrifft die Ausfuhrförderung im Spannungsfeld zwischen EU-Kompetenzen und mitgliedstaatlicher Kompetenz.

Wie Sie wissen, gab es hierzu in der Vergangenheit bereits viel Diskussion. So hat sich die EU-Kommission nach der Einführung des EG-Binnenmarktes am 1. Januar 1993 bemüht, die schon im EWG-Vertrag vorhandenen Rechtsvorschriften auf die staatlichen Exportkreditversicherungssysteme konsequenter anzuwenden. Sie stieß dabei auch auf Widerstand der Mitgliedstaaten. Als Ergebnis entstand die „Richtlinie zur Harmonisierung der wichtigsten Bestimmungen über die Exportkreditversicherung zur Deckung mittel- und langfristiger Geschäfte" vom 7. Mai 1998 sowie die „Mitteilung über die Anwendung der Beihilfevorschriften auf Exportkreditversicherungen" zuletzt geändert am 2. August 2001 („marktfähige Risiken").

I. Debatte im EU-Konvent

Im Rahmen des Europäischen Konvents steht uns nun eine neue breitere Debatte über die Aufgabenteilung zwischen der EU und den Mitgliedstaaten hinsichtlich der Außenwirtschaftskompetenzen bevor.

Wie Sie wissen, beschränkten sich die Kompetenzen der EU in der Außenwirtschaft in der Vergangenheit auf den Warenverkehr. Mit dem Vertrag von Nizza wurden der internationale Dienstleistungshandel und Handelsaspekte des geistigen Eigentums dem Warenhandel gleichgestellt. Diese Bereiche fallen nun in die Kompetenz der EU und werden in der Regel mit qualifizierter Mehrheit entschieden.

Anlässlich des Europäischen Konvents werden Vorschläge zur weiteren Übertragung von Kompetenzen an die EU in den Bereichen Handel und Investitionen diskutiert.[4] Ausgangspunkt ist die Frage, wie in einer erweiterten Union mit 25 oder mehr Mitgliedstaaten die Effektivität der Außenwirtschaftspolitik der EU gewährleistet werden kann. Vorgeschlagen wird, die Vertragsbestimmungen des EG-Vertrages zu vereinfachen, der EG insgesamt und dem Europäischen Parlament im Speziellen weitere Kompetenzen in der Außenwirtschaft zu übertragen, die Koordination zwischen der EU und den Mitgliedstaaten zu verbessern sowie die internen Funktionen der EU-Institutionen zu reformieren.

Für die EU-Institutionen ist sicherlich die Frage nach der Effektivität ihrer Arbeit im Bereich der Außenwirtschaft entscheidend, insbesondere vor dem Hintergrund der Osterweiterung. Nach dieser Logik müssen der EU immer weitere Kompetenzen im Bereich der Außenwirtschaft übertragen und die Einflussmöglichkeit der Mitgliedstaaten im Rat vermindert werden. Für uns als Industrieverband stellen sich hierbei allerdings wenigstens zwei Fragen:

- Dient eine weitere Stärkung der EU in der Außenwirtschaft dem Interesse der Industrie an der weltweiten Liberalisierung des internationalen Handels und der Investitionen?
- Welche Konsequenzen ergeben sich für unser nationales System der Außenwirtschaftsförderung?

All diese Fragen bedürfen noch einer umfassenden Erörterung mit unseren Mitgliedern. Bis dahin lässt sich nur eine vorläufige Einschätzung formulieren:

Die EU-Kommission arbeitet in den Bereichen der Außenwirtschaftspolitik, die bereits der EU übertragen wurden, ganz überwiegend in unserem Sinne. Allerdings sollte bereits jetzt das Verfahren der Abstimmung verbessert werden.

In der Praxis werden selbst den Mitgliedstaaten oftmals entscheidende Dokumente erst sehr kurzfristig vor den Sitzungen der Ratsarbeitsgruppe zur Verfügung gestellt, so dass eine wirkliche Konsultation der Industrie durch die Bundesregierung bereits jetzt gar nicht stattfinden kann. Bevor weitere Kompetenzübertragungen an die EU angedacht werden, muss daher die EU-

---

[4] Europäischer Konvent, CONV 161/02 vom 3. Juli 2002, sowie weitere unter http://european-convention.eu.int/doc_register.asp?lang=DE&Content=WGVII .

Kommission ihre Entscheidungsfindung auch gegenüber der Wirtschaft wesentlich transparenter gestalten.

Wie ausgeführt, sind bereits die Kompetenzen im Außenhandel weitgehend durch die Verträge von Amsterdam und Nizza der EU übertragen worden. Insbesondere die Ergebnisse von Nizza trägt die deutsche Industrie grundsätzlich mit. Fraglich ist allerdings, ob auch die Kompetenz für den Bereich der Investitionen der EU übertragen werden sollten. Die Problematik besteht darin, dass die Bundesrepublik Deutschland in großer Zahl bilaterale Investitionsförder- und -schutzverträge mit anderen Staaten abgeschlossen hat, die unseren Unternehmen im Ausland effektiven Schutz gewähren. Verknüpft hiermit sind die Kapitalanlagegarantien des Bundes. Es muss unbedingt sichergestellt werden, dass dieses System der Investitionsförderung durch eine Kompetenzübertragung im Investitionsbereich an die EU nicht unterhöhlt wird. Das Gleiche gilt für den gesamten Bereich der *Außenwirtschaftsförderung* der bislang fast ausschließlich in mitgliedstaatlicher Kompetenz liegt.

Eine weitere Möglichkeit, die Kompetenzen der EU zu stärken, besteht darin, innerhalb des Ministerrates in noch größerem Umfange vom Gebot der Einstimmigkeit zur qualifizierten Mehrheit überzugehen. Auch dies könnte die Einflussmöglichkeiten der Industrie über die Bundesregierung auf die Entscheidung der EU vermindern. Hier müsste ein Ausgleich geschaffen werden.

Die Regelung der Außenbeziehungen ist klassisches Feld der Exekutive. Die demokratische Legitimation in der EU findet momentan über die Parlamente der Mitgliedstaaten und dem Ministerrat statt. Eine Stärkung des Europäischen Parlaments im Bereich der Außenwirtschaft führt sicherlich zu einem Rückgang unserer Einflussmöglichkeiten und möglicherweise dazu, dass vermehrt Erwägungen aus anderen Politikbereichen in die Außenwirtschaftspolitik der EU Eingang finden.

Meinen Damen und Herren, Sie erkennen an meiner bloß kursorischen Behandlung der Problematik, dass wir in unserer Meinungsbildung hier noch ganz am Anfang stehen. Notwendig ist in jedem Falle vor einer weiteren Übertragung von Kompetenzen auf die EU im Bereich der Außenwirtschaft eine fundierte Einschätzung der Auswirkungen auf unser Instrumentarium der Ausfuhrförderung unter Einschluss der Handelspolitik.

II. EU-konforme Neugestaltung öffentlich-rechtlicher Kreditinstitute

Lassen Sie mich das Problem des möglichen Konflikts unserer Interessen mit Vorgaben des EU-Rechts auch für einen anderen Bereich, das EU-Beihilferecht, kurz exemplifizieren.

Wie Sie wissen, sind die Förderinstrumente öffentlich-rechtlicher Kreditinstitute und Förderbanken in der Bundesrepublik Deutschland in jüngerer Zeit Gegenstand beihilferechtlicher Untersuchungen durch die Europäische Kommission gewesen. Darunter auch die Kreditanstalt für Wiederaufbau (KfW).[5] Die KfW hat den gesetzlichen Auftrag zur Förderung des deutschen Exports und ist seit fast 40 Jahren in der Export- und Projektfinanzierung aktiv. Im Auftrag des Bundes verwaltet die KfW auch öffentliche Finanzierungshilfen zur Exportfinanzierung. Für die deutsche Industrie, insbesondere für den Mittelstand, hat diese Förderung eine wichtige Bedeutung. Im internationalen Wettbewerb ist die Auftragslage häufig von einem für den ausländischen Kunden günstigen Finanzierungsangebot abhängig. Hierzu vergibt die KfW langfristige Kredite für Exporte deutscher Unternehmen und Projekte im In- und Ausland, an denen ein deutsches Interesse besteht. Die KfW ist einer der größten deutschen Finanziers von Investitionsgüterexporten.

Nach den Vorstellungen der EU-Kommission sollte auch die KfW ihr Marktgeschäft vom öffentlichen Fördergeschäft abkoppeln. Betroffen hiervon wäre ein Teilbereich der von der KfW aufgelegten Export- und Projektfinanzierungen (Volumen ca. 10 Mrd. € pro Jahr), der als besonders marktnah angesehen werden könnte und in dem die KfW mit Privatbanken konkurriert.

Die Kommission wendete sich konkret gegen den Refinanzierungsvorteil, der der KfW auf den internationalen Kapitalmärkten aufgrund der gesetzlich festgesetzten Bundesgarantie (vergleichbar der Gewährträgerhaftung bei den Sparkassen und Landesbanken) sowie der Anstaltslast des Bundes zufällt.

Der BDI hatte begrüßt, dass es in den Verhandlungen über Anstaltslast und staatlicher Haftungszusagen für öffentliche Förderbanken zwischen EU-Kommission, Bund und KfW schließlich zu einer Einigung gekommen ist. Danach ist die KfW aufgefordert, ihr Marktgeschäft bis zum 31.12.2007 in eine privatrechtliche Tochtergesellschaft auszugliedern.

---

[5] Zum Folgenden Pressegespräch vom 2.3. 2002, http://www.kfw.de/de/Presse/Presseinfo.jsp.

Aus Sicht der exportierenden Industrie erscheint es wesentlich, die besonderen Bedingungen der Vergabe von Exportkrediten und Projektfinanzierung durch die KfW insbesondere für den Mittelstand aufrecht zu erhalten. Selbst hinsichtlich der Gewährung von Exportkrediten für Geschäfte in OECD-Staaten hat die KfW einen anderen Ansatz als dies bei Privatbanken der Fall ist. Das Förderelement führt hier zu längerfristigen Engagements, während Privatbanken sich bei verschlechternden Rahmenbedingungen schnell zurückziehen. Ferner wird durch die KfW insbesondere der Mittelstand stärker unterstützt, der mit seinen oft eher kleinen Projektvolumina bei den Privatbanken oftmals schwerer Exportfinanzierungen erhält. Für uns ist wichtig, dass die KfW auch in der neuen Aufgabenteilung mit einer ausgegliederten selbständigen Tochterbank für die mittelständische Export- und Projektfinanzierung weiterhin ihre Aufgaben erfüllen können.

Sie sehen, meine Damen und Herren, auch in diesem Bereich könnte es zu Konflikten zwischen unserem Interesse an einer effektiven Ausfuhrförderung einerseits und den EU-beihilferechtlichen Grenzen der Ausfuhrförderung andererseits kommen.

F. Ausfuhrförderung durch strukturelle Verbesserung im Bereich Handelspolitik

Lassen Sie mich – den weiten Begriff von Ausfuhrförderung aufnehmend – nun zum Schluss noch auf einen weiteren Schwerpunkt unserer Arbeit eingehen. In der Handelspolitik hat ja bekanntlich – und durch Nizza gestärkt – die EU in erster Linie die Kompetenzen. Deswegen sind die Mitgliedstaaten und nationale Industrieverbände aber nicht ohne Einfluss auf das Geschehen.

Im Gegenteil: Der BDI hat sich zumindest in jüngerer Vergangenheit in Brüssel und Genf als Vorreiter bei der Vertretung freihändlerischer Positionen verstanden.

Unter diesem Gesichtspunkt ist es besonders zu begrüßen, dass zwei Jahre nach der gescheiterten Ministerkonferenz in Seattle die Welthandelsorganisation (WTO) im November 2001 in Doha neue Dynamik gewann. Dort wurde der Startschuss für substanzielle neue Liberalisierungsverhandlungen gegeben.

Ein weiterer Abbau von Zöllen und nicht-tarifären Handelshemmnissen sowie neue Abkommen für grenzüberschreitende Investitionen und internationale Wettbewerbsfragen werden in den nächsten Jahren in Genf ausgehandelt. Auf der Verhandlungsagenda stehen außerdem die Klärung des Verhältnisses zwischen internationalen Umweltabkommen und WTO-Regeln, eine Verbesserung der Transparenz bei der Vergabe öffentlicher Aufträge sowie die Weiterentwicklung der Antidumping- und Antisubventionsregeln. Die Ergebnisse dieser Verhandlungen werden die Rahmenbedingungen für den Welthandel mittelfristig verbessern. Die deutsche Industrie wird an den sich daraus ergebenden Chancen maßgeblich partizipieren.

Der BDI hat den Einstieg in eine neue Welthandelsrunde mit Nachdruck gefordert. Dabei hat er sich stets für eine breite Themenpalette ausgesprochen, die nicht nur die traditionellen Marktzugangsfragen, sondern auch neue Regelungsbereiche wie Wettbewerb und Investitionen umfasst.

Durch einen kontinuierlichen hochrangigen Dialog mit der Europäischen Kommission und eine intensive Öffentlichkeitsarbeit hat der BDI seine handelspolitischen Forderungen zur Geltung gebracht. Doha markiert nun nicht nur den Startschuss für Liberalisierungsverhandlungen, sondern für den BDI auch eine neue Herausforderung konkreter Interessenvertretung der Industrie.

Für die deutsche Wirtschaft ist die Einleitung einer neuen Runde multilateraler Handelsverhandlungen von immenser Bedeutung.

So würde einem Gutachten des IfW Kiel zu Folge ein weltweiter Abbau der Industriezölle um 50 % allein in Deutschland zu volkswirtschaftlichen Wohlfahrtsgewinnen von ca. 23 Mrd. DM und der Schaffung von etwa 55.000 neuen Arbeitsplätzen führen.

Und weltweit würde nach Berechnungen der WTO die Senkung der Handelsbarrieren in den Bereichen verarbeitendes Gewerbe, Landwirtschaft und Dienstleistungen um ein Drittel die Weltwirtschaft um 613 Mrd. US-$ ankurbeln.

Lassen Sie mich auf zwei Bereiche besonders eingehen.

I. Senkung der Industriezölle erforderlich[6]

Zwischen den Industriestaaten und den Entwicklungsländern besteht in Bezug auf das Zollniveau eine große Kluft. Während in den Industriestaaten im Verlauf der letzten 50 Jahre die handelsgewichtete Zollbelastung auf ge-

---

[6] Vgl. dazu BDI Positionspapier „Erweiterter Marktzugang für industrielle Produkte – Forderungen der deutschen Industrie zum Abbau von Industriezöllen in der Doha-Runde" vom 26. Juni 2002, http://www.bdi-online.de/ .

werblichen und industriellen Gütern von 40 auf knapp 4 % zurückgegangen ist, beträgt die Belastung in den Entwicklungsländern auch heute noch durchschnittlich 40 % (Beispiel: gebundener Zollsatz im Durchschnitt Indien 60 %, Schweiz 1,8 %).

Große Unterschiede bestehen zwischen den einzelnen Handelsgütern. Niedrige Zollbelastungen bestehen in der Regel bei Papier, Papiermasse, Metallen, Metallprodukten, elektrischen Maschinen und Geräten. Hingegen liegen die Zölle bei den Agrarprodukten, den Textilien, der Bekleidung, Leder und Lederwaren noch über dem Durchschnitt. In der Uruguay-Runde wurden die bereits niedrigen Zollbelastungen prozentual stärker abgebaut als die höheren, womit die Unterschiede weiter zugenommen haben.

Aus Sicht der Entwicklungsländer ist die bestehende Zolleskalation in den Zolltarifen der Industriestaaten zu beklagen. Danach steigt die Zollbelastung mit zunehmender Verarbeitung eines Produktes, wodurch die verarbeitende Industrie zu Lasten der Rohstoffe geschützt wird.

Hauptkritikpunkt der Industriestaaten ist die Diskrepanz zwischen den Zollbindungen zahlreicher Entwicklungs- und Schwellenländer und den faktisch angewandten Zöllen. Nicht nur, dass einige Entwicklungsländer nur wenige Zollbindungen eingegangen sind. Viele Zollbindungen erfolgen auf einem Niveau, das in einzelnen Ländern bis zu 30 % über den faktischen Zöllen liegt. Diese Länder können ihre Zölle daher jederzeit beliebig anheben, was zur Verunsicherung im internationalen Handel führt.

Die Ministererklärung der 4. WTO-Ministerkonferenz hat Verhandlungen über einen umfassenden Zollabbau in der neuen Runde vorgesehen. Im Einzelnen wird als Programm hervorgehoben:

- Verhandlungen über den Abbau oder ggf. die Eliminierung von Zöllen,
- besonders erwähnt werden Spitzenzölle, hohe Zollsätze und das Problem der Zolleskalation,
- auch nicht-tarifäre Handelshemmnisse sollen abgebaut bzw. gänzlich eliminiert werden,
- alle Produktbereiche sind umfasst.

In den nun in Genf angelaufenen Verhandlungen zu den Zollsenkungen für Industriezölle müssen sich die WTO Mitgliedstaaten zunächst auf die Modalitäten des Zollabbaus einigen. Grundsätzlich will die EU sämtliche Industriezölle anhand einer allgemeinen Formel senken. Beispielsweise die USA wollen hingegen Sektor für Sektor verhandeln.

Auf Seiten der EU und in der Bundesregierung werden unterschiedliche Modelle diskutiert, wie eine allgemeine Zollsenkungsformel aussehen könnte. Kern dieser Modelle ist das Anliegen, Spitzenzölle deutlich zu senken, wie im Mandat von Doha vorgesehen. Die Kommission hatte vor der Ministerkonferenz in Seattle als generelle Zollsenkungsformel das sog. *Bänder-Modell* vorschlagen. Danach werden sämtliche Industriezölle linear reduziert. Im Einzelnen werden 3 Bänder eingerichtet, auf deren Niveau die Zölle sektorübergreifend zu senken sind:

In der Diskussion befindet sich daneben das sog. *Schweizer Modell*, daneben werden auch Modelle diskutiert, die andere Senkungsmethoden wie etwa die schlichte *Halbierung aller bestehenden Zölle* vorsehen.

Der BDI hat den Beschluss der Ministerkonferenz, den Zollabbau für Industriezölle als Kernthema der neuen Runde zu behandeln selbstredend begrüßt.

Vorrangig muss es nun darum gehen, prohibitive Zölle, die vor allen Dingen noch in Entwicklungs- und Schwellenländern anzutreffen sind, abzubauen. Insofern ist zu begrüßen, dass der weitere *Abbau von Spitzenzöllen* in der Ministererklärung erwähnt wird. Es ist festzuhalten, dass aus Sicht der deutschen Industrie in dem Abbau von Spitzenzöllen auf *15 %* eine wesentliche Priorität für die anstehenden WTO-Verhandlungen gesehen wird.

Wo immer Konsens besteht, sollten *geringfügige Zölle* (Zollsätze unter 3 %) ganz entfallen. Die administrativen Kosten bei Verwaltung und Wirtschaft übersteigen in der Regel die Einnahmeeffekte.

In den Zolltarifen der Entwicklungsländer müssen die ausgehandelten Zollbindungen den effektiv angewandten Zollsätzen entsprechen und nicht über den faktischen Zöllen liegen. Grundlage der Verhandlungen sollten von vornherein nicht die gebundenen, sondern die faktisch angewandten Zollsätze sein. Insofern sollte zu Verhandlungsbeginn ein *„Stand-still"* vereinbart werden.

Eine *allgemeine Zollsenkungsformel* sollte zunächst zu sektorenübergreifenden Verhandlungen führen. Dabei unterstützt die deutsche Industrie alle Modelle, die zu einer effektiven Reduzierung von Spitzenzöllen führen. Die Verhandlungen würden durch eine allgemeine Zollsenkungsformel vereinfacht und bei der heutigen komplexen Mitgliederstruktur der WTO überhaupt erst realistisch. Durch eine überproportionale Senkung der Spitzenzölle würde der Forderung der Entwicklungsländer nach Abbau der Zolltarifeskalation entsprochen.

Wenn diese Ziele anders nicht erreicht werden können, sollten auch *sektorale Verhandlungen* neben einer allgemeinen Zollsenkungsformel möglich bleiben, wenn eine kritische Masse von teilnehmenden Staaten erreicht ist. Dies darf aber nicht dazu führen, dass das Konzept des „Single Undertaking" am Ende der Runde unterlaufen wird.

II. Zurückhaltung beim Gebrauch handelspolitischer Instrumente[7]

Bedauerlicherweise wird der zunehmende Abbau von Industriezöllen doch zunehmend durch den Missbrauch handelspolitischer Instrumente konterkariert. Ich möchte zum Abschluss daher noch auf das Antidumping-Instrument eingehen.

Seit der Gründung der WTO 1995 steht erstmals ein multilateral geltendes WTO-Antidumping-Abkommen zur Verfügung. Alle WTO-Mitgliedstaaten müssen dieses Abkommen als Maßgabe für die Ausgestaltung ihrer nationalen Antidumping-Verfahren beachten. Dies bedeutet ein Zweifaches: Zum einen sind Antidumping-Maßnahmen damit als WTO-konformes Mittel zur Abwehr unfairer Handelspraktiken anerkannt, zum anderen werden sie durch die Bestimmung des WTO-Abkommens gleichzeitig eingeschränkt und in überprüfbare, transparente Bahnen gelenkt.

Antidumping kann aus unserer Sicht zur Aufrechterhaltung eines fairen, nicht durch Dumping verfälschten Wettbewerbs und damit einer liberalen Wirtschaftsordnung dienen. Allerdings bieten Antidumping-Maßnahmen auch die Möglichkeit zur Verfolgung protektionistischer Ziele. Ein Antidumping-Verfahren ist deshalb nur so gut wie es rechtlich präzise ausgestaltet und transparent ist. Jeglicher Spielraum zur Ausnutzung des Antidumping-Verfahrens für politische Vorgaben ist zu vermeiden. So macht dann auch die WTO die Durchführung von Antidumping-Maßnahmen von kumulativ zu erfüllenden Bedingungen abhängig: Vorliegen eines Dumping-Tatbestandes, (drohende) Schädigung eines heimischen Industriezweiges und Kausalzusammenhang zwischen Dumping und Schädigung.

Die deutsche Industrie macht in ihrer Rolle als Produzent von EU-Antidumping-Verfahren Gebrauch, insofern es darum geht, unfaire Handelspraktiken ausgehend von Unternehmen in Drittstaaten zu verhindern. Gleichzeitig haben Teile der deutschen Industrie in der Rolle des industriellen Verwenders ein Interesse an zurückhaltendem Gebrauch von EU-Antidumping-Maßnahmen.

---

[7] Vgl. BDI-Positionspapier „Harmonisierung des Antidumping-Instruments in der WTO-Runde dringend erforderlich" vom 1. Mai 2002, http://www.bdi-online.de.

Daneben sind deutsche Unternehmen in Drittstaaten in zunehmendem Maße selbst von handelspolitischen Maßnahmen, insbesondere von Antidumping-Verfahren betroffen. Im Laufe der letzten Jahre hat die Nutzung von Antidumping- und Antisubventionsverfahren weltweit erheblich zugenommen. Es steht zu befürchten, dass viele Staaten nach dem weitgehenden Abbau von Zollschranken wieder verstärkt auf handelspolitische Instrumente zurückgreifen. Dies gilt insbesondere für Schwellenländer und schwächt unseren Einsatz für eine weitere Marktöffnung und den Abbau von Handelshemmnissen.

Unabhängig hiervon steht zu befürchten, dass die Beliebtheit, der sich Antidumpingmaßnahmen heutzutage erfreuen, das Ergebnis des in den letzten Jahrzehnten erfolgten Zollabbaus ist. Weil der Zollschutz in vielen Handelsbereichen an Bedeutung verloren hat, konzentrieren sich die Schutzinteressen auf die Einführung anderer Instrumente zur Verhinderung von Importen.

Dies wird durch die Zunahme der gegen Unternehmen aus der EU gerichteten Antidumping- und Antisubventions-Maßnahmen in Drittstaaten belegt: Unternehmen in den Mitgliedstaaten der EU waren in der Zeit von Anfang 1995 bis Mitte 2001 von insgesamt 287 Verfahren in Drittstaaten betroffen. Untersuchungen belegen, dass die Aufnahme eines Antidumpingverfahrens den Handel bereits halb so stark einschränkt wie die effektive Erhebung von Antidumpingzöllen (investigation effect). Die gegen das Versprechen der Verfahrenseinstellung ausgehandelten Preiszugeständnisse hatten oft sogar die gleiche Wirkung wie die dafür nicht eingeführten Antidumpingmaßnahmen (suspension effect).

Bedauerlicherweise entsprechen gerade auch die Antidumpingverfahren in Drittstaaten oftmals nicht den Anforderungen des WTO-Antidumpingabkommens, so dass deutsche und EU-Unternehmen sich hiergegen oft nur unzureichend zur Wehr setzen können. Im Zentrum der Kritik stehen gerade in jüngster Zeit die USA, Indien und China. Hier gehört es zu den zentralen Aufgaben der WTO, durch geeignete Rahmenbedingungen protektionistisch motivierten Missbräuchen entgegenzutreten und so den für einen fairen Welthandel unverzichtbaren Kerngedanken des Antidumpingrechts zu stärken.

Mit dem WTO-Antidumping-Abkommen wurden durch die Festlegung von „de-minimis"-Tatbeständen bei Antidumping und Schädigung sowie der Verankerung einer die Dumping-Maßnahme für die Dauer von 5 Jahren begrenzenden Sunset-Klausel erste Schritte in die richtige Richtung unternommen. Hierbei darf nicht stehen geblieben werden. Die strengen Voraussetzungen des liberalen EU-Antidumpingrechts müssen auch in das WTO-Abkommen für alle verpflichtend Eingang finden.

Das WTO-Abkommen muss mit dem Ziel weiter verhandelt werden, die national heterogene Ausgestaltung der Antidumpingverfahren zu vereinheitlichen. Der BDI setzt sich für Präzisierungen des Abkommens ein, die zu mehr Transparenz, Vorhersehbarkeit bzw. zu harmonisierten und nicht diskriminierenden Anwendung des Antidumping-Instruments führen. Gleichzeitig dürfen die Kernregelungen und Vorschriften des Abkommens nicht zur Disposition stehen.

Zu fordern sind insbesondere:

- Unternehmen beklagen immer wieder, dass Drittlandsverfahren so ausgestaltet werden, dass den beklagten Unternehmen eine erfolgreiche Wahrnehmung ihrer Rechte kaum möglich ist. Durch überzogene Fakten und Beweisanforderungen in Kombination mit kurzen Fristsetzungen führt dies oft zum Ergebnis angeblich mangelnder Mitarbeit unserer Unternehmen. Nach diesem Grundsatz der „facts available" werden dann die Behauptungen der drittländischen Kläger als zutreffend unterstellt. Insofern sind Spezifizierungen des Artikels 6.8 und Annex 2 des Abkommens erforderlich: Die gesetzten Fristen und Anforderungen an den Antwortumfang müssen realistisch sein!

- Das WTO-Abkommen sollte eine Bestimmung beinhalten, wonach auch übergeordnete Interessen in die Abwägung mit einfließen können. Insofern ist die Einführung einer „public-interest"-Klausel, wie in der EU üblich („Gemeinschaftsinteresse"), zu fordern. Eine solche Bestimmung müsste rechtlich verbindlich sein und nach einheitlichen, detailliert ausgeführten Grundsätzen angewandt werden.

- Die meisten nationalen Antidumping-Verfahren ermöglichen die Verhängung einer Antidumping-Maßnahme ausschließlich auf der Grundlage der Dumping-Spanne. Nur einige Verfahren, darunter das der EU, fordern den Verweis auf die Schädigungsspanne (sog. lesser duty rule), d. h. eine Begrenzung des Antiduming-Zolls auf die zur Beseitigung des Schadens erforderliche Höhe. Das WTO-Abkommen sollte die „lesser duty rule" verpflichtend machen. Dies vor dem Hintergrund, dass Antidumping-Maßnahmen dazu da sind, die Schädigung der betroffenen Industrie zu beseitigen. Insofern muss eine allgemein gültige Methodik gefunden werden.

Meine Damen und Herren, ich danke Ihnen für Ihre Aufmerksamkeit!

Diskussionszusammenfassung zu dem Vortrag „Ausfuhrförderung aus unternehmerischer Sicht"

Zusammenfassung: *Christian Hüser*, Doktorand, Institut für öffentliches Wirtschaftsrecht, Universität Münster

Anlass für eine kontroverse Diskussion bot neben anderen Aspekten vor allem das Plädoyer *Böhmers* für einen umfassenden Abbau von Zöllen. Herr Ltd. Regierungsdirektor a. D. *Vögele* aus Freiburg eröffnete mit dem Bericht, dass die EU hohe Beträge in Länder vergebe, die durch Menschenrechtsverletzungen und Embargobestimmungen bekannt würden. Im Hinblick auf die Bedeutung des wirtschaftlichen Aufbaus jener Länder für die europäische Exportwirtschaft äußerte er die Hoffnung auf einen zügigen Zollabbau seitens der EU. *Böhmer* entgegnete, dass das allgemeine Präferenzsystem der EU schon in seiner jetzigen Form einen Sanktionsmechanismus vorsehe, durch den Länder, in denen gegen Menschenrechte sowie Arbeitnehmer- oder Umweltstandards verstoßen wird, von der Präferenzgewährung ausgenommen würden.

Prof. Dr. *Tietje* von der Universität Halle-Wittenberg knüpfte zunächst an den Streit um die Erweiterung der EU-Kompetenzen an und gab die ökonomischen Nachteile zu bedenken, die durch das weiterhin nicht kohärente Auftreten der EG als Handelsblock in der Welt entstünden. Dass internationale Handelspartner Mitgliedstaaten und Kommission im Rahmen von WTO-Streitbeilegungsverfahren gegeneinander ausspielten, zeige, wie sensibel und attraktiv die Kompetenzuneinheitlichkeit in der EG von diesen wahrgenommen werde. Er stellte zur Debatte, ob die Behebung dieses Problems durch eine verstärkte Kompetenzübertragung auf die EU nicht die damit verbundenen Nachteile überwiege. Zur Frage des Abbaus von Spitzenzöllen wies *Tietje* darauf hin, dass die diesbezüglichen Aussagen in der Doha-Ministererklärung sich nicht nur auf Spitzenzölle in Entwicklungsländern, sondern in erster Linie auf solche in den industrialisierten Staaten bezögen. Diese hätten verhindert, dass die aus der Uruguay-Runde erwarteten Wohlfahrtsgewinne eintreten konnten, und somit die negative Einstellung der Entwicklungsländer gegenüber der WTO-Handelsliberalisierung hervorgerufen. Im Hinblick auf die weiteren in Doha zur Debatte stehenden Themen (Antidumpingverfahren, Abbau technischer Handelshemmnisse, Investitionsschutz) äußerte *Tietje* sein Unverständnis über die uneingeschränkte Begrüßung der Trade Promotion Authority des US-Präsidenten durch den

Bundeswirtschaftsminister und EU-Kommissar Pascal Lamy. Diese enthalte viele Fallstricke für Doha und gebe dem Präsidenten kein Mandat zur Änderung der gegenwärtigen Trade Warranties Laws. Folglich sei nicht zu erwarten, dass die USA substantielle Änderungen im Antidumping- und Antisubventionsrecht hinnehmen werden.

Böhmer bewertete das nicht kohärente Auftreten der EU als Integrationsargument, gegen das man sich nur mit dem Prinzip der Subsidiarität stellen könne. Er forderte eine Differenzierung zwischen der Handelspolitik, für die schon jetzt eine effektive Aufgabenverteilung bestehe, und der klassischen Außenwirtschaftsförderung. Ob eine Übertragung des Investitionsschutzes auf die EU sinnvoll sei, ließ er ausdrücklich offen: Dafür spreche zum einen, dass die investitionsbezogenen Kapitel in den Freihandelsabkommen der EU mit Drittstaaten in der Regel sehr schwach ausfielen, weil die Mitgliedstaaten nicht zu einer Ausweitung ihres Verhandlungsmandats bereit seien. Zum anderen sei die eingeschränkte Investitionsagenda der Kommission für die WTO-Verhandlungen u. a. darin begründet, dass die klassischen Investitionsschutzstandards traditionell von den Mitgliedstaaten in bilateralen Verträgen vereinbart würden. Weil im Falle einer Kompetenzübertragung jedoch die in Deutschland bestehende Verknüpfung des Investitionsschutzsystems mit den Investitionsgarantien nicht mehr aufrecht zu erhalten wäre, griffe die Handelspolitik in den Bereich der Außenwirtschaftsförderung ein. In letzterer Hinsicht sprach er sich schon aus praktischen Gründen gegen eine weitere Vergemeinschaftung aus. Die Auffassung *Tietjes* zum Abbau von Spitzenzöllen vermochte *Böhmer* nur bezüglich landwirtschaftlicher Produkte zu teilen, bei Industrieprodukten hingegen richte sich die vom BDI formulierte Position vor allem gegen die hohen Spitzenzölle in den USA und einigen Schwellenländern wie Indien und China. Schließlich wies *Böhmer* auf die veränderte Situation in der Diskussion um das Antidumpinginstrument hin: Vor dem Hintergrund, dass auch deutsche Unternehmen in Drittstaaten zunehmend mit Antidumpinginstrumenten konfrontiert würden, sei man zu einer Position gelangt, die sich für eine Festschreibung der hohen EU-Standards im WTO-Antidumpingabkommen einsetze und auch der amerikanischen Industrie zu vermitteln sei.

Ein weiterer Diskussionsteilnehmer griff noch einmal die – seines Erachtens überdimensioniert dargestellte – Zollproblematik auf. Insbesondere teile er nicht die von *Böhmer* in die Abschaffung niedriger Zölle gesetzten Hoffnungen, da mit einer nennenswerten Senkung des administrativen Aufwands nicht zu rechnen sei. Im Übrigen vermisse er einen Hinweis darauf, dass schon eine Stärkung der Kenntnisse im grenzüberschreitenden Zivilrecht einen erheblichen Beitrag zur Ausfuhrförderung leisten könne – eine Aufgabe, deren Bewältigung *Böhmer* primär den zuständigen Fortbildungsagenturen zuwies. Die Bedeutung der Zölle verteidigte *Böhmer* unter Hinweis auf das Problem der Zolleskalation und stellte klar, dass der Abbau von Zöllen mit dem Abbau von Zollverfahren einhergehen müsse.

Gegen eine „eurozentristische" Sicht wandte sich Herr *Rubel* aus Menden. Mit Blick auf die von *Böhmer* angesprochene Situation in Indien und China gab er zu bedenken, dass mit dem Abbau von Zöllen auch Anreize für Joint-Venture-Gründungen verloren gingen, welche – z. B. im Falle von Volkswagen und General Motors in Shanghai – erst durch die hohen Importzölle auf Automobile möglich geworden seien. Wegen der zu erwartenden Steigerung von Billigimporten etwa aus Japan oder Korea sei der Zollabbau aber auch für die chinesische Binnenwirtschaft von geringerem Nutzen. *Böhmer* hielt *Rubel* entgegen, dass das sog. „infant-industry-argument", Zölle als Schutzinstrument für die Entwicklung eines heimischen Industriesektors einzusetzen, von der herrschenden ökonomischen Meinung abgelehnt werde. Ein Grund sei – ins Juristische übersetzt – das „do-ut-des"-Prinzip: Danach müssten die Chinesen, wenn sie in Industriestaaten exportieren wollten, reziprok ihrerseits die Zölle senken.

Rechtsanwalt *Schloemann* aus Berlin ergänzte diese Darstellung durch den Hinweis, dass Entwicklungsländer sich mit Spitzenzöllen wechselseitig schädigten, weil der größte Teil von Exporten aus Entwicklungsländern wiederum in Entwicklungsländer gehe. Das wichtigste Instrument Chinas zur Förderung seiner Automobilindustrie sei vielmehr die Schaffung von Rechtssicherheit. Denn auch ohne Gebrauch des „infant-industry-argument" verbleibe den Chinesen der Vorteil des Billiglohns. Damit stieß *Schloemann* auch bei *Böhmer* auf Zustimmung. Dieser unterstrich den Zusammenhang, dass Entwicklungsländer von Zollsenkungen größtenteils selbst, nämlich im Handel untereinander, profitierten. Mit Blick auf die gegenwärtige Blockadehaltung Indiens in der zuständigen Arbeitsgruppe der WTO erkannte er darin ein Argument, um Entwicklungsländer überhaupt von der Teilnahme an Zollsenkungsverhandlungen zu überzeugen.

Ausfuhrförderung von Agrarprodukten nach dem WTO-Übereinkommen über die Landwirtschaft

Dr. Christian Pitschas, LL.M.[*]

A. Einleitung

I. Die Rechtslage nach dem GATT 1947

Die GATT-Vertragsparteien sahen sich nach dem Ende des II. Weltkriegs gezwungen, die einheimische landwirtschaftliche Produktion zu steigern, um den Ernährungsbedarf einer wachsenden Bevölkerung zu decken. Zu diesem Zweck setzte man vor allem auf das Mittel der Marktstützung durch *Interventionspreise*. Die daraus resultierenden Überschüsse wurden mit Hilfe von *Ausfuhrsubventionen* auf Drittlandsmärkten abgesetzt.[1] Das hatte einen Verfall der Weltmarktpreise zur Folge und verfälschte den weltweiten Handel mit landwirtschaftlichen Erzeugnissen erheblich. Das GATT 1947 konnte dieser Entwicklung nicht Einhalt gebieten. Zwar verbot Art. XVI:4 GATT 1947 Ausfuhrsubventionen, sofern derartige Subventionen für gleichartige Waren einen niedrigeren Preis im Ausland als im Inland bewirkten.[2] Doch nahm Art. XVI:3 GATT 1947 landwirtschaftliche Waren von diesem Verbot unter der Bedingung aus, dass solche Subventionen nicht zu einem mehr als angemessenen Anteil am Welthandel mit den geförderten landwirtschaftlichen Erzeugnissen führten. Dieser sehr unbestimmte Maßstab erwies sich in der Praxis als nicht justitiabel; Art. XVI:3 GATT 1947 blieb daher toter Buchstabe.[3]

---

[*] Rechtsanwalt, Freshfields Bruckhaus Deringer, Brüssel.
[1] Siehe *Rosenthal/Duffy*, Reforming Global Trade in Agriculture, in: Stewart (Hrsg.), The World Trade Organization. Multilateral Trade for the 21st Century and US Implementing Legislation (1996), 145.
[2] Sog. „bilevel pricing test", siehe *Jackson*, The World Trading System (2. Aufl. 1997), S. 286.
[3] Siehe *Pitschas,* Ausfuhrsubventionen nach dem WTO-Übereinkommen über die Landwirtschaft – gegenwärtiger Stand und zukünftige Perspektive, RIW 2001, 205, 205 f. Siehe zu den besonderen Bedingungen für landwirtschaftliche Erzeugnisse im Rahmen des GATT 1947 *Delcros*, Le Statut juridique de l'agriculture à l'OMC, RDUE 2001, 689, 693 ff.; *ders.*, The Legal Status of Agriculture in the World Trade Organization, 2002 JWT 36(2), 219, 221 ff.

Folgerichtig setzte sich die Uruguay-Runde gemäß der Ministererklärung von Punta del Este von 1986 zum Ziel, den weltweiten Handel mit landwirtschaftlichen Gütern wirksameren Regeln zu unterwerfen, um die Verfälschung des Handels mit landwirtschaftlichen Erzeugnissen schrittweise zu beseitigen.[4] Um dieses Ziel zu erreichen, sollte der Gebrauch direkter und indirekter Subventionen, die den Handel mit landwirtschaftlichen Erzeugnissen beeinflussen, stärker diszipliniert werden, vor allem durch den stetigen Abbau dieser Subventionen. Die Präambel des – nach langwierigen und äußerst schwierigen Verhandlungen ausgehandelten[5] – Übereinkommens über die Landwirtschaft weist auf das langfristige Ziel hin, ein *faires und marktorientiertes*, d.h. von Beschränkungen und Verzerrungen freies, *Agrarhandelssystem* zu schaffen. Dieses Ziel soll durch die schrittweise Senkung von Stützungs- und Schutzmaßnahmen innerhalb eines bestimmten Zeitraums erreicht werden; das schließt die Reduzierung der für den Ausfuhrwettbewerb getätigten Ausgaben und der geförderten Ausfuhrmengen landwirtschaftlicher Produkte ein.[6] Die dafür im Übereinkommen vorgesehenen Maßnahmen sind allerdings erst der Anfang eines *Reformprozesses*, der in nachfolgenden Verhandlungen fortgesetzt werden soll.[7]

II. Individuelle Verpflichtungen der WTO-Mitglieder als integrale Bestandteile des GATT 1994

Im Einklang mit dem in der Präambel hervorgehobenen Ziel eines fairen und marktorientierten Agrarhandelssystems misst das Landwirtschaftsübereinkommen dem Ausfuhrwettbewerb besondere Bedeutung bei und stellt dafür in seinem Teil V allgemeine Regeln auf. Allerdings ergibt sich aus diesen Regeln nicht, welche *konkreten* Ausgaben- und Mengenverpflichtungen die WTO-Mitglieder hinsichtlich des Ausfuhrwettbewerbs eingegangen sind. Diese Verpflichtungen lassen sich nur ihren jeweiligen Listen entnehmen. Die Vorschriften über den Ausfuhrwettbewerb bilden also einen Rahmen,

---

[4] BISD 1987, 33S/19 ff., 24. Zu den Vorarbeiten des 1982 eingesetzten Komitees für den landwirtschaftlichen Handel siehe *Thomas&Meyer*, The New Rules of Global Trade (1997), S. 72 ff.

[5] Siehe den Überblick über die Verhandlungen bei *Delcros* (Anm. 3), (RDUE) 700 ff. bzw. (JWT) 227 ff.

[6] Zur Umsetzung des Landwirtschaftsübereinkommens im Gemeinschaftsrecht siehe *Halla-Heißen*, ZfZ 1995, 370; *Mögele*, in: Dauses (Hrsg.), Handbuch des EU-Wirtschaftsrechts, Band 1, Agrarrecht, G, Rn. 53 ff.

[7] Siehe *Delcros* (Anm. 3), (RDUE) 705 f. bzw. (JWT) 232. Siehe dazu jüngst auch Beierle, Agricultural Trade Liberalization – Uruguay, Doha, and Beyond, 2002 JWT(6), 1089 ff.

der durch die in den Listen der WTO-Mitglieder enthaltenen spezifischen Zugeständnisse bezüglich des Ausfuhrwettbewerbs ausgefüllt wird.[8] Das Landwirtschaftsübereinkommen bedient sich damit der Technik des GATT 1994; wie dort sind die Listen der WTO-Mitglieder gem. Art. 3 Abs. 1[9] ein *integraler Bestandteil* des GATT 1994.[10] Das gilt auch für die Zugeständnisse der WTO-Mitglieder auf dem Gebiet des Ausfuhrwettbewerbs, die in den Abschnitten II und III des Teils IV ihrer Listen enthalten sind.[11]

III. Erreichung von Reduktionszielen innerhalb eines Durchführungszeitraums

Die WTO-Mitglieder haben sich im Landwirtschaftsübereinkommen dazu verpflichtet, sowohl die für ihre Ausfuhrsubventionen getätigten Ausgaben als auch die durch diese Subventionen geförderten Mengen landwirtschaftlicher Erzeugnisse zu reduzieren. Diese *Senkungsverpflichtungen*, die im Einzelnen in ihren Listen spezifiziert sind, müssen sie während eines bestimmten Zeitraums, dem so genannten Durchführungszeitraum, erfüllen. Nach Art. 1 Buchst. f) ist mit dem Begriff „Durchführungszeitraum" ein Zeitraum von sechs Jahren gemeint, der am 1. Januar 1995 begann und im Jahr 2001 ablief.[12]

---

[8] Diese Zugeständnisse wurden auf der Grundlage des „Draft Final Act" (dem sog. „Dunkel-Draft") ausgehandelt, siehe *Thomas&Meyer* (Anm. 4), S. 76.

[9] Vorschriften ohne Nennung des Übereinkommens sind im Folgenden solche des Landwirtschaftsübereinkommens.

[10] Der Appellate Body führte dazu aus: „*Tariff concessions provided for in a Member's Schedule ... are reciprocal and result from a mutually-advantageous negotiation between importing and exporting Members. A Schedule is made an integral part of the GATT 1994 by Article II:7 of the GATT 1994. Therefore, the concessions provided for in that Schedule are part of the terms of the treaty.*" *European Communities – Customs Classification of Certain Computer Equipment*, WT/DS62/AB/R, WT/DS67/AB/R, WT/DS68/AB/R, Rn. 84; *Canada – Measures Affecting the Importation of Milk and the Exportation of Dairy Products*, WT/DS103/AB/R, WT/DS113/AB/R, Rn. 131; siehe auch den Panelbericht in *Korea – Measures Affecting Government Procurement*, WT/DS163/R, Rn. 7.9 mit Besprechung von *Prieß/Pitschas*, PPLR 2000, NA91.

[11] Siehe den Überblick über den Aufbau der Listen der WTO-Mitglieder in Guide to the Uruguay Round Agreements (1999), S. 50.

[12] Da mit „Jahr" je nach landwirtschaftlichem Produkt und WTO-Mitglied das Kalender-, Finanz- oder Wirtschaftsjahr gemeint ist (vgl. Art. 1 Buchst. i), variierte das Ende des Durchführungszeitraums je nach Produkt/Produktgruppe und WTO-Mitglied. Die EG hat angegeben, dass die in ihrer Liste hinsichtlich ihrer Budgetverpflichtungen genannten Jahre als Finanzjahre und die in ihrer Liste hinsichtlich ihrer

Das Landwirtschaftsübereinkommen besagt allerdings nicht, wie sich die Rechtslage nach dem Ende des Durchführungszeitraums darstellt. Die WTO-Mitglieder sind daher nicht verpflichtet, ihre Ausfuhrsubventionen über die in ihren Listen übernommenen Verpflichtungen hinaus zu reduzieren. Jedoch wird man dem Landwirtschaftsübereinkommen, insbesondere dem systematischen Zusammenhang der Art. 13 und 20, eine *Stillhalteverpflichtung* der WTO-Mitglieder zu entnehmen haben, d.h. die Verpflichtung, ihre Ausfuhrsubventionen auf dem am Ende des Durchführungszeitraums im Einklang mit ihren Senkungsverpflichtungen erreichten Niveau zu belassen.[13]

IV. Besondere und differenzierte Behandlung von Entwicklungsland-Mitgliedern

Entwicklungsland-Mitglieder und am wenigsten entwickelte Mitglieder genießen nach Art. 15 Abs. 1 eine *besondere und differenzierte Behandlung*. Diese Behandlung besteht nach Art. 15 Abs. 2 für Entwicklungsland-Mitglieder in einem um vier auf zehn Jahre verlängerten Durchführungszeitraum, um ihren Senkungsverpflichtungen nachzukommen. Zudem fallen die Senkungsverpflichtungen der Entwicklungsland-Mitglieder niedriger aus als die der industrialisierten Mitglieder. Die am wenigsten entwickelten Länder können nach Art. 15 Abs. 2 sogar ganz darauf verzichten, Senkungsverpflichtungen zu übernehmen.

In diesem Kontext ist auch der auf der Grundlage von Art. 16 gefasste Beschluss der Minister der WTO-Mitglieder zu möglichen nachteiligen Auswirkungen des Reformprogramms auf die am wenigsten entwickelten Länder und diejenigen Entwicklungsländer, die Nettoeinführer von Nahrungs-

---

[13] Mengenverpflichtungen genannten Jahre als Wirtschaftsjahre aufzufassen sind. Mit Finanzjahr ist grundsätzlich der 12-monatige Zeitraum vom 16. Oktober bis 15. Oktober gemeint, während unter Wirtschaftsjahr grundsätzlich der 12-monatige Zeitraum vom 01. Juli bis 30. Juni zu verstehen ist. Eine Ausnahme gilt insoweit für Zucker, für den das Finanzjahr den 12-monatigen Zeitraum vom 1. Juli bis 30. Juni und das Wirtschaftsjahr den 12-monatigen Zeitraum vom 1. Oktober bis 30. September bezeichnet. Für Reis und Wein meint Wirtschaftsjahr den 12-monatigen Zeitraum vom 1. September bis 31. August und für Olivenöl den 12-monatigen Zeitraum vom 1. November bis 31. Oktober. Der Durchführungszeitraum endete für die EG daher grundsätzlich erst zum 30. Juni 2001, soweit ihre Mengenverpflichtungen betroffen sind, bzw. zum 15. Oktober 2001, soweit ihre Budgetverpflichtungen betroffen sind. Für die vorhergehend gesondert genannten landwirtschaftlichen Produkte gelten für das Ende des Durchführungszeitraumes entsprechend andere Daten.

Siehe *Pitschas* (Anm. 3), 215 ff. sowie näher unten C. I.

mitteln sind,[14] zu beachten. Dieser Beschluss hält u.a. fest, dass eventuelle Abkommen über Exportkredite für Agrarausfuhren geeignete Bestimmungen über eine differenzierte Behandlung zugunsten der am wenigsten entwickelten Länder und der Entwicklungsländer, die Nettoeinführer von Nahrungsmitteln sind, enthalten sollen.[15]

B. Die Regulierung des Ausfuhrwettbewerbs

Dem Ausfuhrwettbewerb kommt wegen seiner Bedeutung für ein faires und marktorientiertes Agrarhandelssystem besonderes Gewicht zu;[16] dementsprechend umkämpft war er in den Verhandlungen im Rahmen der Uruguay-Runde. Das WTO Übereinkommen über Subventionen und Ausfuhrmaßnahmen hat der stark handelsverzerrenden Wirkung von Ausfuhrsubventionen durch ein ausnahmsloses Verbot solcher Subventionen Rechnung getragen;[17] jedoch sind Ausfuhrsubventionen für landwirtschaftliche Erzeugnisse gemäß Art. 13 Buchst. c) ii)[18] bzw. Art. 3 Abs. 1 des Subventionsübereinkommens (zumindest) bis zum Jahr 2004[19] von diesem Verbot ausgenommen. Sie unterstehen demnach für eine Übergangszeit einem Sonderregime, das durch die Artt. 3 Abs. 3 und 8 – 11 konturiert wird.

Art. 3 Abs. 3 stellt folgende *Grundnorm* auf: Ein WTO-Mitglied darf Ausfuhrsubventionen für die in seiner Liste genannten landwirtschaftlichen Erzeugnisse nur in Übereinstimmung mit seinen dort festgelegten Ausgaben- und Mengenangaben gewähren;[20] Ausfuhrsubventionen für andere als die in den Listen genannten landwirtschaftlichen Erzeugnisse sind dagegen unter-

---

[14] Siehe näher zu diesem Beschluss und seiner Umsetzung Desta, Food Security and International Trade Law. An Appraisal of the World Trade Organization Approach, 2001 JWT 35(3), 449, 452 ff., 465 ff.
[15] Die Überlegungen im Rahmen der OECD über ein solches Abkommen haben inzwischen konkrete Gestalt angenommen und sehen auch Regelungen für eine differenzierte Behandlung der von dem Beschluss erfassten Länder vor; diese Überlegungen sollen auf der WTO-Ebene aufgegriffen werden, siehe den Bericht des Landwirtschaftsausschusses vom 28. September 2001, WTO-Dok. G/AG/11, Punkt A.
[16] Eingehend dazu *Pitschas* (Anm. 3), 206 ff.
[17] Siehe dazu *Pitschas*, in: Prieß/Berrisch (Hrsg.), WTO-Handbuch (i. Ersch.), Übereinkommen über Subventionen und Ausgleichsmaßnahmen, Rn. 29 f., 81 ff.
[18] Zu dieser sog. Schutzklausel siehe unten III.
[19] Dieses Datum erklärt sich dadurch, dass der Durchführungszeitraum für die Zwecke der Schutzklausel neun statt sechs Jahre seit 1995 beträgt, vgl. Art. 1 Buchst. f).
[20] Zu Ausnahmen siehe unten B.II.1.

sagt.[21] Diese Grundnorm wird in Teil V weiter ausdifferenziert: Zu unterscheiden ist danach zwischen bestimmten, in Art. 9 Abs. 1 aufgezählten, Typen von Ausfuhrsubventionen einerseits und sonstigen, nicht in Art. 9 Abs. 1 enthaltenen Ausfuhrsubventionsarten andererseits.

I. Begriff der Ausfuhrsubvention

Die Disziplinierung des Ausfuhrwettbewerbs ist untrennbar mit dem Begriff der Ausfuhrsubvention verbunden, der von Art. 1 Buchst. e) definiert wird. Danach sind Ausfuhrsubventionen solche, die von der Ausfuhrleistung abhängig sind. Art. 1 Buchst. e) stellt zugleich klar, dass diese Abhängigkeit bei den in Art. 9 aufgezählten Subventionen *unwiderleglich* zu vermuten ist. Allerdings besagt Art. 1 Buchst. e) weder, was eine Subvention im Rahmen des Landwirtschaftsübereinkommens kennzeichnet (unten 1.), noch, unter welchen Umständen eine Abhängigkeit von der Ausfuhrleistung besteht (unten 2.).

1. Subvention

Da das Landwirtschaftsübereinkommen den Begriff „Subvention" weder in Art. 1 noch in einer anderen Vorschrift erläutert, ist als Richtschnur auf den Subventionsbegriff des Subventionsübereinkommens zurückzugreifen.[22] Dafür spricht auch Art. 13 Buchst. c) ii), weil die dort erteilte „Freistellung" der landwirtschaftlichen Ausfuhrsubventionen von den Verfahren der Art. 3, 5 und 6 des Subventionsübereinkommens notwendigerweise impliziert, dass die landwirtschaftlichen (Ausfuhr-)Subventionen an dem gleichen Maßstab zu messen sind wie diejenigen Subventionen, die gewerblichen Waren zugute kommen. Dementsprechend hat der Appellate Body Art. 1 des Subventi-

---

[21] *Mögele* (Anm. 6), Rn. 47. In United States - Tax Treatment For 'Foreign Sales Corporations' (FSC-Fall) fasste das Panel beide Verpflichtungen wie folgt zusammen: *"A violation of Article 3.3 of the Agreement on Agriculture may be found to exist if it is determined (a) that a Member is providing 'export subsidies listed in paragraph 1 of Article 9 of that Agreement'; and (b) in respect of a scheduled product, that those export subsidies are being provided in excess of the budgetary outlay and/or quantity commitment levels specified in its Schedule, or, in respect of an unscheduled product, that it is providing any such subsidies."* WT/DS108/R, Rn. 7.146.

[22] Siehe auch *Hofley/Whitehead*, Defining the Boundaries of Export Assistance: Preliminary Lessons from Two Recent Canadian WTO Losses, International Trade Law & Regulation 1999, 59, 64.

onsübereinkommens herangezogen, um den Subventionsbegriff im Rahmen des Landwirtschaftsübereinkommens auszulegen.[23]

Nach Art. 1 des Subventionsübereinkommens sind Subventionen (finanzielle) Beihilfen, die die öffentliche Hand unmittelbar oder mittelbar aus öffentlichen Mitteln gewährt, und die dem Beihilfeempfänger einen Vorteil einräumen, der ihm andernfalls nicht zur Verfügung gestanden hätte.[24] Es bedarf also eines *kausalen* Zusammenhangs zwischen der dem Empfänger zugewendeten Beihilfe und dem ihm zufließenden Vorteil. Ob dem Beihilfeempfänger ein Vorteil zugeflossen ist, ist anhand eines Vergleichs mit den Bedingungen des *freien Marktes* festzustellen: Ein sonst nicht zu erlangender Vorteil ist dann anzunehmen, wenn die Beihilfe zu Konditionen gewährt wird, die auf dem freien Markt nicht erhältlich sind.[25] Dieser Maßstab gilt auch für das Landwirtschaftsübereinkommen.[26]

---

[23] *Canada – Measures Affecting The Importation Of Milk And The Exportation Of Dairy Products* (kanadischer Milchfall), WT/DS103/AB/R, WT/DS113/AB/R, Rn. 87; FSC-Fall, WT/DS108/AB/R, Rn. 136. Im FSC-Fall hat das Panel ausgeführt: *"We agree with the parties that Article 1 of the SCM Agreement, which defines the term "subsidy" for the purposes of the SCM Agreement, represents highly relevant context for the interpretation of the word "subsidy" within the meaning of the Agreement on Agriculture, as it is the only article in the WTO Agreement that provides a definition of that term. ... As a general matter ... we consider that a measure which represents a subsidy within the meaning of the SCM Agreement will also be a subsidy within the meaning of the Agreement on Agriculture."* WT/DS108/R, Rn. 7.150.

[24] Art. 1 Abs. 1 Buchst. a) Nr. 1 Unterbuchst. i) – iv) und Nr. 2 des Subventionsübereinkommens enthalten eine *abschließende* Aufzählung der Beihilfeformen, siehe Rn. 8.73 des Panelberichts in *United States – Measures Treating Exports Restraints As Subsidies*, WT/DS194/R („*a finite list [of] the kinds of government measures that would, if they conferred benefits, constitute subsidies*"). Ob diese abschließende Aufzählung auch auf das Landwirtschaftsübereinkommen zu übertragen ist, ist unklar. Allerdings ist Art. 1 Abs. 1 Buchst. a) Nr. 2 des Subventionsübereinkommens denkbar weit gefasst, da er jedwede Form der Einkommens- oder Preisstützung genügen lässt.

[25] In diesem Sinne hat sich auch der Appellate Body in *Canada – Measures Affecting The Export Of Civilian Aircraft* (kanadischer Flugzeugfall) geäußert: *"In our view, the marketplace provides an appropriate basis for comparison in determining whether a 'benefit' has been 'conferred', because the trade-distorting potential of a 'financial contribution' can be identified by determining whether the recipient has received a 'financial contribution' on terms more favourable than those available to the recipient in the market."* WT/DS70/AB/R, Rn. 157.

[26] Dementsprechend stellte der Appellate Body im kanadischen Milchfall fest: *"Correspondingly, a 'subsidy' involves a transfer of economic resources from the grantor to the recipient for less than full consideration."* WT/DS103/AB/R, WT/DS113/AB/R, Rn. 87; auf diesen „Test" hob der Appellate Body auch im FSC-

2. Abhängigkeit von der Ausfuhrleistung

Das Landwirtschaftsübereinkommen setzt weiter voraus, dass die Subventionen von der Ausfuhrleistung abhängig sind.[27] Eine solche Abhängigkeit ist dann gegeben, wenn die Bewilligung der Subvention an die Ausfuhr landwirtschaftlicher Erzeugnisse oder Erzeugnisgruppen geknüpft ist, um die Ausfuhr dieser Erzeugnisse oder Erzeugnisgruppen zu fördern.[28] Andere Anforderungen an die Natur einer Ausfuhrsubvention stellt das Landwirtschaftsübereinkommen nicht. Insbesondere ist es nicht erforderlich, dass die Subvention anlässlich der Ausfuhr, d.h. zeitgleich mit der Ausfuhr, ausgezahlt wird. Es genügt, wenn die Subvention – ohne Anknüpfung an den Ausfuhrzeitpunkt – dazu bestimmt ist, gerade die Ausfuhr landwirtschaftlicher Erzeugnisse zu unterstützen. Diese Eigenschaft weist auch eine Förderung auf, die vor Ausfuhr der landwirtschaftlichen Erzeugnisse mit der Maßgabe ausgezahlt wird, dass die begünstigten Erzeugnisse anschließend, ggf. nach Verarbeitung, tatsächlich ausgeführt werden. Die Berichte des Panels und des Appellate Body in *Canada - Measures Affecting The Importation Of Milk And The Exportation Of Dairy Products* (kanadischer Milchfall) bestätigen diese Auffassung.[29]

---

[27] Verfahren ab, WT/DS108/AB/R, Rn. 136. Siehe auch Delcros (Anm. 3), (RDUE) 715 bzw. (JWT) 240 f.

[28] Die authentischen englischen und französischen Wortlauten sprechen von "subsidies contingent upon export performance" bzw. "subventions subordonnées aux résultats à l'exportation".

Im kanadischen Flugzeugfall legte der Appellate Body die Worte „contingent upon export performance" in Art. 3 Abs. 1 Buchst. a) des Subventionsübereinkommens wie folgt aus: „*... the ordinary connotation of 'contingent' is 'conditional' or 'dependent for its existence on something else'.*" WT/DS70/AB/R, Rn. 166. Im FSC-Fall hielt der Appellate Body fest: "*We see no reason, and none has been pointed out to us, to read the requirement of 'contingent upon export performance' in the Agreement on Agriculture differently from the same requirement imposed by the SCM Agreement.*" WT/DS108/AB/R, Rn. 141.

[29] Dieses Verfahren betraf kanadische Vergünstigungen für Milch, die nicht erst bei der Ausfuhr der aus der Milch hergestellten Produkte, sondern bereits zu einem früheren Zeitpunkt gewährt wurden, aber von der Ausfuhr der betreffenden Produkte abhängig waren, WT/DS103/R, WT/DS113/R, Rn. 7.87 bzw. Rn. 7.113; WT/DS103/AB/R, WT/DS113/AB/R, Rn. 123. Dieser Fall stellt klar, dass auch Vergünstigungen *nichtfinanzieller* Natur unter den Begriff der Ausfuhrsubvention fallen, siehe *Delcros* (Anm. 3), (RDUE) 720 bzw. (JWT) 243 f.

3. „Amber Box" Maßnahmen als Ausfuhrsubventionen?

Im kanadischen Milchfall wies der Appellate Body im *Compliance*-Verfahren nach Art. 21 Abs. 5 des Streitbeilegungsübereinkommens über die Vereinbarkeit des revidierten kanadischen Milchregimes mit den von Kanada im Rahmen des Landwirtschaftsübereinkommens übernommenen Verpflichtungen auf folgenden Umstand hin:

> „*It is possible that the economic effects of WTO-consistent domestic support in favour of producers may 'spill over' to provide certain benefits to export production, especially as many agricultural products result from a single line of production that does not distinguish whether the production is destined for consumption in the domestic or export market.*"[30]

Diese Feststellung veranlasste den Appellate Body zu folgender Überlegung:

> „*We believe that it would erode the distinction between the domestic support and export subsidies disciplines of the Agreement on Agriculture if WTO-consistent domestic support measures were automatically characterized as export subsidies because they produced spill-over economic benefits for export production. ... However, we consider that the distinction between the domestic support and export subsidies disciplines in the Agreement on Agriculture would also be eroded if a WTO Member were entitled to use domestic support, without limit, to provide support for exports of agricultural products. Broadly stated, domestic support provisions of that Agreement, coupled with high levels of tariff protection, allow extensive support to producers, as compared with the limitations imposed through the export subsidies disciplines. Consequently, if domestic support could be used, without limit, to provide support for exports, it would undermine the benefits intended to accrue through a WTO Member's export subsidy commitments.*"[31]

Aufgrund der wirtschaftlichen Auswirkungen der in die sog. „amber box" fallenden internen Stützungsmaßnahmen auf den Ausfuhrwettbewerb will der Appellate Body zwischen den Senkungsverpflichtungen der WTO-Mitglieder für interne Stützungsmaßnahmen der „amber box" und ihren Senkungsverpflichtungen für Ausfuhrsubventionen eine *praktische Konkordanz* herstellen. Die Vorteile, die sich für die WTO-Mitglieder aus den Senkungsverpflichtungen eines WTO-Mitglieds hinsichtlich seiner Ausfuhrsub-

---

[30] WT/DS103/AB/RW, WT/DS113/AB/RW, Rn. 89.
[31] Ebenda, Rn. 90 f.

ventionen ergeben, sollen nicht dadurch geschmälert werden, dass dieses Mitglied sein Budget für interne Stützungsmaßnahmen voll ausschöpft. Der Appellate Body liest also eine ungeschriebene weitere *materielle* Schranke für Ausfuhrsubventionen in das Landwirtschaftsübereinkommen. Diese bewirkt seiner Ansicht nach im Rahmen des Art. 9 Abs. 1 Buchst. c), die vollständigen Herstellungskosten als Maßstab heranzuziehen, um zu bestimmen, ob Zahlungen bei der Ausfuhr eines landwirtschaftlichen Erzeugnisses geleistet werden.[32]

Die Analyse des Appellate Body bezüglich der wirtschaftlichen Auswirkungen interner Stützungsmaßnahmen der „amber box" auf den Ausfuhrwettbewerb mag zutreffend sein. Jedoch berücksichtigt seine rechtliche Schlussfolgerung nicht hinreichend, dass nach Art. 1 Buchst. e) Ausfuhrsubventionen eine *Abhängigkeit* der gewährten Subvention von der Ausfuhrleistung voraussetzen. An diesem Abhängigkeitsverhältnis fehlt es aber gerade bei den internen Stützungsmaßnahmen. Es stellt daher einen *Systembruch* im Rahmen des Landwirtschaftsübereinkommens dar, interne Stützungsmaßnahmen trotz des fehlenden Abhängigkeitsverhältnisses zwischen Subventionsgewährung und Ausfuhrleistung (in ihrer Wirkung) als Ausfuhrsubventionen einzuordnen. Die dem Landwirtschaftsübereinkommen zugrunde liegende strikte Unterscheidung zwischen internen Stützungsmaßnahmen einerseits und Ausfuhrsubventionen andererseits würde hinfällig, wollte man der Auffassung des Appellate Body folgen. Es muss den Verhandlungen der WTO Mitglieder über die Fortsetzung des Reformprozesses vorbehalten bleiben, ob das Landwirtschaftsübereinkommen insoweit zu modifizieren ist.[33]

II. Systematik der Ausfuhrsubventionsregulierung

Art. 8 leitet den fünften Teil des Übereinkommens ein und greift die Grundnorm des Art. 3 Abs. 3 auf. Art. 8 verpflichtet die WTO-Mitglieder dazu, nur solche Ausfuhrsubventionen für landwirtschaftliche Erzeugnisse oder Erzeugnisgruppen zu gewähren, die mit dem Übereinkommen sowie den in ihren Listen enthaltenen Verpflichtungen vereinbar sind. Die WTO-Mitglieder unterliegen somit *zweierlei* Verpflichtungen: Sie müssen erstens die Regeln des Landwirtschaftsübereinkommens über die Begrenzung des Ausfuhrwett-

---

[32] Ebenda, Rn. 92 ff.
[33] Siehe dazu unten C. II. 3. Die Beschwerde einiger WTO-Mitglieder, der Bericht des Appellate Body schränke ihre Rechte im Widerspruch zu Art. 3 Abs. 2 DSU ein, ist daher nicht von der Hand zu weisen.

bewerbs einhalten, und sie müssen sich an die Zusagen halten, die sie in ihren Listen abgegeben haben.[34] Landwirtschaftliche Erzeugnisse oder Erzeugnisgruppen, die die WTO-Mitglieder nicht in ihren Listen aufgeführt haben, dürfen gemäß Art. 3 Abs. 3 überhaupt keine Ausfuhrsubventionen erhalten.[35]

Die Umsetzung der Senkungsverpflichtungen für die Ausfuhrsubventionen der in den Listen der WTO Mitglieder aufgeführten landwirtschaftlichen Erzeugnisse ist Gegenstand des Art. 9 (unten 1.). Art. 10 enthält eine Auffangtatbestand in Gestalt eines Umgehungsverbots; außerdem enthält Art. 10 eine das Umgehungsverbot abstützende Beweislastregel (unten 2.). Daneben gibt es eine Kategorie von *eo ipso* unzulässigen Ausfuhrsubventionen (unten 3.). Art. 11 stellt eine Regel für Ausfuhrsubventionen zugunsten von Verarbeitungserzeugnissen auf (unten 4.). Abgerundet wird dieses System durch Notifikationspflichten der WTO-Mitglieder (unten 5.).

1. Umsetzung der Senkungsverpflichtungen

a) Besondere Stellung des Artikels 9

Art. 9 kommt eine herausgehobene Stellung für die Erfüllung der Senkungsverpflichtungen zu. Das lässt sich sowohl aus Art. 1 Buchst. e) als auch aus Art. 3 Abs. 3 ablesen: Art. 1 Buchst. e) nimmt ausdrücklich auf Art. 9 Bezug und ordnet die dort genannten Subventionen unwiderlegbar als Ausfuhrsubventionen ein. Art. 3 Abs. 3 verweist gleichfalls ausdrücklich auf Art. 9 und verpflichtet die WTO-Mitglieder dazu, bei der Gewährung von Ausfuhrsubventionen – vorbehaltlich der in Art. 9 befindlichen Sonderregeln – die Verpflichtungen bezüglich Haushaltsausgaben und Mengen einzuhalten, die sie in ihren Listen für die dort genannten landwirtschaftlichen Erzeugnisse oder Erzeugnisgruppen übernommen haben.

Art. 9 zählt im ersten Absatz verschiedene Formen von Ausfuhrsubventionen auf, deren Gemeinsamkeit die *konditionale* Verknüpfung mit der Ausfuhr der geförderten landwirtschaftlichen Erzeugnisse ist. Obwohl diese Aufzählung unterschiedliche Subventionsarten umfasst, ist nicht auszuschließen, dass eine Ausfuhrsubvention sich unter mehrere der dort genannten Fallgruppen subsumieren lässt, wie das Ausgangsverfahren im kanadischen Milchfall bestätigt. Die Streitparteien dieses Verfahrens waren sich darin einig, dass sich die einzelnen Subventionsarten des Art. 9 Abs.1 unter Umständen über-

---

[34] 25 WTO-Mitglieder, einschließlich der EG, haben entsprechende Zusagen gemacht.
[35] Siehe auch den Bericht des Appellate Body im FSC-Fall, WT/DS108/AB/R, Rn. 146 sowie unten 3.

schneiden könnten.³⁶ Dementsprechend gelangte das Panel in dem Ausgangsverfahren zu dem Schluss, dass die kanadischen Subventionen sowohl unter Art. 9 Abs. 1 Buchst. a) als auch unter Art. 9 Abs. 1 Buchst. c) fallen.³⁷ Der Appellate Body hielt zwar nur Art. 9 Abs. 1 Buchst. c) für einschlägig, doch beruhte diese Ansicht nicht auf einer in den Augen des Appellate Body trennscharfen Abgrenzung der in Absatz 1 genannten Fallgruppen, sondern hatte prozessökonomische Gründe.³⁸ Die Aufzählung in Art. 9 Abs. 1 hat demnach vor allem die Aufgabe, diejenigen Ausfuhrsubventionsarten aufzuführen, die die WTO-Mitglieder typischerweise für landwirtschaftliche Erzeugnisse gewähren.³⁹ Die Nennung dieser typischen Subventionsarten soll für *Transparenz* sorgen und verhindern, dass Zweifel über den Anwendungsbereich der Senkungsverpflichtungen entstehen.

Die Entwicklungsland-Mitglieder genießen nach Art. 9 Abs. 4 im Hinblick auf die in Art. 9 Abs. 1 Buchst. d) und e) genannten Ausfuhrsubventionen (Beihilfen zur Verringerung von Vermarktungs- und Transportkosten) eine besondere und differenzierte Behandlung: Sie müssen für diese beiden Subventionsarten (während des Durchführungszeitraums)⁴⁰ keine Senkungsverpflichtung übernehmen, sofern diese Befreiung nicht zu einer Umgehung ihrer sonstigen Senkungsverpflichtungen hinsichtlich der übrigen in Art. 9 Abs. 1 aufgezählten Ausfuhrsubventionen führt.⁴¹

---

³⁶ WT/DS103/R, WT/DS113/R, Rn. 7.35.
³⁷ Ebenda, Rn. 7.87 und 7.113.
³⁸ Das wird aus seiner folgenden Aussage deutlich: *"However, in view of our findings below on Article 9.1(c) of the Agreement on Agriculture, we do not find it necessary to examine in this Report whether export subsidies, as listed in Article 9.1(a), are conferred through Special Classes 5(d) and 5(e) and we, therefore, reserve our judgment on this question."* WT/DS103/AB/R, WT/DS113/AB/R, Rn. 92.
³⁹ Siehe *Delcros* (Anm. 3), (RDUE) 718 bzw. (JWT) 243.
⁴⁰ Diese Ausnahme ist nicht so zu verstehen, dass den Entwicklungsland-Mitgliedern nach Beendigung des Durchführungszeitraums die Pflicht obläge, die in Art. 9 Abs. 1 Buchst. d) und e) genannten Ausfuhrsubventionen zu senken, denn die Senkungsverpflichtungen beziehen sich allgemein nur auf den Durchführungszeitraum. Die Übernahme einer Senkungsverpflichtung durch die Entwicklungsland-Mitglieder für diese beiden Ausfuhrsubventionen kann also allenfalls das Ergebnis der laufenden Verhandlungen im Rahmen des Reformprozesses sein.
⁴¹ Art. 9 Abs. 4 stellt damit ebenso wie Art. 10 Abs. 1 ein Umgehungsverbot auf; allerdings zielt das Umgehungsverbot in Art. 9 Abs. 4 auf Ausfuhrsubventionen nach Art. 9 Abs. 1 und nicht auf *sonstige* Ausfuhrsubventionen, siehe dazu unten 2.

b) Parameter der Senkungsverpflichtung in Artikel 9

Art. 3 Abs. 3 und Art. 8 sprechen von den Verpflichtungen, die die WTO-Mitglieder bezüglich Ausfuhrsubventionen übernommen haben. Art. 9 Abs. 1 stellt klar, dass es sich um Senkungsverpflichtungen für die von ihm aufgezählten Ausfuhrsubventionen handelt. Die für diese Senkungsverpflichtungen geltenden Regeln sind in Art. 9 Abs. 2 niedergelegt. Dabei stellt Buchst. a) den Grundsatz auf und Buchst. b) die davon vorübergehend zulässige Ausnahme.

(1) Grundsatz

Nach Art. 9 Abs. 2 Buchst. a) beziehen sich die Senkungsverpflichtungen in den Listen der WTO-Mitglieder zum einen auf die *Haushaltsausgaben* der WTO-Mitglieder (einschließlich Einnahmeverzicht) für Ausfuhrsubventionen im Sinne des ersten Absatzes und zum anderen auf die *Mengen* an landwirtschaftlichen Erzeugnissen bzw. Erzeugnisgruppen, deren Ausfuhr die WTO-Mitglieder mittels Ausfuhrsubventionen im Sinne des ersten Absatzes fördern, und die in ihren Listen aufgezählt sind. Die in den Listen angegebenen Senkungsverpflichtungen geben Höchstgrenzen für *jedes* Jahr des Durchführungszeitraums wieder, d.h., das betreffende WTO-Mitglied darf – vorbehaltlich der Ausnahmen nach Buchst. b) – während des jeweiligen Jahres des Durchführungszeitraums keine höheren Haushaltsausgaben für Ausfuhrsubventionen tätigen bzw. keine höheren Ausfuhrmengen anhand derartiger Subventionen fördern als in seiner Liste vorgesehen ist.[42]

Die in den Listen aufgeführten Senkungsverpflichtungen beziehen sich auf das betreffende landwirtschaftliche Erzeugnis oder die betreffende Erzeugnisgruppe bzw. auf die Ausfuhrmengen eines landwirtschaftlichen Erzeugnisses oder einer Erzeugnisgruppe. Die WTO-Mitglieder dürfen also – anders als für die internen Stützungsmaßnahmen – keine globale zahlenmäßige Größe in ihre Listen aufnehmen. Vielmehr müssen sich die in ihren Listen angegebenen Ausgaben- und Mengenverpflichtungen konkret auf bestimmte landwirtschaftliche Erzeugnisse bzw. Erzeugnisgruppen beziehen. Die Mehrheit derjenigen WTO-Mitglieder, die Verpflichtungen in ihre Listen aufgenommen haben, haben die landwirtschaftlichen Erzeugnisse in 23 Produktgruppen wie Weizen, Zucker, Rindfleisch, Butter und Käse aufgeteilt. Etwas anderes gilt allerdings für „incorporated products", bei denen die

---

[42] Nach Erkenntnissen der OECD haben die Mengenverpflichtungen bislang eine größere Rolle gespielt als die Ausgabenverpflichtungen, siehe A Forward-Looking Analysis of Export Subsidies In Agriculture, S. 8 (abrufbar unter www.oecd.org; Stichwort: trade and agriculture; Unterstichwort: agricultural trade liberalization).

WTO-Mitglieder im Rahmen der Uruguay-Verhandlungen übereinkamen, insofern eine Ausnahme von dem Erfordernis einer Zuordnung zu bestimmten Produktkategorien zu machen.[43] Zu den „incorporated products" gehören bestimmte landwirtschaftliche Erzeugnisse, die zur Herstellung von Verarbeitungserzeugnissen verwendet werden. Bei den „incorporated products" lässt sich weder – im Gegensatz zu Art. 9 Abs. 2 Buchst. a) i) – im vorhinein bestimmen, in welcher Höhe die Ausfuhrsubventionen den jeweils begünstigten landwirtschaftlichen Erzeugnissen oder Erzeugnisgruppen zugute kommen, noch lässt sich – im Gegensatz zu Art. 9 Abs. 2 Buchst. a) ii) – vorab bestimmen, für welche (Mengen an) „incorporated products" Ausfuhrsubventionen gewährt werden.

Die WTO-Mitglieder müssen ihre Senkungsverpflichtungen grundsätzlich *degressiv* ausgestalten. Das erhellt aus Art. 9 Abs. 2 Buchst. b) iv). Danach sind – zum Ende des Durchführungszeitraums - die Haushaltsausgaben für Ausfuhrsubventionen auf 64 % des Ausgangswerts des Bezugszeitraums zu kürzen, d.h. um 36 % zu senken, während die mit Hilfe der Ausfuhrsubventionen geförderten Ausfuhrmengen auf 79 % des Ausgangswerts des Bezugszeitraums zu verringern, d.h. um 21 % zu senken, sind.[44] Die Entwicklungsland-Mitglieder genießen auch insofern eine besondere und differenzierte Behandlung: Sie müssen ihre Haushaltsausgaben für Ausfuhrsubventionen auf 76 % des Ausgangswerts (Kürzung um 24 %) und ihre durch Ausfuhrsubventionen geförderten Ausfuhrmengen auf 86 % des Ausgangswerts (Verringerung um 14 %) senken.

Wie die vorstehenden Erläuterungen zeigen, sind die Senkungsverpflichtungen durch zwei Zeiträume determiniert: zum einen den Bezugs-, zum anderen den Durchführungszeitraum.[45] Der Bezugszeitraum meint die Jahre 1986 - 1990. Die durchschnittlichen Haushaltsausgaben der WTO-Mitglieder in diesem Zeitraum für Ausfuhrsubventionen zugunsten der in ihren Listen aufgeführten landwirtschaftlichen Erzeugnisse und Erzeugnisgruppen sowie die in diesem Zeitraum durch solche Subventionen durchschnittlich geför-

---

[43] Siehe *Rosenthal/Duffy* (Anm. 1), 163, die darin zu Recht eine Schwächung der Senkungsverpflichtung erblicken. Die Listen der EG, Kanadas, der Schweiz und Norwegens enthalten Budgets für „incorporated products", die nicht näher ausweisen, wie sich die Ausfuhrsubventionen auf die betreffenden landwirtschaftlichen Erzeugnisse verteilen, und welche Mengen an landwirtschaftlichen Erzeugnissen mit Ausfuhrsubventionen gefördert werden sollen.

[44] Diese Reduktionsgrößen entsprechen der Vereinbarung zwischen der EG und den USA im Blair-House Abkommen, siehe *Delcros* (Anm. 3), (RDUE) 716 bzw. (JWT) 231.

[45] Dazu oben A. III.

derten Ausfuhrmengen dieser landwirtschaftlichen Erzeugnisse und Erzeugnisgruppen sind die Bezugsgrößen, an denen sich die Senkungsverpflichtungen der WTO-Mitglieder orientieren.

(2) Zeitlich beschränkte Ausnahme

Die Ausgaben- und Mengenverpflichtungen stellen zwar nach dem in Buchst. a) aufgestellten Grundsatz *jährliche* Höchstgrenzen dar. Allerdings gilt dieser Grundsatz nicht ausnahmslos. Buchst. b) gestattet es den WTO-Mitgliedern, im zweiten bis fünften Jahr des Durchführungszeitraums (also bis ein Jahr bzw. im Fall der Entwicklungsland-Mitglieder fünf Jahre vor Ende des Durchführungszeitraums) das in ihren Listen für ein bestimmtes Jahr angegebene Verpflichtungsniveau für Haushaltsausgaben und Ausfuhrmengen zu überschreiten (sog. „downstream flexibility"). Zugleich gibt Buchst. b) vor, wie hoch die Überschreitung in einem einzelnen Jahr sein darf. Danach dürfen die *kumulativen* Beträge der für die Ausfuhrsubventionen seit dem Beginn des Durchführungszeitraums bis zum betreffenden Jahr der Überschreitung aufgewendeten Haushaltsausgaben die kumulativen Beträge, die sich bei Einhaltung der jährlichen Ausgabenverpflichtungen ergeben hätten, um nicht mehr als 3 % des Ausgangswerts des Bezugszeitraums übersteigen. Die gleiche Berechnungsmethode gilt für die Überschreitung des jährlichen Verpflichtungsniveaus für Ausfuhrmengen; allerdings liegt hier die prozentuale Grenze bei 1,75 % des Ausgangswerts des Bezugszeitraums.

Die in den Grenzen des Buchst. b) i) und ii) zulässige Überschreitung der jährlichen Verpflichtungsniveaus für Ausfuhrsubventionen und Ausfuhrmengen darf nach Buchst. b) iii) nicht dazu führen, dass die für den *gesamten* Durchführungszeitraum geltende Senkungsverpflichtung unterlaufen wird. Vielmehr muss spätestens im letzten Jahr des Durchführungszeitraums der Saldo ausgeglichen sein, d.h., die gesamten kumulativen Beträge, die der betreffende Mitgliedstaat für Ausfuhrsubventionen tatsächlich getätigt hat, bzw. die gesamten kumulativen Mengen, die er tatsächlich mit Ausfuhrsubventionen gefördert hat, müssen den Gesamtbeträgen bzw. -mengen entsprechen, die sich aus den entsprechenden Verpflichtungen in seiner Liste für den gesamten Durchführungszeitraum ergeben.[46]

---

[46] Vgl. Guide to the Uruguay Round Agreements (Anm. 11), S. 60. Die EG hat Schwierigkeiten, ihre Senkungsverpflichtung einzuhalten, insbesondere soweit Verarbeitungserzeugnisse betroffen sind. Sie hat daher die VO (EG) Nr. 1520/2000 erlassen (ABl 2000 L 177/1), die gemeinsame Durchführungsvorschriften und Kriterien für die Gewährung von Ausfuhrerstattungen und die Festsetzung der Erstattungsbeträge

Das am Ende des (sechs- bzw. zehnjährigen) Durchführungszeitraums endgültig zu erreichende Verpflichtungsniveau für Ausfuhrmengen gilt nur für landwirtschaftliche Erzeugnisse, deren Ausfuhr durch Subventionen im Sinne des Art. 9 Abs. 1 gefördert wird. Es stellt also keine absolute Obergrenze für die Ausfuhren der in der Liste eines WTO-Mitglieds aufgezählten landwirtschaftlichen Erzeugnisse oder Erzeugnisgruppen dar. Jedoch muss ein WTO-Mitglied, dessen entsprechende Ausfuhren über das endgültige Verpflichtungsniveau hinausgehen, nach Art. 10 Abs. 3 nachweisen, dass die überschüssige Ausfuhrmenge nicht auf Förderungen mittels Ausfuhrsubventionen im Sinne des Art. 9 Abs. 1 beruht. Das bedeutet in einem Streitfall, dass die beschwerdeführende Partei lediglich darlegen muss, dass das betreffende WTO-Mitglied seine Mengenverpflichtungen überschritten hat. Gelingt der beschwerdeführenden Partei dieser Nachweis, trägt die andere Partei – in Abweichung von der normalen Beweislastverteilung im WTO Streitbeilegungsverfahren – die Darlegungslast dafür, dass diese Mengenüberschreitung *nicht* auf die Gewährung von Ausfuhrsubventionen im Sinne des Art. 9 Abs. 1 zurückzuführen ist.[47]

2. Umgehungsverbot

a) Wesen und Reichweite des Umgehungsverbots

Die Senkungsverpflichtung gilt nach Art. 9 Abs. 1 (nur) für die dort genannten Arten an Ausfuhrsubventionen. Das bedeutet aber nicht, dass die WTO-Mitglieder für die in ihren Listen genannten landwirtschaftlichen Erzeugnis-

---

für landwirtschaftliche Erzeugnisse enthält, die in Form von Verarbeitungserzeugnissen ausgeführt werden. Die EG sah sich ausweislich der Begründungserwägungen zu diesem Schritt veranlasst, weil zu befürchten sei, dass die Zahl der Anträge auf Ausstellung einer Erstattungsbescheinigung den insgesamt zur Verfügung stehenden Betrag „bei weitem" übersteigen werde. Darüber hinaus hat die EG die Liste derjenigen Erzeugnisse, bei deren Verarbeitung Zucker eingesetzt und deren Ausfuhr gefördert wird, gekürzt, VO (EG) Nr. 1527/2000 (ABl 2000 L 175/59).

[47] Siehe den zweiten Bericht des Appellate Body im Compliance-Verfahren des kanadischen Milchfalls: *"The significance of Article 10.3 is that, where a Member exports an agricultural product in quantities that exceed its quantity commitment level, that Member will be treated as if it has granted WTO-inconsistent export subsidies, for the excess quantities, unless the Member presents adequate evidence to „establish" the contrary. This reversal of the usual rules obliges the responding Member to bear the consequences of any doubts concerning the evidence of export subsidization."* WT/DS 103/AB/RW 2; WT/DS 113/AB/RW 2, Rn. 74.

se[48] andere Ausfuhrsubventionen als die in Art. 9 Abs. 1 genannten Ausfuhrsubventionen (ohne Beschränkung) gewähren dürfen. Denn diese sonstigen Ausfuhrsubventionen unterliegen nach Art. 10.1 einem *Umgehungsverbot*.

Art. 10 Abs. 1 hat aufgrund der Aufzählung bestimmter Typen von Ausfuhrsubventionen in Art. 9 Abs. 1 allerdings nur *subsidiären* Charakter: Er gilt nur für Ausfuhrsubventionen, die nicht von Art. 9 Abs. 1 erfasst sind.[49] Daher kommt Art. 10 Abs. 1 erst dann zur Anwendung, wenn eine von einem WTO-Mitglied gewährte Ausfuhrsubvention nicht einer der in Art. 9 Abs. 1 enthaltenen Kategorien zugeordnet werden kann.[50] Diese Einschätzung bestätigt Art. 1 Buchst. e), der im Zusammenhang mit der Definition der Ausfuhrsubventionen ausdrücklich auf Art. 9 Abs. 1 Bezug nimmt und dieser Vorschrift somit eine spezielle Bedeutung hinsichtlich der Reduzierung der Ausfuhrsubventionen beimisst.

Art. 10 Abs. 1 verbietet es den WTO-Mitgliedern nicht, sonstige, d.h. andere als die in Art. 9 Abs. 1 genannten, Ausfuhrsubventionen zu gewähren. Doch darf die Gewährung dieser sonstigen Ausfuhrsubventionen nicht zu einer Überschreitung der Senkungsverpflichtungen führen, die die WTO-Mitglieder in ihren jeweiligen Listen für die dort genannten landwirtschaftlichen Erzeugnisse oder Erzeugnisgruppen übernommen haben.[51] Art. 10 Abs.

---

[48] Siehe unten 3. zur Unterscheidung zwischen solchen Ausfuhrsubventionen, die für die in den Listen genannten landwirtschaftlichen Erzeugnisse gewährt werden, und solchen Ausfuhrsubventionen, die für landwirtschaftliche Erzeugnisse gewährt werden, die nicht in den Listen enthalten sind.

[49] Aus diesem Grund stellte das Panel im Ausgangsverfahren des kanadischen Milchfalls fest: „*Export subsidies listed in Article 9.1 cannot, therefore, be found to contravene Article 10.1.*" Das Panel sprach daher von einer „*mutually exclusive relationship between Article 9.1 and Article 10.1*", WT/DS103/R, WT/DS113/R, Rn. 7.118. Der Appellate Body bestätigte diese Sicht im Compliance-Verfahren im kanadischen Milchfall: „*It is clear from the opening clause of Article 10.1 that this provision is residual in character to Article 9.1 of the Agreement on Agriculture. If a measure is an export subsidy listed in Article 9.1, it cannot simultaneously be an export subsidy under Article 10.1.*" WT/DS103/AB/RW; WT/DS113/AB/RW, Rn. 121.

[50] Etwas anderes dürfte aber gelten, falls eine von einem WTO-Mitglied gewährte Ausfuhrsubvention nur teilweise in den Anwendungsbereich eines der in Art. 9 Abs. 1 genannten Tatbestände fällt. In einem solchen Fall würde Art. 10 Abs. 1 auf den Teil der Ausfuhrsubvention Anwendung finden, der unter keinen der Tatbestände in Art. 9 Abs. 1 subsumiert werden kann, siehe den Panelbericht im Ausgangsverfahren des kanadischen Milchfalls WT/DS103/R, WT/DS113/R, Rn. 7.118, Fn. 485.

[51] Das Panel im Ausgangsverfahren des kanadischen Milchfalls umschrieb diese Pflicht wie folgt: „*Thus, a Member may use export subsidies not listed in Article 9.1 within the limits of its scheduled reduction commitments. However, as stipulated by Article 10.1, such subsidies may not be applied so as to circumvent these and other export*

1 soll also sicherstellen, dass die WTO-Mitglieder ihre Senkungsverpflichtungen nicht dadurch überschreiten, dass sie sich anderer Ausfuhrsubventionsformen als der in Art. 9 Abs. 1 genannten bedienen.

Allerdings erstreckt sich das Umgehungsverbot nicht auf alle sonstigen Ausfuhrsubventionen, bzw. bestimmte Ausfuhrsubventionen gelten nicht als sonstige Ausfuhrsubventionen im Sinne des Art. 10 Abs. 1. Dazu zählen nach Art. 10 Abs. 2 Exportkredite, -bürgschaften und vergleichbare Versicherungsprogramme, die die Ausfuhr landwirtschaftlicher Erzeugnisse erleichtern, und zwar unabhängig davon, ob diese Erzeugnisse in den Listen der WTO-Mitglieder aufgeführt sind oder nicht.[52] Allerdings unterwirft Art. 10 Abs. 2 die WTO-Mitglieder der Pflicht, internationale „Disziplinen" für diese Form von Ausfuhrsubventionen zu erarbeiten und sie anschließend nur im Einklang mit diesen Disziplinen zu vergeben.[53]

Für Nahrungsmittelhilfen gilt das Umgehungsverbot gleichfalls nicht; allerdings enthält Art. 10 Abs. 4 bestimmte Vorgaben, nach denen sich die WTO-Mitglieder zu richten haben, wenn sie internationale Nahrungsmittelhilfen bereitstellen. Damit soll gewährleistet werden, dass internationale Nahrungsmittelhilfen (a) weder unmittelbar noch mittelbar an kommerzielle Ausfuhren landwirtschaftlicher Erzeugnisse geknüpft sind, (b) die Grundsätze der Welternährungsorganisation für die Überschussverwertung und Konsultationsverpflichtungen sowie das System der üblichen Vermarktungserfordernisse eingehalten werden und (c) im größtmöglichen Umfang als nichtrückzahlbare Zuschüsse gewährt werden oder jedenfalls zu den in Art. IV des Nahrungsmittelhilfeübereinkommens enthaltenen Bedingungen.

b) Beweislastregel

Das Umgehungsverbot wird durch die *Beweislastregel* des Art. 10 Abs. 3 verstärkt. Danach haben die WTO-Mitglieder nachzuweisen, dass die über ihre Ausfuhrmengenverpflichtungen hinausgehenden Ausfuhren an landwirt-

---

subsidy commitments under the Agreement on Agriculture." WT/DS103/R, WT/DS113/R, Rn. 7.29.

[52] A.A. *Delcros* (Anm. 3), (RDUE) 723 bzw. (JWT) 247, der die Ansicht vertritt, dass Exportkredite dem Umgehungsverbot des Art. 10.1 unterlägen. Diese Aussicht vermag angesichts des systematischen Zusammenhangs von Art. 10 Abs. 1 und Art. 10 Abs. 2 nicht zu überzeugen.

[53] Die Einbeziehung dieser Ausfuhrsubventionen in den Kanon der abzubauenden Ausfuhrsubventionen ist eines der Anliegen der EG im Rahmen der Verhandlungen über die Fortsetzung des Reformprozesses, siehe dazu unten C. II. 3.

schaftlichen Erzeugnissen nicht durch sonstige Ausfuhrsubventionen gefördert wurden. Es gilt insoweit das oben zu Art. 10 Abs. 3 Gesagte.[54]

3. Per se unzulässige Ausfuhrsubventionen

Neben den landwirtschaftlichen Erzeugnissen und Erzeugnisgruppen, die in den Listen der WTO-Mitglieder aufgezählt sind, gibt es landwirtschaftliche Erzeugnisse und Erzeugnisgruppen, die in diesen Listen nicht erwähnt sind.[55] Ausfuhrsubventionen für diese landwirtschaftlichen Erzeugnisse bzw. Erzeugnisgruppen dürfen überhaupt nicht gewährt werden. Das folgt aus Art. 3 Abs. 3, wonach die WTO-Mitglieder keinerlei Subventionen dieser Art für landwirtschaftliche Erzeugnisse gewähren dürfen, die nicht in Teil IV Abschnitt II ihrer Listen angegeben sind. Ausfuhrsubventionen für die nicht in den Listen der WTO-Mitglieder angegebenen landwirtschaftlichen Erzeugnisse und Erzeugnisgruppen unterscheiden sich also von den Ausfuhrsubventionen nach Art. 9 Abs. 1 dadurch, dass sie *absolut* verboten sind.[56]

Allerdings bezieht sich Art. 3 Abs. 3 ausdrücklich nur auf Ausfuhrsubventionen gemäß Art. 9 Abs. 1, nicht aber auf sonstige Ausfuhrsubventionen für die nicht in den Listen der WTO-Mitglieder aufgeführten landwirtschaftlichen Erzeugnisse oder Erzeugnisgruppen. Dennoch dürfen sonstige Ausfuhrsubventionen für andere als die in den Listen genannten landwirtschaftlichen Erzeugnisse nicht gewährt werden. Denn das Umgehungsverbot des Art. 10 Abs. 1 ist auch auf sonstige Ausfuhrsubventionen zugunsten derartiger landwirtschaftlicher Erzeugnisse anwendbar.[57] Zudem würde der Cha-

---

[54] Siehe oben 1. b) (2) aE.
[55] Vor diesem Hintergrund erklärt sich die folgende Unterscheidung des Appellate Body im FSC-Fall: „*In our view, the terms 'export subsidy commitments' and 'reduction commitments' have different meanings. 'Reduction commitments' is a narrower term than 'export subsidy commitments' and refers only to commitments made, under the first clause of Article 3.3, with respect to scheduled agricultural products. It is only with respect to scheduled products that Members have undertaken, under Article 9.2 (b) (iv) of the Agreement on Agriculture, to reduce the level of export subsidies, as listed in Article 9.1, during the implementation period of the Agreement on Agriculture. The term 'export subsidy commitments' has a wider reach that covers commitments and obligations relating to both scheduled and unscheduled agricultural products.*" WT/DS108/AB/R, Rn. 147.
[56] Vgl. auch *Delcros* (Anm. 3), (RDUE) 723 bzw. (JWT) 246 f.
[57] Unter Berufung auf seine vorstehende Auslegung der Begriffe „export subsidy commitments" und „reduction commitments" meinte der Appellate Body im FSC-Fall, dass Art. 3.3 „*clearly involves 'export subsidy commitments' within the meaning of Article 10.1.*" WT/DS108/AB/R, Rn. 146. Weiterhin führte er aus: „*With respect to unscheduled agricultural products, Members are prohibited under Article 3.3 from*

rakter des Art. 3 als Grundnorm verkannt, wollte man sonstige Ausfuhrsubventionen zugunsten der nicht in den Listen enthaltenen landwirtschaftlichen Erzeugnisse für zulässig erachten. Denn Ausfuhrsubventionen sollen ausschließlich für die in den Listen der Mitglieder aufgezählten landwirtschaftlichen Erzeugnisse nach Maßgabe der darin enthaltenen Senkungsverpflichtungen gewährt werden, nicht aber für andere, dort nicht aufgeführte landwirtschaftliche Erzeugnisse, unabhängig von der Form dieser Ausfuhrsubventionen.[58]

4. Äquivalenzgebot

Artikel 11 stellt ein spezielles *Äquivalenzgebot* auf. Nach dieser Vorschrift dürfen die Ausfuhrsubventionen, die pro Einheit eines landwirtschaftlichen Grunderzeugnisses gewährt werden, das in einem auszuführenden landwirtschaftlichen Verarbeitungserzeugnis enthalten ist, nicht höher liegen als die Ausfuhrsubventionen, die pro Einheit des gleichen landwirtschaftlichen Grunderzeugnisses gewährt werden, das in unverarbeitetem Zustand ausgeführt wird. Mit anderen Worten: Die Ausfuhrsubventionen, die auszuführenden landwirtschaftlichen Verarbeitungserzeugnissen zugute kommen, dürfen nicht höher sein als diejenigen Ausfuhrsubventionen, die den in diesen Verarbeitungserzeugnissen enthaltenen Grunderzeugnissen zugute kämen, falls letztere in unverarbeitetem Zustand ausgeführt würden.[59]

5. Notifikationspflichten

Gemäß Art. 18 Abs. 2 haben diejenigen WTO-Mitglieder, die in ihren Listen Senkungsverpflichtungen übernommen haben, dem Landwirtschaftsaus-

---

[58] *providing any export subsidies as listed in Article 9.1. Article 10.1 prevents the application of export subsidies which 'results in, or which threatens to lead to circumvention' of that prohibition ..."* Ebenda, Rn. 150.
Die Aussage des Panels im Ausgangsverfahren des kanadischen Milchfalls bestätigt diese Auffassung: „*The general position under the Agreement on Agriculture is that a Member is permitted to use export subsidies but only within the limits of the budgetary outlay and quantity commitment levels, if any, that are specified in that Member's WTO Schedule. The use of agricultural export subsidies beyond such scheduled limits is in effect prohibited by Article 3.3, Article 8 and Article 10 of the Agreement on Agriculture.*" WT/DS103/R, WT/DS113/R, Rn. 7.20. In diesem Sinne äußerte sich auch der Appellate Body im FSC-Fall, WT/DS108/AB/R, Rn. 150. Siehe auch Guide to the Uruguay Round Agreements (Anm. 11), S. 60; *Rosenthal/Duffy* (Anm. 4), 162 f.; *Thomas&Meyer* (Anm. 5), S. 82.

[59] Vgl. Guide to the Uruguay Round Agreements (Anm. 11), S. 60 f.; *Mögele* (Anm. 6), Rn. 47; *Thomas&Meyer* (Anm. 5), S. 83.

schuss jährlich ihre Haushaltsausgaben für Ausfuhrsubventionen (einschließlich der in dem betreffenden Jahr gewährten internationalen Nahrungsmittelhilfen) und die subventionierten Ausfuhrmengen an landwirtschaftlichen Erzeugnissen oder Erzeugnisgruppen zu melden. Die Mitteilung über die Höhe der Haushaltsausgaben muss spätestens 60 Tage nach Ablauf des entsprechenden (Kalender-, Finanz- oder Wirtschafts-)Jahres erfolgen; die subventionierten Ausfuhrmengen sollen 30 Tage nach Ablauf des entsprechenden Zeitraums, in jedem Fall aber spätestens 60 Tage nach dessen Ablauf gemeldet werden.[60] Weiterhin müssen diese WTO-Mitglieder dem Landwirtschaftsausschuss die gesamte Menge der von ihnen ausgeführten landwirtschaftlichen Erzeugnisse mitteilen, einschließlich der nicht durch Ausfuhrsubventionen geförderten Ausfuhrmengen.[61]

WTO-Mitglieder, die keine Ausfuhrsubventionen gewähren, können sich auf eine entsprechende Mitteilung an den Landwirtschaftsausschuss beschränken, die spätestens 30 Tage nach Ablauf des entsprechenden Jahres zu erfolgen hat. Soweit Entwicklungsland-Mitglieder Ausfuhrsubventionen im Sinne des Art. 9 Abs. 1 Buchst. e) und d) gewähren, die nach Art. 9 Abs. 4 von der Senkungsverpflichtung ausgenommen sind, müssen sie diese dem Landwirtschaftsausschuss notifizieren.[62]

III. Schutzklausel und Pflicht zur angemessenen Zurückhaltung

1. Funktion und Dauer der Schutzklausel

Art. 13 verpflichtet die WTO-Mitglieder im Hinblick auf vertragskonforme Ausfuhrsubventionen, von der Einleitung von Streitbeilegungsverfahren nach Art. XVI GATT 1994 und dem Subventionsübereinkommen abzusehen sowie bei der Einleitung von Untersuchungsverfahren auf der Grundlage des Art. VI GATT 1994 bzw. des Subventionsübereinkommens angemessene Zurückhaltung („due restraint") zu üben. Art. 13 hat also eine *Schutzfunktion* (sog. „peace clause")[63]: Die Gewährung von Ausfuhrsubventionen durch ein

---

[60] Siehe WTO-Dok. G/AG/W/4; die jeweilige Mitteilung erfolgt in Form der Übersicht ES:1 und der Unterstützungsübersicht ES:1.
[61] Diese Verpflichtung trifft auch solche WTO-Mitglieder, die keine Senkungsverpflichtungen übernommen haben, falls sie „significant exporters" für ein oder mehrere landwirtschaftliche Erzeugnisse sind.
[62] Diese Mitteilung erfolgt in Gestalt der Unterstützungsübersicht ES:2.
[63] Siehe *Mögele* (Anm. 6), Rn. 49; *Thomas&Meyer* (Anm. 4), S. 83.

WTO-Mitglied berechtigt andere WTO-Mitglieder nicht bzw. nur unter erschwerten Bedingungen dazu, „Gegenmaßnahmen" zu ergreifen, sofern die Ausfuhrsubventionen den maßgeblichen Bedingungen des Landwirtschaftsübereinkommens entsprechen.[64]

Allerdings gewährt Art. 13 keinen zeitlich unbegrenzten Schutz: Die Dauer dieser Schutzklausel ist auf den Durchführungszeitraum beschränkt, wobei Durchführungszeitraum in diesem Kontext – abweichend vom Regelfall - einen neunjährigen Zeitraum seit dem Jahr 1995 bedeutet.[65] Die „Friedenspflicht" der WTO-Mitglieder scheint somit mit Ablauf des Jahres 2003 zu enden. Jedoch ist zu bedenken, dass in Übereinstimmung mit Art. 20 ein Jahr vor Ende des normalen, sechsjährigen Durchführungszeitraums die Verhandlungen über eine Fortsetzung des Reformprozesses begonnen haben. Die Verlängerung des Durchführungszeitraums im Rahmen der Schutzklausel um drei Jahre dürfte auf der Erwägung beruht haben, dass die Verhandlungen über eine Fortsetzung des Reformprozesses, einschließlich einer (sofern dann noch für erforderlich gehaltenen) modifizierten Schutzklausel, bis zum Ende dieses verlängerten Durchführungszeitraums erfolgreich abgeschlossen sein würden. Für eine noch längere Befristung der Schutzklausel schien kein Bedürfnis zu bestehen.

Die Verhandlungen über die Fortsetzung des Reformprozesses wurden aber aufgrund der vierten Ministerkonferenz von Doha in die neue Handelsrunde einbezogen;[66] diese Verhandlungen sollen erst zum 1. Januar 2005 abgeschlossen sein. Damit entsteht eine zeitliche Lücke von einem Jahr zwischen dem Ende des verlängerten Durchführungszeitraums und dem vorgesehenen Ende der Verhandlungen über eine Fortsetzung des Reformprozesses.[67] Das wirft die Frage auf, ob die WTO-Mitglieder in diesem Zeitraum weiterhin an ihre Pflicht gebunden sind, angemessene Zurückhaltung zu üben. Diese Frage ist zu bejahen, auch wenn der Text der Ministererklärung von Doha dazu schweigt. Denn es dürfte dem Fortgang der Verhandlungen über eine Fort-

---

[64] Siehe Rosenthal/Duffy (Anm. 1), 170 f.
[65] Vgl. Art. 1 Buchst. f).
[66] Siehe Rn. 13 f. der Ministererklärung, WTO-Dok. WT/MIN(01)/DEC/W/1.
[67] Diese Lücke würde sich noch vergrößern, falls die Verhandlungen nicht wie geplant bis zum 1. Januar 2005 abgeschlossen werden können. Diese Gefahr ist nicht von der Hand zu weisen, weil die Verhandlungen unter dem Vorbehalt eines „single undertaking" stehen, d.h., die Verhandlungen in allen Themenbereichen sind als ein Paket zu betrachten, das nicht aufgeschnürt werden kann. Das zwingt die WTO-Mitglieder, für alle Verhandlungsbereiche zu einer Einigung zu finden, birgt aber zugleich das Risiko, dass sich die Verhandlungen länger als erwartet hinziehen, wie die Uruguay-Runde gezeigt hat.

setzung des Reformprozesses abträglich sein, wenn die WTO-Mitglieder nach Ablauf des (neunjährigen) Durchführungszeitraums Streitbeilegungsverfahren einleiteten oder keine angemessene Zurückhaltung bei der Einleitung von Untersuchungsverfahren übten. Die in Art. 20 enthaltene und auf der vierten Ministerkonferenz von Doha bekräftigte Verpflichtung, Verhandlungen im Landwirtschaftssektor zu führen, beinhaltet zugleich die Verpflichtung, diese Verhandlungen in Übereinstimmung mit dem im Völkerrecht anerkannten allgemeinen Rechtsgrundsatz von Treu und Glauben[68] zu führen. Die WTO-Mitglieder sind danach gehalten, keinerlei Maßnahmen zu ergreifen, die den Verhandlungen zuwiderlaufen könnten. Deshalb ist davon auszugehen, dass die den WTO-Mitgliedern durch Art. 13 auferlegte „Friedenspflicht" fortgilt, solange die Verhandlungen über eine Fortsetzung des Reformprozesses andauern.[69]

2. Angemessene Zurückhaltung gegenüber Ausfuhrsubventionen

Im Einklang mit dem Landwirtschaftsübereinkommen gewährte Ausfuhrsubventionen genießen folgenden Schutz: Art. 13 Buchst. c) ii) untersagt den WTO-Mitgliedern, ein Streitbeilegungsverfahren gemäß Art. XVI GATT 1994 bzw. den Artt. 5 und 6 des Subventionsübereinkommens einzuleiten; des weiteren gelten die *vertragskonformen* Ausfuhrsubventionen nicht als verbotene Ausfuhrsubventionen im Sinne des Art. 3 des Subventionsüber-

---

[68] Siehe IGH, ICJ Rep. 1974, 253, 267 (*Nuclear Test cases*). Siehe auch *Heintschel von Heinegg*, in: Ipsen (Hrsg.), Völkerrecht (4. Aufl. 1999), § 11, Rn. 20; *Shaw*, International Law (4. Aufl. 1997), S. 81; *Verdross/Simma*, Universelles Völkerrecht (3. Aufl. 1984), § 645.

[69] So im Ergebnis auch *Delcros* (Anm. 3), (RDUE) 726 bzw. (JWT) 250. *Delcros* beruft sich für seine Auffassung auf Art. 21 Abs. 1 und auf die Artt. 3 Abs. 1, 5 und 6 Abs. 9 des Subventionsübereinkommens. Jedoch ist zweifelhaft, ob diese Bestimmungen seine Auffassung zu stützen vermögen. Denn die vorgenannten Vorschriften des Subventionsübereinkommens halten ausdrücklich fest „as provided in the Agreement on Agriculture" bzw. „as provided in Article 13 of the Agreement on Agriculture". Sie entfalten daher keine eigenständige, vom Landwirtschaftsübereinkommen abstrahierende Regelungskraft. In Bezug auf Art. 21 Abs.1 ist darauf hinzuweisen, dass er den Vorschriften des Landwirtschaftsübereinkommens nur nach Maßgabe ihres jeweiligen Regelungsgehalts Vorrang vor anderen multilateralen Handelsübereinkünften betreffend den Warenhandel einräumt. Art. 21 Abs. 1 verleiht Art. 13 also keine (zusätzliche) Regelungsweite, die dieser Vorschrift nicht bereits innewohnt.

einkommens.[70] Die Verhängung von Ausgleichszöllen ist nur dann zulässig, wenn eine (drohende) Schädigung des betreffenden inländischen Wirtschaftszweigs gemäß Art. VI GATT 1994 und Teil V des Subventionsübereinkommens festgestellt wurde; diese Feststellung muss auf dem Umfang der Einfuhren des subventionierten landwirtschaftlichen Erzeugnisses, seiner Auswirkung auf die Preise gleichartiger landwirtschaftlicher Erzeugnisse im Inland und entsprechenden schädlichen Folgen für die inländischen Hersteller der betroffenen landwirtschaftlichen Erzeugnisse beruhen.[71] Bei der Einleitung eines Untersuchungsverfahrens müssen die nationalen Behörden angemessene Zurückhaltung üben. Da die Einleitung derartiger Verfahren nur bei Vorliegen ausreichender Beweise gerechtfertigt ist,[72] müssen die nationalen Behörden besondere Anforderungen an die Stichhaltigkeit der von einem Antragsteller für eine (drohende) Schädigung vorgelegten Beweise stellen, bevor sie eine Untersuchung einleiten.[73]

C. Fortsetzung des Reformprozesses

I. Stillhalteverpflichtung der WTO-Mitglieder während des Reformprozesses

Das Übereinkommen besagt nicht ausdrücklich, wie sich die Rechtslage nach dem Ablauf des Durchführungszeitraums darstellt. Der systematische Zusammenhang der Art. 13 und 20 spricht für eine Stillhalteverpflichtung der WTO-Mitglieder. Die über den normalen, sechsjährigen Durchführungs-

---

[70] Vgl. auch den Bericht des Appellate Body im *Compliance*-Verfahren im kanadischen Milchfall, WT/DS103/AB/RW, WT/DS113/AB/RW, Rn. 123 f.

[71] Der (authentische) Wortlaut des Art. 13 Buchst. c) i) könnte zu der Schlussfolgerung verleiten, dass es sich dabei um alternative Kriterien handelt; Art. 15 Abs. 1 Subventionsübereinkommen verdeutlicht jedoch, dass es sich um *kumulative* Bedingungen handelt. Das gilt auch im Rahmen des Art. 13 Buchst. c) i), weil die Norm darauf abstellt, dass die Feststellung „in accordance with Article VI GATT 1994 and Part V of the Subsidies Agreement" getroffen wird. Im Übrigen wäre nicht verständlich, warum gerade im Kontext der Schutzklausel weniger strenge Anforderungen an die Feststellung einer Schädigung gelten sollten als im Kontext des Art. 15 des Subventionsübereinkommens.

[72] Art. 11 Abs. 3 Subventionsübereinkommen verlangt von den nationalen Behörden zu prüfen „whether the evidence is sufficient to justify the initiation of an investigation".

[73] Eine Einleitung *ex officio* gemäß Art. 11.6 Subventionsübereinkommen dürfte unzulässig sein, siehe *Mögele* (Anm. 6), Rn. 51.

zeitraum hinausgehende Dauer der „Schutzklausel" ist nur gerechtfertigt, wenn die WTO-Mitglieder nach Ablauf des Durchführungszeitraums weiterhin an ihre Senkungsverpflichtungen gebunden bleiben.[74] Denn der von Art. 13 gewährte Schutz ist eine Prämie für den in „voller Übereinstimmung"[75] mit den Vorgaben des Landwirtschaftsübereinkommens erfolgenden Abbau der Ausfuhrsubventionen. Diese volle Übereinstimmung wäre aber nicht mehr gewährleistet, wenn die WTO-Mitglieder nach Ablauf des Durchführungszeitraums von den Senkungsverpflichtungen abrückten.

Art. 20 verpflichtet die WTO-Mitglieder dazu, ein Jahr vor dem Ende des Durchführungszeitraums Verhandlungen über die Fortsetzung des Reformprozesses einzuleiten.[76] Unter Reformprozess ist nach Art. 20 ein kontinuierlicher Prozess zu verstehen, in dem die Stützungs- und Schutzmaßnahmen der WTO-Mitglieder schrittweise mit dem Ziel einer grundlegenden Reform wesentlich gesenkt werden.[77] Art. 20 bringt damit zum Ausdruck, dass die von den WTO-Mitgliedern im Rahmen des Landwirtschaftsübereinkommens übernommenen Senkungsverpflichtungen noch nicht das letzte Wort sind.[78] Vielmehr sollen die Stützungs- und Schutzmaßnahmen über das bereits erreichte Maß hinaus reduziert werden, wobei insbesondere die bisherigen Erfahrungen bei der Durchführung der Senkungsverpflichtung sowie die Auswirkungen derselben auf den Weltagrarhandel zu berücksichtigen sind.

Die Verhandlungen über die Fortsetzung des Reformprozesses haben also das Ziel, über die im WTO-Landwirtschaftsübereinkommen enthaltenen Verpflichtungen hinaus neue Verpflichtungen zu schaffen, die zu einem weiteren Abbau der bestehenden Stützungs- und Schutzmaßnahmen führen. Ein weiterer Abbau impliziert, dass die WTO-Mitglieder nach Ablauf des Durchführungszeitraums nicht wieder zu dem Zustand vor Beginn dieses

---

[74] Davon geht offenbar auch McMahon aus, Agriculture and the Uruguay Round, in: The WTO and International Trade Regulation (hrsg. von Ruttley u.a., 1998), 78.

[75] Art. 13 fordert, dass sowohl die internen Stützungsmaßnahmen als auch die Ausfuhrsubventionen „fully conform" bzw. „pleinement conformes" sein müssen mit den entsprechenden Bedingungen des Landwirtschaftsübereinkommens.

[76] Dafür hat sich der Begriff „built-in agenda" eingebürgert. Aufgrund dieser Verpflichtung, die in dieser Form auch in Art. XIX GATS enthalten ist, hatten die WTO-Mitglieder trotz des Scheiterns der 3. WTO Ministerkonferenz von Seattle über eine weitere Liberalisierung in den Bereichen Landwirtschaft und Dienstleistungshandel verhandelt, siehe dazu auch „Picking up the pieces in Geneva – danger of more process than substance as delegations try to put right the Seattle failure", in: World Trade Agenda, Nr. 99/17 vom 20.12.1999, 1 ff.

[77] Zu Möglichkeiten, die gemeinsame Agrarpolitik der EG zu reformieren, siehe *Gylfason*, Prospects for Liberalization of Trade in Agriculture, 1998 JWT 32(1), 29 ff.

[78] Siehe Guide to the Uruguay-Round Agreements (Anm. 11), S. 61 f.

Zeitraums zurückkehren. Andernfalls hätte Art. 20 von einem Neubeginn statt einer Fortsetzung des Reformprozesses sprechen müssen.

Eine am Sinn und Zweck der Senkungsverpflichtungen orientierte Auslegung des Landwirtschaftsübereinkommens führt ebenfalls zur Annahme einer Stillhalteverpflichtung der WTO-Mitglieder. Es erscheint widersinnig, die WTO-Mitglieder dazu zu verpflichten, ihre Haushaltsausgaben für interne Stützungsmaßnahmen und Ausfuhrsubventionen zu senken, wenn sie anschließend – nachdem sie diese Reduktion herbeigeführt haben – wieder zum *status quo ante* zurückkehren dürften. Wollte man den WTO-Mitgliedern diese Möglichkeit zugestehen, würde man Art. 3, Teil IV und Teil V ihres *effet utile* berauben.[79]

II. Fortsetzung des Reformprozesses

1. Verhandlungsmandat der 4. WTO-Ministerkonferenz

Das Verhandlungsmandat der 4. WTO Ministerkonferenz in Doha vom 9. bis 13. November 2001 für eine neue Welthandelsrunde umfasst auch den Landwirtschaftsbereich. Die Randziffern 13 und 14 der Ministererklärung von Doha beschäftigen sich mit den Verhandlungen in diesem Sektor. Unter Bezugnahme auf die in Art. 20 enthaltene Verpflichtung zur Fortsetzung des Reformprozesses und die seit Anfang 2000 darüber geführten Verhandlungen sowie das Ziel eines von Behinderungen und Verzerrungen freien Weltagrarmarktes heißt es in Randziffer 13 der Ministererklärung unter anderem:

„*... we commit ourselves to comprehensive negotiations aimed at: substantial improvements in market access; reductions of, with a view to phasing out, all forms of export subsidies; and substantial reductions in trade-distorting domestic support.*"

Randziffer 13 der Ministererklärung von Doha bekräftigt damit das in Art. 20 enthaltene Programm für die Verhandlungen über eine Fortsetzung des Reformprozesses.[80] Besonders augenfällig ist die Aussage in Randziffer 13

---

[79] Zur Maßgeblichkeit dieser Auslegungsmaxime im WTO-Recht siehe Appellate Body, *United States – Standards for Reformulated and Conventional Gasoline*, WT/DS2/AB/R, Punkt IV.; *Canada – Measures Affecting the Importation of Milk and the Exportation of Dairy Products*, WT/DS 103/AB/R, WT/DS 113/AB/R, Rn. 133.

[80] WTO Generaldirektor Supachai Panitchpakdi führte in einer Rede vor dem World Food and Farming Kongress am 25. November in London u.a. aus: „*Agriculture trade is of critical importance to the economic development of poor countries, both*

der Ministererklärung, dass die wesentliche Senkung der Ausfuhrsubventionen letztlich in einen vollständigen Abbau dieser Subventionen münden soll. Randziffer 14 der Ministererklärung enthält wichtige Eckpunkte für die Verhandlungen: Die WTO-Mitglieder müssen bis zum 31. März 2003 die Modalitäten, einschließlich numerischer Ziele, für ihre zukünftigen Verpflichtungen, auch und gerade bezüglich des Ausfuhrwettbewerbs, festlegen; außerdem müssen sie umfassende Entwürfe für ihre Listen mit Zugeständnissen auf der Grundlage der vereinbarten Modalitäten spätestens anlässlich der 5. WTO Ministerkonferenz in Mexiko im September 2003 vorlegen.[81] Die Verhandlungen für den Landwirtschaftsbereich werden ausdrücklich zum Bestandteil der gesamten Verhandlungsrunde erklärt, d.h., sie können nicht getrennt davon geführt werden („single undertaking"). Die Verhandlungen müssen – wie die Verhandlungen in den anderen Gebieten – bis zum 1. Januar 2005 abgeschlossen sein.

2. Verhandlungsphasen

In Übereinstimmung mit dem in Art. 20 enthaltenen Programm begann die erste Phase der Verhandlungen am 23. März 2000 und endete am 27. März 2001. In diesem Zeitraum kam der Landwirtschaftsausschuss zu sieben Treffen zusammen. 126 WTO-Mitglieder haben 45 Vorschläge sowie weitere

---

[81] *importers and exporters. Along with textiles, clothing and a few other sectors, trade liberalization in agriculture is probably the single most important contribution the multilateral trading system can make to help developing countries."* (abrufbar unter www.wto.org Stichwort: WTO news; Unterstichwort: speeches).
Es ist fraglich, ob dieser Zeitplan eingehalten werden kann, denn die Frist für die Einigung über die Modalitäten ist verstrichen, ohne dass die WTO-Mitglieder sich einigen konnten. Dafür ist nicht zuletzt die EG verantwortlich, deren Mitgliedstaaten sich zunächst auf eine Reform der Gemeinsamen Agrarpolitik einigen müssen, insbesondere auf die Entkoppelung der Subventionsvergabe von der Produktion, siehe RMCUE 2002, Le Commissaire Frantz Fischler répond aux questions de la Revue sur: << La réforme de la PAC >>, S. 501, 502 ff. Gerade dieser Punkt scheint aber unterdessen in Frage gestellt zu sein, siehe FAZ vom 8. April 2003, S. 15: „Die EU-Agrarreform zerfasert. Entkoppelung der Beihilfen von der Produktion wird wohl scheitern". Der vom Rat am 27. Januar 2003 angenommene Vorschlag der EG für die laufenden Verhandlungen der Doha-Runde sieht u.a. vor, die Haushaltsausgaben für Ausfuhrsubventionen um 45 % abzubauen unter der Bedingung, dass alle Formen von Ausfuhrsubventionen gleich behandelt werden. Außerdem sieht der Vorschlag ein Auslaufen von Ausfuhrsubventionen für bestimmte landwirtschaftliche Erzeugnisse vor, die von besonderer Bedeutung für Entwicklungsländer sind, vorausgesetzt kein WTO-Mitglied gewährt Ausfuhrsubventionen – in welcher Form auch immer – für die betreffenden Erzeugnisse.

vier Diskussionspapiere in dieser Phase unterbreitet.[82] Die in der ersten Phase vorgelegten Vorschläge bzw. Diskussionspapiere dienten in erster Linie dazu, die Ausgangspositionen der jeweiligen WTO-Mitglieder bzw. der Gruppierungen, in denen sich die WTO-Mitglieder zusammengefunden haben, darzulegen. Diese Ausgangspositionen wiesen z. T. erhebliche Unterschiede auf.

Die zweite Phase der Verhandlungen begann mit einem „stock-taking meeting" am 27. März 2001 und endete am 7. Februar 2002. In dieser Phase fanden fünf informelle Treffen des Landwirtschaftsausschusses statt. Während dieser Phase legten die WTO-Mitglieder ebenfalls verschiedene Vorschläge sowie zahlreiche „non-papers" vor. Im Gegensatz zu den während der ersten Phase vorgelegten Vorschlägen bzw. Diskussionspapieren sind die in der zweiten Phase vorgelegten Vorschläge bzw. „non-papers" mehr technischer Natur. Dementsprechend konzentrierten sich die jeweiligen Treffen des Landwirtschaftsausschusses währen der zweiten Phase auf bestimmte Einzelpunkte, einschließlich Ausfuhrsubventionen, Exportkredite und staatliche Handelsunternehmen.[83]

Die dritte Phase der Verhandlungen begann am 26. März 2002 und lief am 31. März 2003 aus. In diesem Zeitraum tagte der Landwirtschaftsausschuss sieben Mal. Der Vorsitzende des Ausschusses, Stuart Harbinson, erstellte Ende 2002 eine Übersicht über den Stand der Verhandlungen,[84] die als Grundlage für eine umfassende Aussprache im Rahmen des Landwirt-

---

[82] Die Vorschläge bzw. Diskussionspapiere sind zum Teil umfassend, d.h. erfassen alle Verhandlungsbereiche, oder beschränken sich auf einzelne Verhandlungsgegenstände wie Marktzugang, interne Stützungsmaßnahmen, Ausfuhrwettbewerb, die besondere und differenzierte Behandlung von Entwicklungsländern und so genannte nicht handelsbezogene Anliegen („non-trade concerns"). Die Vorschläge bzw. Diskussionspapiere wurden entweder von einzelnen WTO-Mitgliedern abgegeben oder von Gruppen, zu denen sich einzelne WTO-Mitglieder zusammengefunden haben, wie z.B. die Cairns Group, die aus folgenden WTO-Mitgliedern besteht: Argentinien, Australien, Bolivien, Brasilien, Chile, Costa Rica, Guatemala, Indonesien, Kanada, Kolumbien, Malaysia, Neuseeland, Paraguay, Philippinen, Südafrika, Thailand und Uruguay.

[83] Siehe zu den Verhandlungsthemen Athukorala, Asian Developing Countries and the Global Trading System for Agriculture: Uruguay Round Achievements and Post-Uruguay Round Issues, in: McMahon (Hrsg.); Trade & Agriculture. Negotiating a New Agreement? (2001), 121, 137 ff; *Kennedey*, Reforming Farm Trade in the Next Round of WTO Multilateral Trade Negotiations, 2001 JWT 35(6), 1061; *Kerr*, The Next Stop will be Harder. Issues for the New Round of Agricultural Negotiations at the World Trade Organization, 2000 JWT 34(1), 123; *Tangermann/Josling*, Issues in the Next Round of WTO Agricultural Negotiations, in: McMahon, ebenda, 65, 68 ff.

[84] Siehe TN/AG/6, 18. Dezember 2002.

schaftsausschusses vom 22. – 24. Januar 2003 diente.[85] Unter Berücksichtigung dieser Aussprache unterbreitete Harbinson sodann einen ersten Entwurf über die von den WTO-Mitgliedern zu vereinbarenden Modalitäten.[86] Dieser Entwurf wurde im Landwirtschaftsausschuss auf einer Sondersitzung vom 24. – 28. Februar 2003 diskutiert, ohne dass die WTO-Mitglieder sich verständigen konnten.[87] Harbinson rief die WTO-Mitglieder daher im Anschluss an die Sitzung auf, in einen konstruktiven Dialog einzutreten, um die unterschiedlichen Standpunkte anzunähern. Vor der entscheidenden Sitzung des Landwirtschaftsausschusses präsentierte Harbinson einen überarbeiteten Entwurf.[88] Dennoch gelang es den WTO-Mitgliedern nicht, sich in der Sitzung des Landwirtschaftsausschusses vom 25. – 31. März 2003 auf Modalitäten für die weiteren Verhandlungen zu einigen. Für eine endgültige Verständigung bedarf es noch erheblicher Konzessionen von allen Beteiligten.[89]

Das ergebnislose Verstreichen der Frist bedeutet zwar nicht das Ende der Verhandlungen im Landwirtschaftsbereich, zumal die WTO-Mitglieder ihre Bereitschaft unterstrichen haben, die Verhandlungen fortzusetzen.[90] Jedoch steht trotz dieses Bekenntnisses der WTO-Mitglieder nicht zu erwarten, dass ihnen eine Einigung über die Modalitäten noch vor der nächsten WTO-Ministerkonferenz vom 10. – 14. September 2003 in Cancun, Mexiko, ge-

---

[85] Siehe TN/AG/7, 3. Februar 2003.

[86] Siehe TN/AG/W/1, 17. Februar 2003 (an die WTO Mitglieder am 12. Februar 2003 verteilt). Die verschiedenen „Lager" übten Kritik an dem Entwurf. Für die EG-Kommission äußerte Kommissar Fischler auf einer Pressekonferenz am 13. Februar 2003 die Ansicht: „*We find the overall balance within the proposal between the different interests of Members to be lacking. Benefits are mainly for strong exporting countries and costs are mainly for countries which, while systematically reducing trade-distorting support, pursue policies reflecting domestic objectives which go beyond untrammelled free trade, and which are linked with social, economic and environmental sustainability.*"

[87] Siehe TN/AG/8, 5. März 2003.

[88] Siehe TN/AG/W/1/Rev.1, 18. März 2003.

[89] Die EG beharrt etwa darauf, dass die sog. „non-trade concerns" gleichgewichtig mit den anderen Verhandlungsthemen Marktzugang, interne Stützungsmaßnahmen und Ausfuhrwettbewerb behandelt werden, zu denen für die EG vor allem geographische Herkunftsangaben für Agrarprodukte, Lebensmittelsicherheit, Tierhaltung und Kennzeichnungsregeln gehören, siehe Inside US Trade, Vol. 20, No. 37, 13. September 2002.

[90] Siehe die Presseerklärung des WTO Generaldirektors Supachai Panitchpakdi vom 31. März 2003 (abrufbar unter www.wto.org, Stichwort: WTO news; Unterstichwort: 2003 press releases); siehe auch die das vorläufige Scheitern der Verhandlungen herunterspielenden Einschätzungen durch die Verhandlungsführer der EG und der USA in Bulletin Quotidien Europe No. 8434 vom 2. April 2003, S. 8.

lingen wird. Vielmehr dürfte diese Aufgabe den WTO Ministern zufallen.[91] Dadurch gerät allerdings nicht nur der Zeitplan für die Verhandlungen über eine weitere Liberalisierung der Landwirtschaft ins Wanken, sondern es ist zu befürchten, dass auch der Zeitplan für andere Verhandlungsthemen in Mitleidenschaft gezogen wird. Einige WTO Mitglieder haben bereits zu erkennen gegeben, dass sie das vorläufige Scheitern der Verhandlungen über die Landwirtschaft zum Anlass nehmen, die Verhandlungen in anderen Bereichen zu verlangsamen.[92]

3. Verhandlungspositionen der WTO-Mitglieder zum Ausfuhrwettbewerb

Der Ausfuhrwettbewerb gehört zu den besonders umstrittenen Themen im Rahmen der Verhandlungen.[93] Etliche WTO-Mitglieder plädieren für eine vollständige Abschaffung der Ausfuhrsubventionen, die nach der Vorstellung dieser WTO-Mitglieder mit einem tiefen Einschnitt (von bis zu 50 %) in die noch bestehenden Ausfuhrsubventionen und -mengen eingeläutet werden soll (sogenanntes „down payment"). Die Ausfuhrsubventionen sollen für entwickelte und Entwicklungslandmitglieder in unterschiedlichen Zeiträumen abgeschafft werden: innerhalb von drei Jahren für entwickelte Mitglieder und innerhalb von sechs Jahren für Entwicklungslandmitglieder.[94] Alternativ dazu wird vorgeschlagen, die Ausfuhrsubventionen für bestimmte landwirtschaftliche Erzeugnisse stärker zu senken als für andere landwirt-

---

[91] In diese Richtung äußerte sich auch EG-Kommissar Fischler in einer Rede am 31. März 2003 anlässlich des 40. Geburtstags von Agra Europe: *„What is far more important now is that we keep the process moving and focus our attentions on making real progress in these negotiations in order to ensure that the next ministerial meeting in Cancun will be a success."* Siehe auch Inside US Trade, Vol. 21, No. 16, 18. April 2003, S. 18 f. zu einem Treffen zwiscen EG-Kommissar Lamy und US-Chefunterhändler Zoellick, bei dem die beiderseitigen Verhandlungsspielräume auf dem Gebiet der Landwirtschaft ausgelotet werden sollten.

[92] Siehe Inside US Trade, Vol. 21, No. 14, 4. April 2003, S. 2 f., wonach sowohl der brasilianische als auch der uruguayische Botschafter bei der WTO angekündigt haben, dass ohne eine Vereinbarung über die Landwirtschaft auch keine Verständigung über den Marktzugang für nichtlandwirtschaftliche Güter zu erzielen sei.

[93] Siehe dazu auch *As farm trade negotiations look to secure a meaningful process from March, export competition again takes centre stage*, World Trade Agenda, Nr. 01/02, 33 ff.

[94] Teilweise wird vorgeschlagen, den Entwicklungsländern die Gewährung von Ausfuhrsubventionen für bestimmte Zwecke (z. B. Vermarktung) weiterhin zu erlauben; dieser Vorschlag orientiert sich sichtlich an Art. 9 Abs. 4, siehe dazu oben B. II. 1. a) a.E.

schaftliche Erzeugnisse (so genanntes „rebalancing").[95] Schließlich wird in diesem Kontext der Vorschlag unterbreitet, Ausfuhrsubventionen graduell zu reduzieren und sie – entsprechend dem Konzept der Zollbindung – an eine bestimmte Einheit pro landwirtschaftliches Erzeugnis (bspw. eine Tonne) zu binden.

Weiterhin sind viele WTO-Mitglieder dafür, das Umgehungsverbot des Art. 10 schärfer zu fassen, um eine Umgehung der Senkungsverpflichtungen für Ausfuhrsubventionen zu erschweren. In diesem Zusammenhang ist erwähnenswert, dass etliche WTO-Mitglieder die Aufstellung von besonderen Regeln für subventionierte Exportkredite verlangen, da sie zur Umgehung der entsprechenden Senkungsverpflichtungen führen könnten. Einige WTO-Mitglieder haben vorgeschlagen, sich insoweit an den Richtlinien der OECD für Exportkredite zu orientieren.

Schließlich sind auch staatliche Handelsunternehmen und sog. „single-desk traders" Gegenstand der Debatte. Während einige WTO-Mitglieder argumentieren, dass staatliche Handelsunternehmen sich nicht von privaten Monopolisten unterschieden, halten andere WTO-Mitglieder dagegen, dass staatliche Handelsunternehmen keine kommerziellen Zwecke verfolgten und staatliche (Bestands-)Garantien genössen; sie verfälschten daher den Wettbewerb. Einige Entwicklungsländer erachten staatliche Handelsunternehmen allerdings als unverzichtbar, um öffentliche Aufgaben wie die Ernährungssicherheit zu erfüllen.

Im revidierten Entwurf von Harbinson über Modalitäten (s.o. 2.) finden sich zu den für den Ausfuhrwettbewerb maßgeblichen Fragen folgende Eckpunkte:

- Ausfuhrsubventionen für gewisse (nicht näher bezeichnete) landwirtschaftliche Erzeugnisse, die 50 % des aggregierten endgültig gebundenen Niveaus der Ausfuhrsubventionen für alle von den Senkungsverpflichtungen betroffenen landwirtschaftlichen Erzeugnisse repräsentieren, werden nach einer bestimmten Formel über einen Durchführungszeitraum von 5 Jahren reduziert und müssen nach Ablauf des fünften Jahres auf Null reduziert sein (für Entwicklungsländer beträgt der Durchführungszeitraum zehn Jahre); die Ausfuhrsubventionen für die übrigen landwirtschaftlichen Erzeugnisse werden nach der selben Formel über

---

[95] In diesem Kontext ist das Ergebnis der OECD Studie (Anm. 42) von Interesse, dass sich eine Senkung von Ausfuhrsubventionen bei Milcherzeugnissen stärker auf den Weltmarkt auswirken würde als bei Getreide, S. 13 f. Ein „rebalancing" von Ausfuhrsubventionen scheint daher eine mögliche Variante zu sein.

einen Durchführungszeitraum von neun Jahren reduziert und müssen nach Ablauf des neunten Jahres auf Null sinken (für Entwicklungsländer beträgt der Durchführungszeitraum 12 Jahre; die Ausnahme von Artikel 9 Abs. 4 zugunsten der Entwicklungsländer soll für die Dauer des [längeren] Durchführungszeitraums fortgeschrieben werden);

- Ausfuhrkredite und -kreditbürgschaften sowie Nahrungsmittelhilfen sollen bestimmten Disziplinen unterworfen werden, die in getrennten Anhängen zum revidierten Entwurf näher beschrieben sind[96] (diese Disziplinen betreffen im Fall der Ausfuhrkredite und -kreditbürgschaften u.a. den maximalen Rückzahlungszeitraum, Mindesteinlagen in bar, Zinszahlungen, Zinssätze, Risikoprämien, Währungsrisiken, Ausnahmen für Notfälle sowie die Herstellung von Transparenz durch Notifikationspflichten und Sonderregelungen für Entwicklungsländer);[97]

- Für staatliche Handelsunternehmen sollen gleichfalls bestimmte Disziplinen gelten, die in einem gesonderten Anhang aufgeführt sind[98] (diese Disziplinen beinhalten u.a. eine Definition derartiger Unternehmen; die Verpflichtung, dass diese Unternehmen landwirtschaftliche Erzeugnisse nicht zu einem Preis ausführen dürfen, der unterhalb des Einkaufspreises dieser Erzeugnisse liegt; die Pflicht, die Ein- oder Ausfuhr landwirtschaftlicher Produkte durch daran interessierte Parteien nicht zu behindern; das Verbot, den Unternehmen keine besonderen finanziellen Privilegien einzuräumen; Entwicklungsländer sollen von diesen Disziplinen befreit sein mit Ausnahme der den Ausfuhrpreis betreffenden Regelung);

- Neue Ausfuhrverbote, -beschränkungen oder -steuern für Lebensmittel sollen verboten sein, soweit sie nicht mit den Artt. XI, XX und XXI GATT 1994 im Einklang stehen.

4. Ausblick

Das in der Uruguay-Runde ausgehandelte Landwirtschaftsübereinkommen ist der erste Schritt, um den Handel mit landwirtschaftlichen Erzeugnissen in das Regelwerk des multilateralen Handelssystems einzubinden und damit an

---

[96] Der revidierte Entwurf merkt an, dass insoweit noch weitere technische Konsultationen erforderlich sind, TN/AG/W/1/Rev.1, Rn. 36 f.

[97] In seiner Kritik am Harbinsonschen Entwurf monierte EG-Kommissar Fischler, dass der Entwurf nicht hinreichend strikte Disziplinen für Ausfuhrkredite und -kreditbürgschaften sowie Nahrungsmittelhilfen aufstelle („*significant loopholes are allowed in the future*").

[98] Auch insoweit weist der revidierte Entwurf auf die Notwendigkeit weiterer technischer Konsultationen hin, ebenda, Rn. 38.

die Rechtslage für gewerbliche und industrielle Güter anzugleichen. Seinen Vorschriften über den Ausfuhrwettbewerb kommt dabei eine herausragende Rolle zu. Wie keinem anderen Übereinkommen unter dem institutionellen Dach der WTO eignet dem Landwirtschaftsübereinkommen jedoch ein *provisorischer* Charakter an. Seine Bestimmungen über die Ausfuhrsubventionen sind dafür exemplarisch. Das Landwirtschaftsübereinkommen, und mit ihm seine Regeln über den Ausfuhrwettbewerb, sind auf eine stetige Weiterentwicklung angelegt. Diese vom Abkommen selbst als Reformprozess bezeichnete Evolution ist mühevoll, wie die laufenden Verhandlungen im Rahmen der Doha-Runde belegen. Dabei zeigen sich nicht nur ein unterschiedliches Verständnis von der Funktion der Landwirtschaft (Stichwort: Multifunktionalität der Landwirtschaft), sondern auch divergierende Ansichten über das Tempo und die Reichweite weiterer Reformen. Die Ausfuhrsubventionen sind dabei Teil eines verworrenen Puzzles, in dem die Trennlinien quer durch die Industriestaaten und die Entwicklungsländer verlaufen. Immerhin gibt die Ministererklärung von Doha einen Hinweis darauf, was das finale Ziel der Reformanstrengungen in Bezug auf die Ausfuhrsubventionen ist: deren *endgültige* Beseitigung.

Der Finalität in dieser Hinsicht wird sich auch die Gemeinschaft auf Dauer nicht entziehen können. Der erste Verhandlungsvorschlag der Gemeinschaft lässt deren Einsicht in die Unumkehrbarkeit dieses Prozesses andeutungsweise erkennen. Zugleich ist daraus ersichtlich, dass die Doha-Runde aller Voraussicht nach noch nicht zu einem vollständigen Abbau aller Ausfuhrsubventionen führen wird. Vielmehr dürfte die Doha-Runde einen solchen endgültigen, über einen bestimmten Zeitraum gestreckten, Abbau vorerst nur für eine Reihe landwirtschaftlicher Erzeugnisse einläuten. Die übrigen landwirtschaftlichen Erzeugnisse werden bis auf weiteres, d.h. bis zu einer auf die Doha-Runde folgenden Verhandlungsrunde, von Ausfuhrsubventionen profitieren können, allerdings auf einem (wesentlich) niedrigeren Niveau als bisher.

Bis zu diesem Ergebnis ist es aber noch ein steiniger Weg. Wenn nicht alles täuscht, wird die nächste WTO-Ministerkonferenz in Cancun, Mexiko, die Weichen für einen Durchbruch in den Verhandlungen über die Landwirtschaft (und nicht nur auf diesem Gebiet) stellen müssen. Sollte diese Weichenstellung nicht gelingen, dürfte die Doha-Runde nicht wie geplant bis zum 1. Januar 2005 abgeschlossen werden. Daran zeigt sich einmal mehr, dass die Landwirtschaft den Schlüssel zum Erfolg für die Verhandlungen über eine weitere Liberalisierung des Welthandels darstellt.

Diskussionszusammenfassung zu dem Vortrag „Ausfuhrförderung von Agrarprodukten nach dem WTO-Landwirtschaftsübereinkommen"

Zusammenfassung: *Nikolas Hübschen, LL.M.*, Doktorand am Institut für öffentliches Wirtschaftsrecht, Universität Münster

Prof. Dr. *Wolffgang* von der Universität Münster fasste zunächst die wesentlichen Punkte des Vortrages von Dr. *Pitschas* zusammen. Dann merkte er an, dass nicht nur die Ausfuhrförderung von Agrarprodukten durch die Industriestaaten ein Problem sei, sondern auch die Importrestriktionen der Industriestaaten für Agrarprodukte gerade für die ärmeren Länder ein schwerwiegendes Hindernis darstellten. Die Ausfuhrförderung von Agrarprodukten der Industriestaaten bei gleichzeitiger Importbeschränkung für diese Waren müssten im Zusammenhang gesehen werden.

Anschließend fragte Dr. *Böhmer* vom Bundesverband der Deutschen Industrie nach den Auswirkungen des in den USA in Kraft getretenen Farm Bills sowie des Vorschlages der USA einer generellen Zollsenkungsformel für Agrarprodukte auf die Verhandlungen der Doha-Runde und insbesondere auf das Verhältnis zwischen der USA und der EG. Hinsichtlich des Zollsenkungsvorschlages der USA antwortete Dr. *Pitschas*, dass die EG diesem eher ablehnend gegenüberstehe, aber dazu noch nicht differenziert Stellung genommen habe. Bezüglich des in den USA verabschiedeten Farm Bills führte Dr. *Pitschas* aus, dass die USA ausdrücklich zugesichert hätten, die danach möglichen Subventionen nur innerhalb ihrer Senkungsverpflichtungen nach dem Landwirtschaftsübereinkommen zu gewähren. Der Farm Bill hätte daher nach seiner Ansicht bisher keine Auswirkungen auf die Verhandlungen. Insgesamt sei festzustellen, dass die USA in den Verhandlungen in der Offensive seien, erklärte Dr. *Pitschas*. Der Druck auf die EG, konkretere Verhandlungsvorschläge zu machen und numerische Ziele zu nennen, habe sich deutlich erhöht. Die EG würde die Nennung konkreter Zielvorgaben jedoch bisher ablehnen, sei aber erkennbar in die Defensive geraten. Problematisch sei für die EG insbesondere, dass sie die sogenannten non-trade concerns (insbesondere die Kennzeichnungspflicht und die Stärkung des Vorsorgeprinzips) gleichberechtigt in die Verhandlungen einbeziehen wolle. Diese starre Haltung der EG sei für viele Vertragsparteien nicht nachvollziehbar, weil diese Interessen der EG durch das SPS-Übereinkommen und die Entscheidung im Hormon-Fall schon hinreichend berücksichtigt seien. Zum Aspekt des Vorsorgeprinzips wies Dr. *Pitschas* noch auf eine Entscheidung des

Gerichts erster Instanz vom September 2002 hin, welche sich ausführlich mit der Geltung und Bedeutung des Vorsorgeprinzips in der EG befasse.

Nachfolgend legte Prof. Dr. *Tietje* von der Universität Halle seine Ansicht zu der Entscheidung des Appellate Body im Kanadischen Milch-Fall und der darin angesprochenen spill over-Problematik dar. Der Ursprung des Problemes liege in der politisch gewollten, aber ökonomisch nicht haltbaren Unterscheidung zwischen zulässigen „heimischen" Subventionen und untersagten Exportsubventionen. Dies sei eine politisch künstliche Differenzierung. Die Ratio des Übereinkommens stütze daher die Entscheidung im Kanadischen Milch-Fall, weil eben auch interne Subventionen den Export begünstigen könnten. Eine Verletzung von Art. 3 Abs. 2 DSU sei daher entgegen der Stimmen mancher Vertragsstaaten nicht erkennbar. Dr. *Pitschas* stimmt Prof. Dr. *Tietje* ausdrücklich darin zu, dass es sich bei der Trennung von internen Stützungsmaßnahmen einerseits und Exportsubventionen andererseits um eine künstliche Differenzierung handele. Er gab jedoch zu bedenken, dass diese Trennung gewollt war und das Übereinkommen eine solche Unterscheidung ausdrücklich vorsehe. Wenn sich ein Streitbeilegungsgremium darüber hinwegsetze, dann stelle sich eben doch die Frage nach einer Verletzung von Art. 3 Abs. 2 DSU.

Abschließend stellte Rechtsanwalt *Schloemann* die Frage nach den möglichen Auswirkungen der massiv angedrohten Einleitung von Streitbeilegungsmaßnahmen mancher WTO-Länder, namentlich Brasilien, gegen bestimmte Ausfuhrförderungen der EG, insbesondere bezüglich Zucker, auf die Verhandlungen der Doha-Runde. Dr. *Pitschas* entgegnete, dass die angedrohten Untersuchungs- und Streitbeilegungsverfahren ab dem 1. Januar 2004 (nach Ablauf der Friedenspflicht) sicherlich nicht förderlich für die Verhandlungen seien. Es gebe Stimmen, welche die Entscheidung im Kanadischen Milch-Fall für direkt übertragbar auf die Subventionierung von Zucker in der EG halten würden. Die genauen Auswirkungen seien aber noch nicht abzusehen.

Neue Rechtsprechung zum Ausfuhrerstattungsrecht

Reinhart Rüsken[*]

Über neue Rechtsprechung zum Ausfuhrerstattungsrecht zu berichten, ist für das Mitglied eines Spruchkörpers, der mit fast allen Problemen dieser Rechtsprechung selbst befasst war oder voraussichtlich noch befasst werden wird, eine etwas heikle Aufgabe: lobt man die getroffenen Entscheidungen, läuft man Gefahr verdächtigt zu werden, die eigene Tätigkeit und die Tätigkeit der eigenen Zunft nicht (selbst)kritisch betrachten zu können; setzt man sich mit der Rechtsprechung hingegen kritisch auseinander, kann man den Vorwurf mangelnder Loyalität fürchten. Gleichwohl möchte ich über einige Entscheidungen zu fünf Problembereichen kritisch und selbstkritisch berichten, ohne dabei die Balance zu der Zurückhaltung zu verlieren, die mir durch das Richteramt auferlegt wird.

A. Die Sanktionsregelung der Ausfuhrerstattungsverordnung hat Bestand

Große Anteilnahme hat die sog. Sanktionsregelung des Art. 11 AEVO Nr. 3665/87, des heutigen Art. 51 AEVO Nr. 800/1999 hervorgerufen.

I. Der Inhalt der Sanktionsregelung

Danach hat der Exporteur – vereinfacht gesagt – eine ihm zu Unrecht gewährte Ausfuhrerstattung nicht nur zurückzuzahlen, sondern zusätzlich das Doppelte des zuunrecht erhaltenen Betrages als „Strafe" zu entrichten, wenn er eine ihm nicht zustehende Erstattung mit vorsätzlich gemachten falschen Angaben beantragt hatte. Hatte er nur eine zu hohe Erstattung beantragt, gilt die Sanktionsregelung mit der Maßgabe, dass ein solcher Exporteur einen Betrag in Höhe des Doppelten der Differenz zwischen der gewährten und der ihm tatsächlich zustehenden Erstattung zusätzlich zu dem selbstverständlich nebst Zinsen zurückzuzahlenden Differenzbetrag zu zahlen hat. Aber auch wenn er in dem Erstattungsantrag nicht *vorsätzlich* falsche Angaben gemacht hat, sondern seine Angaben nur schlicht objektiv unrichtig waren, soll ihn eine Sanktion der vorgenannten Art treffen; diese ist dann allerdings

---

[*] Richter am Bundesfinanzhof, München.

nur in Höhe der Hälfte der zuunrecht gewährten Erstattung fällig. Dabei kommt es eindeutig nicht darauf an – und das ist der Stein des Anstoßes für viele, die sich mit dieser Regelung zu beschäftigen haben –, ob der Exporteur selbst fahrlässig gehandelt hat, ja nicht einmal, ob ihm Fahrlässigkeit irgendwelcher Dritter zugerechnet werden kann. So liegt dem BFH[1] ein Fall vor, in dem der Exporteur unwiderlegt geltend macht, er habe die im Erstattungsantrag objektiv falsch deklarierte Ausfuhrware von einem Dritten, einem renommierten Lebensmittelproduzenten, erworben und auf Grund der vertraglichen Abreden davon ausgehen können, dass sie die im Erstattungsantrag angegebene Beschaffenheit habe; weder er noch sein Vertragspartner, der Produzent der Ware, habe wissen können, dass der Schichtführer eigenmächtig die Rezeptur verändert hatte, was erst durch eine aufwendige lebensmittelchemische Analyse der ZPLA später entdeckt wurde.

II. Das Problem: Sanktion ohne Schuldvorwurf?

Kann man einen Exporteur mit einem finanziellen Nachteil für den Fall bedrohen, dass er die ihm selbst nicht zuverlässig bekannte und auch nicht immer überprüfbare Warenbeschaffenheit falsch angibt und deshalb zuunrecht Ausfuhrerstattung erhält? Das ist im Schrifttum mehrfach ebenso heftig bestritten worden[2] wie andererseits z.B. der österreichische Verwaltungsgerichtshof hierin ganz offenbar überhaupt kein besonderes Problem gesehen hat[3], womit er im Ergebnis durchaus Recht hatte. Denn inzwischen liegt die Vorabentscheidung des Gerichtshofes vor[4], der die ihm vom Bundesfinanzhof vorgetragene Ansicht als richtig bestätigt hat, die einschlägigen Bestimmungen seien nicht nichtig und in einem Fall wie dem eben geschilderten die Verhängung der Sanktion nicht wegen höherer Gewalt ausgeschlossen, die, wenn sie zu den falschen Angaben geführt hat, einen der Fälle darstellt, in denen die Sanktion trotz Vorliegens der eingangs benannten Voraussetzungen ausnahmsweise nicht erhoben wird.

Der Kern der von vorgenannter Regelung aufgeworfenen Problematik wird allgemein und mit Recht darin gesehen, ob der Staat *schuldunabhängige* Sanktionen androhen und verhängen darf. Der Rechtsstaat, der die Menschenwürde achtet, den Menschen also nicht als bloßes Objekt staatlicher Maßnahmen betrachtet, sondern als verantwortlich handelnde Person an-

---

[1] Az. VII R 67/98
[2] *Gündisch* ZfZ 2000, 274-275; *Schrömbges* AW-Prax 2000, 276-279, ZfZ 2001, 2 und ZfV 20001, 26; *Schweitzer/Raible* ZfZ 2001, 290-294.
[3] Entscheidungen vom 18. Oktober 1999, Zl. 98/17/0257 - 7 und 0297 – 6.
[4] Urteil vom 11. Juli 2002 C-210/00.

sprechen will, darf das sicher nicht, sofern er mit der betreffenden Sanktion ein Unwerturteil verbindet, d.h. wegen der in dem geahndeten Verhalten sichtbar werdenden mangelnden Motivation für normgemäßes Handeln „strafen" will. Dieses Wesen der „Strafe", die subjektive Vorwerfbarkeit voraussetzt, findet in der Regel sichtbaren Ausdruck darin, dass die *Höhe* der Strafsanktion von dem Ausmaß individueller Vorwerfbarkeit des strafbaren Handelns abhängig ist und deshalb die gesetzliche Strafdrohung in der Regel nach der Schuldform abgestuft wird.

III. Die Unterscheidung zwischen Prävention und Repression

Für rein präventive Maßnahmen zur Bekämpfung bestimmter künftiger Handlungen indes kann folglich anders als für repressive Sanktionen für vorwerfbare Rechtsgutsverletzungen („Strafen") die Geltung des Schuldprinzips jedenfalls nicht mit der eben skizzierten Herleitung aus der Menschenwürde postuliert werden (wobei die Unterscheidung zwischen repressiven Strafen und präventiven Sanktionen freilich äußerst schwierig ist und leicht ins Tautologische gerät: keine Strafe, weil schuldunabhängig – zulässigerweise schuldunabhängig, weil keine Strafe). Gibt es eine andere Herleitung für die Schuldabhängigkeit nicht im vorgenannten Sinne strafrechtlicher Maßnahmen? Der BFH hat sie in seinem Vorabentscheidungsersuchen vom 4. April 2000[5] nicht zu erkennen vermocht; er konnte sich für die Annahme, dass sog. Verwaltungssanktionen, deren Androhung lediglich zu rechtmäßigem Verhalten anhalten soll, grundsätzlich ungeachtet des Schuldprinzips zulässig sind, auch auf die Rechtsprechung des Gerichtshofs berufen, der solche Sanktionen lediglich am Verhältnismäßigkeitsgrundsatz mißt[6].

---

[5] VII R 67/00, ZfZ 2000, 269.
[6] Ständige Rechtsprechung, vgl. z.B. Urteile des Gerichtshofs vom 20. Februar 1979 Rs. 122/78, EuGHE 1979, 677; vom 18. Januar 1990 Rs. C-345/88, EuGHE 1990, I-159; vom 23. November 1993 Rs. C-365/92, EuGHE 1993, I-6071; vom 17. Juli 1997 Rs. C-354/95, EuGHE 1997, I-4559, und vom 29. Januar 1998 Rs. C-161/96, EuGHE 1998, I-281.

IV. Die Rechtsprechung des EuGH zur Zulässigkeit verschuldensunabhängiger Verwaltungssanktionen

Der Gerichtshof hat in der Vorabentscheidung seine bisherige Rechtsprechung insofern bestätigt. Er konnte sich dabei auch darauf stützen, dass dem Recht zahlreicher Mitgliedstaaten verschuldensunabhängige Sanktionen keineswegs unbekannt sind. Was die konkrete hier zu erörternde Sanktion nach Art. 11 AEVO Nr. 3665/87 angeht, hat der Gerichtshof dieser in Übereinstimmung mit dem BFH einen Strafcharakter abgesprochen. Für den Gerichtshof ist dabei abgesehen von der ohnehin fehlenden strafrechtlichen Kompetenz der Gemeinschaft und der in den Erwägungsgründen deutlichen Motive der Kommission mit Recht entscheidend, dass die Sanktionsregelung Teil des Ausfuhrerstattungssystems ist, also lediglich diejenigen betrifft, die an diesem System teilnehmen, und dass es sich um ein System handelt, das den Marktteilnehmern Vorteile bietet und durch die Sanktion lediglich die Erfüllung der von den Teilnehmern am System der Ausfuhrerstattungen um dieser Vorteile willen übernommene Verpflichtung absichern will, über die erstattungserheblichen Tatsachen richtige Angaben zu machen. Für die rechtliche Würdigung des Gerichtshofs entscheidend ist mit anderen Worten, dass es hier nicht um jedermann bei Verletzung öffentlich-rechtlicher Bürgerpflichten angedrohte Maßnahmen geht, sondern um Sonderbeziehungen: der Exporteur, der Ausfuhrerstattung in Anspruch nimmt, hat sich dem Rechtsregime des Ausfuhrerstattungsrechts unterworfen und muss hinnehmen, dass ihm ernstliche Sanktionen angedroht sind, wenn sein Verhalten das Funktionieren des Erstattungssystems beeinträchtigt.

V. Der Verhältnismäßigkeitsgrundsatz ist nicht verletzt

Alle staatlichen Maßnahmen müssen freilich dem Verhältnismäßigkeitsgrundsatz entsprechen. Einen Verstoß gegen diesen konnte der Gerichtshof jedoch – ungeachtet der rechtspolitischen Einwände, die man gegen eine so rigide, wenn nicht überzogene Sanktionsregelung wie Art. 11 AEVO Nr. 3665/87 mag vorbringen wollen – bei einem Wirtschaftsteilnehmer nicht erkennen, der für ein Ausfuhrgeschäft öffentliche Mittel in Anspruch genommen hat, ohne gegen die vorhersehbaren und üblichen Risiken eines solchen Geschäftes – sonst greift die Sanktionsregelung wegen höherer Gewalt gerade nicht ein – alle erdenklichen Vorkehrungen zu treffen, und der sich um seines eigenen Vorteils willen entschlossen hat, an einem System öffentlicher Leistungen teilzuhaben und sich den insofern aufgestellten Regeln zu unterwerfen. Deren Bestandteil ist die Sanktion, über deren Strenge sich der Betreffende später nicht beschweren kann. Er kann gegen die Sanktionsregelung auch keine ungeachtet des vorgenannten, durch die AEVO geschaffenen Systems bestehende Rechtsposition, etwa seine Grundrechte, ins Feld führen. Denn es gibt kein Grundrecht auf Ausfuhrerstattung und der Gemeinschaftsgesetzgeber kann deshalb die Bedingungen, unter denen er Ausfuhrerstattung gewähren will, ebenso frei ausgestalten wie es ihm unbenommen wäre, Ausfuhrerstattung überhaupt nicht zu gewähren.

Wer schließlich gegenüber der Sanktionsregelung Hoffnung auf Grund der Entscheidungen vom 12. Mai 1998 Rs. C-366/95 (EuGHE 1998, I-2661) und vom 16. Juli 1998 Rs. C-298/96 (EuGHE 1998, I-4767) – also Steff-Houlberg und Oehlmühle – gesetzt hatte, ist ebenfalls mit Recht enttäuscht worden; denn diese Entscheidungen, so hat es auch der Gerichtshof gesehen, betreffen nicht die Gebote des gemeinschaftlichen Grundrechtsstandards, sondern den Toleranzbereich des Gemeinschaftsrechts gegenüber nationalen Regelungen, die dem Marktbürger objektiv rechtswidrig gewährte öffentliche Leistungen belassen, weil er bei ihrer Inanspruchnahme in gutem Glauben war.

VI. Neue Hoffnung auf Grund der Neufassung der Ausfuhrerstattungsverordnung?

Alle Hoffnungen, die Sanktionsregelung wenigstens für die Zukunft „kippen" zu können, werden sich jetzt vermutlich auf die – höherrangige—Rats-Verordnung Nr. 2988/95 über den Schutz der finanziellen Interessen der Europäischen Gemeinschaften richten, von der sinngemäß behauptet worden ist, sie habe die Sanktionsregelung der Kommission außer Kraft gesetzt oder stehe zumindest der Anwendung des Art. 51 der AEVO Nr. 800/1999 entgegen. Letzteres beruht auf der reichlich kühnen Annahme, der Vorbehalt des Art. 5 Abs. 2 vorgenannter Verordnung – Schadlosstellung bereits geltender, sektorbezogener Bestimmungen – greife zugunsten der Sanktionsregelung nicht mehr ein, sobald diese in die eben genannte Verordnung – ohne substantielle Änderung – unter neuer Hausnummer inkorporiert worden ist. Aber auch ungeachtet der Fortgeltung aufgrund dieses Vorbehalts erscheinen die in die Verordnung Nr. 2988/95 gesetzten Erwartungen ungesichert. Die Generalanwältin hat nämlich in ihren Schlussanträgen in der Rs. C-210/00 bereits mit Recht daran erinnert, dass auch diese Verordnung durchaus verschuldensunabhängige Sanktionen kennt. Der Gerichtshof hat diesen Gedanken aufgegriffen, wobei ich einräumen muss, dass mir nicht ganz klar ist, was er insoweit in Randnummer 51 seiner Vorabentscheidung zum Ausdruck bringen will.

B. Kein Ankunftsnachweis bei nicht-differenzierter Ausfuhrerstattung

Einige Überraschung löst das Urteil des Gerichtshofs vom 14. Dezember 2000 C-110/99[7] aus. In dem ihm zugrunde liegenden Fall war die Ausfuhrware mit Ausfuhrerstattung ausgeführt worden; nach Abfertigung zum freien Verkehr in der Schweiz wurde sie sofort wieder in die Gemeinschaft eingeführt; sie wurde zwischendurch nicht einmal abgeladen, sondern noch am selben Tag mit demselben Beförderungsmittel in unverändertem Zustand zurückgebracht. Da die Ausfuhrerstattung nicht notwendig der bei der Einfuhr erhobenen Abgabe entspricht, kann ein solcher Kreisverkehr ein lohnendes Geschäft sein. Dass solche Geschäfte durch Ausfuhrerstattung zu fördern, deren Sinn und Zweck entspricht, wird man kaum ernstlich behaupten wollen. Denn durch sie wird der Gemeinschaftsmarkt nicht dauerhaft entlastet. Das aber ist allemal zumindest einer der maßgeblichen Zwecke der Ausfuhrerstattung.

I. Die Rechtslage im Rückforderungsverfahren ist anders als vor Gewährung von Erstattung

Der BFH hat deshalb in dem vorgenannten Verfahren den Gerichtshof befragt. Er hat eine Antwort erhalten, die einer kritischer Analyse im Hinblick auf ihr Grundverständnis u.a. des Ausfuhrerstattungs-Systems wert ist.[8] Nach der – einmal mehr erkennbar stark von der Stellungnahme der Europäischen Kommission beeinflussten – Entscheidung des Gerichtshofs soll nämlich bei nicht-differenzierter Erstattung im Rückforderungsverfahren nicht geprüft werden dürfen, ob das Erzeugnis in ein Drittland eingeführt wurde. Nur wenn der Ausführer die Ausfuhrerstattung missbräuchlich in Anspruch genommen hat, soll er den Anspruch auf Zahlung einer nicht differenzierten Ausfuhrerstattung verlieren, wie es in der Entscheidungsformel heißt, wobei – dazu nicht ganz passend, weil etwas anderes besagend – in den Entscheidungsgründen davon die Rede ist, bei einem Missbrauch sei er einem Rückforderungsanspruch ausgesetzt.[9]

---

[7] EuGHE I 2000, 11569 = ZfZ 2001, 552
[8] Urteil vom 14. Dezember 2000 C-110/99, EuGHE I 2000, 11569-11617 = ZfZ 2001, 92
[9] Das soll dann der Fall sein, wenn das Handelsgeschäft keinen wirtschaftlichen Zweck verfolgte, sondern ausschließlich zur Erlangung der finanziellen Unterstützungen aus dem Gemeinschaftshaushalt getätigt wurde (sog. objektives Element) und wenn das Handelsgeschäft auch subjektiv in erster Linie getätigt wurde, um sich

Der BFH hat sich in seinem Urteil vom 21. März 2002 VII R 35/01[10] dieser Rechtsprechung gebeugt. Er hat ferner in dem Urteil vom 7. Mai 2002 VII R 5/01[11] noch einmal hervorgehoben, dass diese Rechtsprechung *nur* die nicht differenzierte Ausfuhrerstattung betrifft, während differenzierte Ausfuhrerstattung zurückgefordert werden muss, wenn die Ware das Drittland, in das sie ausgeführt werden sollte, nicht erreicht (im Streitfall: dort zu einem aktiven Veredelungsverkehr abgefertigt wird).

II. Was ist der rechtfertigende Grund für die unterschiedliche Behandlung im Rückforderungsverfahren?

Diese Rechtsprechung ist menschenfreundlich, nimmt sie doch dem Exporteur das Risiko des Ankunftsnachweises, aber auch die Gefahr des Unterganges der Ware auf dem Transportweg (die z.B. bei lebendem Vieh durchaus regelmäßig Bedeutung hat) praktisch weitgehend ab. Die Rechtsprechung des Gerichtshofes ist allerdings zugleich befremdlich: Die von ihr verursachte wesentliche Ungleichbehandlung des Exporteurs bei differenzierter und bei einheitlicher Ausfuhrerstattung lässt sich noch als systembedingt, als unvermeidlich entschuldigen. Eigentümlich ist aber zumindest, dass der Exporteur vor Zahlung der Ausfuhrerstattung wesentlich anders stehen soll als nach Zahlung derselben, ohne dass der Gerichtshof dafür einen aus der Sache heraus, nicht bloß aus dem Gesetzeswortlaut rechtfertigenden Grund anzugeben weiß: gemeinhin ist man jedenfalls an die Vorstellung gewöhnt, der Empfänger einer zu Unrecht gewährten staatlichen Leistung müsse diese zurückgewähren, es sei denn, er könnte sich auf Vertrauensschutz berufen. Das ist indes bei den hier zu erörternden Fallkonstellationen offensichtlich nicht der Fall; das wird besonders deutlich an dem vorgenannten BFH-Fall VII R 35/01, in dem feststand und es der Exporteur auch wusste oder hätte wissen müssen, dass die ausgeführten Tiere vor Erreichen des Drittlandes verendet waren. Neben dem Gedanken des Vertrauensschutzes kann einer Rückforderung zuunrecht gewährter staatlicher Leistungen ferner mitunter entgegenstehen, dass jeder Verwaltungsvorgang irgendwann einmal endgültig abgeschlossen werden muss, um des Rechtsfriedens willen, aber auch wegen sonst für weit zurückliegende Vorgänge entstehender Beweisprobleme. Das ist der Gedanke, der Verjährungsfristen zugrunde liegt.

---

einen dem Zweck der Gemeinschaftsregelung widersprechenden finanziellen Vorteil zu verschaffen (subjektives Element).
[10] BFH/NV 2002, 1114, für BFHE bestimmt.
[11] BFH/NV 2002, 1189.

Auch dieser kann indes die Rechtsprechung des Gerichtshofes nicht motiviert haben, zumal es ohnehin im Wesentlichen um den Nachweis mit Hilfe der bei den Unterlagen des Exporteurs bzw. der Zollbehörde vorhandene (oder eben nicht vorhandene und dann in der Regel auch nicht nachträglich zu beschaffende) Papiere geht, bei denen die Beweisprobleme mit der Zeit weder zu- noch abnehmen.

III. Folgerungen für Wesen und Voraussetzungen der Ausfuhrerstattung

Ich würde es bei einem schlichten „Roma locuta ..." belassen wollen, wenn es nicht um ein weit über die entschiedenen Einzelfälle und die Rückforderungsfälle im Allgemeinen hinausreichendes Problem ginge; es geht nämlich letztlich darum, was Zweck der Ausfuhrerstattung ist und was demzufolge *vor* Zahlung der Erstattung zu prüfen ist. Der Gerichtshof hat dies unerörtert gelassen. Das vorgenannte BFH-Urteil sieht den Zweck – besser gesagt wohl die Funktion – der Ausfuhrerstattung richtig darin, den Unterschied zwischen dem höheren Gemeinschaftspreis und dem niedrigeren Weltmarktpreis auszugleichen; Ausfuhrerstattung setze, so heißt es dann, jetzt wirklich mit Blick auf den Zweck der Ausfuhrerstattung, nicht voraus, dass die Ware auf den Markt eines Drittlandes gelange. Diese Voraussetzung sei in der Regel nur dann von Bedeutung, wenn Ausfuhrerstattung mit je nach Bestimmungsland unterschiedlichen Sätzen gewährt werden solle. Im Falle der Ausfuhrerstattung nach einheitlichen Sätzen sei dagegen „zunächst" entscheidend, dass das Erzeugnis dadurch vom Markt der Gemeinschaft genommen wird, dass es im Rahmen eines normalen Handelsgeschäfts ausgeführt wird. Was danach mit dem Erzeugnis geschieht, habe im Regelfall unter wirtschaftlichen Gesichtspunkten keinen Einfluss auf den Gemeinschaftsmarkt mehr und sei daher im Rahmen des mit der Gewährung der einheitlichen Ausfuhrerstattung verbundenen Zwecks ohne Bedeutung. Das sei nur dann anders, wenn ein Missbrauch der Vergünstigungsregelung zu befürchten ist, weil die Gefahr bestehe, dass das Erzeugnis unter Erlangung nicht gerechtfertigter finanzieller Vorteile auf den Gemeinschaftsmarkt zurückverbracht werde, oder sonst zu befürchten sei, dass die an dem Geschäft beteiligten Personen vom Gemeinschaftsgesetzgeber unbeabsichtigte Vorteile dadurch erhalten, dass sie das Erzeugnis nicht wie von der Erstattungsregelung unterstellt auf den Markt eines Drittlandes bringen. Einem solchen Missbrauch vorzubeugen, sei Sinn der in Art. 5 VO Nr. 3665/87 getroffenen Regelung. Diese Funktion soll die Vorschrift in für den Ausführer zumutbarer Weise allerdings nur dann erfüllen können, so meint der BFH, wenn die darin vorgesehenen Nachweise vor Zahlung der Ausfuhrerstattung verlangt werden.

Im Gegensatz hierzu vertritt des FG Hamburg in dem Urteil vom 1. November 2001 IV 20/99 (Revision VII R 56/01, die sich allerdings voraussichtlich erledigen wird) zugespitzt gesagt die Auffassung, die Ausfuhrerstattung sei keine Prämie für die Beseitigung von Nahrungsmitteln, sondern eine Vermarktungsprämie, die Gemeinschaftsware den Zugang zu den Drittlandsmärkten ermöglichen oder erleichtern soll – sei es den Zugang zu bestimmten Märkten wie bei der differenzierten Erstattung, sei es den Zugang zu einem als einheitlichem Weltmarkt unterstellten Drittländermarkt. Ich habe viel Sympathie für diese Auffassung des FG. Denn die von ihm angenommene Zielsetzung der Ausfuhrerstattungsgewährung kommt m.E. in der Tat in Art. 20 Abs. 1 Unterabsatz 1 AEVO Nr. 800/1999 unbeschadet der besonderen Kautelen der Vorschrift klar zum Ausdruck, wonach die Erstattung nur bei nachgewiesener Einfuhr in ein bzw. das Drittland gezahlt wird, und wo im vorletzten Unterabsatz für alle Erstattungen vorbehalten wird, zusätzliche Beweise (neben dem Nachweis der Einfuhr) zu verlangen, dass die Ausfuhrware tatsächlich in dem Drittland vermarktet oder einer wesentlichen Be- oder Verarbeitung unterzogen worden ist.

IV. Der Begriff „Vermarktung"

Wann von einer „Vermarktung" in dem hier maßgeblichen Sinne gesprochen werden kann, ist freilich problematisch: offenbar soll es nicht bloß darauf ankommen, dass sie Ware rechtlich Zugangsmöglichkeit zum Drittlandsmarkt erhält, dass also die Ware zollrechtlich zum freien Verkehr abgefertigt wird und die Einfuhr nicht an irgendwelchen warenverkehrsrechtlichen Beschränkungen scheitert; sie muss gleichsam tiefer in den Wirtschaftskreislauf des Drittlandes eindringen, wobei sich dann eine Fülle von Zweifelsfragen und Abgrenzungsproblemen ergibt, von denen eine Reihe in dem Vorabentscheidungsersuchen des BFH vom 2. Februar 1999 VII R 5/98[12] angedeutet ist.

Die „Vermarktung" im Sinne des eben genannten vorletzten Unterabsatzes soll freilich – das sind die eben erwähnten Kautelen – nicht regelmäßig, sondern nur im Ausnahmefall (und dann vor Zahlung der Erstattung) geprüft werden, wie der Gerichtshof in dem hier zu erörternden Urteil meint. Das ist nicht einmal mit dem Wortlaut der Verordnung ganz plausibel zu begründen. Ferner ist nach wie vor offen, wann im Sinne des ersten Unterabsatzes des Art. 20 Abs. 1 AEVO Nr. 800/1999 „ernste Zweifel am Erreichen der tatsächlichen Bestimmung" bestehen und damit die eben erwähnte Voraus-

---

[12] ZfZ 1999, 242.

setzung tatsächlich zum Zuge kommt, dass die Ware in ein Drittland eingeführt worden sein muss, bevor Ausfuhrerstattung gewährt werden kann. Diese Fragen sind wie die ganze Deutung der Systematik des Art. 20 Abs. 1 AEVO Nr. 800/1999 offen, wenn auch die vorgenannten Gerichtsurteile für ihre Beantwortung wichtige Quellen sein werden. Wenn die Entwicklung dahin gehen sollte – und das dürfte wohl auch nach Äußerungen aus der Verwaltung zu erwarten sein –, dass bei nicht differenzierter Erstattung auf der ersten Stufe des in Art. 20 Abs. 1 AEVO Nr. 800/1999 normierten Prüfungskanons ein Nachweis der Einfuhr (Art. 20 Abs. 1 Unterabs. 1 AEVO Nr. 800/1999) regelmäßig nicht verlangt wird und auf der zweiten Stufe ein Nachweis der Vermarktung (Art. 20 Abs. 1 vorletzter Unterabs. AEVO Nr. 800/1999) ebenfalls nur in (noch enger begrenzten) Ausnahmefällen gefordert werden wird, würde dies freilich die (nicht differenzierte) Ausfuhrerstattung im Ergebnis doch weitgehend zu einer Nahrungsmittelbeseitigungsprämie umfunktionieren.

V. Neue Rechtslage für das Rückforderungsverfahren

Was die nach Zahlung der Erstattung nachzufordernden Nachweise angeht, sind im Übrigen die eben erörterten Gerichtsentscheidungen bis zu einem gewissen Grad Rechtsgeschichte, weil die VO Nr. 800/1999 dazu jetzt differenzierte (den Prüfungsmaßstab stark einengende) Regelungen enthält, die einer kritischen Würdigung zu unterziehen mein heutiges Mandat überschreiten würde.[13]

C. Was ist gesunde und handelsübliche Qualität?

Was die materiellen Voraussetzungen für die Gewährung von Ausfuhrerstattung angeht, ist auf ein zweites in der Rechtsprechung schon mehrfach erörtertes, aber höchstrichterlich noch ungeklärtes Problem hinzuweisen. Es betrifft die Auslegung und Anwendung des Art. 21 Abs. 1 AEVO Nr. 800/1999. Danach wird Ausfuhrerstattung nicht gewährt, wenn die Waren nicht von gesunder und handelsüblicher Qualität sind. Das FG Hamburg sieht diese Voraussetzung nicht als gegeben an, wenn ein vom Hersteller angegebenes

---

[13] Ausfuhrerstattung ist danach u.a. zurückzuzahlen, wenn „das Erzeugnis zerstört oder beschädigt wurde, bevor es in einem Drittland vermarktet wurde ... es sei denn, der Ausführer kann gegenüber den zuständigen Behörden nachweisen, dass die Ausfuhr unter solchen wirtschaftlichen Bedingungen erfolgt ist, dass das Erzeugnis ... nach vernünftigem Ermessen in einem Drittland hätte vermarktet werden können."

Mindesthaltbarkeitsdatum wesentlich überschritten ist, und zwar sogar dann nicht, wenn diese Angabe freiwillig erfolgt ist, also eine solche Kennzeichnung in der Lebensmittel-Kennzeichnungs-Verordnung[14] nicht vorgeschrieben war.[15] Ferner verneint das FG die handelsübliche Qualität bei Ware, die lediglich mit Preisnachlass über auf Ware mit leichten Qualitätsmängeln (grau angelaufene Schokolade) spezialisierte Unternehmen vermarktet werden konnte[16], oder z.B. für Fleisch, das aus sog. Isolierschlachtbetrieben stammt, also nach Maßgabe des § 13 Fleischhygienegesetz und der dazu ergangenen Fleischhygieneverordnung besonderen Bestimmungen hinsichtlich der Schlachtung und Vermarktung unterliegt (es ist vergleichbar dem früheren sog. Freibankfleisch).[17]

Diese Rechtsprechung ist, zusammengefasst, durch zweierlei gekennzeichnet: erstens klammert sie Waren aus, die Qualitätsmängel irgendwelcher Art aufweisen, verlangt also wenn schon nicht gerade Spitzenqualität, so doch eine Ware aus einem oberen Qualitätssegment; zweitens zieht sie ungeachtet des Rechts anderer Mitgliedstaaten deutsche lebensmittelrechtliche Vorschriften bei der Anwendung des Art. 21 Abs. 1 AEVO Nr. 800/1999 heran. Beides erscheint mir nicht zweifelsfrei. Nach dem Urteil des Gerichtshofs C-12/73[18] ist eine Ware von handelsüblicher Qualität, wenn sie im Gemeinschaftsgebiet „unter normalen Bedingungen" vermarktet werden kann. Das spricht dafür, dass es nur auf die Möglichkeit der Vermarktung unter einer der Marktordnungsnomenklatur entsprechenden Warenbezeichnung und auf dem Lebensmittelmarkt einschließlich seiner „Teilmärkte" wie denen für Ware geringerer Qualität ankommt, wobei diese freilich von den ebenfalls existenten Märkten für Abfall abgegrenzt werden müssen, was nicht immer leicht ist. Es gibt aber nur eine einheitliche Ausfuhrerstattung, keine Abschläge für Minderqualität; qualitätsgeminderte Ware wird also überproportional subventioniert. Das ist indes auch dann der Fall und wird hingenommen, wenn solche Qualitätsmängel nicht zu öffentlich-rechtlichen Verkehrsbeschränkungen führen oder sich schlicht im Preis niederschlagen, ohne wie im Falle der vorgenannten grauen Schokolade oder bei dem überschrittenen Haltbarkeitsdatum gleichsam äußerlich sichtbar zu werden.

---

[14] § 7 Verordnung vom 22. Dezember 1981, BGBl I S. 1625.
[15] Urteil vom 23. März 2000 IV 469/98, ZfZ 2000, 350.
[16] Urteil vom 30. Juli 2001 IV 63/01, ZfZ 2002, 66.
[17] Urteil vom 15. März 2001 IV 208/99, ZfZ 2001, 388, dagegen Revision BFH VII R 10/02.
[18] Urteil vom 9. Oktober 1973 Rs. C-12/73, EuGHE 1973, 963 zu Art. 6 der Richtlinie 1041/67/EWG (ABlEG Nr. L 314, 9).

Was die Bedeutung nationaler Vorschriften für den Begriff der gesunden und handelsüblichen Qualität angeht, hat der Gerichtshof erkannt, soweit und solange gemeinschaftliche Vorschriften fehlten, welche die gesunde und handelsübliche Qualität eines Erzeugnisses definieren, sei es Sache der Mitgliedstaaten, Bestimmungen hierüber zu erlassen.[19] Solche nationalen Bestimmungen dürften nur nicht im Gegensatz zur allgemeinen Systematik der anwendbaren Gemeinschaftsregelung stehen und keine geringeren Anforderungen an die Qualität der Waren stellen als die, die der Markt unter normalen Verhältnissen beachtet. Marktfähig – das meint der Begriff „handelsübliche Qualität", wie andere Sprachfassungen bestätigten (englisch: marketible quality; französisch: qualité marchande) – ist aber auch eine Ware, bei deren Vertrieb besondere „Handelsbedingungen" oder „Vertriebsbeschränkungen" beachtet werden müssen. Dementsprechend hat die Europäische Kommission bei dem früheren sog. Freibankfleisch,[20] die Auffassung vertreten, diesem könne die Ausfuhrerstattung nicht versagt werden.

D. Keine Rückforderung bei folgenloser Versäumnis von Vorlagefristen

Das Ausfuhrerstattungsrecht ist in hohem Maße förmliches und prozedurales Recht. Darin zeigt sich nicht nur die Handschrift des Zollbeamten, in dessen Zuständigkeitsbereich das Ausfuhrerstattungsrecht fällt und dessen Augenmerk im Allgemeinen weniger auf materiale Gerechtigkeit als auf die richtige Verwendung von Formularen, die Erfüllung von Gestellungs- und Erklärungspflichten, die Wahrung von Fristen u. dgl. gerichtet zu sein pflegt. Freilich ist die weit verbreitete Entgegensetzung von materiellem und „bloßem" Verfahrensrecht nicht nur, aber ganz besonders im Recht des schnell und einfach und dazu massenhaft abzuwickelnden Warenverkehrs problematisch: denn „Gerechtigkeit – bescheidener: die außenwirtschaftspolitische Zielvorgabe der Marktorganisationen – verwirklicht sich nicht von selbst, sondern bedarf dazu Menschen, die ohne Beachtung eines geordneten Verfahrens schwerlich in der Lage sind, außenwirtschaftspolitische Ziele wie die Entlastung des Binnenmarktes von bestimmten landwirtschaftlichen Produkten und

---

[19] Vgl. EuGH-Urteile vom 19. November 1998 Rs. C-235/97, EuGHE I 1998, 7555 und vom 8. Juni 1994 Rs. C-371/92, EuGHE I 1994, 2391.
[20] Vgl. Verordnung über bedingt taugliches und minderwertiges Fleisch, BGBl I 1970, 1178 und § 8 der Verordnung über die hygienischen Anforderungen und amtlichen Untersuchungen beim Verkehr mit Fleisch --Fleischhygiene-Verordnung a.F.--, BGBl I 1986, 1678.

die Präsenz der Gemeinschaft auf dem Weltmarkt als Anbieter solcher Produkte zumal in einer Weise zu erreichen, welche die Gleichbehandlung der Exporteure und aller sonstigen Marktbeteiligten gewährleistet. Es ist deshalb gelinde gesagt kurzsichtig, zu focussieren, ob der Markt von einer Ware entlastet worden und diese im Zielmarkt vermarktet worden ist, ohne mit gleicher Akribie und Stringenz auf die Einhaltung des dafür vom Gesetz bereitgestellten Ausfuhrerstattungsverfahrens zu achten. Mit der Erreichung des materialen Ziels der Ausfuhrerstattung ist diese grundsätzlich noch nicht verdient. Damit verhält es sich ähnlich wie mit dem sog. Wirtschaftszollgedanken; auch dieser ist nicht geeignet, von der Beachtung zollrechtlicher Verfahrensvorschriften zu suspendieren, deren Bedeutung in Frage zu stellen und bei deren Missachtung verhängte Rechtsfolgen als mit dem Wirtschaftszollgedanken unvereinbare oder zumindest konfligierende „Sanktionen" erscheinen zu lassen.

I. Rechtfertigung und Einschränkung prozeduraler Anforderungen

Hiermit ist überhaupt nichts zur Rechtfertigung einzelner prozeduraler Anforderungen des Ausfuhrerstattungsrechts gesagt wie den von Schrömbges[21] als Beispiel einer lässlichen, bloß administrativen Zwecken dienlichen Pflicht angeführten erhabenen Buchstaben, die nach der Verordnung (EG) Nr. 2388/84 über besondere Durchführungsbestimmungen für die Erstattungen bei der Ausfuhr bestimmter Rindfleischkonserven auf Wurstkonserven anzubringen sind und den Mitgliedstaat angeben müssen, in dem das Erzeugnis hergestellt wurde. Der mitunter kritisierte Übereifer der Kommission beim Erlass diesbezüglicher Vorschriften muss in erster Linie politisch bekämpft werden. Die Rechtsprechung kann hier nicht oder doch nur ganz ausnahmsweise helfen.

Hilfsbereitschaft in diesem Sinne würde ich z.B. dann in Betracht ziehen, wenn das Gemeinschaftsrecht bei einer außergewöhnlichen Sachverhaltsgestaltung überhaupt kein brauchbares geordnetes Verfahren bereitstellt; so hat der BFH die Revision in einem Fall zugelassen[22], in dem es um die Rückforderung von Ausfuhrerstattung für Erstattungsware geht, die im Bestimmungsland zurückgewiesen, in die Gemeinschaft zurücktransportiert (ohne Abfertigung zum freien Verkehr) und anschließend (diesmal erfolgreich) in

---

[21] ZfZ 2001, 146.
[22] VII R 59/01, vorgehend FG Hamburg, Urteil vom 1. Februar 2001 IV 882/97, nur in juris.

das Drittland eingeführt worden ist, die folglich nicht bis zur endgültigen (zweiten) Ausfuhr unter ständiger Zollkontrolle stand und bei der sich der erforderliche Nachweis der Nämlichkeit der zuerst und der endgültig ausgeführten Ware durch Zollpapiere nicht führen lässt.

II. Der BFH-Beschluss zur verspäteten Vorlage des Beförderungspapiers

Eine solche Ausnahme bildet ferner der BFH-Beschluss vom 23. August 2000 VII B 145, 146/00 in ZfZ 2001, 19. Er hat geradezu begeisterte Zustimmung, aber auch entschiedenen Widerspruch gefunden. In beide Richtungen wären die Reaktionen vermutlich maßvoller, wenn man sich genau vergegenwärtigt, was entschieden – genauer gesagt: im AdV-Verfahren vom BFH erwogen – worden ist:

Bei der Beantragung differenzierter Ausfuhrerstattung ist nach Art. 16 Abs. 3 AEVO Nr. 800/1999 in allen Fällen das Beförderungspapier vorzulegen. Bei gebrochener Beförderung, unter Umständen mit einer Vielzahl von Beförderungsmitteln, ist selbstredend der komplette Beförderungsvorgang in dieser Weise zu dokumentieren. Ein Exporteur hatte dies nicht getan; für eine kleine Teilstrecke hatte er das Beförderungspapier mit seinem Erstattungsantrag nicht mit vorgelegt, obwohl es sich bei seinen Unterlagen befand. Ebenso wenig wie der Exporteur selbst bemerkte das Hauptzollamt dies. Es gewährte die Ausfuhrerstattung. Als es später das Fehlen des betreffenden Beförderungsnachweises bemerkte und den Exporteur auf die Unvollständigkeit der Erstattungsunterlagen hinwies, reichte dieser postwendend den noch fehlenden Frachtbrief nach. Das Hauptzollamt forderte gleichwohl die Ausfuhrerstattung zurück, weil die 12-Monats-Frist für die Vorlage des betreffenden Frachtbriefes, die sich aus Art. 49 Abs. 2 AEVO ergibt, abgelaufen sei.

III. Unverzichtbarkeit der Beachtung des vorgeschriebenen Verfahrens

Mein Unbehagen, das ich gegenüber diesem Rückforderungsbescheid empfinde, stammt nicht daher, dass der Exporteur keine Ausfuhrerstattung erhalten soll, obwohl seine Ware zweifellos und offenkundig den Markt des vorgesehenen Drittlandes erreicht hat. Es stammt vielmehr daher, dass sein Verstoß gegen prozedurale Bestimmungen des Ausfuhrerstattungsrechts eigentlich niemanden beeinträchtigt hat: das Hauptzollamt hat ihn zunächst gar nicht bemerkt und als es ihn beanstandet hat, ist nichts anderes geschehen als geschehen wäre, wenn das Hauptzollamt den Antrag von Anfang an sorgfältiger geprüft hätte: der Erstattungsantrag ist beanstandet worden, der Mangel des Erstattungsantrages ist sofort behoben worden. Ob man dem Exporteur gleichwohl zum Nachteil gereichen lassen muss, dass er die Frist für die Beseitigung des Mangels versäumt hat, hängt davon ab, ob man den Sinn der Frist auch darin sieht, eine Befassung der Erstattungsstelle mit möglicherweise lang zurückliegenden Ausfuhren unter allen Umständen auszuschließen. Aber warum sollte man dies tun? Es geht ausschließlich um die Prüfung papiermäßiger Nachweise, deren Aussagekraft durch den Zeitablauf nicht leidet.

IV. ... aber Unterscheidung zwischen Hauptpflicht und folgenlos verletzter Nebenpflicht

Der BFH hat es jedenfalls als zumindest zweifelhaft angesehen, ob eine bereits gewährte Ausfuhrerstattung zurückgefordert werden darf, wenn bei ihrer Gewährung übersehen worden ist, dass bestimmte Beförderungspapiere nicht vorgelegt worden sind, diese aber vorhanden waren und nach Bemerken des Fehlers unverzüglich nachgereicht worden sind. Zurückzuzahlen ist nach dem Wortlaut der AEVO Nr. 3665/87 nur ein zu Unrecht erhaltener Betrag, und man kann mit einer gewissen Kühnheit meinen, damit seien nur die materiellen Voraussetzungen für die Gewährung der Ausfuhrerstattung gemeint, nämlich u.a. dass das Beförderungspapier überhaupt vorgelegt wird, nicht auch, dass es fristgerecht vorgelegt worden ist. Die AEVO Nr. 3665/87 regelt nämlich ebenso wie die Nr. 800/1999 die Frist, innerhalb deren das Beförderungspapier vorgelegt werden muss, gesondert von der Pflicht zur Vorlage in dem Titel „Verfahren für die Zahlung der Erstattung". Der BFH hat sich dadurch berechtigt gesehen, die Nachweispflicht in eine Haupt- und eine Nebenpflicht (Pflicht zur Wahrung einer Frist bei der Vorlage als Nebenpflicht, Pflicht zur Vorlage des Beförderungspapiers nach Art. 18 Abs. 3 VO Nr. 3665/87 als Hauptpflicht) gleichsam aufzuspalten; das hat ihm die Möglichkeit eröffnet, gemäß der ständigen, im Wesentlichen aus dem Verhältnismäßigkeitsgrundsatz hergeleiteten Rechtsprechung des Gerichtshofs[23] die Fristversäumnis (Nebenpflicht) ohne die Sanktion der Rückforderung der Ausfuhrerstattung zu belassen, wenn die Nichteinhaltung dieser Pflicht keine Auswirkungen auf die im Erstattungsverfahren getroffene Entscheidung hatte.

---

[23] Vgl. u.a. Urteil vom 24. September 1985 181/84, EuGHE 1985, 2889.

V. ... jedoch keine Sanktionslosigkeit der Fristversäumnis, wenn Erstattung deshalb nicht gewährt wird

Freilich fehlt es an solchen Auswirkungen nur dann, wenn das Erstattungsverfahren durchgeführt worden ist, ohne dass das Fehlen des Beförderungspapiers bemerkt worden ist. Hingegen kann die Erstattungsstelle einen Erstattungsantrag ablehnen, wenn ihr das Beförderungspapier nicht fristgerecht vorgelegt worden ist und auch keine Gründe für eine Fristverlängerung vorliegen. Mit anderen Worten: dass eine bereits gewährte Ausfuhrerstattung unter bestimmten Umständen nicht zurückgefordert werden kann, lässt nicht den Schluss zu, dass sie trotz Vorliegens jener Umstände auch gewährt werden muss. Aus dem BFH-Beschluss ableiten zu wollen, die Missachtung der Vorlagefrist sei für den Ausfuhrerstattungsanspruch per se sanktionslos, erscheint folglich nicht gerechtfertigt; eine solche Lehre ließe sich auch nicht mit dem Postulat vereinbaren, dass Rechtsvorschriften im Zweifel so auszulegen sind, dass sie einen Sinn haben. Denn eine Vorlagefrist, die man gefahrlos versäumen kann, macht keinen Sinn; noch weniger Sinn macht, bei einer solchen Frist die Möglichkeit einer Verlängerung der Vorlagefrist zu schaffen, was indes geschehen ist (Art. 49 Abs. 4 AEVO 800/1999). Der BFH wird jedoch über diese Fragen in Kürze in dem NZB-Verfahren VII B 113/02 und dem Revisionsverfahren VII R 49/01 zu befinden haben, in welchem der Mangel des Erstattungsantrages zwar erst nach vorschussweiser Gewährung der Ausfuhrerstattung entdeckt worden ist (wie könnte es in einem solchen Falle anders sein!), aber vor Freigabe der Sicherheit und der dadurch nach der Rechtsprechung des BFH bewirkten „eigentlichen" Erstattungsentscheidung.

VI. Keine behördliche Erinnerung an Frist erforderlich

Eine Absage hat der BFH in dem vorgenannten Beschluss jedenfalls schon der Auffassung des FG Hamburg erteilt, wegen Nichtvorliegens der für die Festsetzung von Ausfuhrerstattung erforderlichen Nachweise zu Unrecht gewährte Ausfuhrerstattung dürfe erst zurückgefordert werden, nachdem das Hauptzollamt dem Ausführer eine Nachfrist zur Beibringung dieser Nachweise eingeräumt habe (so der Beschluss vom 7. März 2000 IV 4/00, ZfZ 2000, 318). Schon die dabei vom FG vorausgesetzte Fürsorgepflicht des Hauptzollamts besteht nicht: der Exporteur muss sich darum kümmern, dass er die Erstattungsunterlagen vollständig beibringt; er kann nicht darauf vertrauen, das Hauptzollamt werde ihn schon noch rechtzeitig darauf aufmerksam machen, wenn er die Erstattungsvoraussetzungen nicht gehörig nachweist. Im Übrigen werden sich aus dem Grundsatz von Treu und Glauben allenfalls dann Hindernisse für den Vollzug des gesetzlich objektiv Gebotenen herleiten lassen, wenn eine Behörde sich z.b. durch eine gesetzeswidrig erteilte Auskunft hat in einem bestimmten Sinne binden wollen (so jetzt wieder BFH-Urteil IX R 28/98[24] für den Vollzug nationalen Rechts), nicht aber wenn sie aus Nachlässigkeit oder irgendeinem anderen Grunde den richtigen Gesetzesvollzug zunächst versäumt, also schlicht objektiv falsch entschieden hat. Dieser Gedanke hat im Zollrecht eine hier nicht näher darzustellende Parallele darin, dass auch dort nur der aktive Irrtum der Behörde vor einer Nacherhebung schützt, nicht aber dass diese die gesetzlich geschuldete Einfuhrabgabe bereits früher hätte richtig berechnen können.

E. Keine Aufrechnung mit in der Vollziehung ausgesetzter Forderung des Hauptzollamtes

Eine letzte Entscheidung des BFH, auf die ich aufmerksam machen möchte, betrifft den Zahlungsverkehr. Fordert das Hauptzollamt von einem Exporteur Erstattung zurück und muss sie ihm gleichzeitig für andere Ausfuhrgeschäfte Ausfuhrerstattung gewähren, wird es unter Umständen Rückforderungs- und Zahlungsanspruch verrechnen wollen. Dieses Recht steht ihr, Fälligkeit des Rückforderungsanspruches vorausgesetzt, grundsätzlich zweifellos zu. Gilt das aber auch dann, wenn der Exporteur Aussetzung der Vollziehung des Rückforderungsbescheides beantragt und erhalten hat?

Der BFH hat für diesen Fall in dem Urteil vom 14. 11. 2000 VII R 85/99[25] die Aufrechnungsbefugnis der Erstattungsbehörde verneint. Dabei will ich weniger über die Begründung dieser Entscheidung berichten, als über die Rechtfertigung dafür, dass der BFH so entscheiden konnte, ohne den gemeinsamen Senat der obersten Gerichtshöfe des Bundes anzurufen. Denn die Analyse der diesbezüglichen Ausführungen ist für die Beurteilung vor allem auch der Reichweite der Entscheidung des BFH von Bedeutung.

I. Fortführung der bereits für das Steuerschuldverhältnis bestehenden BFH-Rechtssprechung

Für die Aufrechnung mit einem Anspruch aus einem Steuerschuldverhältnis hatte der BFH bereits im Urteil vom 31. August 1995 VII R 58/94[26] – in Ab-

---

[24] Beschluss vom 16. Juli 2002, BFH/NV 2002, 1361.
[25] BFHE 193, 254 = ZfZ 2001, 164.
[26] BFHE 178, 306, BStBl II 1996, 55.

kehr von früherer Rechtsprechung – die Auffassung vertreten, eine wirksame Aufrechnung setze voraus, dass die Vollziehung des Steuerbescheids, durch den der Anspruch festgesetzt worden ist, nicht ausgesetzt ist. Denn bei der Aufrechnung handle es sich um eine Form der Verwirklichung von Ansprüchen aus dem Steuerschuldverhältnis i.s. von § 218 Abs. 1 AO; eine Aufrechnung sei ohne Gebrauchmachen von dem materiellen Regelungsinhalt des Bescheids nicht möglich, weil erst der materielle Regelungsinhalt die entsprechend § 387 BGB notwendigen Voraussetzungen für eine Aufrechnung – u.a. die Fälligkeit der Forderung – schaffe bzw. herbeiführe. Jede Verwirklichung des materiellen Regelungsinhalts eines Verwaltungsakts, d.h. jegliches Gebrauchmachen von ihm, sei jedoch als Vollziehung i.S. des § 69 FGO anzusehen, so dass auch die Verwirklichung eines Anspruches durch Aufrechnung ausgeschlossen (unzulässig) sei, wenn der Verwaltungsakt in der Vollziehung ausgesetzt sei.

II. Keine Divergenz zur BVerwG-Rechtsprechung

Diese Rechtsprechung hat der BFH jetzt auf den Ausfuhrersttattungs-Rückforderungsanspruch, der kein Anspruch i.S.des § 218 AO ist, übertragen. Dem scheint prima facie die Rechtsprechung des BVerwG entgegen zu stehen, nach dessen Urteil vom 27. Oktober 1982 3 C 6.82[27] die Aufrechnung mit einer Gegenforderung keine Vollziehung eines die betreffende Forderung konkretisierenden Leistungsbescheides darstellt und keine Handlung ist, durch die dieser Verwaltungsakt vollzogen wird. Vollziehung einerseits und Aufrechnung andererseits seien zwei Rechtsinstitute mit verschiedener Zielrichtung und Wirkung.

Im vom BFH entschiedenen Streitfall war es nun allerdings so, dass der Rückforderungsanspruch des Hauptzollamts den Erlass eines Verwaltungsaktes, nämlich die Rücknahme der ergangenen Ausfuhrerstattungsbescheide, zwingend voraussetzte. Es ging also nicht lediglich um die Aufrechnung mit einer durch Leistungsbescheid konkretisierten und geltend gemachten (Gegen-) Forderung, wie sie z.B. bei rechtsgrundloser Zahlung der Behörde und daraus folgender Kondiktionsforderung, etwa in entsprechender Anwendung des § 812 Abs. 1 BGB oder nach § 12 Abs. 2 des Bundesbesoldungsgesetzes, besteht und dann ungeachtet des vorgängigen Erlasses eines diesbezüglichen Verwaltungsaktes geltend gemacht werden könnte. Die Entscheidungen des

---

[27] BVerwGE 66, 218; vgl. u.a. auch Urteil des BVerwG vom 13. Oktober 1971 VI C 137.67, Buchholz, Sammel- und Nachschlagewerk der Rechtsprechung des Bundesverwaltungsgerichts, 232, § 87 BBG Nr. 48.

BVerwG hingegen betreffen (mit einer Ausnahme, auf die ich hier nicht näher eingehen will) die Rückforderung zu Unrecht geleisteter Zahlungen, ohne dass der Rückforderung entgegenstehende begünstigende Bescheide über die Gewährung dieser Leistungen haben aufgehoben werden müssen oder worden sind.

III. ... jedenfalls nicht unter der Geltung des bisherigen MOG-Rückforderungsrechts

Das Urteil des BFH ist zur Rückforderung von Ausfuhrerstattung auf der Grundlage des § 10 MOG ergangen. Diese Vorschrift ist künftig für Rückforderungen nicht mehr einschlägig; diese richten sich jetzt nach Gemeinschaftsrecht, nämlich Art. 52 AEVO Nr. 800/1999. Dort heißt es, der Begünstigte müsse einen zu Unrecht erhaltenen Ausfuhrerstattungs-Betrag zurückzahlen, wozu er lediglich durch eine „Zahlungsaufforderung" angehalten werden soll. Ob der Vollzug dieser Vorschrift ebenfalls voraussetzt, dass gegebenenfalls auf national-rechtlicher Grundlage dem Rückforderungsverlangen materiell entgegenstehende Festsetzungsbescheide, die das Bestehen eines Ausfuhrerstattungs-Anspruchs bestandskräftig feststellen, aufgehoben werden, ist einstweilen offen. Wäre es nicht der Fall, würde das Verbot einer Aufrechnung nach Vollziehungsaussetzung erneut fraglich und die Rechtsprechung des BVerwG käme auch im Ausfuhrerstattungsrecht zum Zuge.

Diskussionszusammenfassung zu dem Vortrag „Neue Rechtsprechung zum Ausfuhrerstattungsrecht"

Zusammenfassung: *Daniel Rudolph*; Doktorand; Institut für öffentliches Wirtschaftsrecht; Westfälische Wilhelms-Universität Münster

Prof. Dr. *Wolffgang* vom Institut für Steuerrecht an der Westfälischen Wilhelms-Universität bedankte sich bei Richter *Rüsken* für den Vortrag, und leitete die Diskussion mit dem Hinweis darauf ein, dass dieser sicherlich ein Wechselbad der Gefühle für Teile der Teilnehmer darstelle. Er habe dabei weniger die rechtlich sicherlich sehr schwierige Sanktionsproblematik im Auge, sondern vielmehr die Rechtsprechung, in der den Exporteuren Hoffnung gemacht, aber gleichzeitig gesagt werde, sie sollten sich doch nicht zu früh freuen.

Daraufhin ging Rechtsanwalt Dr. Klaus *Landry* kurz auf die Rechtsprechung zur einheitlichen Erstattung ein.

Nach seiner Auffassung habe Richter *Rüsken* Zweifel angedeutet, ob diese Rechtsprechung in Zukunft nicht doch wieder in Frage gestellt werden könnte. Diese Zweifel teile er deshalb nicht, weil die neue Verordnung 800/99 dieses Problem genauso regele, wie es der EuGH und der BFH entschieden hätten. In Art. 3 der Verordnung heiße es jetzt nicht mehr, die einheitliche Erstattung werde bei Verlassen des geographischen Gebiets der Gemeinschaft gezahlt, sondern es heiße der Anspruch entsteht. Dies sei eine Klarstellung im Sinne der Ausfuhrtheorie.

Die zweite Anmerkung betraf die zusätzlichen Beweise, die gefordert werden können.

Was bei der Verordnung 3665/87 etwas unklar war, sei jetzt ausdrücklich geregelt, sie könnten nur bis zur Zahlung der Erstattung gefordert werden. Dies stelle die Verordnung ausdrücklich klar. Insoweit sah Rechtsanwalt *Landry* keine Bedenken. Es heiße in Art. 20 IV jetzt sogar, dass selbst bei einer Rückkehr der Ware in das Gebiet der Gemeinschaft, dies nicht unbedingt zu einer Rückforderung führe, wenn denn die Ausfuhr im Rahmen eines ordnungsgemäßen Handelsgeschäfts durchgeführt wurde. Insoweit glaube er, dass diese Rechtsprechung allein durch die Neufassung der Erstattungsverordnung in Zukunft weiter wirken und gelten wird.

Herr *Landry* wies ferner darauf hin, dass es jetzt andererseits andere Vorschriften zu verendeten Tieren aus dem Tierschutzbereich gebe, die klarstellten, dass die Erstattung nicht gezahlt wird, wenn auf dem Transport Tiere verendeten. Diese Hoffnung sei also jetzt durch eine andere gesetzliche Klarstellung genommen worden.

Herr *Krüger*, Richter am Finanzgericht Hamburg, machte aus Sicht des Zollsenats des Finanzgerichts Hamburg einige Anmerkungen.

Was die Frage der Einhaltung einer Frist bei Vorlage von Beförderungspapieren beziehungsweise anderen Unterlagen, die für die Ausfuhrerstattung erforderlich sind, anbelange, gäbe es eine Entscheidung oder eine Stellungnahme der Kommission, die er befürworte, weil sie die Problematik auf den Punkt bringe.

In dieser heißt es, dass die Fristen weiterhin eine Rolle spielten bei der Frage der Erstattungsgewährung, dass sie aber keine Rolle spielten bei der Frage der Rückforderung von bereits gewährter Erstattung. Das sei in neueren Entscheidungen des Finanzgerichts Hamburg bisher auch so gesehen worden.

Der Zollsenat habe es auch weiterhin für rechtmäßig gehalten, dass bei der Frage einer Gewährung der Ausfuhrerstattung das Hauptzollamt diese Erstattung, welche beantragt worden ist, versagen kann, wenn die erforderlichen Dokumente nicht fristgerecht vorgelegt werden.

Zu den Entscheidungen zur Frage der handelsüblichen Qualität, die von Richter *Rüsken* angesprochen wurden, bemerkte Richter *Krüger*, dass das Finanzgericht Hamburg nicht, wie von Herrn *Rüsken* dargestellt, der Auffassung sei, dass hier eine Spitzenqualität gefordert werde, sondern das Gericht habe sich an den Wortlaut gehalten und fordere eine übliche Qualität der Ware. Der Zollsenat sei aber eben nur, wobei das Beispiel zur Mindesthaltbarkeitsdauer aufgegriffen wurde, der Auffassung, dass die übliche Qualität nicht gegeben sei, wenn die Mindesthaltbarkeitsdauer abgelaufen ist.

Als Beispiel führte Herr *Krüger* den Fall an, dass sich jemand bei seinem Kaufmann um die Ecke zehn Becher seines Lieblingsjogurts bestellt, und der Kaufmann Jogurt liefert bei dem das Haltbarkeitsdatum abgelaufen ist. Nach Richter *Krügers* Auffassung sei der Vertrag dann nicht erfüllt und die Lieferung unakzeptabel, weil das eben nicht das Übliche sei.

Zur Entscheidung des EuGH zum Fall Emslandstärke, in dem es, wie von Richter *Rüsken* bereits ausgeführt wurde, darum ging, dass die in die Schweiz ausgeführte Ware umgehend in die Gemeinschaft zurückverbracht worden ist, freute Herr *Krüger* sich zu hören, dass der Bundesfinanzhof vor der Entscheidung des EuGH genauso ratlos dagestanden habe wie der Zollsenat.

Zum Schluss erfolgte noch eine Anmerkung zur Sanktion, nach Art. 11 der VO 3665/87. Hier habe das Finanzgericht Hamburg, nachdem nunmehr im Juli die Vorabentscheidung des EuGH ergangen war, angefangen, die liegengebliebenen Fälle abzuarbeiten. Richter *Krüger* äußerte sich zu einem speziellen Fall, den der Senat unlängst entschieden hatte und der demnächst veröffentlicht werden wird.

In diesem Fall habe der Zollsenat, wie früher schon einmal in einem AdV-Verfahren, die Auffassung vertreten, dass die Sanktion nur dann verhängt werden dürfe, wenn die Ausfuhrerstattung zu Unrecht, aufgrund falscher Angaben, die der Ausführer gemacht hat, gewährt worden ist.

Dies ergäbe sich zwar nicht aus dem Wortlaut der Vorschriften, aber aus dem Sinn und Zweck.

Dass Ausfuhrerstattungen nur aufgrund falscher Angaben, die der Ausführer gemacht hat, widerrechtlich gewährt würden, sei nicht immer so, gleichwohl werden zum Teil vom Hauptzollamt Jonas auch in solchen Fällen Sanktionen verhängt.

Hierzu nannte *Krüger* ein kurzes Beispiel. Bei einer Ausfuhrsendung seien Proben gezogen worden. Zwei Kartons Rindfleisch wurden aus einem LKW herausgenommen. Bei der Überprüfung stellte man fest, dass die angemeldete Warenbeschaffenheit nicht so gewesen ist wie angeführt, sondern dass teilweise andere Waren enthalten waren, für die dann keine Ausfuhrerstattungen gewährt worden sind.

Das Hauptzollamt Jonas habe dann insoweit die Ausfuhrerstattung zurückgefordert und auf den Rückforderungsbetrag die fünfzigprozentige Sanktion festgesetzt. Dies sei nach Auffassung des Senats nach den Vorschriften in Ordnung gewesen.

Das Hauptzollamt habe aber noch etwas weiteres getan, nämlich was das Gewicht der Probenkartons anbelangte die Ausfuhrerstattung zurückgefordert und darauf noch eine fünfzigprozentige Sanktion festgesetzt.

Das habe das Finanzgericht nicht für rechtmäßig gehalten, weil sich aus dem Zahlungsantrag des Ausführers ergeben habe, dass seiner Ausfuhrsendung zwei Kartons als Probe entnommen worden waren, mit den entsprechend angegebenen Gewichtsangaben. Insoweit sei der Zollsenat zur Auffassung gelangt, dass hier zwar was das Gewicht der Kartons anbelangte zu Unrecht Ausfuhrerstattungen gewährt wurden, aber nicht aufgrund falscher Angaben. Diese Entscheidung werde sicherlich demnächst in der ZfZ stehen.

Richter *Rüskens* erwiderte Herrn Dr. *Landry* zur Frage der Rückforderung, dass er sich hier vielleicht nicht deutlich genug ausgedrückt habe, jedenfalls im Schriftlichen werde Dr. *Landry* aber hierzu ganz deutliche Ausführungen finden.

Was die Rückforderung von Ausfuhrerstattung angehe, seien die Dinge jetzt klar, mit der Maßgabe dass nicht unmittelbar die Entscheidung Emslandstärke und VII R 35/01 gelte, sondern das neue Recht, nämlich Absatz IV des Art. 20 der Ausfuhrerstattungsverordnung, dessen Satz 1 lautet: Die Bestimmungen von Absatz I werden vor der Zahlung der Erstattung angewendet.

Herr *Rüsken* ging dabei davon aus, dass sich die Bestimmungen von Absatz I auf das Nachprüfen des Erreichens des Bestimmungslandes bei ernsthaften Zweifeln und Nachprüfen der Vermarktung bezögen. Das sei ganz klar und eindeutig.

In Satz 2 der Regelung würden in vier Buchstaben Dinge geregelt, die von dem Grundsatz, dass die Bestimmungen von Satz 1, also die materiellen Erstattungsvoraussetzungen vor der Zahlung der Erstattung zu prüfen sind und nicht erst im Rückforderungsverfahren, abweichen. Diese würden sehr genau definieren, was noch ausnahmsweise nachträglich geprüft werden und was zur Rückforderung führen kann.

Nicht ganz einig mit Herrn Dr. *Landry* war sich Herr *Rüsken* darüber, dass bei der Frage, was vor der Zahlung der Erstattung alles zu prüfen ist, jetzt alles klar geregelt sei.

Der Richter gab Rechtsanwalt Dr. *Landry* völlig recht, dass nach Art. 3 der Anspruch entstehe, sofern er fruchtbar gemacht werden könne, aber es sei eben auch der Art. 20 I einschlägig. Richter *Rüsken* meinte, dass es noch eine offene Frage sei, wann ernste Zweifel vorliegen, welche die Behörde veranlassen sollen, das Erreichen des Bestimmungslandes zu prüfen und wann die Vorschrift „außerdem können die zuständigen Behörden einen Vermarktungsnachweis verlangen" eingreift. *Rüsken* äußerte, er sei gespannt, wie nun das Hauptzollamt und überhaupt die Bundesfinanzverwaltung diese Bestimmung in den Griff bekommen werde und tatsächlich anwenden wird.

Herrn *Krüger* entgegnete er zu der Behauptung, die Fristen würden nicht bei der Rückforderung gelten, dass er nicht so weit gehen würde, das so ganz apodiktisch zu sagen. Aber er sei erfreut zu hören, dass gebilligt werde, dass die Frage der Fristengeltung und der Folgen der Fristversäumnis jedenfalls bei der Rückforderung eine andere Bedeutung haben muss als im Gewährungsverfahren.

Im Übrigen seien zu der Frage des Entdeckens der Fristversäumnis vor Gewährung der Erstattung eine Nichtzulassungsbeschwerde und eine Revision vor dem BFH anhängig. In beiden Fällen sollen in Kürze Entscheidungen ergehen, die sich mit dem Problem auseinander setzen. Richter *Rüsken* wies ausdrücklich auf die Möglichkeit hin, dass in der Nichtzulassungsbeschwerde eine Revisionszulassung ergehen könnte.

Zur Frage der Spitzenqualität zu Art. 21 betonte Richter *Rüsken*, dass seine Bemerkungen etwas zugespitzt waren. Er wolle aber verdeutlichen, dass der Zollsenat Hamburg eine Qualität der oberen Kategorie, zwar nicht der absoluten Feinschmeckerware, aber doch der oberen Kategorie fordere. Hier stelle sich die Frage, wie weit man heruntergehen müsse, also inwieweit man die Spezialmärkte für qualitätsgeminderte Waren in den Begriff der handelsüblichen Qualität mit einbeziehen müsse.

Der Behauptung, die Entscheidung Emslandstärke habe den BFH ratlos gelassen, entgegnete Herr *Rüsken*, dass er in diesem Rahmen nur für sich spreche, was seine Kollegen dabei gedacht hätten, dazu wolle er nichts sagen. Es sei aber ersichtlich, dass der BFH in der Entscheidung VII R 35/01 die Entscheidung Emslandstärke relativ getreu umgesetzt habe, ohne dort Zweifel zu sehen oder sich in irgendeiner Weise zu distanzieren.

Dies wolle auch er nicht tun. Er stellte fest, dass nun die Dinge vom Europäischen Gerichtshof insoweit entschieden seien, was das Rückforderungsverfahren bei nichtdifferenzierter Erstattung angehe. Er betonte, dass der Gerichtshof gebilligt habe, was die Kommission wolle, weil auch wenn die Kommission dies wolle, nichts dagegen spreche, außer den von ihm angeführten dogmatischen und systematischen Bedenken, dass dem Exporteur wenigstens diese Wohltat zu belassen sei, so dass der Exporteur mit einer Rückforderung aus diesen Gründen nicht rechnen muss.

Richter *Rüsken* stimmte Herrn *Krüger* in dem Punkt, dass Sanktionen nur bei falschen Angaben verhängt werden müssen, zu. Dies erschien ihm unabweichlich.

Marc *Lechleitner*, wissenschaftlicher Assistent am Institut für öffentliches Wirtschaftsrecht, stellte Richter *Rüsken* zu dem Sanktionsurteil des EuGH zwei Fragen, weil *Rüsken* das Urteil verteidigt habe.

Er gab Herrn *Rüsken* zu, dass diese Art von Sanktionen am Verhältnismäßigkeitsgrundsatz zu prüfen sind. Hierbei sei zu fragen, was eigentlich der Zweck der Sanktion ist. Herr *Lechleitner* bezog sich auf den Vortrag, wonach dies ein präventiver Zweck, also Abschreckung, sei.

In seinem Vortrag habe Richter *Rüsken* zwei Gründe genannt, warum die Sanktionen verhältnismäßig seien.

Einmal gelte der Grundsatz, wer öffentliche Mittel in Anspruch nimmt, der müsse gegen die vorhersehbaren und üblichen Risiken eines solchen Geschäfts alle erdenklichen Vorkehrungen treffen. Hierbei stimmte *Lechleitner* dem Richter zu, weil ja nichts anderes gesagt werde, als dass man die im Verkehr übliche Sorgfalt obwalten lassen muss.

Herr *Lechleitner* warf hierzu aber dann die Frage auf, was passiere, wenn jemand wirklich alle erdenkbaren Vorkehrungen getroffen habe, wovor dann noch abgeschreckt werden müsse und ob die Sanktionen insofern zur Abschreckung überhaupt noch geeignet seien.

Weiterhin argumentierte *Lechleitner*, als zweiten Begründungsstrang habe der Richter vorgetragen, dass sich jemand, der sich den Regeln der Ausfuhrerstattung unterwerfe, hinterher bei Verhängung einer Sanktion nicht mehr beschweren könne.

Hier sei unklar, wie sich diese Begründung dogmatisch in den Verhältnismäßigkeitsgrundsatz füge. Dies höre sich ein wenig nach Grundrechtsverzicht an. Er stellte deshalb die Frage, ob mit der Annahme der Subvention eine Einwilligung in spätere Sanktionen erklärt werde. Unter allgemeiner Erheiterung führte er dann seine Frage fort, ob das Eingehen des Erstattungsverhältnisses eine Art Dantes Hölle sei: „Ihr, die ihr eintretet, lasset alle Hoffnung fahren".

Prof. Dr. *Wolffgang* führte hierzu noch das Motto an, wer sich in Gefahr begibt, der kommt darin um.

Walter *Gausepohl*, Geschäftsführer der Gausepohl Fleisch GmbH, stellte Herrn *Rüsken* eine Frage zu dem Begriff der gesunden und handelsüblichen Qualität.

Sein Unternehmen exportiere sehr viel Fleisch. Hier sei für ihn fraglich, welche Wertung eigentlich dabei das Veterinärattest habe.

Herr *Gausepohl* untermalte die Frage mit einem Beispiel aus der Praxis.

Sein Unternehmen exportiere Rindfleisch, welches in einem Plattenfroster gefrostet werde und bei dem es erfahrungsgemäß zu einem sehr geringen Ansatz von Frostbrand komme. Der zuständige Zollbeamte behauptete hier, dass für ihn die Ware nicht handelsfähig sei und schrieb deshalb eine entsprechende Ergänzung auf das Abfertigungsdokument. Das Hauptzollamt Hamburg Jonas erhielt dies und fordert daraufhin die Erstattung zurück.

Die Gausepohl Fleisch GmbH habe sich damit nicht zufrieden gegeben und habe eine Menge der noch vorhandenen Ware zum zolltechnischen Labor nach Hamburg geschickt. Dieses stellte fest, dass das Rindfleisch absolut noch in dem Maße handelsfähig und gesundheitsfähig war. Nach Auffassung von Herrn *Gausepohl* habe sich da der Zollbeamte letztendlich ständig über das Urteil eines Veterinärs hinweggesetzt. Den Zollbeamten habe das Veterinärattest überhaupt gar nicht interessiert, er habe nur seine Beurteilung weitergegeben und anhand derer würde gewertet.

Für Herrn *Gausepohl* war dies etwas nicht Nachvollziehbares, da letztendlich für das Gesundheitsattest doch ausschließlich der Veterinär zuständig sei, im Importland genauso wie im Exportland.

Daraufhin entgegnete Richter *Rüsken* zunächst Herrn *Lechleitner*, dass es bei den Sanktionen gerade nicht um Grundrechtsverzicht gehe, weil es kein Grundrecht auf Gewährung von Ausfuhrerstattung gäbe.

Er behauptete, dass er in diesem Punkt Hardliner wäre, auch wenn er sonst, wie ja alle wüssten, das Gegenteil sei. Er argumentierte, dass, wenn der Gemeinschaftsgesetzgeber die Ausfuhrerstattung ganz abschaffen könne, und dies könne er ja ohne Zweifel, niemand auf die Idee kommen würde, dies mit den Grundrechten für unvereinbar zu halten. Wenn also der Gesetzgeber sagen könne, wir werfen unsere überschüssige landwirtschaftliche Produktion ins Meer und machen keine Ausfuhrerstattung, wenn er diese also ganz abschaffen könne, dann könne man ihm nicht einen Verstoß gegen Grundrechte oder den Verhältnismäßigkeitsgrundsatz vorwerfen, wenn er ein solches System aus freien gesetzgeberischen Stücken errichtet und dabei bestimmte Regeln aufstellt.

Mit dem Hinweis darauf, dass das jetzt zwar ein wenig zynisch klinge, zeigte er auf, dass jeder, dem diese Regeln nicht gefielen, sich aus der Sicht des Verhältnismäßigkeitsgrundsatzes sagen könne, er müsse nicht daran teilnehmen.

Dies sei also eine politische Frage, und er fordere ja immer wieder dazu auf, diese entsprechend politisch, durch das verstärkte Bemühen die Rechtssetzung der Kommission einer einigermaßen wirksamen Mitwirkung und Kontrolle zu unterwerfen, zu bekämpfen.

Zur Frage *Lechleitners*, wieso das Ganze noch abschreckend wirke, wenn jemand sämtliche Vorkehrungen getroffen hätte, wies er darauf hin, dass entweder in der Sache aneinander vorbeigeredet wurde oder er sich vielleicht nicht deutlich genug ausgedrückt habe.

Der Bereich, den Herr *Lechleitner* da im Auge habe, sei für ihn der Bereich der höheren Gewalt, und da greife die Sanktionsregelung ausdrücklich ohnehin nicht ein.

Nun sei hier natürlich die Preisfrage, wo die Grenze zur höheren Gewalt zu ziehen sei. Das sei ein sehr schwieriges Problem, mit dem sich der BFH noch in der ausstehenden Revisionsentscheidung, in dem Verfahren was Anlass zu dieser Vorlage gegeben habe, auseinander setzen werde. Dabei könne er ankündigen, dass die Entscheidung noch vor Weihnachten ergehen werde.

In diesem Fall stelle sich die Frage, was mit einem Exporteur geschehen soll, der bei einem renommierten, also über jeden Zweifel erhabenen Lebensmittelproduzenten, eine Ware nach einer bestimmten Rezeptur bestellt habe, welche auch immer entsprechend geliefert wurde, und der eines Tages vom Schichtführer drei Prozent Pflanzenfett beigemischt wurde, was ausfuhrerstattungsschädlich sei.

Der Schichtführer handelte dabei, ohne jemanden gefragt zu haben, also auch ohne Kenntnis der Geschäftsleitung. Die Beimischung des Fettes könne nicht bzw. nur mit einem aufwändigen lebensmittelchemischen Verfahren festgestellt werden. Der Exporteur habe also auch keine Möglichkeit gehabt, durch Kontrolle und Lebensmittelanalyse die Beimischung zu entdecken. Der Exporteur hätte höchstens die Möglichkeit gehabt, nicht nur jemanden in den Herstellungsbetrieb zu entsenden, was ohnehin schon unter dem Gesichtspunkt Betriebsgeheimnis problematisch genug wäre, sondern er hätte, um das zu verhindern können, neben den Schichtführer einen Aufpasser stellen müssen, damit dieser kontrolliert, ob der Schichtführer nach Rezeptur die Ware herstellt.

Hierbei sei fraglich, ob das ein Fall höherer Gewalt sei, wenn der Exporteur das nun nicht tut und etwas schief geht. Damit werde sich der BFH noch auseinander setzen müssen, wenngleich der Europäische Gerichtshof dazu natürlich für den Exporteur wenig Hoffnungsvolles gesagt habe.

Herrn *Gausepohl* entgegnete Richter *Rüsken* wiederum mit dem Hinweis darauf, dass die Antwort etwas zynisch erscheinen könnte.

Das Veterinärattest sei natürlich, in juristischer Terminologie gesagt, kein Grundlagenbescheid, also sei die Zollbehörde nicht daran gebunden, was der Veterinär sagt, sondern sie könne selbständig würdigen. Es sei nur ein Erkenntnismittel, wenn natürlich ein sehr wichtiges für die Beschaffenheit bzw. Genusstauglichkeit und sonstige Beanstandung der Ware.

Welches Gewicht man nun im Einzelnen diesem Erkenntnismittel beimesse und wie weit man eigene Einschätzungen und Feststellungen der Zollbehörde demgegenüber Bedeutung beimesse, sei natürlich einmal eine Frage des Einzelfalls und zum anderen eine Frage, die eigentlich besser Herrn *Krüger* gestellt werden müsste, da sie eine Frage der tatrichterlichen Wertung sei und er revisionsrechtlich dazu wenig sagen könne.

Ausfuhrverordnung in der Praxis

Dr. Ulrich Schrömbges[*]

A. Vorbemerkungen

Das Erstattungsrecht ist nach wie vor von großer wirtschaftlicher Bedeutung, wenngleich im Zuge der weiteren WTO-Verhandlungen mit einem weiteren schrittweisen Abbau dieser Geldleistungen zu rechnen ist. Die Gemeinschaft gibt nach wie vor jährlich rund 5 Milliarden Euro für Ausfuhrerstattungen aus, die deutsche Zahlstelle, das Hauptzollamt Hamburg-Jonas, knapp 600 Millionen Euro jährlich. Ich finde es gut, dass das Zentrum für Außenwirtschaftsrecht das Recht der Ausfuhrerstattungen dieses Jahr auf seine Agenda gesetzt hat. Es hat sich viel getan, was eine Bestandsaufnahme rechtfertigt. Dabei ist es selbst für Kenner der Materie nicht leicht herauszufinden, in welche Richtung sich das Erstattungsrecht bewegt. Mit deutlichem Vorbehalt würde ich folgende Einschätzung wagen: Die Kommission und die deutsche Zoll- und Ernährungsverwaltung verfolgen im Wesentlichen eine äußerst restriktive, den Handel hemmende Erstattungspolitik, nachhaltig unterstützt von dem Finanzgericht Hamburg, während der EuGH und der BFH – wenn auch mit „Ausrutschern" – allmählich dazu übergehen, das Erstattungsrecht in einer „*für den Ausführer zumutbaren Weise*"[1] auszulegen. Ich werde das in meinem Vortrag im Einzelnen näher darlegen. Dabei werde ich mich darauf beschränken, die von mir angesprochenen Punkte eher kursorisch anzusprechen, als sie bis ins Einzelne näher zu analysieren; für eine ins Einzelne gehende Analyse würde mir auch die Zeit nicht zur Verfügung stehen, die ich angesichts der anvisierten Themenpalette ohnehin etwas strapazieren werde.

Folgende Punkte werde ich ansprechen:

1. Ausfuhrtheorie versus Vermarktungstheorie
2. Die Frage nach der Beweislast
3. Fragen des differenzierten Erstattungssystems

---

[*] Rechtsanwalt und Steuerberater, Graf von Westphalen, Bappert & Modest, Hamburg.
[1] So BFH, Entscheidung vom 21.03.02 VII R 35/01, ZfZ 2002, Heft 11 mit Anmerkung *Schrömbges*.

4. Die erstattungsrechtliche Bedeutung eines Wirtschaftsembargos
5. Fragen der Sanktionierung

B. Ausfuhrtheorie versus Vermarktungstheorie

Dieses Thema ist so alt wie das Erstattungsrecht.[2] Die Genese der neuen Erstattungsverordnung Nr. 800/99 (im Folgenden AEVO) hat unter diesem Spannungsfeld gestanden und verträgliche Lösungen gebracht. In Art. 3 dieser Verordnung steht, dass der Anspruch auf einheitliche Erstattung bei Verlassen des Zollgebiets der Gemeinschaft entsteht und nur bei Erzeugnissen mit differenzierter Erstattung weitere Voraussetzung ist, dass sie in ein Drittland eingeführt werden. Es war zu vermuten, dass das Hauptzollamt Hamburg-Jonas und das Finanzgericht Hamburg sich dadurch nicht hindern lassen würden, an der Vermarktungstheorie festzuhalten, nämlich an dem Erfordernis des tatsächlichen Marktzugangs in jedem Fall der Erstattung. Früher hat man gern dieses Erfordernis in den Ausfuhrbegriff hineininterpretiert, weil nur ausgeführt sei, was in ein Drittland verbracht worden sei. Spätestens Art. 3 AEVO hat klargestellt, dass eine solche begriffsjuristische Vorgehensweise unzulässig ist. Aber unsere Falken sind ja erfindungsreich. Das Hauptzollamt Hamburg-Jonas unterscheidet nun zwischen dem materiellen Anspruch auf Ausfuhrerstattung und der verfahrensmäßigen Ausgestaltung der Gewährung der Ausfuhrerstattung. Der materielle Anspruch sei stets gleich und setze voraus: Verlassen des Zollgebiets der Gemeinschaft, Erreichen der tatsächlichen Bestimmung in geographischer und funktioneller Hinsicht, Einfuhr in ein Drittland und tatsächlichen Marktzugang. In verfahrensrechtlicher Hinsicht werde bei der einheitlichen Erstattung quasi gesetzlich vermutet, dass die Voraussetzungen der Einfuhr in ein Drittland und der Marktzugang erfüllt seien, wenn das Erzeugnis das Zollgebiet der Gemeinschaft verlassen habe. Stehe aber fest, dass das nicht der Fall sei, müsse die gewährte Erstattung zurückgefordert werden.[3]

Das Finanzgericht Hamburg[4] ist auf die absurde Idee verfallen, man müsse zwischen der Gewährung der Ausfuhrerstattung und ihrer Rückforderung unterscheiden. Das folge aus Sinn und Zweck der Ausfuhrerstattung, die keine *„Prämie für die Ausfuhr"* sei, sondern nur Sinn mache, wenn das ausgeführte Erzeugnis *„auch tatsächlich am internationalen Handel teil-*

---

[2] Vgl. *Schrömbges* in: Dorsch (Hrsg.), Kommentar Zollrecht, G (demnächst).
[3] Vgl. die Entscheidungsgründe des BFH Fn. 1.
[4] Urteil vom 01.11.01 IV 20/99, aufgehoben durch BFH Fn. 1, ZfZ 2002, 235, 236 ff.

nimmt ". Voraussetzung für die Gewährung der einheitlichen Ausfuhrerstattung sei zwar allein das Verlassen des Zollgebiets der Gemeinschaft. Der Rückforderungsanspruch sei aber teleologisch gesehen immer gegeben, wenn das Erfordernis des tatsächlichen Marktzugangs nicht erfüllt sei. Mit anderen Worten Die Voraussetzungen für die Gewährung einer Ausfuhrerstattung vermehrt das Finanzgericht Hamburg, wenn das Hauptzollamt Hamburg-Jonas die gewährten Erstattungsbeträge zurückfordert!

Der Argumentation des Finanzgerichts Hamburg ist der Bundesfinanzhof eindrucksvoll mit seiner Entscheidung vom 21.3.02 VII R 35/01 entgegengetreten. Darauf werde ich gleich noch zu sprechen kommen. Festhalten möchte ich aber doch, dass das Finanzgericht Hamburg sich in ständiger Rechtsprechung weigert, das Erstattungsrecht nach Sinn und Zweck für den Erstattungsbeteiligten auszulegen. Üblich ist, dass es das Erstattungsrecht in einer extrem strengen und formalistischen Weise gegen den Erstattungsbeteiligten anwendet und offenbar im Wesentlichen und von Ausnahmen abgesehen nur Verständnis für die Fehler der Zollverwaltung zu haben scheint, deren Kontrolle eigentlich seine vornehmste Aufgabe ist.

Nun aber zu der Entscheidung des Bundesfinanzhofs, der hier wirklich Grundlegendes festgestellt hat:

1. Ich zitiere: *„Im Streitfall sind die Voraussetzungen für die Zahlung der einheitlichen Ausfuhrerstattung erfüllt, weil die Klägerin nachgewiesen hat, dass die Zuchtrinder das Zollgebiet der Gemeinschaft innerhalb der vorgeschriebenen Frist verlassen haben ... Weitere Nachweise hat das HZA vor Zahlung der Ausfuhrerstattungen nicht verlangt, sie können daher auch nachträglich nicht mehr verlangt werden. Selbst wenn feststeht, dass die ausgeführten Zuchtrinder den Markt des Bestimmungslandes tatsächlich nicht erreicht haben, ändert dies nichts daran, dass die Klägerin einen Anspruch auf Zahlung der Ausfuhrerstattung hat."*

2. Wohltuend sind die Ausführungen des BFH zur so genannten Betrugsbekämpfungsklausel des Art. 5 VO Nr. 3665/87, nunmehr Art. 20 AEVO: *„Im Falle der Ausfuhrerstattung nach, wie im Streitfall einheitlichen Sätzen ist dagegen zunächst entscheidend, dass das Erzeugnis dadurch vom Markt der Gemeinschaft genommen wird, dass es im Rahmen eines normalen Handelsgeschäfts ... ausgeführt wird. Was danach mit dem Erzeugnis geschieht, hat im Regelfall unter wirtschaftlichen Gesichtspunkten keinen Einfluss auf den Gemeinschaftsmarkt mehr und ist daher im Rahmen des mit der Gewährung der einheitlichen Ausfuhrerstattung verbundenen Zwecks ohne Bedeutung. Das ist nur dann anders, wenn ein Missbrauch der Vergünstigungsregelung zu befürchten ist, weil die Gefahr be-*

steht, dass das Erzeugnis unter Erlangung nicht gerechtfertigter finanzieller Vorteile auf den Gemeinschaftsmarkt zurückverbracht wird oder sonst zu befürchten ist, dass die an dem Geschäft beteiligten Personen vom Gemeinschaftsgesetzgeber unbeabsichtigte Vorteile dadurch erhalten, dass sie das Erzeugnis nicht wie von der Erstattungsregelung unterstellt auf den Markt eines Drittlandes bringen. Einem solchen Missbrauch vorzubeugen, ist Sinn der in Art. 5 VO Nr. 3665/87 getroffenen Regelung. Diese Funktion kann die Vorschrift aber in für den Ausführer zumutbarer Weise nur dann erfüllen, wenn die darin vorgesehenen Nachweise vor Zahlung der Ausfuhrerstattung an den Antragsteller verlangt werden. Ergeben erst danach getroffene Feststellungen, dass die Erzeugnisse nicht auf den Markt eines Drittlandes gelangt sind, so kommt eine Rückforderung der gezahlten Ausfuhrerstattung allenfalls in Betracht, wenn der Klägerin nachgewiesen werden kann, dass sie die Ausfuhrerstattung missbräuchlich in Anspruch genommen hat."

Besser als der BFH kann man das Zusammenspiel von Erstattungsanspruch und Erstattungsmissbrauch nicht darstellen. Kurz: Der einheitliche Erstattungsanspruch entsteht mit der vom Ausführer nachzuweisenden Ausfuhr, es sei denn, die Erstattungsstelle hat Beweise dafür, dass kein normales Handelsgeschäft nach Art. 20 AEVO vorliegt;[5] all das ist vor Gewährung der Ausfuhrerstattung zu prüfen und geltend zu machen, wofür die Erstattungsstelle nach Art. 49 Abs. 8 AEVO grundsätzlich drei Monate Zeit hat. Nach Gewährung der Ausfuhrerstattung kann die Erstattungsstelle nur noch den vom EuGH[6] kreierten übergesetzlichen Missbrauchstatbestand ins Feld führen, der objektive und subjektive sowie verfahrensmäßige (Beweislast bei der Erstattungsstelle) Momente enthält.

3. Zu den juristischen Verrenkungen des Hauptzollamts Hamburg-Jonas und des Finanzgerichts Hamburg stellt der Bundesfinanzhof lapidar fest:

„Dabei wird nicht zwischen materiellen und verfahrensmäßigen Voraussetzungen für das Bestehen eines solchen Anspruchs im Sinne der Ausführungen des HZA unterschieden. Vielmehr besteht der materielle Anspruch, wenn die verfahrensmäßigen Voraussetzungen (in der Regel Nachweis der Ausfuhr) in Bezug auf das erstattungsfähige Erzeugnis erfüllt sind."

---

[5] Vgl. dazu EuGH, Urteil vom 17.10.00, Rs. C-114/99 *Roquette Fréres*, EuGHE 2000, I-8823 ff.

[6] Urteil vom 14.12.00, Rs. C-110/99 *Emsland-Stärke*, Tz. 50 ff., EuGHE 2000, I-11569, 11612 f.; ZfZ 2001, 92 ff.

Zum Finanzgericht Hamburg führt es aus:

„Insbesondere lässt sich allein aus dem Sinn und Zweck der Ausfuhrerstattung kein Tatbestand entnehmen, der über den des § 10 Abs. 1 Satz 1 MOG hinaus eine Rechtsgrundlage für die Rückforderung der gezahlten Ausfuhrerstattung bieten könnte ... Denn ... ein ... rechtmäßiger begünstigender Bescheid kann, als Voraussetzung für den Rückforderungsbescheid nach § 10 Abs. 2 MOG nur dann widerrufen werden, wenn eine Voraussetzung für den Erlass des Bescheides nachträglich entfallen oder nicht eingehalten worden ist."

Kurzum, Ausfuhrerstattungen dürfen nur zurückgefordert werden, wenn eine Voraussetzung dafür nicht gegeben oder diese nachträglich weggefallen ist. Die Rückforderung ist nichts anderes als die Kehrseite einer rechtswidrigen bzw. rechtswidrig gewordenen Gewährung einer Ausfuhrerstattung. Liegen die Voraussetzungen für die Gewährung einer Ausfuhrerstattung vor, ist eine Rückforderung ausgeschlossen. Eigentlich ist diese Aussage eine Selbstverständlichkeit.

Mit der Ausfuhr- und Vermarktungstheorie ist in einem weiteren Sinn aber auch die Frage verbunden, unter welchen Voraussetzungen die mit den Ankunftsnachweisen des Art. 16 Abs. 1 und 2 AEVO verbundene Vermarktungsfiktion nach Art. 15 Abs. 3 AEVO hinfällig wird.

Hier haben das Hauptzollamt Hamburg-Jonas und das Finanzgericht Hamburg die Auffassung, dass nach der Einfuhrverzollung auftretende Umstände, wie Weitertransport oder Vernichtung der Ware, den differenzierten Erstattungsanspruch zu Fall bringen. Dazu kann aber auch gehören, dass der Ausführer den Importeur oder den Entladeort nicht genau angegeben hat oder wenn Umstände auftauchen, dass die Ware möglicherweise doch in ein Zolllager verbracht worden ist etc.[7]

Auch hier hat der BFH in seinem Vorlagebeschluss in Sachen Emslandstärke aus dem Jahre 1999[8] erfrischend klar zum Ausdruck gebracht, dass Umstände, die sich dem Einflussbereich des Ausführers entziehen und auf kaufmännische Dispositionen des drittländischen Importeurs zurückzuführen sind, keine Umstände sind, die die Vermarktungsfiktion entkräften. Erforderlich sei – entsprechend der in dem Beschluss zitierten Rechtsprechung des EuGH – der durch konkrete Tatsachen begründete ernsthafte Verdacht, dass das Erstattungserzeugnis trotz entgegenstehender Verbote und Beschränkungen (VuB) eingeführt worden sei oder Umstände von

---

[7] Vgl. etwa FG Hamburg, Beschluss vom 27.05.02 IV 43/02, nicht veröffentlicht.
[8] Beschluss vom 2.2.99 VII R 5/98, ZfZ 1999, 242 ff.

gleicher Bedeutung in Rede stünden. Diese Umstände seien von der Erstattungsstelle darzulegen und zu beweisen.

Diese Auffassung des BFH wird von der neuen Erstattungsverordnung Nr. 800/99 bestätigt. So findet der vom BFH in seinem Vorlagebeschluss angesprochene Grundsatz, dass der Verantwortungsbereich des Exporteurs mit der Verzollung ende, in Art. 15 Abs. 4 AEVO deutlichen Ausdruck; denn danach sind – im Rahmen der differenzierten Ausfuhrerstattung – nach der Ausfuhr entstandene Fehlmengen erstattungsunschädlich, wenn sie verzollt wurden. Auch ist die Zerstörung oder Beschädigung eines Erstattungserzeugnisses im Drittland erstattungsunschädlich, wenn die Ausfuhr unter solchen wirtschaftlichen Bedingungen erfolgt ist, dass das Erzeugnis nach vernünftigem Ermessen in einem Drittland hätte vermarktet werden können, Art. 20 Abs. 4 a) AEVO. Und nach Art. 21 Abs. 2 AEVO ist die Nichtvermarktung eines Erstattungserzeugnisses aufgrund eines Mangels nur dann erstattungsschädlich, wenn dieser bereits bei der Ausfuhr vorlag.

Drittlandsvermarktung heißt deshalb – entgegen der Vermarktungstheorie –, dass das Erstattungserzeugnis in einem vermarktungsfähigen Zustand im Drittland ankommt; was danach passiert, ist für den differenzierten Erstattungsanspruch grundsätzlich ohne Belang.

Diese Rechtslage wird auch nicht durch den vom EuGH[9] kreierten Begriff der funktionellen Bestimmung beeinträchtigt. Einmal abgesehen davon, dass dieser Begriff im Erstattungsrecht keinen Sinn macht[10] und nur auf Erstattungen bezogen werden kann, deren Höhe (tariflich) vom Verwendungszweck abhängt (etwa Zuchttier/Schlachttier), was äußerst selten ist, weist der BFH in seiner Entscheidung vom 31.3.02 zu Recht darauf hin, dass das EuGH-Urteil allein das Verhältnis Gemeinschaft/Mitgliedstaat (Deutschland) betrifft, was das Finanzgericht Hamburg zwar nicht verkennt, aber trotzdem nicht interessiert.[11] Das Finanzgericht Hamburg ist wie das Hauptzollamt Hamburg-Jonas unausgesprochen und „klammheimlich" der irrigen Auffassung, dass die Finanzierungsverordnung Nr. 1258/99[12] (vormals VO Nr. 729/70), die das Verhältnis Europäische Kommission/Mitgliedstaaten betrifft und die den Mitgliedstaaten unter Androhung von Anlastungen im Rechungsabschlussverfahren verpflich-

---

[9] EuGH, Urteil vom 21.1.999, Rs. C-54/95, EuGHE 1999, I-35 Tz. 45.
[10] Vgl. dazu *Schrömbges*, Erstattungsrechtliche Behandlung von Verarbeitungsausfuhren, EuZW 2000, 554, 555 Fn. 11.
[11] Vgl. etwa Urteil vom 29.5.02 IV 466/98, nicht veröffentlicht.
[12] ABl. EG Nr. L 160, 103 ff.

tet, für eine ordnungsgemäße Anwendung des Erstattungsrechts zu sorgen, als eine Art Grundgesetz auch das Verhältnis Erstattungsstelle/Erstattungsbeteiligter bestimme.

C. Wirtschaftsembargo

Immer wieder fraglich ist, ob der Erstattungsanspruch von einer außenwirtschaftsrechtlich erforderlichen Ausfuhrgenehmigung abhängig ist, also die Ausfuhr unter Verstoß gegen ein Wirtschaftsembargo erstattungsschädlich ist. Mit dem Hauptzollamt Hamburg-Jonas lautet die Frage: Kann ein Erstattungsanspruch entstehen, wenn das Erstattungserzeugnis überhaupt nicht zur Ausfuhr abgefertigt werden darf? Die Frage ist klar mit „Ja" zu beantworten, weil es nach Art. 3 AEVO nur darauf ankommt, ob das Erstattungserzeugnis das Zollgebiet der Gemeinschaft verlassen hat; ob das ordnungsgemäß war, wie das Art. 15 AEVO für die Einfuhr im Drittland vorschreibt, spielt keine Rolle.

Im Übrigen: Nur das Marktordnungsrecht schreibt vor, von welchen Voraussetzungen der Erstattungsanspruch abhängt. Das Marktordnungsrecht, speziell das europäische Erstattungsrecht, kennt aber keine Norm, die den Erstattungsanspruch von einer außenwirtschaftsrechtlich erforderlichen Ausfuhrgenehmigung abhängig macht. Das ist offenkundig. Sind mithin für das vom Embargo betroffene Bestimmungsdrittland Ausfuhrerstattungen festgesetzt worden, entsteht der Erstattungsanspruch nach Art. 3 AEVO mit der Ausfuhr, unabhängig davon, ob sie zulässig ist oder nicht. Auch ein außenwirtschaftliches Embargo muss also erstattungsrechtlich – in der jeweiligen Festsetzungsverordnung – umgesetzt werden, nämlich dadurch, dass für das vom Embargo betroffene Bestimmungsdrittland keine Ausfuhrerstattungen festgesetzt werden.

Der „klassische Fall", der Verstoß gegen die Lizenzpflicht, belegt dies weiter. Bekanntlich hatte die Ausfuhrlizenz bis zum 1.4.95 keine erstattungsrechtliche Bedeutung. Bereits 1976 hat der EuGH[13] ausgeführt:

„Nach Art. 12 der Verordnung Nr. 120/67/EWG des Rates vom 13. Juni 1967 über die gemeinsame Marktorganisation für Getreide ist für alle Ausfuhren aus der Gemeinschaft die Vorlage einer Ausfuhrlizenz erforderlich, deren Erteilung von der Stellung einer Kaution abhängt, die die Erfüllung der Verpflichtung sichern soll, die Ausfuhr während der Gültigkeitsdauer der Lizenz

---

[13] Urteil vom 8.4.76, Rs. 106/75, EuGHE 1976, 531, 540.

durchzuführen; die Kaution verfällt, wenn die Ausfuhr innerhalb dieser Frist nicht erfolgt ist. Unabhängig davon bestimmt Art. 16 der genannten Verordnung, daß, um die Ausfuhr auf der Grundlage der Notierungen oder Preise zu ermöglichen, die auf dem Weltmarkt gelten, der Unterschied zwischen diesen Notierungen oder Preisen und den Preisen der Gemeinschaft, soweit erforderlich, durch eine Erstattung bei der Ausfuhr ausgeglichen werden kann. Diese beiden Bestimmungen regeln verschiedene Gegenstände; die Ausfuhr von Waren, die nicht den Angaben der Ausfuhrlizenz entsprechen, hat nach Art. 14 Abs. 2 der Verordnung (EWG) Nr. 1373/70 der Kommission vom 10. Juli 1970 „über gemeinsame Durchführungsvorschriften für Einfuhr- und Ausfuhrlizenzen sowie Vorausfestsetzungsbescheinigungen für landwirtschaftliche Erzeugnisse, die einem System gemeinsamer Preise unterliegen" (ABl. L 158 vom 20.07.1970, S. 1) lediglich zur Folge, daß die betreffenden Mitgliedstaaten die Kommission unterrichten müssen und daß die gestellte Kaution möglicherweise verfällt. Außerdem gilt nach Art. 1 Abs. 2 der Verordnung Nr. 1041/67/EWG der Kommission vom 21. Dezember 1967 „über die Durchführungsvorschriften für die Ausfuhrerstattungen bei den Erzeugnissen, für die ein System gemeinsamer Preise besteht" (ABl. Nr. 314 vom 13.12.1967, S. 9), die Annahme der Erklärung, durch die der Erklärende seinen Willen kundgibt, die Ausfuhr unter Inanspruchnahme einer Erstattung vorzunehmen, als Erfüllung der Ausfuhrzollförmlichkeiten."

Danach gehört zum gesicherten Wissen, dass die Nicht-Vorlage der Ausfuhrlizenz zwar die Ausfuhrabfertigung lizenzrechtlich unzulässig macht, den Erstattungsanspruch aber unberührt lässt.[14]

Hinzu kommt, dass nach dem Krüger-Urteil des EuGH[15] Zollrecht und Marktordnungsrecht wesensverschiedene Rechtsgebiete sind, so dass zoll-

---

[14] Erst Art. 2 a) VO (EWG) Nr. 3665/87 änderte diese Rechtslage: „*Der Erstattungsanspruch ist von der Vorlage einer Ausfuhrlizenz mit Vorausfestsetzung der Erstattung abhängig ...*". Der Grundsatz der Einheit der Lizenz steht mit dieser Rechtslage im Übrigen durchaus in Einklang. Danach lassen „*... sich die Ausfuhrlizenz als solche sowie die Vorausfestsetzung der Ausfuhrerstattung und des WAB nicht voneinander trennen ..., sondern [bilden] eine rechtliche Einheit*" (EuGH, Urteil vom 26.4.88, Rs. 316/86, Tz. 17, EuGHE 1988, 2213, 2234). Dieser Grundsatz der Einheit der Lizenz hat seinen Grund in dem besonderen untrennbaren Zusammenhang der Vorausfestsetzung der Ausfuhrerstattung (und WAB) mit der Lizenz. In diesem Fall hat die Lizenz wegen der in ihr enthaltenen Vorausfixierung des Erstattungssatzes erstattungsrechtliche Bedeutung, auch schon vor der Einführung des Art. 2 a) VO (EWG) Nr. 3665/87 (Urteil vom 20.3.90 VII R 92/88, ZfZ 1990, 387, 388). Wie der BFH in diesem Zusammenhang anschaulich ausführt: „*Lizenz und Vorausfestsetzung sind nur ein einziges Dokument; beide sind nur durch eine einzige Kaution abgesichert ...* ".

rechtliche Regelungen nicht ipso iure ins Marktordnungsrecht verpflanzt werden dürfen; sie brauchen einen erstattungsrechtlichen Umsetzungsakt.

Diese Rechtslage verbietet es, Regelungen des Zoll- bzw. des Außenwirtschaftsrechts auf das Erstattungsrecht einfach zu übertragen. Da ein Handelsembargo wie das für den Irak nach VO (EWG) Nr. 2430/90 etc. keine Zollkontrollregelung nach Art. 5 AEVO ist, ist es erstattungsrechtlich ohne Belang.

Eine neue Variante hat das Finanzgericht Hamburg[16] vor kurzem ins Spiel gebracht. Es meint, dass der Verstoß gegen das BSE-Ausfuhrverbot die han-

---

[15] Urteil vom 17.7.97, Rs. C-334/95, ZfZ 1997, 342.

[16] Vgl. etwa Urteil vom 20.6.02 IV 291/99, nicht rechtskräftig, Nichtzulassungsbeschwerde eingelegt. Dieses Urteil, das sogar eine Vielzahl von Fragen grundsätzlicher Bedeutung aufwirft, ist kaum noch nachvollziehbar; schlimm ist auch, dass das Finanzgericht Hamburg gleichwohl nicht einmal die Revision zugelassen hat. So wird unter schwerem Verstoß gegen das Nämlichkeitsprinzip von der Unzuverlässigkeit des Vorlieferanten des Exporteurs auf die fehlende handelsübliche Qualität geschlossen. Die entscheidenden Passagen seien hier zitiert: „... *Die Klägerin hat nicht nachgewiesen, dass das von ihr ausgeführte Rindfleisch von handelsüblicher Qualität war. Sie hat bestehende Zweifel, ob das Fleisch unter das Ausfuhrverbot gemäß Entscheidung der Kommission Nr. 96/239/EG vom 27. März 1996 (Abl. Nr. L 78/47) i.d.F. der Entscheidung der Kommission Nr. 96/362/EG vom 11. Juni 1996 (Abl. Nr. L 139/17) fiel, nicht beseitigen können ... Die genannten Entscheidungen Nr. 96/239/EG und Nr. 96/362/EG der Kommission verbieten die Ausfuhr u.a. von Fleisch aus dem Vereinigten Königreich, das in dem Vereinigten Königreich geschlachtet wurde, bzw. von Erzeugnissen, die von in dem Vereinigten Königreich geschlachteten Tieren stammen. Ware, die unter dieses Ausfuhrverbot fällt, entspricht nicht handelsüblicher Qualität ... Die Vermarktungsmöglichkeit ist ungeachtet der Qualität des Fleisches im Übrigen auch dann beeinträchtigt, wenn es sich um Ware handelt, die unter einem Ausfuhrverbot steht, das im Interesse des Gesundheitsschutzes der Verbraucher erlassen wurde. Denn bei Offenlegung des Ausfuhrverbots wird die Ware kaum bzw. jedenfalls nicht unter normalen Verhältnissen Abnehmer finden. Der Berücksichtigung des Ausfuhrverbots im Rahmen der Prüfung der Erstattungsvoraussetzungen steht nicht entgegen, dass die Entscheidung der Kommission Nr. 96/239/EG vom 27. März 1996 i.d.F. der Entscheidung der Kommission Nr. 96/362/EG vom 11. Juni 1996 aus dem Verbot keine ausdrücklichen Folgerungen für Ausfuhrsubventionen zieht und sich auch in der Verordnung (EWG) Nr. 3665/87 keine Vorschriften finden, welche die Gewährung der Ausfuhrerstattung ausdrücklich davon abhängig machen, dass die Ausfuhr nicht gegen Ausfuhrverbote oder -beschränkungen verstößt. Denn der Senat sieht das Ausfuhrverbot im Streitfall nicht schon um seiner selbst willen als erstattungsschädlich an, sondern weil es Auswirkungen auf die von der Verordnung (EWG) Nr. 3665/87 ausdrücklich als Erstattungsvoraussetzung genannte handelsübliche Qualität hat. Ob bzw. inwieweit auch ungeachtet der Auswirkungen auf ausdrücklich geregelte Erstattungsvoraussetzungen ein Ausfuhrverbot der Gewährung der*

setzungen ein Ausfuhrverbot der Gewährung der Ausfuhrerstattung entgegensteht, kann daher offen bleiben ... Die vorliegenden Genusstauglichkeitsbescheinigungen stehen schon nach ihrem inhaltlichen Aussagewert der weitergehenden Prüfung der Handelsüblichkeit unter dem Aspekt des Verstoßes gegen ein Ausfuhrverbot nicht entgegen ... Selbst wenn diese Anforderungen im Streitfall erfüllt sein sollten, so hindert dies nicht, weitere Bedingungen für die gesunde und handelsübliche Qualität im Sinne des Ausfuhrerstattungsrechts zu stellen (so für zusätzliche Voraussetzungen nach nationalem Fleischhygienerecht FG Hamburg Urteil vom 15.3.2001 IV 208/99, ZfZ 2001, 388). Die im Zusammenhang mit den Untersuchungen bei der Firma Tragex-Gel getroffenen Feststellungen begründen den erheblichen Verdacht, dass die von der Klägerin ausgeführte Ware den an die handelsübliche Qualität zu stellenden Anforderungen deshalb nicht genügte, weil sie einem Ausfuhrverbot unterlag. Die ausgeführte Ware wurde über die Firma Dumimpex letztlich von der Firma Tragex-Gel geliefert. Folglich betreffen Zweifel an der Zuverlässigkeit dieser Firma auch die von der Klägerin ausgeführte Ware, selbst wenn Feststellungen zu der hier in Rede stehenden Lieferung nicht getroffen wurden. Der Entzug der Zulassung als Zerlegebetrieb, zumal in der unmittelbaren zeitlichen Folge der hier in Rede stehenden Ausfuhren, belegt die erheblichen Zweifel an der Zuverlässigkeit der Firma Tragex-Gel. Schon allein die herausgeschnittenen Stempelabdrücke legen den erheblichen Verdacht betrügerischer Manipulationen in dem Betrieb der Firma Tragex-Gel nahe. Die Feststellung, dass Veterinärbescheinigungen ausgestellt wurden, ohne dass die betroffene Ware vorlag, rechtfertigt es, Zweifel auch an der Aussagekraft, insbesondere der inhaltlichen Richtigkeit der im Streitfall vorgelegten belgischen Veterinärbescheinigungen und Genusstauglichkeitsbescheinigungen anzumelden. Der Verdacht, dass durch die Manipulationen entgegen dem Ausfuhrverbot aus dem Vereinigten Königreich erfolgte Importe verschleiert werden sollten, drängt sich spätestens aufgrund der Mitteilung des Task Force Koordinierung der Betrugsbekämpfung der Europäischen Kommission vom 29.10.1998 auf. Aufgrund der genannten Vorkommnisse im Streitfall weitergehende Nachweise für die Handelsüblichkeit, hier Nachweise dafür zu verlangen, dass die Ware nicht unter das Ausfuhrverbot für britisches Rindfleisch fiel, ist umso mehr gerechtfertigt, als die Feststellungen insbesondere zu den Manipulationen an den Stempelabdrücken zeitnah zu den im Streitfall in Rede stehenden Lieferungen getroffen wurden. Dem steht nicht entgegen, dass die bei der Ausfuhrabfertigung durch die Zolltechnische Prüfungs- und Lehranstalt vorgenommene Prüfung keine Beanstandungen ergeben hat; denn diese Prüfung diente nicht der Überprüfung des Warenursprungs bzw. der Handelsüblichkeit der Warenqualität oder der Beschaffenheit der Stempelabdrücke, sondern der erfolgten Zuordnung der Ware zu einer Marktordnungs-Listennummer. Allein auf die hierfür festgestellten Merkmale bezieht sich denn auch die in dem Gutachten enthaltene Aussage betreffend die Handelsüblichkeit. Nach Sinn und Zweck einer Beschau handelt es sich hierbei um die körperliche Ermittlung der Menge, Beschaffenheit oder des Wertes der in der Ausfuhranmeldung angegebenen Ware aufgrund Sinneswahrnehmung der Zollbeamten (Henke in: Witte Zollkodex 2. Aufl. Art. 67 Rn. 7; Dorsch Zollrecht Art. 68, 69 Lfg. Nov. 1999 Rn. 2). Mögen auch die auf dem Fleisch befindlichen Stempelabdrücke Gegenstand einer Beschau im Sinne des § 68 Zollkodex sein können, so gibt das vorliegende Untersuchungszeugnis und Gutachten keinen An-

delsübliche Qualität der Erstattungsware nach Art. 13 VO Nr. 3665/87 (= Art. 21 Abs. 1 AEVO) vernichte. Also Rindfleisch, das auch nur möglicherweise aus Großbritannien stamme, sei nicht von handelsüblicher Qualität; dafür gebe es keine Ausfuhrerstattung. Dieser Standpunkt bedeutet, dass zu den normalen Vermarktungsbedingungen in der Gemeinschaft auch zoll- und außenwirtschaftsrechtliche Regelungen gehören. Diese Ansicht verstößt nicht nur klar gegen den Wortlaut des Art. 21 Abs. 1 AEVO und der bisheri-

---

haltspunkt dafür, dass dies im Streitfall Gegenstand der Prüfung war. Die Feststellung betreffend den Aufkleberaufdruck auf der Kunststofffolie mit dem Hinweis „Belgie F 101 E.E.G." belegt dies nicht. Auch die vorgelegten Ursprungsnachweise genügen im Streitfall nicht, um den Verdacht auszuräumen, dass die ausgeführte Ware von dem Ausfuhrverbot für britisches Rindfleisch erfasst war. Das Ursprungszeugnis vom 16.10.1997 ist hierfür schon deshalb nicht geeignet, weil es nur auf den Ursprung in der Europäischen Gemeinschaft hinweist. Jedenfalls aufgrund der aufgezeigten Zweifel sind auch die auf Belgien hinweisenden Ursprungszeugnisse vom 3.7.1997 im Streitfall nicht geeignet, den Beweis zu erbringen, dass die Ware nicht entgegen dem Ausfuhrverbot importiert wurde. Dabei mag dahinstehen, ob – unter der Voraussetzung der Vorlage eines entsprechenden Originals, das anders als die vorliegenden Kopien auch die ausstellende Behörde erkennen lasst – der von Art. 13 Abs. 9 der Verordnung (EWG) Nr. 805/68 des Rates vom 27.6.1968 über die gemeinsame Marktorganisation für Rindfleisch (Abl. Nr. L 148/24) in der Fassung der Verordnung (EG) Nr. 3290/94 des Rates vom 22.12.1994 über erforderliche Anpassungen und Übergangsmaßnahmen im Agrarsektor (Abl. Nr. L 349/105, Anhang VIII) für die Ausfuhrerstattung verlangte Nachweis des Gemeinschaftsursprungs der Ware auch mit dem Zeugnis vom 07.05.1997 geführt und angesichts des Verdachts der Herkunft der Ware aus dem Vereinigten Königreich gerade nicht in Zweifel zu ziehen wäre. Bedenken könnten insoweit bestehen, weil die Zeugnisse abgesehen von dem Hinweis auf die betroffenen – mit den Mengenangaben in den Frachtbriefen übereinstimmenden – Fleischmengen keine Merkmale aufweisen, die einen ausreichenden Bezug zu einer bestimmten Sendung herzustellen geeignet wären. Es fehlen die in dem Formular vorgesehenen Angaben zu der Beförderung (insoweit laut Formular fakultativ) und der Warenbezeichnung nach Nummer, Anzahl und Art der Packstücke. Angesichts der aufgezeigten Zweifel bedarf es eines weitergehenden Nachweises für den Ursprung der Ware gerade in einem anderen Land der Gemeinschaft als in dem Vereinigten Königreich im Streitfall jedenfalls zum Beleg der gem. Art. 13 der Verordnung (EWG) Nr. 3665/87 geforderten Handelsüblichkeit der Ware. Die zum Nachweis der BSE-Freiheit des Fleisches vorgelegten Bescheinigungen des belgischen Veterinärs sind ebenso wenig geeignet, bestehende Zweifel an der Herkunft des Fleisches aus dem Vereinigten Königreich auszuräumen. Dies gilt schon deshalb, weil die Bescheinigungen keinerlei Angaben enthalten, die eine Zuordnung zu einer bestimmten geprüften Fleischsendung zuließen. Zum anderen begründen die erwähnten Untersuchungen und Feststellungen im Rahmen des Betriebs der Firma Tragex-Gel auch in Bezug auf diese Veterinärbescheinigungen Zweifel an deren Aussagekraft ..."

gen Rechtsprechung zur handelsüblichen Qualität einer Erstattungsware,[17] sondern auch gegen das Krüger-Urteil des EuGH, wonach Zollrecht nur dann im Marktordnungsrecht und Außenwirtschaftsrecht gilt, wenn Letzteres dessen Geltung anordnet. Die Ansicht des Finanzgerichts Hamburg ist aber auch unvereinbar mit dem Binnenmarkt, der mit zollrechtlichen und außenwirtschaftsrechtlichen Regelungen nichts zu tun hat.

D. Beweislast

Nach § 11 MOG und § 16 der nationalen Ausfuhrerstattungsverordnung hat der Ausführer die Beweislast für das Vorliegen der Erstattungsvoraussetzungen bis zum Ablauf des vierten Jahres, das dem Kalenderjahr der Gewährung folgt. Ich habe diese Beweislastregelung auch schon zu meiner Zeit als Beamter – insbesondere wegen der vierjährigen Vernichtung des Vertrauensschutzes – für fragwürdig gehalten,[18] heute halte ich sie für evident rechtswidrig und ungültig. Sie verstößt gegen europäisches Erstattungsrecht, das nach Ansicht des BFH[19] gerade der Geltungsgrund dieser unzumutbaren Beweislastregelung sein soll.

Vorauszuschicken ist, dass die Frage, wer die materielle Beweislast trägt, eine Frage des materiellen Rechts,[20] nicht des Verfahrensrechts ist, was insbesondere auch für die Gesetzgebungszuständigkeit von Bedeutung ist. Da die Gemeinschaft nach nahezu einhelliger Ansicht[21] im Marktordnungsbereich die ausschließliche Gesetzgebungszuständigkeit hat, müsste § 11 MOG mit europäischem Erstattungsrecht vereinbar sein, was aber nicht der Fall ist. Der Verstoß gegen die Beweislastregeln des Art. 20 Abs. 4 und Art. 21 Abs. 2 AEVO liegt auf der Hand und braucht hier deshalb nicht weiter erörtert zu werden. Aber der Reihe nach.

Die alte Erstattungsverordnung Nr. 3665/87 hatte keine Beweislastregel bei der Rückforderung von zu Unrecht gewährten Erstattungsbeträgen. Es galt

---

[17] Vgl. insbes. das Muras-Urteil des EuGH vom 9.10.1973, Rs. 12/73, EuGHE 73, 963; HFR 74, 126.
[18] *Schrömbges*, Zur Rückforderungsproblematik bei Ausfuhrerstattungen und Gemeinschaftsbeihilfen, ZfZ 1997, 419, 425 f.; der Aufsatz entstand zu meiner Zeit im BMF, wurde aber veröffentlicht, als ich bereits Rechtsanwalt und Steuerberater war.
[19] E 161, 221 = ZfZ 1990, 389.
[20] *Kopp/Ramsauer*, VwVfG, 7. Aufl. 2000, § 24 Rn. 26, 31 m.w.N.
[21] Vgl. *Schrömbges*, G I Rz. 136, Fn. 2; *Middendorf*, Amtshaftung und Gemeinschaftsrecht, Dissertation Münster, 2001, S. 183 ff.; jeweils mit umfassenden Nachweisen.

die Milchkontor-Entscheidung des EuGH,[22] wonach die Anwendung des § 10 MOG i.V.m. § 48 VwVfG das Gemeinschaftsrecht weder beeinträchtigt (Wirksamkeitsgebot) noch diskriminiert (Äquivalenzprinzip). Daraus folgt, dass die tatsächlichen Voraussetzungen der Rücknahme des rechtswidrigen Erstattungsbescheids nach § 48 VwVfG und damit des Rückforderungsanspruchs nach § 10 Abs. 3 MOG – wie auch sonst[23] – von der Behörde, hier von der Erstattungsstelle zu beweisen sind. Diese Regel basiert auf der Erwägung, dass der Ausführer regelmäßig darauf vertrauen darf, dass er Geldbeträge, die der Staat (mittels Verwaltungsakt) gewährt, behalten darf, wenn er seinen Mitwirkungspflichten nachgekommen ist, und er nicht mit Beweispflichten konfrontiert werden darf, die für ihn nicht vorhersehbar sind.

Nach Art. 5 VO Nr. 3665/87 hat die Erstattungsstelle die Beweislast dafür, dass nach Gewährung der Ausfuhrerstattung das der gewährten Ausfuhrerstattung zugrunde liegende Handelsgeschäft gleichwohl nicht „normal" war und ausschließlich der Erzielung dieser Ausfuhrerstattung diente. Das haben der EuGH[24] und der BFH[25] – gegen die Entscheidungspraxis des Hauptzollamts Hamburg-Jonas und des Finanzgerichts Hamburg,[26] das ohnehin rechtswidrig den Erstattungsbescheid in die Nähe eines vorläufigen Verwaltungsakts[27] rückt – nunmehr unmissverständlich klargelegt. Insbesondere führt der BFH[28] aus, dass Art. 5 seine Funktion *„in für den Ausführer zumutbarer Weise nur dann erfüllen (kann), wenn die darin vorgesehenen Nachweise vor Zahlung der Ausfuhrerstattung an den Antragsteller verlangt werden. Ergeben erst danach getroffene Feststellungen, dass die Erzeugnisse nicht auf den Markt eines Drittlands gelangt sind, so kommt eine Rückforderung der gezahlten Ausfuhrerstattungen allenfalls in Betracht, wenn der Klägerin nachgewiesen werden kann, dass sie die Ausfuhrerstattung missbräuchlich in Anspruch genommen hat".*

Aus dieser Beweislastverteilung des Art. 5 VO Nr. 3665/87 folgt letztlich als allgemeiner Grundsatz, dass ein Erstattungsbeteiligter, der seine Mitwirkungspflicht erfüllt hat, sich zumindest dann auf Vertrauensschutz berufen darf, wenn die Erstattungsstelle eine *abschließende Entscheidung* über die

---

[22] Urteil vom 21.9.83, Rs. 205-215/82, EuGHE 1983, 2633; vgl. dazu auch *Feit*, Das System zum Schutz der finanziellen Interessen der Gemeinschaft im Ausfuhrerstattungsrecht, Diss. Münster, 2001, S. 187 ff.
[23] Vgl. *Kopp/Ramsauer*, VwVfG, Fn. 20.
[24] Fn. 6 (*Emsland-Stärke*).
[25] Fn. 1; Urteil vom 24.04.01 VII R 5/98, BFH/NV 2001, 1308.
[26] Vgl. etwa Urteil vom 01.11.01 IV 20/99, ZfZ 2002, 235, 238.
[27] Vgl. dazu *Schrömbges*, Fn. 18, 425.
[28] Fn. 1.

beantragte Erstattung getroffen hat. Liegt eine derartige Entscheidung vor, muss die Erstattungsstelle beweisen, dass der Erstattungsbeteiligte nicht auf den Bestand des Erstattungsbescheids vertraut hat und vertrauen durfte, also entweder falsche oder unvollständige Angaben gemacht hat, oder ansonsten wusste oder hätte wissen müssen, dass der Verwaltungsakt rechtswidrig ist.

Sofern der Gemeinschaftsgesetzgeber eine andere Beweislastverteilung will, regelt er diese – wie beispielsweise im Zollkodex – expressis verbis. Das sei kurz ausgeführt.

Geht man davon aus, dass weder Art. 11 Abs. 3 VO Nr. 3665/87 noch Art. 52 AEVO, obwohl beide Vorschriften auf die Sanktionsvorschrift des Art. 11 Abs. 1 bzw. des Art. 51 („*Wird festgestellt* ... ") Bezug nehmen, eine explizite Beweislastregel enthält, fällt der Unterschied der Vertrauensschutzregelung in Art. 52 Abs. 4 AEVO und der wohl als Vorbild herangezogenen Bestimmung des Art. 220 Abs. 2 b) Zollkodex[29] ins Auge.

Anders als Art. 52 Abs. 4 AEVO enthält Art. 220 Abs. 2 b) eine Beweislastregel. Er ordnet insoweit an:

„Die Ausstellung einer unrichtigen Bescheinigung stellt jedoch keinen Irrtum dar, wenn die Bescheinigung auf einer unrichtigen Darstellung der Fakten seitens des Ausführers beruht, außer insbesondere dann, wenn offensichtlich ist, dass die ausstellenden Behörden wussten oder hätten wissen müssen, dass die Waren die Voraussetzungen für eine Präferenzbehandlung nicht erfüllten.

Der Abgabenschuldner kann Gutgläubigkeit geltend machen, wenn er darlegen kann, dass er sich während der Zeit des betreffenden Handelsgeschäfts mit gebotener Sorgfalt vergewissert hat, dass alle Voraussetzungen für eine Präferenzbehandlung erfüllt worden sind. "

Aus dem Umstand, dass es der europäische Gesetzgeber für erforderlich gehalten hat, eine ausdrückliche Beweislastregelung im Zollkodex zu treffen, nicht jedoch in der nach 1999 mehrfach geänderten AEVO, folgt, dass die in Art. 220 Abs. 2 b) Zollkodex enthaltene Beweislastverteilung von der sonst geltenden Beweislast abweicht. Es kann somit aus dem „beredten Schweigen" der AEVO geschlossen werden, dass die Voraussetzungen für das Fehlen eines Vertrauenstatbestandes – ähnlich wie auch im Rahmen des § 48 Abs. 2 bzw. § 49 a Abs. 2 VwVfG – von der Behörde nachzuweisen sind.

---

[29] Geändert durch die VO (EG) Nr. 2700/00, siehe dort v.a. den 11. Erwägungsgrund.

Unter Vertrauensschutzgesichtspunkten lässt sich mithin Folgendes festhalten: Zum einen entspricht der auf europäischer Ebene gewährte Vertrauensschutz weitgehend demjenigen des durch das deutsche Recht gewährten Schutzes.[30] Insoweit ist davon auszugehen, dass die Beweislastverteilung hinsichtlich der Existenz eines Vertrauenstatbestandes in beiden Rechtsordnungen identisch ist. Soweit eine andere Beweislastverteilung in Betracht kommt, ist diese – wie in Art. 220 Abs. 2 b) Zollkodex – ausdrücklich geregelt; in der AEVO fehlt indessen eine Beweislastregel wie die des § 11 MOG.

§ 11 MOG hebelt nun den gemeinschaftlich gewährten Vertrauensschutz jedenfalls insoweit aus, als ein Wirtschaftsbeteiligter, der die erforderlichen Nachweise für das Vorliegen der Voraussetzungen einer Vergünstigung erbracht hat, sich für einen Zeitraum von vier Jahren nicht auf Vertrauensschutz berufen kann. Denn die in der Beweislastverteilung des § 11 MOG enthaltene Beweislast schließt es praktisch aus, dass ein Wirtschaftsbeteiligter, der seiner Mitwirkungspflicht unter Anleitung der Behörde nachgekommen ist, auch nach Empfang einer endgültig festgesetzten Leistung darauf vertrauen darf, dass seine daraufhin getroffenen Vermögensdispositionen nicht in Frage gestellt werden.

Vergleichbar ist dieses Ergebnis im Grunde nur mit dem vorläufigen Verwaltungsakt, bei dem der Antragsteller bis zum Erlass des endgültigen Verwaltungsakts hinsichtlich der Voraussetzungen des endgültigen Verwaltungsakts beweispflichtig bleibt. Nach deutschem Recht ist der vorläufige Verwaltungsakt im Grundsatz zumindest dann zulässig, wenn spezielle Regelungen seine Erteilung nicht ausschließen und sich aus der Auslegung der gesetzlichen Grundlage ergibt, dass eine Behörde über die Befugnis verfügt, vorläufige Verwaltungsakte zu erlassen.[31] Grundsätzlich ist dabei davon auszugehen, dass der Verwaltungsakt, sofern er nicht ausdrücklich unter Vorbehalt gestellt wird, in Zweifelsfällen endgültiger Natur ist. Dies entspricht dem Grundsatz, dass bei Auslegung eines Verwaltungsaktes Unklarheiten zu Lasten der Behörde gehen.[32]

Wie Art. 52 Abs. 4 Unterabs. 3 Satz 1 AEVO deklaratorisch zur Anwendung seiner Vertrauensschutzvorschriften festhält: *„Die Bestimmungen dieses Absatzes gelten nicht für Erstattungsvorauszahlungen"*, ist der Erstattungsbescheid nur vorläufig, wenn mit ihm ein Vorschuss auf die beantragte Aus-

---

[30] Vgl. die Untersuchung von *Schrömbges*, Fn. 18, 420 – 423.
[31] *Stelkens/Bonk/Sachs*, 6. Aufl. 2001, § 35 Rn. 23, 175.
[32] Vgl. OVG Münster, NVwZ 1991, 588, 589; NVwZ 1993, 76, 77; *Stelkens/Bonk/Sachs*, 6. Aufl. 2001, § 35 Rn. 176.

fuhrerstattung nach Art. 24 f. AEVO gewährt oder die Erstattung nach Art. 26 ff. AEVO vorfinanziert wird. Ansonsten, d.h. im Normalverfahren (oder nach Freigabe der „Vorauszahlungssicherheit") hat der Erstattungsbeteiligte einen strikten Rechtsanspruch auf Gewährung der beantragten Ausfuhrerstattungen. Art. 3 AEVO sowie die 2. Begründungserwägung der AEVO sind hier eindeutig.

Angesichts dieser Rechtslage bleibt kein Raum mehr für implizit vorläufige Regelungen, wie sie das Finanzgericht Hamburg offenkundig annimmt.[33] Damit verbunden ist indes auch, dass eine Beweislastverteilung, die sich auf den vermeintlich vorläufigen Charakter einer Erstattung stützt, damit nicht in Einklang steht. Sie würde darüber hinaus den auch im europäischen Recht zu berücksichtigenden Vorbehalt des Gesetzes verletzen,[34] der nach der Rechtsprechung des Gerichtshofes verlangt, *„dass eine den Abgabenpflichtigen belastende Regelung klar und deutlich ist, damit er seine Rechte und Pflichten unzweideutig erkennen und somit seine Vorkehrungen treffen kann"*.

Diesen Anforderungen entsprechend regelt Art. 20 Abs. 4 AEVO grundsätzlich, dass die zuständigen Behörden *„feststellen"* müssen, dass kein „normales" Handelsgeschäft im Sinne dieser Bestimmung vorliegt, wenn sie gewährte Erstattungsbeträge zurückfordern wollen.

Ebenso muss die Erstattungsstelle nach Art. 21 Abs. 2 AEVO „Beweise" haben, dass die fehlende Geeignetheit einer Vermarktung bereits in den fraglichen Produkten angelegt war, wenn der Ausführer den Nachweis erbracht hat, dass das Erzeugnis „beim Verlassen des Zollgebietes der Gemeinschaft von gesunder und handelsüblicher Qualität" war. Diese Regelung trägt auch dem Gedanken Rechnung, dass ein Erstattungsbeteiligter nur bis zu dem Zeitpunkt, zu dem er noch Zugang zu den erforderlichen Beweismitteln hat – nämlich vor der Ausfuhr – die von ihm erwarteten Beweise erbringen kann; aus diesem Grund muss bereits im Vorfeld bestimmt sein, welche Vorkehrungen ein Unternehmer treffen muss, um seinen (Mitwirkungs-) Pflichten nachzukommen und seine Rechte wahrnehmen zu können.

Fazit ist also: § 11 MOG und § 16 Satz 3 der nationalen Ausfuhrerstattungsverordnung verstoßen sowohl gegen VO Nr. 3665/87 also auch gegen VO Nr. 800/99. Konsequenz ist, dass die Erstattungsstelle nach Gewährung der beantragten Ausfuhrerstattung bzw. nach Freigabe der Vorschuss- bzw. Vor-

---

[33] FG Hamburg, EFG 1990, 251, 252 f.; dazu kritisch *Schrömbges*, Fn. 18.
[34] EuGH, Urteil vom 16.5.00, Rs. C-110/99 (Schlussanträge GA *Siegbert Alber*) Emsland-Stärke, Slg. 2000, I-11569 (Rn. 42) m. w. N.

finanzierungssicherheit die Beweislast für die tatsächlichen Voraussetzungen des von ihr geltend gemachten Rückforderungsanspruchs hat. Die dem entgegengesetzte Entscheidungspraxis des Hauptzollamts Hamburg-Jonas und des Finanzgerichts Hamburg ist infolgedessen eklatant rechtswidrig.

E. Differenzierte Erstattung

I. Abfertigung zu einem Veredelungsverkehr

Es entspricht traditionellem Verständnis,[35] dass der differenzierte Erstattungsanspruch von der Überführung der Erstattungsware in den zollrechtlich freien Verkehr des Drittlands abhängt. Ich halte diese Sichtweise keineswegs für selbstverständlich, weil sich dem Art. 20 Abs. 4 d) AEVO – sogar im Einklang mit Art. 14 ff. AEVO – durchaus entnehmen lässt, dass der differenzierte Erstattungsanspruch auch dann gegeben ist, wenn das Erzeugnis in einem Drittland einer Be- oder Verarbeitung unterzogen worden ist, die den Anforderungen des Art. 24 Zollkodex entspricht.[36] Die Anforderungen des Art. 24 Zollkodex sind nun aber unabhängig von dem eingeschlagenen Zollverfahren.

Werden Erstattungswaren in dem Bestimmungsdrittland ursprungsbegründend be- oder verarbeitet, werden sie Ursprungserzeugnisse des Bestimmungsdrittlandes. Deutlicher kann doch nicht werden, dass sie in den drittländischen Markt eingegangen sind.

Auch der Verkauf an einen Verarbeitungsbetrieb im Bestimmungsdrittland fordert denselben finanziellen Aufwand, um den Gemeinschaftspreis auf den Preis im Bestimmungsdrittland herabzuschleusen; denn immerhin konkurrieren die Rohstoffe der Gemeinschaft preislich mit den Drittlandsrohstoffen. Es ist deshalb auch völlig unerheblich, ob die Be- oder Verarbeitung im zollrechtlich freien oder gebundenen Verkehr stattfindet. Auch das Problem von Umwegausfuhren kann sich überhaupt nicht stellen, weil die Erstattungsware mit ihrer ursprungsbegründenden Be- oder Verarbeitung den bestimmten Drittlandsmarkt schon erreicht hat. Wozu also braucht man in diesem Fall noch die Abfertigung zum freien Verkehr? Eigentlich überhaupt nicht. Das scheint auch der Generalanwalt Alber[37] so zu sehen.

---

[35] Vgl. etwa CMA-Arbeitshandbuch „Ausfuhrerstattungen", 2. Auflage, 1997, S 13 ff.
[36] Vgl. dazu EuGH, Rs. C-114/99 *Roquette Fréres*, Fn. 5.
[37] In seinen Schlussanträgen in der Rs. C-114/99 *Roquette Fréres*, Rn. 53 ff., Fn. 5.

Die Abfertigung zu einer aktiven Veredelung kann nur dann erstattungsschädlich sein, wenn damit Zoll- und Marktordnungsvergünstigungen kumuliert werden, d.h. wenn Zollpräferenzen und Ausfuhrerstattungen für ein und denselben Vorgang in Anspruch genommen werden. Das ist aber unter den Voraussetzungen des Art. 24 Zollkodex nie der Fall. Und genau das entspricht der Wertung des Art. 20 Abs. 4 AEVO, der insoweit Art. 15 AEVO als Spezialregelung vorgeht.

II. Überführung in den freien Verkehr/Vergütung von drittländischen Eingangsabgaben

Diese Erörterungen führen mich zu einer völlig abstrusen Auffassung der Europäischen Kommission. Die Europäische Kommission steht in ihrem Schreiben vom 21.2.02 AGR 005017 nach Prüfung aller zu beteiligenden Dienststellen auf folgendem Standpunkt: Der Rechtsgrund für die Gewährung der Ausfuhrerstattung falle nachträglich weg, wenn die drittländischen Eingangsabgaben nachträglich rückvergütet werden. Oder rechtssystematisch ausgedrückt: Die Vermarktungsfiktion des Art. 15 Abs. 3 AEVO sei im Falle der Rückvergütung des drittländischen Zolls widerlegt.

Diese These hat die Europäische Kommission im Zusammenhang mit sogenannten Verarbeitungsausfuhren aufgestellt. Geschäftsgrundlage gewissermaßen dieser Auffassung ist: Die Abfertigung zur aktiven Veredelung im Drittland führe nicht zur Entstehung des Erstattungsanspruchs. Erstattungsmissbräuchlich im Sinne eines Missbrauchs rechtlicher Gestaltungsmöglichkeiten sei es deshalb, wenn statt der aktiven Veredelung die Abfertigung zum freien Verkehr beantragt werde. Da diese Ansicht aber jedenfalls mit Art. 20 AEVO unvereinbar ist, wird der Erstattungsmissbrauch darin gesehen, dass drittländische Eingangsabgaben im Ergebnis nicht bezahlt werden. Denn dann handele es sich im Ergebnis um eine aktive Veredelung im Verfahren der Zollrückvergütung, für die es keine Erstattungen gebe, erst recht nicht, wenn der Ausführer das alles geplant habe und die Importfirmen beherrsche.

Eine solche Auffassung[38] ist – man kann es nicht anders sagen – blanker Unsinn. Als wenn eine erstattungsrechtliche Auslegung der Europäischen Kommission (oder des BMF) die Entscheidung des drittländischen Zolls aufheben könnte, mit der das Fleisch zum freien und eben nicht zum zollgebundenen Verkehr abgefertigt worden ist! Als wenn gesellschaftsrechtliche Beherrschungsverträge irgendeine erstattungsrechtliche Verankerung hätten! Als wenn eine vertraglich vereinbarte Veredelung daraus eine zollrechtliche

---

[38] Vgl. *Schrömbges*, Fn. 10.

machen könnte, wenn das Gegenteil, die Überlassung zum zollrechtlich freien Verkehr, passiert ist!

Die Verzollung kostet in der Regel Geld, sie ist mit den Transportkosten ein Kostenfaktor, der eine unmittelbare Wiederausfuhr der Erstattungsware im Allgemeinen unrentabel macht. Zudem erhält die Ware mit ihrer Überführung in den freien Verkehr den Status, in dem betreffenden Drittland frei zirkulieren zu dürfen, am Wirtschaftskreislauf uneingeschränkt teilnehmen zu können; sie ist „nationalisiert". Das rechtfertigt die widerlegbare Vermarktungsfiktion des Art. 15 Abs. 3 AEVO, die mit der Abfertigung zum freien Verkehr entsteht.

Eine andere Bedeutung kommt der Erhebung von Drittlandsabgaben erstattungsrechtlich nicht zu. Allein die Existenz von Einfuhrabgabenfreiheiten belegt dies; denn der Erstattungsanspruch kann ja wohl nicht von dem jeweiligen drittländischen Zoll- und Steuerregime bei der Einfuhr abhängen. Genau das aber ist die Konsequenz der Auffassung der Europäischen Kommission!

Also spielt die Zahlung von drittländischen Eingangsabgaben, weil sich daran die Vermarktungsfiktion nicht knüpft, erstattungsrechtlich keine Rolle. Schließlich wäre es auch Irrsinn, wenn die Erstattungsstellen der Gemeinschaft für die Gewährung der differenzierten Ausfuhrerstattung das Einfuhrregime von 140 Bestimmungsdrittländern kennen müssten.

Die Europäische Kommission übersieht aber auch, dass auch bei einer Rückvergütung der Eingangsabgaben die Erstattungserzeugnisse im freien und nicht in einem zollgebundenen Verkehr waren. Sie sind auch nicht nachträglich, nicht einmal de facto, in eine aktive Veredelung übergeführt worden. Vertragliche Abreden, und wenn sie noch so missbräuchlich gedeutet werden können, können an diesem zoll- und erstattungsrechtlichen Befund nichts ändern. Das sollte schon angesichts der allgemeinen und objektiven Natur der Erstattungsvoraussetzungen eigentlich eine Selbstverständlichkeit sein, und nicht „kriminalistisch" unterlaufen werden.

Die Auffassung der Europäischen Kommission überschreitet überdies jede Zumutbarkeitsgrenze,[39] weil sie den Erstattungsanspruch von einem künftigen und nicht beeinflussbaren Verhalten des drittländischen Importeurs und drittländischer Behörden abhängig macht. Auf den Punkt gebracht bedeutet die Auffassung der Kommission auch, dass die Zahlstellen sich nicht nur erkundigen müssen, ob es in den 140 Bestimmungsländern Einfuhrabgaben-

---

[39] Zu Recht betont der BFH dieses Kriterium in seiner neuen Rechtsprechung, vgl. dazu Fn. 1 und 8.

freiheiten gibt, sondern auch, ob es solche Erstattungs- bzw. Vergütungsregeln gibt. Soweit dies der Fall ist, hätten sie zu prüfen, ob die Importeure von Erstattungswaren von diesen Erstattungs- bzw. Vergütungsregeln Gebrauch gemacht haben!

III. Bestimmungsgebiet

Ausfuhrerstattungen sind differenziert und unterliegen den speziellen Regeln des Art. 14 ff. AEVO, wenn auch nur für ein Bestimmungsland kein Erstattungssatz festgelegt worden ist.[40] Dabei werden die Erstattungssätze für Bestimmungsgebiete oder Bestimmungszonen durch Festsetzungsverordnungen der Kommission festgelegt. Das Besondere an den differenzierten Erstattungsregeln ist, dass die Ankunft des Erstattungserzeugnisses im Bestimmungsgebiet oder in der Bestimmungszone anhand hochformalisierter Regeln nachzuweisen ist. Die Frage ist, ob die Abfertigung zum freien Verkehr in irgendein Drittland des durch eine Festsetzungsverordnung festgelegten Bestimmungsgebiets ausreicht, damit der differenzierte Erstattungsanspruch nach Art. 3 AEVO entsteht.[41] Der Wortlaut des Art. 3, insbesondere aber auch des Art. 15 Abs. 1 AEVO ist hier offen; denn danach entsteht der differenzierte Erstattungsanspruch bei der Einfuhr in das Drittland oder in eines der Drittländer, wenn für das betreffende Drittland ein differenzierter Erstattungssatz gilt.

Die differenzierten Erstattungsregeln sollen den Grundsatz umsetzen, dass auch die Einfuhr Erstattungsvoraussetzung ist, wenn es darum geht, für die Gemeinschaft einen Drittlandsmarkt zu erschließen oder dort konkurrenzfähig zu bleiben, und dies nur funktionieren kann, wenn ein besonderer Erstattungssatz festgesetzt wird, der den dort herrschenden Gegebenheiten gerecht wird: Der Erstattungssatz muss dem Gemeinschaftserzeugnis dort eine echte Wettbewerbschance einräumen. Von daher betrachtet ist es gleich, ob dieser besondere Erstattungssatz ein Drittland oder mehrere Drittländer betrifft, die dann eine Erstattungszone bilden. Ist nun der Erstattungssatz für mehrere Bestimmungsländer gleich, dann ist es eben auch gleich, in welchem der durch den gleichen Erstattungssatz verbundenen Bestimmungsdrittländer das Erstattungserzeugnis ankommt.

Bis zu diesem Punkt dürfte eigentlich Einigkeit zu erzielen sein, weil insoweit auch nicht einmal abstrakt erstattungsmissbräuchliche Manipulationen

---

[40] EuGH, Urteil vom 13.3.97 C-109/95, EuGHE I 1997, 1385, Tz. 18 ff.
[41] Ich habe hierfür, unter Hinweis auf einschlägige Rechtsprechung des EuGH, schon in meiner EuZW-Veröffentlichung votiert, vgl. Fn. 10.

gegeben sein können. Fraglich ist aber doch, ob eine solche Auffassung mit der Technik der differenzierten Erstattungsregeln zu vereinbaren ist. Die in Art. 16 AEVO genannten Ankunftsnachweise sollen den Nachweis erbringen, dass das Erstattungserzeugnis im Bestimmungsdrittland angekommen ist. Dabei sind diese Ankunftsnachweise auf ein bestimmtes Bestimmungsdrittland bezogen. Wenn also beispielsweise für Jordanien und Irak für ein bestimmtes Erstattungserzeugnis der gleiche Erstattungssatz gilt, beweist das jordanische Verzollungsdokument lediglich, dass die Ware in Jordanien zum freien Verkehr abgefertigt worden ist. Steht aufgrund anderer Umstände fest, dass die Ware anschließend in den Irak verbracht worden ist, fehlen die irakischen Verzollungsdokumente für die Überführung in den freien Verkehr Iraks. Die Frage ist also, reichen jordanische Ankunftsnachweise aus, wenn aufgrund anderer Umstände fest steht, dass die Ware in den Wirtschaftskreislauf eines Bestimmungslandes der gleichen Erstattungszone gelangt ist? Die Vertreter der Vermarktungstheorie werden hier aufschreien, weil durch eine solche Auffassung Missbräuchen Tür und Tor geöffnet würde und für die Erstattungsstelle nicht mehr genau nachvollziehbar sei, was mit der Ware passiert ist. Die deutsche Erstattungsstelle will heute sogar wissen, wer der Empfänger der Ware in dem bestimmten Drittland ist; sonst stehe der Erstattungsanspruch in Frage.

Aller Panik zum Trotz sollte hier kühl und sachlich festgehalten werden: Voraussetzung ist stets, dass das Erstattungserzeugnis nachgewiesenermaßen in den Wirtschaftskreislauf der durch eine Festsetzungsverordnung festgelegten Bestimmungszone gelangt ist. Damit ist Art. 3 und 15 Abs. 1 AEVO Genüge getan. Aber auch den Regeln des Art. 16 AEVO ist entsprochen worden, weil ein dort vorgesehener Ankunftsnachweis eingereicht worden ist. Diese Vorschriften lassen durchaus die Auslegung zu, dass die Überführung des Erstattungserzeugnisses in den freien Verkehr eines Drittlandes einer erstattungsrechtlichen Bestimmungszone ausreicht. Es ist dann eine Frage des Art. 20 AEVO, ob das Erzeugnis im Rahmen eines normalen Handelsgeschäfts ausgeführt worden ist[42] oder ob der Ausführer aus anderen Gründen die beantragte Ausfuhrerstattung missbräuchlich in Anspruch genommen hat. Die hier von mir vertretene Auffassung führt auch zu keinen administrativen Erschwernissen und beeinträchtigt den Schutz der finanziellen Interessen der Gemeinschaft nicht. Der Schutz der finanziellen Interessen der Gemeinschaft ist gewahrt, wenn feststeht, dass das Erstattungserzeugnis in die vorgesehene Erstattungszone gelangt. Im Übrigen ist nicht das geringste Motiv für den Ausführer zu erkennen, die Abfertigung zum freien

---

[42] Vgl. dazu z.B. auch EuGH, Urteil vom 27.9.79, Rs. 23/79, EuGHE 1979, 2789.

Verkehr nicht dort vornehmen zu lassen, wo sein drittländischer Kunde ansässig ist; denn die Erstattungen sind stets die gleichen. Wenn die Ware also in ein anderes Drittland der gleichen Erstattungszone verbracht wird, geschieht dies aufgrund kaufmännischer Dispositionen des Importeurs, die nach der zutreffenden Rechtsprechung des BFH erstattungsrechtlich ohne Bedeutung sind. Sollten dem Ausführer gleichwohl Missbräuche anzulasten sein, bemisst sich dies nach Art. 20 AEVO oder nach dem vom EuGH kreierten übergesetzlichen Tatbestand des Erstattungsmissbrauchs.

IV. Russlandentscheidungen der Europäischen Kommission

Das Finanzgericht Hamburg[43] hatte sich in einer Reihe von Aussetzungsbeschlüssen mit den Russlandentscheidungen der Kommission vom 28.7.99 – K (1999) 2497 endg. – und vom 1.8.01 – K (2001) 2421 endg. – zu befassen. Rechtsgrundlage ist Art. 16 Abs. 4 AEVO.[44] Danach kann die Kommission für bestimmte Sonderfälle vorsehen, dass der Einfuhrnachweis durch ein besonderes Dokument oder auf jede andere Weise erbracht wird. Dabei ist wichtig, sich den Zweck der Russlandentscheidungen zu vergegenwärtigen:

„Zweck der Entscheidung", so die Kommission in einem Vermerk,[45] *„ist es nicht, eine automatische Ausnahme von den Bestimmungen des Art. 16 der VO (EG) Nr. 800/99 bei Ausfuhren nach Russland vorzusehen, sondern denjenigen Ausführern zu helfen, die sich nach Kräften (aber erfolglos) bemüht haben, die dort aufgeführten Einfuhrdokumente zu erhalten. In Anbetracht der Tatsache, dass die russischen Ankunftsnachweise wegen der Missstände bei der russischen Zollverwaltung insgesamt fraglich sind, haben die Erstattungsstellen der Mitgliedstaaten einen Ermessensspielraum bei der Beurteilung der Nachweise, der es ihnen gestattet, die Entscheidung der Kommission über die Ankunftsnachweise bei Ausfuhren nach Russland anzuwenden. Die Bestimmungen über die Ankunftsnachweise sind vorsichtig anzuwenden, und es muss versucht werden zu überprüfen, dass das ausgeführte Erzeugnis tatsächlich auf den russischen Markt gelangt ist. Für ein Erzeugnis, das niemals physisch auf den russischen Markt gelangt ist (einfache Lagerung im Rahmen eines vorläufigen Zollverfahrens), kann die differenzierte Erstattung für Russland nicht gezahlt werden."*

---

[43] Vgl. dazu *Schrömbges*, Rechtsschutz im Zoll-, Antidumping- und Marktordnungsrecht unter Berücksichtigung der Tätigkeiten des OLAF, ZfZ 2002, 218.
[44] So Erwägungsgrund 4 der Russlandentscheidung vom 28.7.99.
[45] VI.B1.4 D (99) PN/frn D 210726 I.

Das Finanzgericht Hamburg hat es nun geschafft, diese als Hilfestellung für die Exporteure gedachte Entscheidung der Kommission völlig zu torpedieren. Ich habe das im Juli-Heft der ZfZ schon angesprochen.[46] Hier aber noch ein paar neue Aspekte.

1. Gutgläubigkeit des Exporteurs

Wie sich aus dem Zweck der Russlandentscheidungen ergibt, muss der Ausführer in seinem Bemühen, ein ordnungsgemäßes russisches Verzollungsdokument zu erhalten, wegen der Missstände bei der russischen Zollverwaltung erfolglos geblieben sein. Dabei sind die typischen Fälle diejenigen, in denen die dem Ausführer ausgehändigten Einfuhrzollpapiere nicht mit denen identisch sind, die bei der russischen Zollverwaltung archiviert sind, oder aber die dem Ausführer ausgehändigten Verzollungsdokumente enthalten falsche Zollstellencodes oder Zollstempel. Diese Zollmanipulationen sind nur vor dem Hintergrund eines kollusiven Zusammenwirkens zwischen russischer Zollverwaltung und russischen Importeuren verständlich. Klar ist natürlich auch, dass der einheimische Exporteur nur von diesen russischen Importeuren die Verzollungsdokumente erhalten kann. Diese sind also Personen, derer sich der Ausführer bei der Durchführung und Abwicklung des Erstattungsverfahrens bedienen muss. Und nun kommt das Finanzgericht Hamburg. Es nimmt doch in seinem Beschluss vom 27.5.02 IV 43/02 den Standpunkt ein, dass sich der einheimische Exporteur die Kenntnis bzw. fahrlässige Nichtkenntnis der russischen Importeure zurechnen lassen muss. Daraus wird dann abgeleitet, dass der Erstattungsbeteiligte „... *auch wusste bzw. hätte wissen müssen, dass die beim Antragsgegner eingereichten russischen Zolldokumente gefälscht waren.*" Ich habe das ursprünglich nicht „glauben" wollen; aber in den Entscheidungsgründen ist an keiner Stelle auch nur ansatzweise ausgeführt, dass sich das „Hätte-Wissen-Müssen" auf konkrete, beim Ausführer gegebene Tatumstände stützt. Lediglich im Parteivortrag[47], in der Darstellung dessen, was das Hauptzollamt Hamburg-Jonas

---

[46] Fn. 42.
[47] Die entscheidenden Passagen seien hier „zum Beweis" zitiert: „... *Die Kommission habe deshalb in ihrer Entscheidung vom 1.8.2001 auch klargestellt, dass es keine Anhaltspunkte dafür geben dürfe, dass der Marktteilnehmer zum Zeitpunkt der Einreichung des Zahlungsantrages Dokumente vorgelegt habe, von denen er gewusst habe bzw. hätte wissen müssen, dass sie falsch seien. Bezogen auf die hier streitgegenständlichen Ausfuhren seien jedenfalls den Ermittlungsergebnissen des Zollfahndungsamtes Hannover verschiedene Anhaltspunkte zu entnehmen, dass die Antragstellerin gewusst habe bzw. hätte wissen müssen, dass die von ihr vorgelegten Einfuhrnachweise gefälscht seien. Wegen der weiteren Einzelheiten wird auf den Inhalt*

der Gerichtsakten IV 41/02 und IV 94/01 sowie der vom Antragsgegner eingereichten Sachakten verwiesen ... Unbeschadet der vorstehenden Darlegungen merkt der beschließende Senat Folgendes an: Der Senat hat in seinem Beschluss vom 28.5.2001 – V 86/01 – ausgeführt, dass der in der Entscheidung der Kommission vom 28.7.1999 normierte Ausschluss in Betrugsfällen (Art. 1 Ziffer 4) nicht im rein strafrechtlichen Sinne zu verstehen sein dürfte. Denn die Kommission nimmt insoweit ausdrücklich Bezug auf die Verordnung des Rates (EG) Nr. 2988/95 (ABl. EG Nr. L 312/1) vom 18.12.1995 über den Schutz der finanziellen Interessen der Europäischen Gemeinschaft, die die Verhängung von Sanktionen (bereits) für Unregelmäßigkeiten – als solche gelten alle Verstöße gegen eine Gemeinschaftsbestimmung als Folge einer Handlung oder Unterlassung eines Wirtschaftsteilnehmers (Art. 1 Abs. 2 VO (EG) Nr. 2988/95) – regelt. Dieses Verständnis der sog. Betrugsklausel dürfte auch unter der Geltung der zweiten Russlandentscheidung der Kommission vom 1.8.2001 Gültigkeit beanspruchen. Die Kommission hat nämlich in ihrer zweiten Russlandentscheidung ausdrücklich die „Bedingung" formuliert, es dürfe keine Anhaltspunkte dafür geben, dass die betreffenden Marktteilnehmer zum Zeitpunkt der Einreichung des Zahlungsantrags Dokumente vorgelegt hätten, von denen sie gewusst hätten oder hätten wissen müssen, dass sie falsch gewesen seien (vgl. Kommissionsentscheidung vom 1.8.2001, 6. Erwägungsgrund). Etwas anderes ergibt sich insoweit auch nicht aus dem Schreiben der Europäischen Kommission vom 5.11.2001 an das Bundesministerium der Finanzen. In diesem Schreiben hat die Europäische Kommission durch ihren Generaldirektor J.M. Silva Rodriguez erläutert, dass die Zahlung der Erstattung in den Fällen, in denen gegen den Ausführer ein strafrechtliches Ermittlungsverfahren eingeleitet worden sei, bis zum Vorliegen des Ermittlungsergebnisses zwar auszusetzen sei, der Ausführer aber nicht gehindert sei, die in der Russlandentscheidung der Kommission genannten Ersatzdokumente einzureichen; die Zahlung dürfe jedoch erst dann erfolgen, wenn der Betrugsverdacht sich nicht bestätigt habe. Hieraus folgt im Hinblick auf den zur Entscheidung anstehenden Fall, dass ein Ausführer, der die Aussetzung der Vollziehung eines Rückforderungsbescheides ohne Sicherheitsleistung begehrt, darlegen und glaubhaft machen muss, dass er mit Sicherheit oder großer Wahrscheinlichkeit keine Kenntnis davon hatte bzw. keine Kenntnis davon haben konnte, dass die eingereichten russischen Zolldokumente gefälscht waren. Das hat die Antragstellerin, die sich die Kenntnis bzw. fahrlässige Nichtkenntnis derjenigen Personen zurechnen lassen muss, deren sie sich bei der Durchführung und Abwicklung des Erstattungsverfahrens bedient hat, indes nicht getan. Zwar beruft sich die Antragstellerin in diesem Zusammenhang auf das Schreiben der russischen Zollfahndung vom 16.1.2002, in dem es u.a. heißt, dass die russischen Zollbehörden eine Verletzung der Zollregeln Russlands durch die Firma Gausepohl Fleisch GmbH nicht festgestellt hätten. Aus diesem Schreiben folgt jedoch nicht – und darauf kommt es im vorliegenden Kontext entscheidend an –, dass die Firma Gausepohl Fleisch GmbH auch nicht wusste bzw. hätte wissen müssen, dass die beim Antragsgegner eingereichten russischen Zolldokumente gefälscht waren ... "

beantragt und warum, findet sich dazu ein bloßer Verweis auf den Schlussbericht der Zollfahndung, die aus einer vagen und allgemein gehaltenen, aber doch zulässigen Warenbeschreibung Verdächtiges herausgefiltert hat.

Es ist offenkundig, dass eine solche Zurechnung dem Zweck der Russlandentscheidungen in nicht mehr zu überbietender Weise widerspricht. Denn die Gut- und Bösgläubigkeit des Exporteurs ist das Herzstück der Russlandentscheidungen, weil davon abhängt, ob der Exporteur überhaupt in den Genuss dieser Vergünstigung gelangt. Wird dem Exporteur die Bösgläubigkeit des russischen Importeurs zugerechnet, fällt die Russlandentscheidung der Kommission in sich zusammen.

Darüber hinaus lässt sich der Rechtsprechung des BFH und des EuGH[48] ganz allgemein entnehmen, dass der Grundsatz der Haftung für Drittverschulden im Marktordnungsrecht[49] sich nicht auf das Verhalten der Drittlandsimporteure bezieht. Es wäre unzumutbar, wenn dem Exporteur wirtschaftliche Dispositionen des drittländischen Importeurs, die er nicht beeinflussen kann, zugerechnet werden.

Zudem: Die Russlandentscheidungen gelten nach Art. 1 Abs. 4 nicht *„in Betrugsfällen im Sinne der VO (EG) Nr. 2988/95"*. Betrugsfälle in diesem Sinne sind fahrlässig oder vorsätzlich begangene Unregelmäßigkeiten im Zusammenhang mit der Erfüllung erstattungsrechtlicher Pflichten. Dieser Vorwurf kann nur persönlicher Natur und nicht Ergebnis einer fiktiven zivilrechtlichen Zurechnung sein.

Aber unabhängig davon stellt sich die Frage, unter welchen Voraussetzungen die Betrugsklausel eingreift. Das Hauptzollamt Hamburg-Jonas und das Finanzgericht Hamburg stehen hier auf dem durchaus bedenklichen Standpunkt, dass die Betrugsklausel anwendbar sei, wenn der bloße Verdacht bestehe, dass der Exporteur bösgläubig gefälschte oder falsche Verzollungspapiere einreiche. Denn dann bestehe der Verdacht, dass nicht nur der objektive Tatbestand des Subventionsbetruges nach § 264 StGB erfüllt sei, sogar in einem besonders schweren Fall, sondern auch der subjektive Tatbestand. Um so wichtiger ist daher, unter welchen Voraussetzungen das Hauptzollamt und das Finanzgericht von einem solchen strafprozessualen Anfangsverdacht ausgehen dürfen. Ich habe dazu die Auffassung vertreten, dass dies nur zulässig sei, wenn gegen den einheimischen Exporteur in Russland ein Ermitt-

---

[48] Vgl. BFH Fn. 8; EuGH Fn. 6 in Abkehr von der Botelux-Rechtsprechung des EuGH, Rs. C-347/93, EuGH 1994, I-3933; richtig insoweit Feit Fn. 22, S. 103 f.
[49] Vgl. dazu *Schrömbges* in: Dorsch, Kommentar Zollrecht, G I Rz. 245; ders., Fristgerechte Vorlage von Erstattungsunterlagen, ZfZ 2001, 146, 148 f.

lungsverfahren wegen Beihilfe zur Steuerhinterziehung eingeleitet worden sei.[50] Nur dann könne man davon ausgehen, dass der Exporteur an den Zollmanipulationen in Russland – wenn auch nur passiv – beteiligt gewesen sei; und nur dann bestünde der konkrete Verdacht, dass er wissentlich oder fahrlässig manipulierte Ankunftsnachweise vorgelegt habe. Einen solchen Verdacht hat die deutsche Zollfahndung und daraufhin das Hauptzollamt Hamburg-Jonas beispielsweise im Wesentlichen mit dem Umstand begründet, dass die Warenbezeichnung zu allgemein gehalten sei, weil sie sowohl Rindfleisch als auch Nebenerzeugnisse umfasst, und die Kodierung zu ungenau sei (KN 0202 – 0206).

Meine Auffassung hat das Finanzgericht Hamburg in dem gerade erwähnten Aussetzungsbeschluss zurückgewiesen, weil das eine mit dem anderen nichts zu tun habe. Die Auffassung des Finanzgerichts ist weltfremd und abwegig zugleich.

Also: Die russische Zollverwaltung stellt fest – entgegen dem von der deutschen Zollverwaltung gehegten Verdacht –, dass der einheimische Exporteur an den Zollmanipulationen des russischen Importeurs nicht beteiligt war. Das bedeutet für die Gut- bzw. Bösgläubigkeit des Exporteurs bei der Einreichung der Verzollungspapiere Folgendes:

„*In Anbetracht der Tatsache*", so die Europäische Kommission, „*dass die russischen Ankunftsnachweise wegen der Missstände der russischen Zollverwaltung insgesamt fraglich sind*", müsste der Exporteur eigentlich in jedem Fall einen diesbezüglichen Generalverdacht haben; er wäre dann per se bösgläubig, was nach Sinn und Zweck der Russlandentscheidung indessen nicht der Fall sein darf und kann. Also müssen andere Tatsachen vorliegen, aus denen sich der konkrete Verdacht ergibt, dass der Exporteur nachträglich wusste bzw. hätte wissen müssen, dass die ihm übergebenen russischen Zolldokumente gefälscht oder falsch waren. Dazu können verständigerweise die von der deutschen Zollfahndung ermittelten Umstände nicht gehören, weil diese von der russischen Schmuggelbekämpfungsbehörde als nicht verdächtig bewertet wurden. Zwar ist es nun theoretisch denkbar, dass der Exporteur sich weder aktiv noch passiv an den Zollmanipulationen in Russland beteiligt, sondern erst später davon erfahren hat und dann bösgläubig bei der Einreichung der manipulierten Verzollungsdokumente wäre. Das aber ist sehr unwahrscheinlich. Denn solche Umstände einer erst nachträglichen Kenntnis sind kaum vorstellbar, weil die Importeure ihm dies nicht mitteilen, schon deshalb nicht, weil sie dann eine Vertragsverletzung zugeben würden.

---

[50] Vgl. dazu *Schrömbges* Fn. 42.

Infolgedessen läuft letztlich doch alles darauf hinaus, dass der Exporteur in irgendeiner Weise an den Zollmanipulationen seiner russischen Vertragspartner beteiligt gewesen sein muss, wozu auch die Art und Weise der Geschäftsabwicklung gehören kann. Und genau das hat die russische Zollfahndung in concreto ausgeschlossen.

Dann steht das Finanzgericht Hamburg noch auf dem Standpunkt, dass der Exporteur seine Gutgläubigkeit im Rahmen der Russlandentscheidungen zu beweisen habe. Wie im dritten Teil meines Vortrages ausgeführt, ist dies ganz generell nach Gewährung der Ausfuhrerstattung nicht der Fall. Zudem widerspricht die vom Finanzgericht Hamburg vorgenommene Beweislastverteilung der Russlandentscheidung. Müsste der Ausführer angesichts der Missstände in Russland seine Gutgläubigkeit beweisen, wäre er vor eine unmögliche Aufgabe gestellt. Aber vielleicht ist es genau das, was das Finanzgericht Hamburg will.

2. Vermarktungsbescheinigung der russischen Zollfahndung

Das Hauptzollamt Hamburg-Jonas und das Finanzgericht Hamburg[51] hatten eine Bescheinigung der russischen Hauptverwaltung für Schmuggelbekämpfung zu beurteilen, wonach ein Unternehmen Rindfleisch nach Russland geliefert hat, das dann in Russland vermarktet worden ist. Diese Bescheinigung hat folgenden Wortlaut:

„In Übereinstimmung mit der Anfrage der deutschen Firma ... vom 19.11.2001 teilen wir mit, dass im Resultat der auf Anweisung GUBK GTK Russland durchgeführten Untersuchung der Zollrechtsverletzer – der russischen Importfirmen ... folgendes festgestellt wurde:

Die genannten Importfirmen haben in Übereinstimmung mit den Verträgen Nr. ... mit der Firma ... von ihr in der Periode von 1997 bis 1999 62 LKW mit knochenlosem, gefrorenem Rindfleisch erhalten, das in den freien Verkehr auf dem Territorium Russlands gelangte.

Es wurde festgestellt, dass die genannten russischen Firmen die Zollgesetzgebung Russlands verletzten, und gegen sie als gewissenlose Teilnehmer der Außenwirtschaftstätigkeit wurden Verfahren über die Verletzung der Zollregeln eingeleitet. Im Resultat der Fälschung der Zollerklärungen deklarierten sie das zu importierende Rindfleisch unter anderen Bezeichnungen, wie zum Beispiel als Nebenprodukte oder Gemüse, wodurch sie erheblich die Zollzahlungen in den Föderalen Haushalt senkten. Die Verletzerfirmen sandten gefälschte Kopien der Zollerklärungen an die Firma ..., in denen die

---

[51] Vgl. Beschluss vom 27.05.02 IV 43/02, siehe dazu auch Fn. 48.

gefälschte Kopien der Zollerklärungen an die Firma ..., in denen die Lieferung der vertragsgemäßen Fleischpartien nach Gewicht und Bezeichnung bestätigt wurde.

Nach der Feststellung durch OLAF EU der Nichtübereinstimmung der Originale der Zollerklärungen mit ihren Kopien hat die Firma ... jegliche Beziehungen zu ihnen abgebrochen, den Zollorganen aktive Mithilfe bei der Untersuchung geleistet und ihnen von selbst mehr als 2000 Seiten Dokumente über ihre Fleischlieferungen nach Russland zur Verfügung gestellt.

Im Zuge der durchgeführten Untersuchung wurde auch festgestellt, dass die genannten Firmen auf zufällige Personen registriert waren. Die faktischen Besitzer der Firmen sind untergetaucht und es ist nicht möglich, ihren jetzigen Aufenthaltsort festzustellen. Im Zusammenhang damit wurden die Zollverletzungsverfahren gegen diese Firmen wegen Ablaufs der Zeit eingestellt und die Materialien der Staatsanwaltschaft zur Einleitung eines Strafverfahrens übergeben.

Im Resultat der vom Zollamt ... durchgeführten Maßnahmen wurde festgestellt, dass in der Tätigkeit der Firma ... in dieser Periode keine Verletzungen der Zollregeln Russlands durch diese festgestellt wurden ..."

Diese Bescheinigung hat nicht das zuständige Abfertigungszollamt ausgestellt, sondern, auf EU-Verhältnisse übertragen, das Zollkriminalamt oder OLAF. Das Finanzgericht Hamburg hat dieser Bescheinigung jede erstattungsrechtliche Relevanz abgesprochen, insbesondere in ihr keine Entladungsbescheinigung i.S.d. Art. 18 Abs. 2 a) VO Nr. 3665/87 gesehen. Diese Vorschrift hat folgenden Wortlaut:

„Die Kopie oder Abschrift einer Entladungsbescheinigung, die von dem Drittland, für das die Erstattung vorgesehen ist, ausgestellt oder abgezeichnet wurde".

Das Finanzgericht meint – eigentlich doch im Widerspruch zu seiner (rechtsirrigen) Auffassung zur Rechtsqualität von Fahndungsergebnissen beim Verstoß gegen das BSE-Verbot[52] und deshalb auch willkürlich –, es fehle der konkrete Bezug zum jeweiligen Ausfuhrvorgang, *„was neben der Menge der entladenen Sendung auch die Angabe nicht nur des Datums des Entladevorgangs, sondern auch der Nummer des Frachtbriefs erfordert".* Die Zuordnung der fraglichen Ausfuhren sowie die Angabe des Entladungsorts sei aber gerade unter erstattungsrechtlichen Gesichtspunkten vonnöten, weil danach entscheidend sei, *„ob die Ausfuhrsendung beim Importeur abgeladen oder*

---

[52] Vgl. unter III.

lediglich in ein Zolllager verbracht worden ist. Angesichts des Zieles der Gewährung von Ausfuhrerstattung ... reicht nämlich das bloße Verbringen der ausgeführten Ware in das geographische Gebiet des Drittlandes, ohne dass diese dort auch in den Herrschaftsbereich einer inländischen Firma gelangt ist, nicht aus."

Diese Auffassung ist wenig überzeugend.

Ziel der Regeln der differenzierten Erstattung ist, wie es die Erwägungsgründe 17 und 18 zur AEVO vorsehen:

„In Anbetracht der unterschiedlichen Gegebenheiten in den Einfuhrdrittländern sollten als Nachweis Einfuhrzolldokumente akzeptiert werden, die die Gewähr dafür bieten, dass die ausgeführten Erzeugnisse im Bestimmungsland angekommen sind und die gleichzeitig den Handel so wenig wie möglich behindern. ... Um den Ausführern die Beibringung der Ankunftsnachweise zu erleichtern, ist vorzusehen, dass im Falle von differenzierten Erstattungen von den Mitgliedstaaten zugelassene internationale Kontroll- und Überwachungsgesellschaften Bescheinigungen über die Ankunft der ausgeführten landwirtschaftlichen Erzeugnisse im Bestimmungsland erstellen ... ".

Auch hier tut das Finanzgericht genau das Gegenteil dessen, was das Erstattungsrecht bezweckt und begründet das auch noch mit den Zielsetzungen des Erstattungssystems. Es gehört schon eine gehörige Portion Sarkasmus dazu, aus dem Förderprogramm der Erstattungen bürokratische Formalismen abzuleiten, die den Erstattungsanspruch vernichten.

Unter den Erstattungsbeteiligten, aber auch für die deutsche Zollfahndung und OLAF, war und ist völlig klar, welche 62 Lieferungen die Bescheinigung anspricht. Sonst hätten sich auch das Hauptzollamt Hamburg-Jonas und OLAF nicht prompt bei der russischen Zollverwaltung erkundigt, ob diese Bescheinigung authentisch und richtig ist, was „nebenbei gesagt" der Fall ist. Diese 62 Lieferungen sind Gegenstand mehrjähriger Diskussionen. Weil das so klar ist, hat man auf eine – sonst sicherlich erforderliche – genaue Auflistung der 62 Einfuhren verzichtet. Insoweit geht es also schlicht um die Auslegung einer Willens- oder Wissenserklärung.

Die Auffassung des Finanzgerichts wäre nur verständlich, wenn sich die Echtheit dieser Bescheinigung anzweifeln ließe. Aus diesem Grund hat das Hauptzollamt Hamburg-Jonas im Benehmen mit OLAF – wie soeben gesagt – auch sogleich die Authentizität und Richtigkeit dieser Bescheinigung bei der russischen Zollverwaltung (positiv) überprüfen lassen – was im Übrigen nichts anderes bedeutet, als dass diese beiden sachnahen Behörden diese Bescheinigung als Sekundärnachweis akzeptiert haben. Deshalb hat das Hauptzollamt in seinem Schriftsatz auch nicht die Einordnung als Sekundärnachweis angezweifelt, sondern versucht, die Beweiskraft wegen früherer Statements der russischen Zollverwaltung zu relativieren. Auf diese argumentativen Bemühungen des Hauptzollamts Hamburg-Jonas ist das Finanzgericht Hamburg indessen bezeichnenderweise mit keinem Wort eingegangen.

V. Beförderungspapiere

Kurz noch zur Vorschrift des Art. 16 Abs. 3 AEVO über vorzulegende Beförderungspapiere. Die Vorschrift lautet:

„Außerdem hat der Ausführer in allen Fällen eine Durchschrift oder Fotokopie des Beförderungspapiers vorzulegen. "

Zweck der Vorschrift ist, näheren Aufschluss über die Nämlichkeit der aus der Europäischen Union ausgeführten und im Drittland eingeführten Ware zu erhalten. Wohl aus diesem Grund normiert die Vorschrift nach der Rechtsprechung des EuGH[53] eine erstattungsrechtliche Hauptpflicht des Ausführers, obwohl, wie Uhlig auf dem 14. Europäischen Zollrechtstag am 6./7.6.02 in Basel ausführlich dargelegt hat, Transportrecht und Erstattungsrecht immer weiter auseinanderdriften und die Beförderungspapiere kaum noch etwas über die Nämlichkeit aussagen: Das Transportrecht wird immer flexibler, das Erstattungsrecht immer enger. Anstatt nun aus dieser Entwicklung die Konsequenz zu ziehen, diese Vorschrift entweder in ihrer erstattungsrechtlichen Bedeutung durch Auslegung zu relativieren oder legislativ zu beseitigen, weil man sie für den Nachweis der Nämlichkeit nicht wirklich braucht, schrauben Europäische Kommission, deutsche Zollverwaltung und das Finanzgericht Hamburg die Anforderungen immer höher. Auch das hat Uhlig anschaulich dargestellt. Nicht nur, dass das jeweils anwendbare Transportrecht bis ins kleinste Detail erfüllt sein soll, sonst gibt es keine Ausfuhrerstattung, es müssen auch noch künstliche, nur für Erstattungszwecke aufgemachte Beförderungspapiere erstellt werden, damit der Weg der nämlichen Ware von der EU bis ins Drittland lückenlos verfolgt werden kann. Dabei ist nach dem Wortlaut der Vorschrift noch nicht einmal eine beglaubigte Kopie des Beförderungspapiers erforderlich.

Folgen kann ich allein der Auffassung des Finanzgerichts Hamburg,[54] wonach das Beförderungspapier „eine Zufallsurkunde ist, die nach kaufmännischer Gepflogenheit ungeachtet eines etwaigen Subventionsanspruchs des

---

[53] Urteil vom 12.7.90, Rs. C-155/89, EuGHE 1990, I-3265.
[54] Urteil vom 24.5.89 IV 156/86 H, nicht veröffentlicht.

Versenders bei der Beförderung von Waren anfällt."⁵⁵ Es ist also ein Warenbegleitpapier. Hat die Ware aber „nach kaufmännischer Gepflogenheit" kein Papier begleitet oder aber ist das Papier aus anderen Gründen als der Warenbezeichnung nicht vollständig ausgefüllt (etwa die Felder 16 und 23 des CMR-Frachtbriefs⁵⁶, was sich in der Regel jederzeit nachholen lässt), ist der Vorschrift Genüge getan.

Meines Erachtens ist die Vorschrift ganz einfach wie folgt zu verstehen: Der Ausführer hat Kopie des Beförderungspapieres bei der Erstattungsstelle einzureichen, das üblich ist und die Ware tatsächlich begleitet hat. Ergeben sich daraus weitere Informationen über die Nämlichkeit der ausgeführten und der im Drittland eingeführten Ware, ist es gut. Sollten Ausfuhr- und Einfuhrpapiere hinsichtlich der Warenangaben und der eingetragenen Transportmittel nicht deckungsgleich sein, bestehen Zweifel an der Nämlichkeit, die dann, aber auch nur dann aufzuklären sind. Ich bin mir sicher, dass durch eine solche Anwendung der Vorschrift der Gemeinschaft kein Schaden entsteht.

F. Sanktionen

I. Das Urteil des EuGH zu Art. 11 VO Nr. 3665/87

Ein Vortrag zur Praxis des Erstattungsrechts muss auf das schlimme Urteil des EuGH vom 11.7.02⁵⁷ eingehen. Mit diesem Urteil hat der EuGH die Sanktionsvorschrift des Art. 11 Abs. 1 Unterabs. 1 VO Nr. 3665/87 für gültig erklärt. Das Urteil ist ein schwerer Schlag für den Exporthandel mit landwirtschaftlichen Erzeugnissen, der ohnehin mit dem Rücken zur Wand steht und froh wäre, seine Geschäfte ohne Ausfuhrerstattungen tätigen zu können. Der EuGH ist hypnotisiert von der Betrugsbekämpfungspolitik der Gemeinschaft, der er – ziemlich blind – alles unterordnet, auch die vitalen Interessen der Gemeinschaft an einem funktionsfähigen Außenhandel mit landwirtschaftlichen Erzeugnissen. Zudem muss der Agrarüberschuss, den die Gemeinschaft nicht exportiert, auf dem Binnenmarkt abgesetzt bzw. interveniert werden, was im Allgemeinen teurer und volkswirtschaftlich weniger

---

[55] Dazu Finanzgericht Hamburg, Urteil vom 21.11.97 IV 278/97, nicht veröffentlicht.
[56] Vgl. auch Finanzgericht Hamburg, Urteil vom 8.11.99 IV 86/98, nicht veröffentlicht.
[57] Rs. C-210/00, wird abgedruckt im Oktober-Heft 2002 der ZfZ mit einer Anmerkung von *Schrömbges/Schrader*; vgl. auch *Schrömbges/Schrader*, Zur Problematik der Sanktionsregelung im Ausfuhrerstattungsrecht, ZfZ 2001, 2.

sinnvoll ist. Also: Die Gemeinschaft braucht die Agrarexporteure, und sie sollte sie deshalb nicht so schändlich behandeln.

Die Begründung des Urteils ist katastrophal. Ich habe das in einer Anmerkung in der ZfZ näher erläutert, die im Oktoberheft erscheinen wird. Ich will deshalb nur einige wenige Aspekte kurz beleuchten:

Unverständlich ist mir zunächst, dass in der 50 %-igen Sanktion, also 50 % der beantragten Ausfuhrerstattung unabhängig von der Erstattungsgewährung, keine Strafe liegen soll. Die Sanktion steht in keinem Zusammenhang mit der Wiedergutmachung eines Schadens oder der Abschöpfung nicht berechtigter Kreditvorteile. Was soll die Sanktion denn anderes als Strafe sein, die nach heutigem Verständnis keine moralisch-ethische Missbilligung des zu bestrafenden Verhaltens voraussetzt; die Auferlegung von Buß- oder Zwangsgeldern, die jedenfalls nach deutschem Verfassungsrecht Verschulden voraussetzt, belegt das doch schon.

Sodann: Der EuGH stellt wortwörtlich klar, *„dass der Ausführer schon allein durch die bloße Rückzahlung der Ausfuhrerstattung einen finanziellen Verlust erleidet ...".* In meinen Augen ist diese Feststellung eine kleine Sensation und widerlegt seine zuvor getroffene Feststellung, dass es sich bei dem Erstattungssystem um eine Beihilferegelung handele, die der Wirtschaftsteilnehmer *„aus freien Stücken"* in Anspruch nehme; in Letzterem folgt der EuGH dem BFH. Sensationell ist an der ersten Aussage, dass nunmehr nicht mehr davon gesprochen werden kann, dass eine Ausfuhrerstattung für den Ausführer ein verlorener Zuschuss, eine Subvention, sei; sie ist vielmehr entsprechend ihrer rechtlichen Verankerung im landwirtschaftlichen Teil des EG-Vertrages eine vom Ausführer an die Landwirtschaft weitergeleitete Agrarsubvention. Diese – bereits im Ölmühlen-Urteil des EuGH[58] angelegte – Sichtweise bestätigt die These, dass die Ausfuhrerstattung als durchlaufender Posten das Vermögen des Ausführers nicht vermehrt, sondern vielmehr eine indirekte Beihilfe ist, die – ähnlich wie die BLE-Beihilfen – der Empfänger ggf. über eine Kette bis hin zum landwirtschaftlichen Produzenten weiterleitet, weil Letzterem in seiner Einkommenssituation geholfen werden soll. Anders als bei den BLE-Beihilfen gibt der Ausführer freilich nicht den schon erhaltenen Geldbetrag an die Landwirtschaft weiter, sondern tritt hier über den Kaufpreis in Vorlage, dessen „Marktordnungsaufschlag" er später in Form der Ausfuhrerstattung ohne Zinsen zurückerhält. Aus diesen Zusammenhängen heraus wird auch klar, dass die Rückforderung der Ausfuhrerstattung ein finanzieller Verlust für

---

[58] Rs. C-296/98, EuGHE 1998, I-4767.

den Ausführer darstellt. Und genau aus diesem Grunde hat der EuGH mit seinem Ölmühlen-Urteil den so genannten antizipierten Entreicherungseinwand dem gutgläubigen Beihilfeempfänger zugestanden – oder zurückhaltender formuliert: Der Entreicherungseinwand ist – entgegen der ständigen Rechtsprechung des Finanzgerichts Hamburg – europarechtlich zulässig. Insoweit ist dem EuGH-Urteil zu Art. 11 VO Nr. 3665/87 doch noch etwas Positives zu entnehmen.

Allerdings sollte nun auch endgültig Schluss sein mit der These der Freiwilligkeit. Mir ist kein Exporteur bekannt, der das Erstattungssystem freiwillig in Anspruch nimmt. Er tut es notgedrungen, weil ohne Ausfuhrerstattungen ein Exporthandel unmöglich ist. Denn, da kommt die These vom finanziellen Verlust wieder, Ausfuhrgeschäfte im landwirtschaftlichen Bereich können gerade wegen der Existenz der Ausfuhrerstattungen nur mit Verlust abgeschlossen werden, was kein Wirtschaftsteilnehmer freiwillig tut.

Wenn man sich nun diese rechtliche und tatsächliche Ausgangslage vor Augen führt, wird die Schwindsüchtigkeit des EuGH-Arguments deutlich, die Rückforderung sei noch nicht Strafe genug für den Ausführer, der in *„seiner Rolle als Letzter in der Kette von der Herstellung über die Verarbeitung bis zur Ausfuhr von landwirtschaftlichen Erzeugnissen ... die Richtigkeit der Erklärung zu garantieren ..."* hat. Die Argumentationsfigur des „Letzten in der Kette" ist hanebüchen. Die Argumentationsfigur des „Letzten in der Kette" passt allein zum Nicht-Anhang I-Recht, weshalb es dort besondere Darlegungs- und Beweislastpflichten für den Erstattungsbeteiligten gibt. Das hat der BFH[59] überzeugend dargelegt. Aus dieser Argumentationsfigur folgt aber überhaupt nicht – erst recht nicht unter Verhältnismäßigkeitsgesichtspunkten –, dass der Ausführer von landwirtschaftlichen Erzeugnissen anders als der Einführer von landwirtschaftlichen Erzeugnissen für seine Angaben in der Zollanmeldung in jedem Fall einzustehen hat. Dass er das zum Teil gar nicht kann, scheint den EuGH gar nicht zu interessieren. Vertragliche Schutzmechanismen scheitern, wenn auch dem Vorlieferanten des Ausführers schuldlos ein Fehler unterlaufen ist. Das ist meiner Auffassung nach sogar in dem dem EuGH zugrunde liegenden Fall so gewesen, weil der Fehler des Herstellers nur hätte vermieden werden können, wenn er spezielle tarifrechtliche Kenntnisse gehabt hätte, die er sich aus den Amtsblättern der EG nicht, jedenfalls nicht ohne weiteres, hätte verschaffen können. Kann der Ausführer demgemäss bei Aufbietung aller gebotenen Sorgfalt die Falschdeklarierung nicht verhindern und hat er auch keinen reellen Schadensersatzanspruch ge-

---

[59] Vgl. Urteile vom 9.12.85 – VII R 124-125/82, ZfZ 1986, 269, vom 26.5.88 – VII R 130/85, ZfZ 1988, 335 und vom 18.5.93 VII R 44/92, ZfZ 1993, 353.

gen seinen Vorlieferanten, sollte deshalb jedenfalls höhere Gewalt angenommen werden.

II. Restriktive Anwendung der Sanktionsvorschrift

Wie dem nun aber auch immer sei, fest steht, dass wir von der Gültigkeit des Art. 11 Abs. 1 Unterabs. 1 VO Nr. 3665/87 auszugehen haben. Insoweit geht es also darum, die Vorschrift unter dem Aspekt einer wirksamen Betrugsbekämpfung restriktiv zu interpretieren. Hierzu hat das Finanzgericht Hamburg, hier muss es gelobt werden, interessante Ansätze entwickelt. Diese möchte ich – in meiner Interpretation – kurz darstellen:

Der erste Topos ist, dass die Vorschrift des Art. 11 Abs. 1 VO Nr. 3665/87 bzw. Art. 51 AEVO nur dann angewandt werden darf, wenn die Falschanmeldung zu einer konkreten Gefährdung der finanziellen Interessen der Gemeinschaft führt. Dazu hat das Finanzgericht Hamburg[60] entschieden, dass es nicht auf die erstattungsrechtliche Ausfuhranmeldung, sondern auf den nationalen Zahlungsantrag AE ankomme. Denn – so verstehe ich das Finanzgericht Hamburg – mit der Abgabe der Ausfuhranmeldung oder deren Annahme im erstattungsrechtlichen Ausfuhrverfahren allein komme es noch nicht zu einer wirklichen Gefährdung der finanziellen Interessen der Gemeinschaft; dazu könne es erst kommen, wenn der Antrag auf Gewährung der Ausfuhrerstattung beim Hauptzollamt Hamburg-Jonas eingeht.

Ein weiteres einschränkendes Kriterium ist, dass sanktionswürdig nur solche Angaben sind, die sich auf die objektiven Erstattungsvoraussetzungen beziehen, d.h. die im Wesentlichen die tatsächliche Beschaffenheit der Ware betreffen. Dafür spricht, dass beide Sanktionsvorschriften sich auf die Angaben nach Art. 3 VO Nr. 3665/87 bzw. Art. 5 AEVO beziehen, also auf die Angaben nach Menge, Art und Beschaffenheit des ausgeführten Erzeugnisses. Die hier avisierte Beschaffenheit ist – wie im Zollrecht – immer nur die tatsächliche Beschaffenheit, weder die handelsübliche[61] noch die ursprungsrechtliche noch die tarifrechtliche.

Es ist zu hoffen, dass die Rechtsprechung diesen Weg weiterverfolgt.[62]

---

[60] Beschluss vom 12.06.98 IV 116/98, ZfZ 1999, 28
[61] Vgl. hierzu Finanzgericht Hamburg, Beschluss vom 07.07.98 – IV 74/98, ZfZ 1999, 98 mit Anmerkung *Schrömbges*
[62] Allerdings schafft das Finanzgericht Hamburg es wiederum, trotz dieser guten Ansätze den „Bock abzuschießen". In seinem Urteil vom 13.09.02 IV 256/99 verlangt es, dass der Exporteur Angaben zur Beurteilung der handelsüblichen Qualität des Erstattungserzeugnisses angibt, die zur Zeit der Antragstellung weder er noch das

Hauptzollamt Hamburg-Jonas kannte. Die entscheidenden Passagen seien hier wörtlich wiedergegeben: „... *Die Klägerin hat für die streitigen Ausfuhrsendungen Rindfleisch eine höhere Erstattung beantragt (und in vier Fällen auch vorschussweise erhalten) als ihr zustand. Das Gericht hält an seiner in den Urteilen vom 20. Juni 2002, IV 252 – 255 und 257/99, vertretenen Auffassung fest, dass der Klägerin für die betreffenden Ausfuhrsendungen ein Anspruch auf Ausfuhrerstattung nicht zustand, weil davon auszugehen ist, dass die ausgeführten Erzeugnisse nicht von handelsüblicher Qualität i.S.d. Art. 13 Satz 1 VO Nr. 3665/87 waren. Rindfleisch, welches unter das Verbringungsverbot gemäß der Kommissionsentscheidungen Nr. 96/239/EG und Nr. 96/362/EG fiel, war nicht von handelsüblicher Qualität. Die aufgrund der Ermittlungen der Zollbehörden zutage getretenen Zweifel, ob es sich bei dem von der Klägerin mit den streitigen Ausfuhrsendungen ausgeführten Rindfleisch um solches gehandelt hat, das unter das Verbringungsverbot gemäß der Kommissionsentscheidungen Nr. 96/239/EG und Nr. 96/362/EG fiel, hat die Klägerin nicht beseitigen können. Die verbleibenden Zweifel gehen zu ihren Lasten, weil ihr als Ausführer nach § 16 Ausfuhrerstattungsverordnung (v. 24.5.1996 – BGBl. I S. 766) und nach § 11 des Gesetzes zur Durchführung der Gemeinsamen Marktorganisationen (i.d.F. v. 20.9.1995 – BGBl. I S. 1146) die materielle Beweislast für das Vorliegen der Erstattungsvoraussetzungen obliegt. (Im Übrigen wird zur Vermeidung von Wiederholungen auf die Entscheidungsgründe der Urteile des Senats vom 20. Juni 2002, IV 252 – 255 und 257/99, verwiesen.) Die Klägerin hat auch aufgrund unzutreffender Angaben eine höhere als die ihr zustehende Erstattung beantragt, da sie mit ihren Zahlungsanträgen versicherte, dass das ausgeführte Rindfleisch von handelsüblicher Qualität sei, obwohl sie den entsprechenden Nachweis nicht führen konnte. Die Klägerin kann insoweit nicht mit Erfolg unter Hinweis auf den Beschluss des Senats vom 7. Juli 1998 (IV 74/98) geltend machen, dass der Umstand, dass eine höhere als die zustehende Erstattung beantragt worden sei, lediglich auf eine gegenüber der Ansicht des Beklagten unterschiedliche Rechtsauffassung zurückzuführen sei, dass sie aber alle zur Begründung des Antrags erforderlichen Angaben ordnungsgemäß gemacht habe. Im Gegensatz zu dem Fall, welcher dem o.g. Beschluss des Senats zugrunde lag, waren dem Beklagten im Streitfall mit den Zahlungsanträgen nicht alle Tatsachen unterbreitet worden, um die Anträge – auf der Grundlage seiner Rechtsauffassung – zutreffend zu bescheiden. Von den Tatsachen, die im Streitfall die Zweifel an der handelsüblichen Qualität des Rindfleischs begründeten, hatte der Beklagte vielmehr keine Kenntnis, als er über die Zahlungsanträge entschied. Auf die Frage, ob die Klägerin evtl. hinsichtlich der zweifelhaften Herkunft des Fleisches gutgläubig war und die unzutreffenden bzw. unzureichenden Angaben somit evtl. nicht schuldhaft gemacht hat, kommt es nicht an, da Art. 11 Abs. 1 Unterabs. 1 Buchst. a VO Nr. 3665/87 auf ein Verschulden des Ausführers nicht abstellt, sondern die Sanktion bereits für den Fall vorsieht, dass die höhere Erstattung aufgrund objektiv falscher Angaben beantragt worden ist. Nach dem Urteil des EuGH vom 11. Juli 2002 (C-210/00) verstößt diese Regelung nicht gegen höherrangiges Recht. Der Umstand, dass die Festsetzung einer Sanktion auch für Fälle vorgesehen ist, in denen der Ausführer ohne eigenes Verschulden eine höhere als die ihm zustehende Ausfuhrerstattung beantragt hat, begründet danach weder einen Verstoß gegen den Grundsatz „nulle poena sine culpa" noch einen Verstoß gegen den Grundsatz der Verhältnismäßigkeit oder das*

III. Art. 51 VO Nr. 800/99

Hoffnung setze ich auch auf folgenden Umstand: Der EuGH hat über die Gültigkeit des Art. 11 Abs. 1 Unterabs. 1 VO Nr. 3665/87 befunden, nicht aber über die Gültigkeit der Nachfolgevorschrift des Art. 51 AEVO. Das ist deshalb von maßgeblicher Bedeutung, weil der EuGH Art. 11 nicht an dem Maßstab der VO Nr. 2988/95 zum Schutze der finanziellen Interessen der Gemeinschaft misst. Er führt in Tz. 50 dazu aus: *„Nach Art. 5 Abs. 2 gilt die durch die Verordnung geschaffene Sanktionsregelung unbeschadet der Bestimmungen der zum Zeitpunkt ihres Inkrafttretens bestehenden sektorbezogenen Regelungen, zu denen Art. 11 der Verordnung Nr. 3665/87 in der Fassung der Verordnung Nr. 2945/94 gehört."*

Wir haben zwar in dem Verfahren vor dem EuGH vorgetragen, dass die Sanktionsvorschrift des Art. 11 gleichwohl an dieser Sanktionsverordnung zu messen sei. Auf die dazu vorgebrachten Argumente[63] ist der EuGH – wie auch sonst – nicht eingegangen. Dies bedeutet nun aber auch, dass die Bestandsschutzklausel des Art. 5 Abs. 2 VO Nr. 2988/95 nicht ohne weiteres auf die Nachfolgevorschrift des Art. 51 AEVO – als „dieselbe Regelung mit anderer Hausnummer" – übertragen werden kann. Denn auf die im Jahre 1999 in Kraft getretene Sanktionsvorschrift sind die Maßstäbe der VO Nr. 2988/95 anzuwenden. Anders ausgedrückt: Es mag mit dem EuGH sein, dass Art. 11 Abs. 1 VO Nr. 3665/87 Bestandsschutz hatte. Diese Bestimmung und damit der mit ihr verbundene Bestandsschutz sind aber aufgehoben worden. Die an ihre Stelle getretene neue Sanktionsvorschrift des Art. 51 AEVO, die auch textlich etwas anders gefasst ist, muss sich nun aber an den Sanktionsstandards der Sanktionsverordnung messen lassen. Danach ist klar, dass nur gegen den unredlichen Erstattungsbeteiligten Sanktionen verhängt werden dürfen. Für mich eine Selbstverständlichkeit. Dabei ist unredlich natürlich nur derjenige Erstattungsbeteiligte, dem ein persönlicher Schuldvorwurf gemacht werden kann, der also selbst – und nicht auch durch rechtlich-fiktive Zurechnungen – eine Unregelmäßigkeit schuldhaft begangen hat.

Ich hoffe sehr, dass das Finanzgericht Hamburg, jedenfalls aber der BFH, mitspielt, wenn es darum geht, Art. 51 AEVO dem EuGH zur Normenkontrolle vorzulegen.

Verhältnismäßigkeit oder das Diskriminierungsverbot; auch mit der Verordnung Nr. 2988/95 ist die Regelung vereinbar ..."

[63] Vgl. dazu auch *Schweitzer/Raible*, Sanktionen im europäischen Ausfuhrerstattungsrecht, ZfZ 2001, 290.

Ausfuhrerstattung aus der Sicht des Europäischen Amtes für Betrugsbekämpfung (OLAF)

Dr. Elisabeth Sperber*

A. Aufbau des OLAF und seine Aufgabe in Zusammenhang mit Fragen der Ausfuhrerstattung

Das Europäische Amt für Betrugsbekämpfung (OLAF) besteht seit Juni 1999 und hat – wie viele sich im Aufbau befindenden Organisationen – seine Struktur in dieser Zeit einige Male modifiziert. Nach der letzten Änderung hat der Organisationsplan die im Abbildung 1 dargestellte Form. Was den Bereich der Ausfuhrerstattung betrifft, sind alle 3 Direktionen sowie das dem Direktor direkt unterstellte Referat „Richter und Staatsanwälte, juristische Beratung und gerichtliche Folgemaßnahmen" in den Themenkomplex eingebunden.

Abbildung 1 – Organisationsplan OLAF

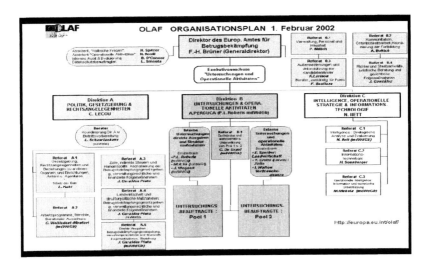

* Europäisches Amt für Betrugsbekämpfung (OLAF) in Brüssel.

I. Vor-Ort-Kontrollen gemäss VO (EURATOM, EG) Nr. 2185/96[1]

Operationelle Tätigkeiten, sprich Untersuchungen, werden im Fall des begründeten Verdachts einer Unregelmäßigkeit oder von Betrug im Rahmen der Zahlung von Ausfuhrerstattung durch Ermittlungsbeauftragte der Direktion B „Untersuchungen & operationelle Aktivitäten" durchgeführt. Im Pool 2 ist der Bereich „Landwirtschaft" dafür zuständig, die auf Basis der o.g. Verordnung vorgesehenen Vor-Ort-Kontrollen bei Handelsbeteiligten in den Mitgliedstaaten vorzunehmen. Diese Kontrollen sind zur Aufdeckung von schwerwiegenden oder grenzüberschreitenden Unregelmäßigkeiten vorgesehen, insbesondere dann, wenn in mehreren Mitgliedstaaten handelnde Wirtschaftsteilnehmer beteiligt sind. Außerdem sind die Überprüfungen angebracht, wenn die Lage in einem Mitgliedstaat es erforderlich erscheinen lässt, zum Schutz der finanziellen Interessen der Gemeinschaft tätig zu werden, oder wenn ein Mitgliedstaat diese Intervention beantragt. „Chef de file" solcher administrativen Überprüfungen bei den Wirtschaftsteilnehmern, die in Zusammenarbeit mit den nationalen Behörden durchgeführt werden, sind die Kontrolleure der Kommission, die für diese Art von Kontrollen entsprechend ermächtigt sind und in diesem Fall unter denselben Bedingungen wie die nationalen Beamten handeln. Falls ein Wirtschaftsteilnehmer sich diesen Kontrollen widersetzt, haben die Dienststellen des Mitgliedstaates Unterstützung im Rahmen ihrer nationalen Rechtsvorschriften zu gewähren. Die bei diesen Kontrollen erhaltenen Ergebnisse sind dem betroffenen Mitgliedstaat so rasch wie möglich mitzuteilen, wobei der Kontrollbericht den verfahrenstechnischen Erfordernissen des Mitgliedstaates entsprechen muss, um als zulässiges Beweismittel vor Gericht verwendet werden zu können.

Wenn sich bei diesen administrativen Kontrollen herausstellt, dass strafrechtlich relevante Handlungen vorliegen, werden diese Informationen den Justizbehörden des Mitgliedstaates übermittelt.

---

[1] Verordnung (EURATOM, EG) Nr. 2185/96 des Rates vom 11. November 1996 betreffend die Kontrollen und Überprüfungen vor Ort durch die Kommission zum Schutz der finanziellen Interessen der Europäischen Gemeinschaften vor Betrug und anderen Unregelmässigkeiten (ABl. Nr. L 292 vom 15/11/1996, S. 2).

II. Verwaltungsrechtliche und finanzielle sowie gerichtliche Folgemaßnahmen

Nach Abschluss der Untersuchungen, bei denen sich herausgestellt hat, dass Erstattungen zu Unrecht gezahlt wurden, sind verwaltungsrechtliche und finanzielle Maßnahmen die Folge. Diese werden bei OLAF vom Referat A.4 ergriffen, das in Zusammenarbeit mit den zuständigen Behörden der Mitgliedstaaten die Wiedereinziehung der Beträge überwacht oder, wenn das nicht der Fall ist, entsprechende Maßnahmen ergreift, um eine Anlastung beim Rechnungsabschluss vorzusehen.

Sofern sich bei den Untersuchungen darüber hinaus ergeben hat, dass strafrechtliche Aspekt vorliegen, die von OLAF den Justizbehörden des Mitgliedstaates mitgeteilt wurden, wird der Part der Weiterverfolgung des Strafverfahrens vom Referat 0.4 übernommen.

III. Sammlung von Mitteilungen der Mitgliedstaaten über Unregelmäßigkeiten und Wiedereinziehung zu Unrecht gezahlter Beträge nach VO (EWG) Nr. 595/91[2]

Auf Basis der von den Mitgliedstaaten erhaltenen Meldungen im Zeitraum 2000/2001 ergibt sich die folgende Situation, die in einigen Bildern veranschaulicht ist.

Das Produkt Fleisch, insbesondere Rindfleisch, ist was die Zahl der Meldungen betrifft, in ganz besonders starkem Maße betroffen (Abbildung 2). Hinsichtlich der in Rede stehenden finanziellen Beträge ist jedoch bei weitem der Sektor Getreide Spitzenreiter (Abbildung 3). Was die Drittländer angeht, für die die Erstattung gezahlt wurde, ist von diesen Meldungen in erster Linie und mit weitem Abstand vor den folgenden Ländern Russland zu nennen (Abbildung 4). Weiter sind erfasst die Zahl der Meldungen nach Art der Unregelmäßigkeit (Abbildung 5).

---

[2] Verordnung (EWG) Nr. 595/91 des Rates vom 4. März 1991 betreffend Unregelmäßigkeiten und die Wiedereinziehung zu Unrecht gezahlter Beträge im Rahmen der Finanzierung der gemeinsamen Agrarpolitik sowie die Einrichtung eines einschlägigen Informationssystems und zur Aufhebung der Verordnung (EWG) Nr. 283/72 (ABl. Nr. L 067 vom 14/03/1991, S. 11).

Abbildung 2 = Zahl der Meldungen nach Maßnahme

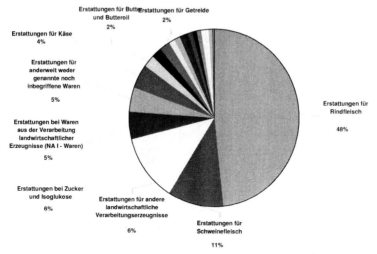

Abbildung 3 = Beträge nach Maßnahme

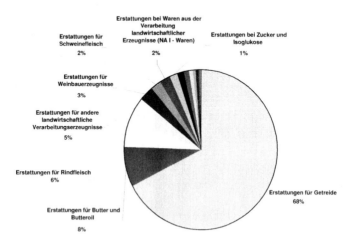

Abbildung 4 = Zahl der Meldungen nach betroffenem Drittland

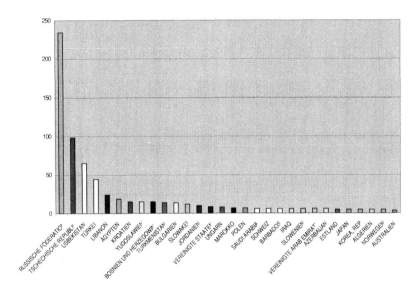

Abbildung 5 = Zahl der Meldungen nach Art der Unregelmäßigkeit

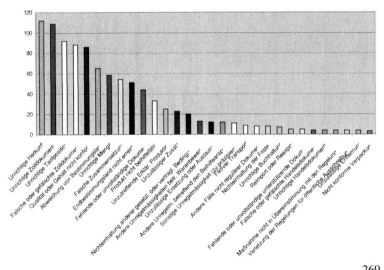

Zusammen genommen ergibt sich daraus, dass das Produkt Rindfleisch, ausgeführt mit Erstattung nach Russland, den Löwenanteil der Meldungen ausmacht, die Unregelmäßigkeiten und Wiedereinziehung zu Unrecht gezahlter Beträge betreffen. Dieser Punkt wird anschließend noch einmal genauer erwähnt werden.

B. EU-Budget und Ausfuhrerstattung im Rahmen der gemeinsamen Agrarpolitik im Jahr 2000

Der Haushalt der EU belief sich im Jahr 2000 auf 89.6 Milliarden €, wobei Ausgaben von 41.7 Milliarden € auf den Europäischen Ausgleichsfonds für Garantie und Orientation der Landwirtschaft (EAGFL) entfielen und darin wiederum der für Ausfuhrerstattung gezahlte Anteil 8 % ausmachte. Im Einzelnen stellt sich die Situation für das Jahr 2000 hinsichtlich der gezahlten Beträge pro Mitgliedstaat (Abbildung 7) sowie der wichtigsten Bestimmungsländer (Abbildung 6) wie folgt dar :

Abbildung 6 = gezahlte Ausfuhrerstattung nach Bestimmungsland in €

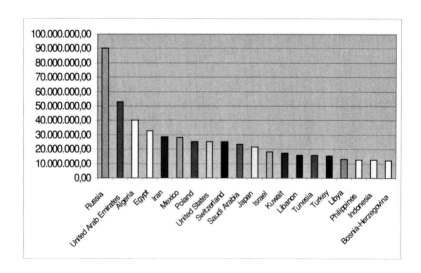

Abbildung 7 = gezahlte Ausfuhrerstattung pro MS in €

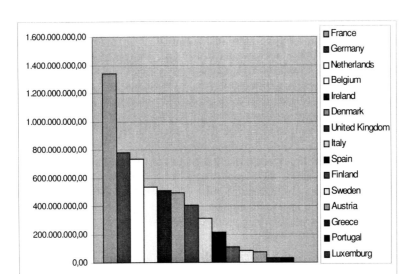

C. Fälle aus der Praxis der Betrugsbekämpfung

I. Ausfuhr von britischem Rindfleisch unter Zahlung von Erstattung während des BSE-Embargos

Im Rahmen der Schutzmaßnahmen gegen BSE hatte die Kommission im März 1996 die Entscheidung 96/239/EG[3] getroffen, womit nicht nur der innergemeinschaftliche Handel mit aus dem Vereinigten Königreich (UK) stammenden lebenden Rindern und davon stammenden Produkten, sondern auch deren Ausfuhr in Drittländer untersagt wurde. Da z.B. Rindfleisch unter bestimmten Bedingungen andererseits im UK in den Verkehr gebracht werden konnte, hat diese Tatsache ein paar Personen dazu angeregt, sich über die „Nutzbarmachung dieses Fleisches außerhalb der Insel" Gedanken

---

[3] Entscheidung der Kommission vom 27. März 1996 mit den zum Schutz gegen die bovine spongiforme Enzephalopathie (BSE) zu treffenden Dringlichkeitsmaßnahmen (Abl. Nr. L 78 vom 28/03/1996, S. 47).

zu machen. Auch wenn davon auszugehen ist, dass dieser Fall an sich bekannt ist, sind die Umstände als solche durchaus dazu geeignet, noch einmal etwas detaillierter beleuchtet zu werden.

Die „Gebrauchsanweisung" liest sich wie folgt: man nehme veterinärrechtlich geforderte Genusstauglichkeitsetiketten für aus zwei belgischen Schlacht- und Zerlegebetrieben stammendes Fleisch, klebe diese auf Kartons, die britisches Rindfleisch enthalten, gebe einen fiktiven Frachtbrief dazu, der ausweist, dass das beschriebene Rindfleisch ursprünglich aus Belgien in das UK verbracht und dort aus Qualitätsgründen (z.B. zu fett) zurückgewiesen wurde – und transportiere die so ausgestattete Sendung mit einem neuen Frachtbrief „zurück" auf das Festland. Die Ware wird anschließend in einem Kühlhaus in den Niederlanden eingelagert und durch die o.g. belgische Firma, die schon die Genusstauglichkeitsetiketten lieferte, als belgisches Rindfleisch an diverse Käufer in verschiedenen Mitgliedstaaten zwecks Ausfuhr in mehrere Drittländer veräußert. Wie bei normalen Verkäufen erforderlich, werden «ordnungsgemäße» belgische Veterinärzeugnisse mitgeliefert.

Nun tritt Kommissar Zufall in Aktion, was heißt, anlässlich einer vom niederländischen Zoll durchgeführten Kontrolle im Gefrierhaus wird auf einem Karton außer dem belgischen Genusstauglichkeitsetikett ein weiteres festgestellt, das den Ursprung „UK" ausweist. Bei nunmehr folgenden Kontrollen wird festgestellt, dass noch über 700 t dieser Ware eingelagert sind. Bei Warenkontrollen stellt sich heraus, dass es sich um knochenloses Rindfleisch, so genannte „Capas" handelt, bei denen die dort üblicherweise anzutreffenden Stempel der Fleischuntersuchung herausgeschnitten sind. Allerdings sind einige Abdrücke nicht vollständig entfernt bzw. vergessen worden und anhand dieser ist eindeutig nachzuweisen, dass es sich um Rindfleisch aus dem UK handelt.

Insgesamt waren zu diesem Zeitpunkt etwa 900 t Rindfleisch bereits unter Zahlung von Erstattung ausgeführt. Die gezahlte Erstattungssumme beläuft sich auf deutlich über 1 Mio. €. Da das Fleisch nicht frei in der Gemeinschaft handelsfähig war und die belgischen Veterinärzertifikate ganz offensichtlich zu Unrecht ausgestellt wurden, ist die Erstattung von den Zahlstellen der betroffenen Mitgliedstaaten zurückgefordert worden.

Diese Affäre ist noch nicht beendet. In Belgien ist die justitielle Untersuchung zwar abgeschlossen, aber es ist noch kein Gerichtstermin bekannt. Im UK sind 3 beteiligte Personen zu Geld- bzw. Gefängnisstrafen verurteilt worden. Mehrere französische Exporteure haben Verfahren angestrengt gegen die belgischen Täter sowie den belgischen Staat. Außerdem läuft ein

Verfahren der französischen Exporteure gegen die Niederlande wegen der Vernichtung der Waren durch die niederländischen Behörden.

In diesem Fall würde ein Europäischer Staatsanwalt aufgrund der komplizierten unterschiedlichen Rechtssysteme in den verschiedenen betroffenen Mitgliedstaaten sicherlich eine bedeutsame Rolle spielen können.

II. Ausfuhr mit Erstattung von Feta im Rahmen eines Scheingeschäftes

Der Rechnungshof hatte OLAF über eine mögliche Unregelmäßigkeit betreffend die Ausfuhr von Feta-Käse aus Dänemark nach Nordkorea informiert, aufgrund derer eine Untersuchung vor Ort durch OLAF vorgenommen wurde.

Dabei wurde festgestellt, dass eine Menge von ca. 3200 t Feta, der zwischen Januar und April 1996 ursprünglich für den iranischen Markt hergestellt wurde, dort keinen Absatz mehr fand und deshalb eingelagert wurde. Der Besitzer der Ware fand nach den vorgelegten Unterlagen Ende 1998 einen Käufer in Form des „Komitees der Demokratischen Volksrepublik Nordkorea zur Behebung von Überschwemmungsschäden". Es handelte sich nicht, wie möglicherweise zu erwarten, um Nahrungsmittelhilfe und entgegen üblicher Gepflogenheiten bei einem normalen Handelsgeschäft wurde dem Verkäufer nie der vereinbarte Preis von ca. 966.000 € gezahlt, im Gegenteil, er beglich auch selbst die Transportkosten. Im Übrigen beantragte und erhielt der Exporteur eine Erstattungszahlung von ca. 2.2 Mio.€. Tatsache ist, dass der Feta zum Zeitpunkt der Ausfuhr das angegebene Mindesthaltbarkeitsdatum um mehr als 12 Monate überschritten hatte und unter normalen Bedingungen in der EU nicht mehr marktfähig gewesen wäre.

Es handelte sich offensichtlich um ein Scheingeschäft, das lediglich getätigt wurde, um in den Genuss der Ausfuhrerstattung zu kommen und so die Verluste zu minimieren. In diesem Sinne wertete OLAF den Vorgang als eine Unregelmäßigkeit i.S. von Artikel 1 Verordnung (EC/Euratom) Nr. 2988/95[4] und veranlasste ein entsprechendes „Follow-up".

---

[4] Verordnung (EG, Euratom) Nr. 2988/95 des Rates vom 18. Dezember 1995 über den Schutz der finanziellen Interessen der Europäischen Gemeinschaften (ABl. Nr. L 312 vom 23/12/1995, S. 01).

III. Zuckerausfuhr mit Erstattung und Wiedereinfuhr

Die schwedischen Behörden haben uns im Jahr 2001 darüber informiert, dass zunächst größere Mengen von Zucker aus Dänemark mit Erstattung nach Norwegen exportiert wurden und anschließend ein Teil des Zuckers als „Zuckerwasser" wieder in Schweden eingeführt wurde.

Den Statistiken zufolge waren 1999/2000 insgesamt ca. 280.000 t Zucker unter Zahlung von 7 Mio.€ davon betroffen. OLAF begann eine Untersuchung, um festzustellen, ob die Exporterstattung zurückgefordert werden müsse, was bei einer Wiedereinfuhr unter Präferenzbedingungen innerhalb von 2 Jahren der Fall wäre, wenn keine ausreichende Verarbeitung gegeben war.

Wie sich herausstellte, wurde der Zucker in Norwegen mit Wasser vermischt. Durch weitere Be- und Verarbeitung der Mischung wurde bei einem Großteil des Zuckers unter Anwendung der Ursprungsregeln der Präferenzursprung Norwegen erzielt. Im Zeitraum 1999/2000 wurden ca. 18.000 t dieser Mischung in Schweden als Erzeugnis mit norwegischem Ursprung eingeführt, wobei als Tarifstelle der Kombinierten Nomenklatur (KN) 22.02 „Wasser... mit Zusatz von Zucker, anderen Süßmitteln oder Aromastoffen, und andere nicht alkoholhaltige Getränke ..." angemeldet wurde. Dies beinhaltete nach den Präferenzregelungen, dass keine Einfuhrzollabgaben erhoben wurden. Bei einer Kontrolle der Ware stellte sich hingegen heraus, dass ein Teil der eingeführten Sendungen (ca. 5.000 t) unter die Tarifstelle 17.02 „andere Zucker..." hätte eingereiht und Zollabgaben in Höhe von insgesamt 1.9 Mio.€ hätten entrichtet werden müssen. Insgesamt waren die Falschanmeldungen auf 47 Sendungen beschränkt.

Nachdem die entgangenen Abgaben für diese Einfuhren in Schweden nachgefordert und von den Einführern bezahlt wurden, lag kein Verstoß gegen die Regeln der Zahlung der Ausfuhrerstattung in Dänemark mehr vor und der Fall wurde abgeschlossen.

Es lässt sich bei diesem Fall gut erkennen, wie kompliziert, vielschichtig und häufig nur sehr schwer kontrollierbar die Voraussetzungen betreffend die Zahlung von Ausfuhrerstattung in Verbindung mit Präferenz- und Ursprungsregelungen sind und eine ungerechtfertigte Inanspruchnahme von Ausfuhrerstattung bzw. eine Nichterhebung von geschuldeten Abgaben die Folge sein können.

D. Besondere Probleme bei Ausfuhren von landwirtschaftlichen Produkten mit Erstattung nach Russland

I. Entscheidung der Kommission Nr. C-2497 vom 28.7.1999 über Ankunftsnachweise bei Ausfuhren von landwirtschaftlichen Erzeugnissen nach Russland (so genannte „Russland-Entscheidung")

Diese Entscheidung wurde im Sommer 1999 unter Anwendung von Art. 16 Absatz 3 der Verordnung (EG) Nr. 800/1999[5] getroffen, nachdem sich in den Vorjahren bei den Zahlstellen diverse Schwierigkeiten bei der Anerkennung russischer Einfuhrzolldokumente ergeben hatten. In zahlreichen Fällen hatten nämlich in diesem Zusammenhang die russischen Zollbehörden auf Anfrage von OLAF festgestellt, dass die von den Exporteuren bei den Zahlstellen der Mitgliedstaaten vorgelegten Zolldokumente Fälschungen waren. Die Entscheidung ist in der Zwischenzeit dreimal verlängert worden, d.h. die letzte Änderung sieht eine Laufzeit bis 2003 vor. Voraussetzung für die Anwendung der „Russland-Entscheidung" ist, dass der Exporteur die normalerweise gemäß der o.a. Verordnung geforderten Ankunftsnachweise nicht vorlegen kann – wobei er darlegen muss, warum das so ist bzw. was er unternommen hat, um die Ankunftsnachweise zu bekommen – oder sich bei der Überprüfung der vorgelegten Ankunftsnachweise im nachhinein herausstellt, dass die Dokumente nicht akzeptiert werden können.

Die Entscheidung unterscheidet zwischen Erzeugnissen, für die eine Veterinärbescheinigung bzw. keine Veterinärbescheinigung bei der Einfuhr vorgelegt werden muss. Als Ersatz sind folgende Dokumente beizubringen:

Einfuhr mit Veterinärbescheinigung

- Kopie des in einem Mitgliedstaat der EU ausgestellten Veterinärzeugnisses, das von einem in der Gemeinschaft tätigen russischen Tierarzt beglaubigt wurde und

- Kopie des bei der Einfuhr in Russland ausgestellten Veterinärdokumentes und

---

[5] Verordnung (EG) Nr. 800/1999 der Kommission vom 15. April 1999 über gemeinsame Durchführungsvorschriften für Ausfuhrerstattungen bei landwirtschaftlichen Erzeugnissen (ABl. Nr. L 102 vom 17/04/1999, S. 11).

- Kopie des letzten Kontrollabschnittes, auf dem bescheinigt ist, dass das Carnet TIR-Verfahren auf russischem Gebiet beendet wurde, oder eine Kopie eines anderen verwendeten Beförderungspapieres.

Einfuhr ohne Veterinärbescheinigung
- Kopie des Beförderungsdokumentes (z.b. Carnet TIR wie oben) und
- Entladebescheinigung und
- Bankdokument über Zahlungsgutschrift.

Die Entscheidung kann auch dann angewendet werden, wenn die Erstattung bereits gezahlt wurde und sich erst im Anschluss daran Zweifel an der Echtheit der vorgelegten Dokumente ergeben. Nicht angewendet werden kann sie hingegen, wenn Betrug i.S. der Verordnung (EG) Nr. 2988/95 vorliegt.

II. Gegenseitiges Informationssystem (MIS) mit Russland gemäss VO (EG) Nr. 2584/2000[6]

Die oben angesprochenen Probleme bei der Ausfuhr von Fleisch, insbesondere Rindfleisch, unter Zahlung von Erstattung hat OLAF zum Anlass genommen, um im Juli 2000 eine Verwaltungsvereinbarung mit dem Staatlichen Russischen Zollkomitee (SCC) über ein „Gemeinsames Informationssystem" (Mutual Information System = MIS) über Warenbewegungen zwischen den Mitgliedstaaten der Europäischen Union und der Russischen Föderation zu schließen. Im Anschluss ist die o.a. Verordnung (EG) Nr. 2584/2000 erlassen worden. Diese Verordnung ist seit dem 1.2.2001 anwendbar und bezieht sich gezielt auf den bereits oben angesprochenen Komplex der Ausfuhrerstattung für Rindfleisch.

Das Prinzip dieses Informationssystems ist relativ einfach: Artikel 2 der o.a. Verordnung sieht vor, dass jeder Mitgliedstaat eine zentrale Dienststelle bezeichnet, über die bestimmte, vom Ausführer der Fleischsendungen übermittelte Informationen an OLAF weitergegeben werden. OLAF übernimmt die Weiterleitung der Information an das SCC und bekommt von diesem eine Antwort, ob die Ware wie in der Mitteilung beschrieben in Russland ange-

---

[6] Verordnung (EG) Nr. 2584/2000 der Kommission vom 24. November 2000 zur Einführung eines Systems der Informationsübermittlung über bestimmte Rind- und Schweinefleischlieferungen auf dem Straßenweg nach dem Hoheitsgebiet der Russischen Föderation (ABl. Nr. L 298 vom 25/11/2000, S. 16).

kommen ist. Diese Antwort ist wiederum der zentralen Dienststelle des betroffenen Mitgliedstaates zuzuleiten.

Das System dient einem doppelten Zweck: der Prävention und Repression von potentiellen Betrügereien. Gleichzeitig gibt es den Zahlstellen eine größere Sicherheit, da die Zahlung der Erstattung erfolgen kann, nachdem von Seiten der russischen Behörden die Ankunft des exportierten Fleisches bestätigt worden ist.

Von verschiedenen Mitgliedstaaten ist gebeten worden zu überlegen, ob dieses Mitteilungssystem für die Zukunft nicht auch auf Fleischsendungen ausgedehnt werden könne, die mit anderen Transportmitteln nach Russland exportiert werden (See- und Bahntransport). Dieser Vorschlag wird zur Zeit geprüft.

Diskussionszusammenfassung zu den Vorträgen „Ausfuhrverordnung in der Praxis"

und

„Ausfuhrerstattung aus der Sicht des Europäischen Amtes für Betrugsbekämpfung (OLAF)"

Zusammenfassung: *Jörgen Rubel, LL.M.;* Doktorand; Institut für öffentliches Wirtschaftsrecht; Westfälische Wilhelms-Universität Münster

Herr Dr. *Schrömbges* ging in seinem Beitrag zur „Ausfuhrverordnung in der Praxis", dem Titel seines Beitrages folgend, vor allem auf praktische Fragen und Probleme der Ausfuhrförderung ein. Da Herr Dr. *Schrömbges* als Anwalt in einer Hamburger Kanzlei tätig ist, verwunderte es wenig, dass er intensiv Kritik an der Rechtsprechung des Finanzgerichtes Hamburg übte, welches aus seiner Sicht in vielen Fällen zuungunsten und zu Unrecht seiner Mandanten entschied; ebenso sparte er andererseits nicht mit Kritik an der Rechtsprechung des Bundesfinanzhofes und des Europäischen Gerichtshofes zu Fragen der Ausfuhrförderung. Kernpunkte seiner Darlegungen bildeten die Erörterung des Gegensatzes der Ausfuhrtheorie und der Vermarktungstheorie, die Beweislast für das Bestehen eines Erstattungsanspruches sowie umfangreiche Ausführungen zur differenzierten Ausfuhrerstattung, bei welcher das so genannte „Russlandurteil" des EuGH im Vordergrund stand. Abschließend ging Herr Dr. *Schrömbges* auf Sanktionen für zu Unrecht erhaltene Ausfuhrförderung ein.

Der Beitrag von Frau Dr. *Sperber* als Mitarbeiterin der Europäischen Kommission und dem dieser untergeordneten Europäischen Amt für Betrugsbekämpfung (OLAF) behandelte die „Ausfuhrerstattung aus der Sicht des Europäischen Amtes für Betrugsbekämpfung". Einem längeren erklärenden und die Arbeit des OLAF erläuternden Teil folgte die Darstellung einiger Fälle aus der Praxis zur Betrugsbekämpfung, insbesondere die Probleme bei Ausfuhren von landwirtschaftlichen Produkten mit Erstattung nach Russland standen hier im Vordergrund. Diesen Beiträgen folgte eine lebhafte und von den unterschiedlichen beruflichen Hintergründen der Teilnehmer geprägte

Diskussion, die im Folgenden in wesentlichen Auszügen wiedergegeben wird.

Herr Dr. Wolfgang *Uhlig* vom Bundesministerium für Finanzen wies in einer längeren Stellungnahme auf die besonderen Probleme hin, die sich im Zusammenhang mit einer für Exporte nach Russland gewährten Ausfuhrförderung ergeben. Dieses Problem illustrierte Herr Dr. *Uhlig* mit einem praktischen Fall, in welchem statt deklarierter Blumenzwiebeln tatsächlich Rindfleisch, welches europäischen Standards bei weitem nicht mehr entsprach, nach Russland ausgeführt wurde, für welches aber – über den Umweg der falschen Deklarierung – eine umfangreiche Ausfuhrförderung gewährt wurde. Insbesondere wies Herr Dr. *Uhlig* auf die besonderen Probleme hin, welche sich aus der Überprüfbarkeit der jeweiligen Transportpapiere ergäben; stete, sich aus einer übermäßigen Regelungsdichte ergebende Unsicherheiten seien hier an der Tagesordnung. Zum Abschluss seiner Stellungnahme wies Herr Dr. *Uhlig* noch auf den Streit bezüglich des Strafcharakters von Sanktionen im Zusammenhang mit der Rückforderung von Ausfuhrunterstützungen hin. Der Inhalt dieses Streits deckt sich mit der schon aus der Diskussion zum Grundgesetz bekannten Unsicherheit der Einordnung von Bußgeldern als Strafen im Sinne des Grundgesetzes.

Herr Ulrich *Krüger*, Richter am Finanzgericht Hamburg, erläuterte, in direkter Antwort auf den Beitrag von Herrn Dr. *Schrömbges*, einige Urteile des Finanzgerichts Hamburg, und bestritt die Haltbarkeit der Kritik von Herrn Dr. *Schrömbges* an vielen Urteilen des Finanzgerichts Hamburg; in Ansätzen ironischer Art riet er Herrn Dr. *Schrömbges* zu einer umfangreicheren und tiefgreiferenden Lektüre der Urteile des Finanzgerichts Hamburg, um so ein differenzierteres Bild der Rechtsprechung des Finanzgerichts Hamburg zu erhalten. Herr Dr. *Schrömbges* wies in diesem Zusammenhang auf den Aspekt der „Handelsüblichkeit" einer Ware als Kriterium für die Eignung eines Exportes als ausfuhrerstattungsfähig hin. Diesem Hinweis folgte wiederum eine Klarstellung von Herrn *Krüger* zum Begriff der „Handelsüblichkeit".

Herr Dr. Robert *Figgener* vom Verband der Fleischwirtschaft wandte sich dagegen den Ausführungen von Frau Dr. *Sperber* zu, und stellte die positive Bewertung der Arbeit von OLAF aus Sicht des Verbandes der Fleischwirtschaft dar. Gleichwohl regte Herr Dr. *Figgener* aber auch Verbesserungen hinsichtlich genauerer Informationen der Exporteure durch OLAF an. Frau Dr. *Sperber* befürwortete diesen Vorschlag grundsätzlich, gab jedoch Probleme bei der praktischen Umsetzbarkeit zu bedenken.

Herr *Gausepohl* als Geschäftsführer der Gausepohl Fleisch GmbH forderte in seiner Stellungnahme eine stärkere Kontrolle der Fleisch ausführenden

Kühlfahrzeuge. Zwar sei aus seiner Sicht eine gewisse Verbesserung bei der Kontrolle von Exporten nach Russland durch russische Zollbehörden erkennbar, diese Verbesserung sei bisher jedoch nur schwach ausgeprägt, tiefgreifende Verbesserungen bedurften noch einer längeren zeitlichen Entwicklung. Er führte vor allem an, dass dieses mangelhafte Kontrollsystem vor allem zu Lasten der deutschen Exporteure ginge. Frau Dr. *Sperber* entgegnete daraufhin, zum gegenwärtigen Zeitpunkt, trotz der intensiven Zusammenarbeit mit den russischen Behörden, den Exporteuren keine weitere Hilfestellung mehr zukommen lassen zu können.

Herr Dr. *Uhlig* äußerte sich in ähnlicher Richtung: Zwar sei ein intensives Kooperationsverhältnis zwischen den Exporteuren, der Europäischen Kommission und dem Bundesministerium der Finanzen für eine regelkonforme und erfolgreiche Exportwirtschaft zwingend notwendig, bemerkte aber gleichzeitig, dass ein Staat oder auch die Europäische Kommission nicht für eine vollkommene Sicherheit bei der Abfertigung und der Durchführung von Exporten garantieren könne.

In einer abschließenden Stellungnahme forderte Herr Dr. *Schrömbges* die Rücknahme der durch die Russland-Entscheidung des Europäischen Gerichtshofes gebildeten Zurechnungsformel, um so einen ohnehin rechtstreuen Exporteur zu schützen.

Stichwortverzeichnis

Die Zahlen bezeichnen die Seitenzahlen

Amber box-Maßnahmen 171, 172
Abwehrzölle 69
Acquis communautaire 51, 55
Anstaltslast 80, 98, 150
Antidumping 22, 152, 155 ff.
Antisubventionsverfahren 156
Äquivalenzgebot 182
Assoziationsabkommen 54 f., 281
Aufrechnungsbefugnis der Erstattungsbehörde 215
Ausfuhrbeihilfen 3, 43, 45 ff., 52 ff., 69 f., 77
Ausfuhrförderprogramme 21 ff., 32
Ausfuhrkreditbürgschaften 2, 26, 35
Ausfuhrkredite 2, 16, 23, 27 ff., 59, 194
Ausfuhrtheorie 219, 229 f., 279
Außenwirtschaftsförderung 85 f., 90, 92, 97 f., 144 ff.

Bänder-Modell 154
Beförderungspapiere 212 ff., 220, 258 f., 275
Beihilfe 3, 6, 23, 43 ff., 62, 68
Bestimmungsdrittland 235, 245, 249
Betrugsbekämpfung 7, 231, 259, 262, 276 ff.
Betrugsklausel 252
BSE-Embargo 271

De minimis-Beihilfen 45
Deckungseingriff 124 ff.
Deckungsübernahmeverwaltungsakt 111
Down-payment 192

downstream flexibility 177
Due restraint 183

Eliminierung von Zöllen 153
Entscheidungspraxis 36, 38, 72, 78, 114, 241 ff.
environmental impact assessment 99
Ermessenreduzierung auf Null 113
Erstattungsmissbrauch 232, 246, 250
Export Credit Arrangement 66
Exportbeschränkung 12
Export-Credit-Agency 133
Exportsubventionen 11, 15, 26, 35, 66, 133, 198

Förderbank 53, 80 f.
Förderinstumente 150
Fuji/Kodak-Verfahren 12

GATS 64 f., 187
GATT 163 ff., 183, 199, 201 ff. 210
GATT-Panel 12 f., 20
Gewährträgerhaftung 80, 98, 150
Gleichbehandlungsgrundsatz 13, 70, 112

Halbleiter-Streit 11
Handelshemmnisse 146, 151 ff., 156
- nicht-tarifäre 146, 151
Haushaltsgesetz 4, 102 ff., 108, 111

Incorporated products 175 f.

Infant-industry-argument 161
Interventionspreise 163
Investigation effect 156

Kreditinstitute 81, 150 f.
Kreditversicherung 5, 16, 26, 32, 53, 61 ff.
Kumulrisiken 101, 124, 126 ff., 133

Lesser duty rule 157

Marketingmaßnahmen 13
Marktfähige Risiken 71, 81, 147
Maßnahmen, informelle 11
Mutual Information System – MIS 276 f.

Notifikationspflichten 15, 173, 182, 194

Peace clause 183
Politik der Marktöffnung 86
Präferenzregeln 274
Prinzip der Subsidiarität 89, 160
„pure-cover"-Politik 87

Rebalancing 193
Refinanzierungsvorteil 150
Rückversicherungsangebot 132 ff.
Russlandentscheidungen 250 ff.

Schiffbaubeihilfen 68
Schweizer Modell 154
Selbstbindung der Verwaltung 112 ff.
Senkungsverpflichtungen 165 ff., 171, 173 ff., 182, 193, 197
Single Undertaking Konzept 155, 184, 189
Spitzenzölle 153 ff., 159 ff.

Staatshandelsunternehmen 30 ff.
Stillhalteverpflichtungen 166, 186 ff.
Sunset-Klausel 156
Suspension effect 156

Tied aid 96
TRIPS 64 f.

Übermaßverbot 126
Übernahmeanspruch 111 ff., 116
Übernahmeentscheidung 4, 106, 107 ff., 112, 121
untied aid 96 f.
Ursprungsregeln 39, 273
Uruguay-Runde 5, 63, 153, 159, 164, 167, 184 (Fn. 67), 194
US-Eximbank 87, 99

Vermarktungsfiktion 233, 246 f.
Vermarktungstheorie 230 ff., 249
Vertrag von Nizza 65 (Fn. 44), 82, 147
Vorab-Notifizierung 52
Vorzugsrediskontsätze 45

Wettbewerbsverfälschung 4, 36, 38, 44 f.
Wirksamkeitsgebot 241
WTO-Antidumping-Abkommen 155 f.
WTO-Subventionsübereinkommen 11, 15, 17, 19 ff., 29 ff., 35 f.

Zölle 1, 36 ff., 68 f., 146, 151 ff., 159 ff., 186
- geringfügige 154
Zolleskalation 153, 161
Zollmanipulation 251, 254 f.
Zollsenkungsformel 154 f., 197

Satzung des Zentrums für Außenwirtschaftsrecht e. V.

§ 1 Name, Sitz

(1) Der Verein führt den Namen „Zentrum für Außenwirtschaftsrecht e. V." (ZAR).

(2) Der Verein hat seinen Sitz in Münster.

§ 2 Zweck, Gemeinnützigkeit

(1) Zweck des Vereins ist die Förderung von Wissenschaft und Forschung auf dem Gebiet des Außenwirtschaftsrechts sowie der Beziehungen zwischen Wissenschaft und Praxis auf diesem Gebiet. In Zusammenarbeit mit dem Institut für Öffentliches Wirtschaftsrecht der Westfälischen Wilhelms-Universität Münster verfolgt der Verein dieses Ziel in wissenschaftlicher Unabhängigkeit insbesondere durch

- die jährliche Ausrichtung eines Außenwirtschaftsrechtstages, der ein Wissenschaft und Praxis zusammenführendes Gesprächsforum für außenwirtschaftsrechtliche Fragestellungen sein soll,
- die Intensivierung und Pflege der Kontakte zwischen Wissenschaft und Praxis auf dem Gebiet des öffentlichen Wirtschaftsrechts, insbesondere des Außenwirtschaftsrechts durch das Angebot von wissenschaftlichen Diskussions- und Vortragsveranstaltungen,
- die Förderung wissenschaftlicher Veröffentlichungen auf dem Gebiet des öffentlichen Wirtschaftsrechts, insbesondere des Außenwirtschaftsrechts,
- die Unterstützung der Lehr- und Forschungstätigkeit am Institut für Öffentliches Wirtschaftsrecht der Westfälischen Wilhelms-Universität Münster auf dem Gebiet des öffentlichen Wirtschaftsrechts, insbesondere des Außenwirtschaftsrechts.

(2) Der Verein verfolgt ausschließlich und unmittelbar gemeinnützige Zwecke im Sinne des Abschnitts „Steuerbegünstigte Zwecke" der Abgabenordnung. Der Verein ist selbstlos tätig; er verfolgt nicht in erster

Linie eigenwirtschaftliche Zwecke. Mittel des Vereins dürfen nur für die satzungsmäßigen Zwecke verwendet werden. Die Mitglieder erhalten keine Zuwendungen aus Mitteln des Vereins. Es darf keine Person durch Ausgaben, die dem Zweck des Vereins fremd sind, oder durch unverhältnismäßig hohe Vergütungen begünstigt werden.

(3) Die Änderung des Vereinszwecks bedarf der Mehrheit von 2/3 aller Vereinsmitglieder. Schriftliche Zustimmung ist ausreichend.

(4) Bei Wegfall des steuerbegünstigten Zwecks oder der Auflösung des Vereins ist sein Vermögen unmittelbar und ausschließlich zu steuerbegünstigten Zwecken im Sinne des § 2 Abs. 1 zu verwenden. Der Beschluß hierüber bedarf vor seiner Ausführung der Zustimmung des zuständigen Finanzamts.

§ 3 Geschäftsjahr

Geschäftsjahr des Vereins ist das Kalenderjahr. Das erste Rumpfgeschäftsjahr endet am 31.12.1998.

§ 4 Mitgliedschaft

(1) Der Verein kann persönliche Mitglieder und sonstige Mitglieder haben. Persönliche Mitglieder sind natürliche Personen, sonstige Mitglieder juristische Personen des privaten und öffentlichen Rechts sowie rechtlich unselbständige Personenverbände.

(2) Die Mitgliedschaft steht nur Personen offen, die sich in Theorie oder Praxis mit dem Außenwirtschaftsrecht befassen und dem Institut für Öffentliches Wirtschaftsrecht verbunden sind.

(3) Die Aufnahme ist schriftlich beim Vorstand zu beantragen, der hierüber entscheidet. Über Ausnahmen im Sinne des Absatzes 1 entscheidet die Mitgliederversammlung. Die Mitgliedschaft wird erworben durch Aufnahme in die Mitgliederliste.

(4) Die Mitgliedschaft endet
    a) mit dem Ableben oder der Auflösung eines Mitglieds;
    b) durch schriftliche Austrittserklärung, wobei der Austritt nur zum Schluß des Kalenderjahres zulässig ist;
    c) durch Ausschluß aus dem Verein;

d) durch Streichung aus der Mitgliederliste.

(5) Ein Mitglied, das in erheblichem Maße gegen die Vereinsinteressen verstoßen hat, kann durch Beschluß des Vorstands aus dem Verein ausgeschlossen werden. Vor dem Ausschluß ist das betroffene Mitglied zu hören. Die Entscheidung über den Ausschluß ist schriftlich zu begründen und dem Mitglied mit Einschreiben gegen Rückschein zuzustellen. Das Mitglied kann innerhalb einer Frist von einem Monat ab Zugang schriftlich Berufung beim Vorstand einlegen. Über die Berufung entscheidet die Mitgliederversammlung mit einfacher Mehrheit der abgegebenen Stimmen. Macht das Mitglied vom Recht der Berufung innerhalb der Frist keinen Gebrauch, unterwirft es sich dem Ausschließungsbeschluß.

(6) Die Streichung des Mitglieds aus der Mitgliederliste erfolgt durch den Vorstand, wenn das Mitglied mit zwei Jahresbeiträgen in Verzug ist und diesen Beitrag auch nach schriftlicher Mahnung durch den Vorstand nicht innerhalb von drei Monaten von der Absendung der Mahnung an die letztbekannte Anschrift des Mitglieds voll entrichtet. Die Mahnung muß auf die bevorstehende Streichung der Mitgliedschaft hinweisen.

§ 5 Organe des Vereins

Die Organe des Vereins sind:

1. der Vorstand,
2. die Mitgliederversammlung,
3. der Beirat.

§ 6 Vorstand

(1) Der Vorstand besteht aus mindestens drei Mitgliedern. Dies sind der Vorsitzende, der stellvertretende Vorsitzende und der Geschäftsführer des Vereins. Zwei Mitglieder des Vorstandes sollen Universitätsprofessoren aus dem Kreis der Rechtswissenschaftlichen Fakultät der Westfälischen Wilhelms-Universität Münster sein.

(2) Die Vorstandsmitglieder werden von der Mitgliederversammlung für die Dauer von drei Jahren gewählt. Wiederwahl ist möglich. Sie blei-

ben solange im Amt, bis eine Neuwahl erfolgt. Scheidet ein Vorstandsmitglied während der Amtsperiode aus, ist eine Selbstergänzung zulässig.

(3) Eine vorzeitige Abberufung des Vorstands ist nur aus wichtigem Grund möglich.

(4) Der Vorstand leitet den Verein im Rahmen dieser Satzung gemäß den von der Mitgliederversammlung gefaßten Beschlüssen. Er entscheidet in allen Angelegenheiten, die nicht der Beschlußfassung der Mitgliederversammlung unterliegen. Die Vorstandsmitglieder teilen die Geschäfte untereinander nach eigenem Ermessen ein.

(5) Der Vorstand vertritt den Verein gerichtlich und außergerichtlich; er hat die Stellung eines gesetzlichen Vertreters. Jedes Vorstandsmitglied kann den Verein allein vertreten.

(6) Vorstandsbeschlüsse bedürfen der Einstimmigkeit. Bei Stimmengleichheit gibt die Stimme des Vorsitzenden den Ausschlag.

§ 7 Mitgliederversammlung

(1) Die ordentliche Mitgliederversammlung ist jährlich vom Vorstand unter Einhaltung einer Ladungsfrist von mindestens zwei Wochen schriftlich einzuberufen. Den Ort der Zusammenkunft bestimmt der Vorstand. Mit der Einladung zur Mitgliederversammlung ist die vom Vorstand festgesetzte Tagesordnung mitzuteilen. Eine außerordentliche Mitgliederversammlung ist innerhalb von sechs Wochen schriftlich einzuberufen, wenn das Vereinsinteresse es erfordert oder wenn ein Drittel der Mitglieder dies schriftlich und unter Angabe des Zwecks und der Gründe gegenüber dem Vorstand beantragt.

(2) Der Vorsitzende des Vorstandes berichtet der Mitgliederversammlung über die Tätigkeit des Vereins während des Zeitraumes seit der letzten Mitgliederversammlung.

(3) Die Mitgliederversammlung hat insbesondere folgende Aufgaben:

    a) Genehmigung des Haushaltsplans für das kommende Geschäftsjahr,

    b) Entgegennahme des Rechenschaftsberichts des Vorstands und des Prüfungsberichts des Kassenprüfers,

    c) Entlastung des Vorstands,

- d) Wahl und Abberufung des Vorstands und des Kassenprüfers,
- e) Festsetzung der Höhe des Mitgliedsbeitrags,
- f) Beschlußfassung über Satzungsänderungen und Vereinsauflösung,
- g) Beschlußfassung über die Berufung eines Mitglieds gegen seinen Ausschluß.
- h) Beschlußfassung über die ihr vom Vorstand vorgelegten Fragen.

(4) Jedes Mitglied hat eine Stimme.

(5) Die Mitgliederversammlung wird vom 1. Vorsitzenden, bei dessen Verhinderung vom 2. Vorsitzenden, geleitet. Sie ist beschlußfähig, wenn mindestens sieben Mitglieder anwesend sind. Sie beschließt mit der einfachen Mehrheit der abgegebenen Stimmen, sofern die Satzung nichts anderes bestimmt. Bei Stimmengleichheit gilt der Antrag als abgelehnt, im Falle von Wahlen der Betreffende als nicht gewählt.

(6) Über die Beschlüsse der Mitgliederversammlung ist ein Protokoll aufzunehmen, das von dem Versammlungsleiter und dem Protokollführer zu unterzeichnen ist.

§ 8 Mitgliedsbeiträge, Finanzierung

(1) Die notwendigen Mittel zur Durchführung der Aufgaben des Vereins werden durch Beiträge der Mitglieder, Geld- und Sachspenden sowie sonstige Einnahmen aufgebracht. Etwaige Überschüsse aus der Veranstaltung eines Außenwirtschaftsrechtstages fallen dem Verein zu.

(2) Die Mitgliedschaft verpflichtet zur Zahlung eines Beitrags. Der Mindestbeitrag wird durch Beschluß der Mitgliederversammlung festgesetzt. Über Ausnahmen von der Beitragspflicht entscheidet der Vorstand. Vorstandsmitglieder werden wegen ihres ehrenamtlichen Einsatzes von der Beitragspflicht befreit.

(3) Der Mitgliedsbeitrag ist zu Beginn eines jeden Jahres fällig. Er ist für das ganze Jahr zu entrichten, auch wenn in diesem Jahr die Mitgliedschaft begonnen oder geendet hat.

(4) Der Verein darf neben den zur Deckung seiner Aufgaben erforderlichen Mittel Rücklagen ansammeln, die die Erfüllung seiner satzungsgemäßen Aufgaben absichern sollen.

§ 9 Rechnungslegung, Kassenprüfer

Auf jeder ordentlichen Mitgliederversammlung wird ein Kassenprüfer gewählt, welcher der nächsten Mitgliederversammlung Bericht über die Kassenprüfung und Finanzlage des Vereins erstattet. Eine Kassenprüfung hat mindestens einmal im Jahr zu erfolgen.

§ 10 Beirat

(1) Der Beirat besteht aus Persönlichkeiten aus Wissenschaft und Praxis. Diese werden für die Dauer von drei Jahren durch den Vorstand bestellt. Wiederbestellung ist zulässig.

(2) Der Beirat unterstützt den Vorstand, der an den Sitzungen des Beirates teilnehmen kann, bei der Erfüllung seiner Aufgaben. Er pflegt den Kontakt zwischen dem Verein und der Praxis und gibt Anregungen für die Vereinstätigkeit.

§ 11 Satzungsänderung

Diese Satzung kann durch die Mitgliederversammlung mit einer Mehrheit von zwei Dritteln der abgegebenen Stimmen geändert werden.

§ 12 Auflösung

Der Verein kann durch Beschluß der Mitgliederversammlung aufgelöst werden. Der Auflösungsbeschluß bedarf der Mehrheit von drei Vierteln der abgegebenen Stimmen.

Die vorstehende Satzung wurde in der Gründungsversammlung am 28. Mai 1998 in Münster beschlossen.

Schriftenreihe Recht der Internationalen Wirtschaft/
RIW-Buch

Detzer/Ullrich (Hrsg.), Gestaltung von Verträgen mit ausländischen Handelsvertretern und Vertragshändlern

Detzer/Zwernemann, Ausländisches Recht der Handelsvertreter und Vertragshändler

Elsing, Joint Ventures im internationalen Wirtschaftsverkehr

Elsing/Van Alstine, US-amerikanisches Handels- und Wirtschaftsrecht

Fischer/Fischer, Spanisches Handels- und Wirtschaftsrecht

Gleiss/Hirsch, Kommentar zum EG-Kartellrecht, 2 Bände

Gotzen, Niederländisches Handels- und Wirtschaftsrecht

Grützmacher/Laier/May, Der internationale Lizenzverkehr

Kindler, Italienisches Handels- und Wirtschaftsrecht

Kropholler, Europäisches Zivilprozessrecht

Merkt, Abwehr der Zustellung von „punitive damages"-Klagen

Merkt/Göthel, US-amerikanisches Gesellschaftsrecht

Nielsen, Neue Richtlinien für Dokumenten-Akkreditive

Puttfarken, Seehandelsrecht

Sandrock/Berger (Hrsg.), Handbuch der internationalen Vertragsgestaltung, 2 Bände

Seer, Besteuerungsverfahren: Rechtsvergleich USA – Deutschland

Verlag Recht und Wirtschaft

Schriftenreihe Recht der Internationalen Wirtschaft/ RIW-Buch

Schütze, Das Dokumentenakkreditiv im internationalen Handelsverkehr

Schütze, Rechtsverfolgung im Ausland

Smid/Thurner (Hrsg.), UNCITRAL-model law of Cross Border Insolvency.

Steinberger (Hrsg.), Eigentumsvorbehalt und Sicherungsübertragung im Ausland

Thume (Hrsg.), Kommentar zur CMR

Triebel (Hrsg.), Englisches Handels- und Wirtschaftsrecht

Ullrich/Körner, Der internationale Softwarevertrag

Vogel, Französisches Wettbewerbs- und Kartellrecht

Wagner/Plüss, Handels- und Wirtschaftsrecht in der Schweiz und in Liechtenstein

Wandt, Internationale Produkthaftung

Westphalen, Graf v./Jud, Die Bankgarantie im internationalen Handelsverkehr

Westphalen Graf v./Terlau/Breithaupt, Rechtsprobleme der Exportfinanzierung

Witz/Salger/Lorenz, International Einheitliches Kaufrecht

Wolff, Das internationale Wirtschaftsrecht der VR China

Zimmer, Internationales Gesellschaftsrecht

Verlag Recht und Wirtschaft